基 督 教 经 典 译 丛

主编　何光沪

副主编　章雪富　孙毅　游冠辉

Luther:
Letters of Spiritual Counsel

路德劝慰书信

[德] 马丁·路德 著

[美] 西奥多·G. 泰伯特 选编、英译

孙为鲲 译

上海三联书店

基督教经典译丛

总　序

何光沪

　　在当今的全球时代，"文明的冲突"会造成文明的毁灭，因为由之引起的无限战争，意味着人类、动物、植物和整个地球的浩劫。而"文明的交流"则带来文明的更新，因为由之导向的文明和谐，意味着各文明自身的新陈代谢、各文明之间的取长补短、全世界文明的和平共处以及全人类文化的繁荣新生。

　　"文明的交流"最为重要的手段之一，乃是对不同文明或文化的经典之翻译。就中西两大文明而言，从 17 世纪初以利玛窦（Matteo Ricci）为首的传教士开始把儒家经典译为西文，到 19 世纪末宗教学创始人、英籍德裔学术大师缪勒（F. M. Müller）编辑出版 50 卷《东方圣书集》，包括儒教、道教和佛教等宗教经典在内的中华文明成果，被大量翻译介绍到了西方各国；从徐光启到严复等中国学者、从林乐知（Y. J. Allen）到傅兰雅（John Fryer）等西方学者，开始把西方自然科学和社会科学著作译为中文，直到 20 世纪末叶，商务印书馆、生活·读书·新知三联书店和其他有历史眼光的中国出版社组织翻译西方的哲学、历史、文学和其他学科著作，西方的科学技术和人文社科书籍也被大量翻译介绍到了中国。这些翻译出版活动，不但促进了中学西传和西学东渐的双向"文明交流"，而且催化了中华文明的新陈代谢，以及中国社会的现代转型。

　　清末以来，先进的中国人向西方学习、"取长补短"的历程，经历了两大阶段。第一阶段的主导思想是"师夷长技以制夷",表现为洋务运动之向往"船坚炮利",追求"富国强兵",最多只求学习西方的工业技术和物质文明,结果是以优势的海军败于日本,以军事的失败表现出制度的失败。第二阶段的主导思想是"民主加科学",表现为五四新文化运动之尊崇"德赛二先生",中国社会在几乎一个世纪中不断从革命走向革命之后,到现在仍然需要进行民主政治的建设和科学精神的培养。大体说来,这两大阶段显示出国人对西方文明的认识由十分肤浅到较为深入,有了第一次深化,从物质层面深入到制度层面。

正如观察一支球队,不能光看其体力、技术,还要研究其组织、战略,更要探究其精神、品格。同样地,观察西方文明,不能光看其工业、技术,还要研究其社会、政治,更要探究其精神、灵性。因为任何文明都包含物质、制度和精神三个不可分割的层面,舍其一则不能得其究竟。正由于自觉或不自觉地认识到了这一点,到了 20 世纪末叶,中国终于有了一些有历史眼光的学者、译者和出版者,开始翻译出版西方文明精神层面的核心——基督教方面的著作,从而开启了对西方文明的认识由较为深入到更加深入的第二次深化,从制度层面深入到精神层面。

与此相关,第一阶段的翻译是以自然科学和技术书籍为主,第二阶段的翻译是以社会科学和人文书籍为主,而第三阶段的翻译,虽然开始不久,但是已经深入到西方文明的核心,有了一些基督教方面的著作。

实际上,基督教对世界历史和人类社会的影响,绝不止于西方文明。无数历史学家、文化学家、社会学家、艺术史家、科学史家、伦理学家、政治学家和哲学家已经证明,基督教两千年来,从东方走向西方再走向南方,已经极大地影响、甚至改变了人类社会从上古时代沿袭下来的对生命的价值、两性和妇女、博爱和慈善、保健和教育、劳动和经济、科学和学术、自由和正义、法律和政治、文学和艺术等等几乎所有生活领域的观念，从而塑造了今日世界的面貌。这个诞生于亚洲或"东方"，传入了欧洲或"西方"，再传入亚、非、拉美或"南方"的世界第一大宗教，现在因为信众大部分在发展中国家，被称为"南方宗教"。但是，它本来就不属于任何一"方"——由于今日世界上已经没有一个国家没有其存在，所以它已经不仅仅在宗教意义上，而且是在现实意义上展现了它"普世宗教"的本质。

因此，对基督教经典的翻译，其意义早已不止于"西学"研究或对西方文明研究的需要，而早已在于对世界历史和人类文明了解的需要了。

这里所谓"基督教经典"，同结集为"大藏经"的佛教经典和结集为"道藏"的道教经典相类似，是指基督教历代的重要著作或大师名作，而不是指基督徒视为唯一神圣的上帝启示"圣经"。但是，由于基督教历代的重要著作或大师名作汗牛充栋、浩如烟海，绝不可能也没有必要像佛藏道藏那样结集为一套"大丛书"，所以，在此所谓"经典译丛"，最多只能奢望成为比佛藏道藏的部头小很多很多的一套丛书。

然而，说它的重要性不会"小很多很多"，却并非奢望。远的不说，只看看我们的近邻，被称为"翻译大国"的日本和韩国——这两个曾经拜中国文化为师的国家，由于体现为"即时而大量翻译西方著作"的谦虚好学精神，一先一后地在文化上加强新陈代谢、大力吐故纳新，从而迈进了亚洲、甚至世界上最先进国家的行列。众所周知，日本在"脱亚入欧"的口号下，韩国在其人口中基督徒比例迅猛增长的情况下，反而比我国更多更好地保存了东方传统或儒家文化的精粹，而且不是仅仅保存在书本里，而是保存在生活中。这一事实，加上海内外华人基督徒保留优秀传统道德的大量事实，都表明基督教与儒家的优秀传统可以相辅相成，这实在值得我们深长思之！

基督教在唐朝贞观九年（公元635年）传入中国，唐太宗派宰相房玄龄率官廷卫队到京城西郊欢迎传教士阿罗本主教，接到皇帝的书房让其翻译圣经，又接到皇官内室听其传讲教义，"深知正真，特令传授"。三年之后（公元638年），太宗又发布诏书说："详其教旨，玄妙无为，观其元宗，生成立要。……济物利人，宜行天下。"换言之，唐太宗经过研究，肯定基督教对社会具有有益的作用，对人生具有积极的意义，遂下令让其在全国传播（他甚至命令有关部门在京城建造教堂，设立神职，颁赐肖像给教堂以示支持）。这无疑显示出这位大政治家超常的见识、智慧和胸襟。一千多年之后，在这个问题上，一位对中国文化和社会贡献极大的翻译家严复，也显示了同样的见识、智慧和胸襟。他在主张发展科学教育、清除"宗教流毒"的同时，指出宗教随社会进步程度而有高低之别，认为基督教对中国民众教化大有好处："教者，随群演之浅深为高下，而常有以扶民性之偏。今假景教大行于此土，其能取吾人之缺点而补苴之，殆无疑义。且吾国小民之众，往往自有生以来，未受一言之德育。一旦有人焉，临以帝天之神，时为耳提而面命，使知人理之要，存于相爱而不欺，此于教化，岂曰小补！"（孟德斯鸠《法意》第十九章十八节译者按语）另外两位新文化运动的领袖即胡适之和陈独秀，都不是基督徒，而且也批判宗教，但他们又都同时认为，耶稣的人格精神和道德改革对中国社会有益，宜于在中国推广（胡适《基督教与中国》；陈独秀《致〈新青年〉读者》）。

当然，我们编辑出版这套译丛，首先是想对我国的"西学"研究、人文学术和宗教学术研究提供资料。鉴于上述理由，我们也希望这项工作对于中西文明的交流有所贡献；还希望通过对西方文明精神认识的深化，对于中国文化的更新和中国社会的进步有所贡献；更希望本着中国传统中谦虚好学、从善如流、生生不已的精神，通过对世界历史和人类文明中基督教精神动力的了解，对于当今道德滑坡严重、精神文化堪忧的现状有所补益。

尽管近年来翻译界、出版界已有不少有识之士，在这方面艰辛努力，完成了一些极有意义的工作，泽及后人，令人钦佩。但是，对我们这样一个拥有十几亿人口的千年古国和文化大国来说，已经完成的工作与这么巨大的历史性需要相比，真好比杯水车薪，还是远远不够的。例如，即使以最严格的"经典"标准缩小译介规模，这么一个文化大国，竟然连阿奎那（Thomas Aquinas）举世皆知的千年巨著《神学大全》和加尔文（John Calvin）影响历史的世界经典《基督教要义》，都尚未翻译出版，这无论如何都是令人汗颜的。总之，在这方面，国人还有漫长的路要走。

本译丛的翻译出版，就是想以我们这微薄的努力，踏上这漫长的旅程，并与诸多同道一起，参与和推动中华文化更新的大业。

最后，我们应向读者交代一下这套译丛的几点设想。

第一，译丛的选书，兼顾学术性、文化性与可读性。即从神学、哲学、史学、伦理学、宗教学等多学科的学术角度出发，考虑有关经典在社会、历史和文化上的影响，顾及不同职业、不同专业、不同层次的读者需要，选择经典作家的经典作品。

第二，译丛的读者，包括全国从中央到地方的社会科学院和各级各类人文社科研究机构的研究人员，高等学校哲学、宗教、人文、社科院系的学者师生，中央到地方各级统战部门的官员和研究人员，各级党校相关教员和有关课程学员，各级政府宗教事务部门官员和研究人员，以及各宗教的教职人员、一般信众和普通读者。

第三，译丛的内容，涵盖公元 1 世纪基督教产生至今所有的历史时期。包含古代时期（1－6世纪）、中古时期（6－16世纪）和现代时期（16－20世纪）三大部分。三个时期的起讫年代与通常按政治事件划分历史时期的起讫年代略有出入，这是由于思想史自身的某些特征，特别是基督教思想史的发展特征所致。例如，政治史的古代时期与中古时期以西罗马帝国灭亡为界，中古时期与现代时期（或近代时期）以17世纪英国革命为界；但是，基督教教父思想在西罗马帝国灭亡后仍持续了近百年，而英国革命的清教思想渊源则无疑应追溯到16世纪宗教改革。由此而有了本译丛三大部分的时期划分。这种时期划分，也可以从思想史和宗教史的角度，提醒我们注意宗教和思想因素对于世界进程和社会发展的重要作用。

中国人民大学宜园
2008 年 11 月

目　　录

中译本导言

黄昭耀

一

《路德劝慰书信》(*Luther*:*Letters of Spiritual Counsel*) 是"基督教经典文库"(Library of Christian Classics) 的第 18 册,[1]由已故杰出教会历史学家及作家西奥多·G. 泰伯特(Theodore G. Tappert, 1904–1973)[2]选编和翻译。

路德的亲笔书信保存至今的大概有 2580 封,[3]倘若我们将路德书信类的范围扩大,把包括他写的献呈文(dedicatory epistles)、前言、公告文以及意见书都算在内,则大约有 3000 封书信流传至今。[4]有关路德书信著作之文本考据的课题,可以参考克罗德尔(Gottfried G. Krodel)在英文版《路德全集》第 48 册导言中的讨论。[5]

① Theodore G. Tappert ed. & trans, "Luther:Letters of Spiritual Counsel," *LCC.* Vol. XVIII, ed. John Baillie, John T. McNeill, Henry P. Van Dusen. (Philadelphia:The Westminster Press, 1955). 本丛书共包括 26 册。

② Theodore G. Tappert 曾于美国费城的路德神学院担任席叶伦基督教历史教授(Schieren Professorof the History of Christianity);他也曾负责管理美国路德宗福音教会宾夕法尼亚州东南部议会的档案,以及担任美国路德宗出版委员会顾问。

③ Gottfried G. Krodel, introduction to Letters, in *Letters* I, ed. & trans. Gottfried G. Krodel; vol. 48 of *Luther's Works*, American Edition, ed. Jaroslav Pelikan and Helmut T. Lehmann(Philadelphia:Fortress, 1963), XIII.

④ Theodore G. Tappert, general introduction to Theodore G. Tappert, ed., & trans., *Luther*:*Letters of Spiritual Counsel*, *LCC*, Vol. XVIII, ed. John Baillie, John T. McNeill, Henry P. Van Dusen (Philadelphia:The Westminster Press, 1955), 22.

⑤ Gottfried G. Krodel, introduction to Letters, in *Letters* I, XIII-XVI.

　　《路德劝慰书信》原文文本主要选自魏玛版《路德全集》，①其小部分内容参照了在魏玛版《路德全集》出版前的埃尔朗根版的路德著作。②泰伯特将这些原是古德文及拉丁文的书信与《桌边谈话》等文本翻译成英文并附上简介及注释。③在此书出版之时，书中许多文本还是第一次译成英文，它为日后英语世界的路德研究与出版提供了值得参考的资料。④

　　到目前为止，与其他原文版本的路德文集相比较，魏玛版《路德全集》可说是以更高的学术水平来考据路德著作之文本，它为20世纪至今的路德研究奠定了重要的基础。⑤《路德劝慰书信》是在此基础上进行编译的，可以让读者对于文本与资料的可靠性放心。而编译者精细的注疏，又可帮助读者体会中世纪晚期的语境、路德宗教改革的情势及牧养的情境，使之得以贴近路德劝慰函的故事。

　　泰伯特在书中将劝慰主题分为11类。书中共有164封信函，另外加上与信函内容相关的35则桌边谈话、⑥2则讲章记录、1则路德写给学生的警示通告，以及1则意见书，一共编译了203份文献。

　　泰伯特按照魏玛版《路德全集》采用年月顺序的方法来编译本书，为此，他在每一封信函前都会注明日期，⑦以便于读者对"路德在某一特定时段中的活动有概括的了解，从而追踪他的发展"。⑧此

---

① *D. Martin Luthers Werke*：*Kritische Gesamtausgabe.* Weimar：Hermann Böhlaus Nachfolger，1883－2009.

② *D. M. Luthers Sämtliche Werke. Erlanger Ausgabe.* Frankfurt/Erlangen，1826－1886.

③ Theodore G. Tappert 在编译本书过程中，参考了另外两部《路德书信集》，以及一些英文翻译的相关著作、有关究（路德时代之）人物、地点与主题的著作，还有神学与属灵劝慰的著作。这些参考书目及原文文本出处，见 Theodore G. Tappert，350－353。

④ Theodore G. Tappert，23. 当时 *Luther's Works American Edition* 尚未出版，后来这套全集在编译路德书信著作时（共3集，从48集至50集），也参照了 Theodore G. Tappert 编译的《路德劝慰书信》。

⑤ Robert Kolb，*Martin Luther*：*Confessor of the Faith*，4.

⑥ Theodore G. Tappert，22－23. 路德常在餐桌前招待朋友与学生，不时地向他们读出往来的书信，或者是与他们讨论书信中涉及的课题等，这些谈话内容被当中的一些朋友与学生记录下来，经整理后流传至今。

⑦ 只有少部分信函没有注明日期。

⑧ 魏玛版《路德全集》的编辑克纳克牧师（Joachim Karl Knaake）所言。

外，他在文前附上简介，说明收信人与路德的关系，或解释信函内容的事件、背景或事件的后续发展等。他还注明信函文本的出处，标明路德的书写用语（德文或拉丁文）。①每篇信函都有注脚，大部分是为信函中出现的经文之经节作注，这显示了路德书信处处都蕴含着浓厚的圣经氛围；路德除了在信函中特意引用经文之外，很多时候他是下意识地引经据典。②编译者也借着注脚约略说明或补充信函中出现的人物、地点、事件的背景等资料，或注明参照其他文本的出处。

我们不难发现，路德不但在信末写上日期、署名与自称，很多时候也标明主日的教会年节期或节日。这些教会年③是初期教会按基督救赎次序与生平编定的，在第4世纪左右固定下来，成为教会崇拜的传统。从中显示路德的世界观、时间观、生活、服侍、牧养与人的往来等，都是以主日为中心，更贴切地说，是以他所敬拜的基督为生活的轴心。

倘若我们要理解路德的书信以及借由书信理解路德，除了要留意编译者的简介与注释之外，信函本身所具备的资料也非常重要。克罗德尔提醒我们，每封信函都是一个完整的单元，为此，我们要尽可能保留信函上所有的资料，包括路德在各封信函中处理的各样的资料、处理的方式，以及路德与某个具体情境的关联，他在什么样的情境下通信等等，这一切都是信函整体的组成部分。因此，我们不

① Theodore G. Tappert,22. 当路德使用拉丁文书写时，他的对象是有识之士，而当他用德文时，则可能是写给没学问的人，当然，这并非固定不变的规则。
② Theodore G. Tappert,23－24. 由于路德的生活与上帝的话语紧密联系，因此，他在书写或说话时，通常不经意地出现经文或圣经典故。仅仅对这些经文进行翻译与注释，就已经是一件费功夫的事了；而以语文来说，当中的经文有些是《武加大译本》的拉丁文，有些是希伯来文或希腊文，有些却是路德自己翻译的德文圣经。而且很多情况下路德并没有列明出处，有时只是只言片语，编译者可要费一番功夫拼凑。
③ 有关"教会年"的简介，参孙宝玲，《此时此道》，香港：基道出版社，2003年，第177页，179－180页，183页。"教会年"或"教会年历"（Church Year）是基督教会久远的传统，它和"经课"之间有密切关系。"经课"（lectionary）或"读经表"是指按着次序或节期编排经文，以作公开崇拜诵读宣讲之用。

应该只保留某些较有趣的部分，而将信函切割解析。①因为，这些信息透露了那个时代人物的心绪、思维方式与事件的背景，这恰恰是理解路德神学及其著作的重要因素。

二

相较于路德其他类型的著作，他的信函与桌边谈话（包括本书），更有助于理解路德的为人态度以及路德与同时代不同层面人物之间的往来关系。而透过《路德劝慰书信》，我们可以进一步理解路德进行改革与牧会的历史情境；理解路德作为牧者与传道者的角色与牧职内容；理解路德牧养境遇与神学写作的相互影响以及路德的教牧神学。另外，借由《路德劝慰书信》，我们也可以认识路德书信类著作的特色。

本文将着重谈论牧者路德，因为《路德劝慰书信》可说是路德的教牧书信。我们若从路德作为牧者的角度与情怀来看本书，将帮助我们更好地明白书中的情境，同时帮助我们进一步体会路德的牧职角色，两者可说是相得益彰。

其实，路德的讲章、讲义边注、圣经注释以及因应不同事件而写的传单与书本等，都不时地流露出他的牧者情怀，因此，若要完整地探究路德的牧者生涯和工作，就不能忽略从这些资料进行全面的考究。②然而，与其他文类相比，信函与桌边谈话比较直接触及劝慰的对象及谈论生活的境遇，因此，就更清晰地呈现出路德的牧者与传道者的角色。

路德的角色众多，广为人知的是宗教改革者、神学教授、圣经翻

---

① Gottfried G. Krodel, introduction to vol. 48, in *Letters* I, XV.
② Theodore G. Tappert, 13 – 14.

译者、圣经学者，但鲜为人知、也常被人忽略的是，路德是一名牧者与讲道者，[1]尤其对于维滕贝格城镇的居民而言，[2]路德除了在课堂内授课之外，他在维滕贝格的日常生活中，更多时候是一名牧者与讲道者，他经常在维滕贝格城市教堂（*Stadtkirche*）宣讲圣经。从牧者与讲道者的角度研究路德，是理解基督教会历史如何受路德影响的一个重要的方面，也是有待继续探索的关键课题。[3]

路德的牧职内容包括了施洗、主持圣礼、宣赦（公开的和私下的），探访及安慰病患与垂死者，教导年轻人及年幼者等，在这一切之上是讲道。按路德的牧养观点而言，牧职并不是单单透过主持圣礼而发生果效（*ex opere operato*），[4]牧养的果效涉及了牧者向那些极度需要安慰和需要信心的人们传讲真实的应许。[5]

在描述路德身为牧者的角色时，有些学者刻意将"牧者"（pastor）和"讲道者"（preacher）并列使用，一方面是因为路德曾多次强调他的身份与职衔是圣经的教师（Master of Holy Scripture）；[6]尤其是由 1521

[1] Timothy F. Lull, "Luther's Writing," in *The Cambridge Companion to Martin Luther*, 42,45 – 46. Timothy Lull 指出，在维真学院、贝林哈姆与华盛顿等多处地方，都能找到单独再版的《路德劝慰书信》，这显示了在过去，路德作为辅导与灵性导师这一面，的确常为人所忽略。

[2] Timothy J. Wengert, "Introducing the Pastoral Luther," in *Lutheran Quarterly*, Vol. XXII, Number 4(Winter,2008), 401. 另参 James Arne Nestingen, "Approaching Luther," in *The Cambridge Companion to Martin Luther*, ed., Donald K. McKim(Cambridge:Cambridge University Press,2003),240. 当时的维滕贝格是萨克森选侯的首都，人口约有两千。

[3] Timothy J. Wengert,401. 拜尔（Oswald Bayer），《路德神学：当代解读》前言，邓肇明译，香港：道声出版社，2011 年，V。

[4] Timothy J. Wengert,402 – 403. 另参 Alister E. McGrath, *Reformation Thought:An Introduction*,fourth edition(Chichester:Wiley-Blackwell,2012),169 – 189. "*ex opere operato*" 原意是"借由工作产生果效"或"借由可产生果效之工"(from the work worked,or through the work that is worked)。此圣礼观表示恩典由圣礼本身赋予，而非由主持圣礼的人赋予 (*ex opera operantis*,from the work of the worker,or through the work of the one who works)。虽然改教家们认同圣礼是恩具（the means of grace），但他们却强调要基于上帝的应许（话语）和对上帝应许（话语）的信心来领受圣礼，才能获得恩典。

[5] Timothy J. Wengert,402 – 403.

[6] "圣经对路德而言是他诉求的最高权威，也是他神学论战的坚固基础。"参照 *WA*,*Br*,1,No. 48, 69 – 71;*WA*,*Br*,2,No. 371,46 – 59（自 1521 年 1 月 25 日起）；*WA*,6,404,31 – 405,1。引自 Markus Wriedt, "Luther's Theology," trans., Katharina Gustavs,in *The Cambridge Companion to Martin Luther*, ed., Donald K. McKim (Cambridge:Cambridge University Press,2003),86。

年起当路德提及自己的身份时，有三个职衔开始占据了主要的位置：传道者（ecclesiast）①、讲道者（preacher）和布道者（evangelist）。②这三者共同地突显了路德自觉自己是圣经的诠释者，同时也是宣讲上帝应许的讲道者。③

另外，当学者们同时使用"牧者"和"讲道者"来形容路德的牧职身份时，显然是强调了讲道或宣讲神的话，对路德的牧职有显著的意义。比如，傅瑞尔（George W. Forell）在一篇论述路德作为牧者的文章中，通篇内容偏重论述路德的讲道，这意味着路德是通过传讲神的话来牧养会众，显示讲道是路德作为牧者很重要的工作。④又如温格特（Timothy J. Wengert）同时使用牧者与讲道者来描绘路德的牧职，为要显示教导、宣讲与路德的牧养有着重要的关联，突显路德所引发的改革运动，将宣讲圣经的牧职功能，包含在路德改革的崇拜礼仪、牧养与教导教会会众之中。⑤其实，我们单从路德的日常生活与工作场景来看——课堂、教堂与饭堂——就能领略教导与宣讲圣经肯定是路德日常的重要工作。⑥就如拜尔所言：

> 自从 1512 年，他被任命为神学教授开始，便尽忠职守，以特有的风格，专心致志于解释圣经。他尤其称得上是一位"旧约学者"，因为在课堂上，他讲授的绝大部分是旧约书卷。就这方

---

① ecclesiastical（圣职人员）由 ecclesiast 衍生而来。
② 参照 *WA*, 10/11, 105, 2 – 106, 14; *WA*, *Br*, 2, No. 455, 39 – 45（自 1522 年 3 月 5 日起）; *WA*, *Br*, 3, No. 567, 31 – 33（自 1523 年 1 月 3 日起）; *WA*, 18, 327, 30f. 引自 Markus Wriedt, 86。
③ Markus Wriedt, 86。"上帝应许"是指"人类透过耶稣基督得救赎，得以与上帝和好"的应许。
④ George W. Forell, "*Luther, the Pastor*,"《神学与生活》，第 17 至第 19 期合刊，革新号专辑（1996），第 23 – 36 页。
⑤ Timothy J. Wengert, 401 – 414。
⑥ 拜尔，《路德神学：当代解读》前言，Ⅴ – Ⅵ。

面来看，路德神学的取向和特色不言而喻。再者，这种神学乃系镶嵌在奥古斯丁修道院每日灵修的《诗篇》祷文里。作为该会修士，路德在学术上对《诗篇》加以特别钻研。如此一来，教会和课堂就紧密地连接在一起了。此外，他又是传道修士，必须经常证道。同样地，他身为教授，也在种种极不相同的场合中宣讲，至死方休，那主要是在维滕贝格的城市教堂和来他家中就餐的一大群餐友。

罗伦·培登如此形容路德的讲道及教导与改革运动的关系：

> 改革运动的中心是讲章。讲坛高于祭坛，因为路德坚信救恩是借着道，没有道，那些要素（译者按：指饼、酒和水）便没有圣礼的性质，但道，除非是说出来，否则便无效……维滕贝格的改教家们借着讲章从事宗教教导影响广远的运动。在主日有三次公众聚会；早晨5点至6点讲解保罗书信，9时至10时讲解福音书，下午在不同时候继续上午的题目或教义问答（或教理问答）……每逢周一和周二的讲章都论及教义问答，每逢周三是讲《马太福音》，每逢周四和周五是讲使徒书信，主日晚是讲《约翰福音》……这讲道由一组圣职人员负责，但路德的讲道却占了大部分。①

路德的讲章是遵循教会年编定的程序，并沿用长久以来每个主日所指定的经文……路德年复一年地讲同一讲章；将临期、圣诞节、显

① 培登（Roland Bainton），《这是我的立场：改教先导马丁路德传记》，古乐人、陆中石译，香港：道声出版社，1987年，1993年，第427页。

现节、预苦期、复活节、圣灵降临节传讲的是同一件大事。 但他 30
年以来，每一年的讲章都有新鲜感。①

可见宣讲和教导，是路德作为牧者和讲道者的核心工作。另外，
路德作为牧者还为当代与后代，带来其他方面的贡献与影响。

科尔伯在其著作《马丁·路德作为先知、教师与英雄：改革者的
众形象，1520 – 1620》中，②以路德同时代人的观点来描述这位宗教改
革者的角色与工作，及其对当时代人的影响与贡献。该书第七章，题为
"路德思想之花簇盛开"（Blossoms and Bouquets from Luther's
Thought）。③作者阐述了路德的跟随者视路德的作品如繁花盛开一般。
他们依循中古世纪编辑文集的传统，按主题类别搜集智者的智慧结晶以
供敬虔的信徒使用。另一些人则重印路德个别的著作，比如，有关如何
牧养、灵修、造就，以及一些论辩的作品。当时，路德的思想理念被广
泛地使用在不同的方面，比如帮助读者读圣经、默想、预备牧养的工
作，以及在愁烦时从中得安慰等。④

更重要的是，路德作为一名牧者，他"尽力地为神的子民带来安
慰，并支持他们的牧者"。路德的继承者发现，路德笔下其他的著作都
能安慰人心并支援牧者。其中有两类工具最能够发扬路德基督教信仰的
思想，在他生前这两类作品经常得以重印，即路德的《经课讲道注
释》以及《教理问答》；前者是路德为每个主日的指定经文表或经课

---

① Roland Baintion,429. 另参 Robert Kolb, *Martin Luther as Prophet,Teacher,and Hero：Images of the Refor-mer*,1520 – 1620(Grand Rapids,MI：Baker Books,1999) ,156. 路德在 1521 年就开始出版经课讲道注释 (Church Postil)，以帮助当时新进的传道人。
② Robert Kolb, *Martin Luther as Prophet,Teacher,and Hero：Images of the Reformer*,1520 – 1620,155.
③ 路德的学生摩尔林 (Joachim Mörlin)如此描述路德其中一方面之贡献：他说路德就像"一只敬虔的小蜜蜂，从上帝天堂里所有的玫瑰和许多可爱的花朵汲取其中高贵的花蜜"，然后再将上帝话语的甜蜜灌入教理问答之中。
④ Robert Kolb, *Martin Luther as Prophet,Teacher,and Hero：Images of the Reformer*,1520 – 1620,155.

注释，①以帮助牧者讲道；后者成为牧者教导信徒的指引。②除了这两类作品之外，还有《圣诗》，以及波尔塔（Conrad Porta）依据路德不同的作品而编辑的路德教牧或牧养神学、灵修材料、祷告或祷文、圣经注释等。③当然，对当代的崇拜礼仪的去芜存菁，也是路德牧会的其他贡献之一，尤其是他坚持使用会众听得懂的语言来进行礼拜，与此相关的就是他在翻译圣经上的贡献。④

路德多样化的著作都是为了"尽力地为神的子民带来安慰，并支持他们的牧者"。这正是路德作为牧者的动机与意义。

三

牧者路德"生活于中世纪晚期，在末日审判阴影覆盖下，人们渴求得救的确据。所以 1518 年春，他执笔撰写《探求真理——安慰忧伤的天良》一文，借之表明他的勤勉研究、辩论、讲课和证道，全是为了牧灵工作，因为他知道理性上的信仰认知不能和感情上的信心分割"。⑤

正如拜尔如此描述路德的著作与其教牧关怀之间的关联：

> 总的来说，路德的演讲和写作，体裁可谓极为庞杂，地点可谓极为不同，对象可谓完全相异；然而，无论怎样，大

---

① 经课是教会按教会年的节期所编排指定的经文组合，以供公共崇拜中诵读与宣讲，共有三段经文：旧约、新约及福音书，然后，唱诵一段诗篇回应当天的旧约经文。

② Robert Kolb, *Martin Luther as Prophet, Teacher, and Hero: Images of the Reformer*, 1520 – 1620, 156 – 157. 另参 Timothy J. Wengert, 405. Timothy J. Wengert 认为，在路德所有作品中，《经课讲道注释》及《教理问答》，是最具牧养性的。

③ Robert Kolb, *Martin Luther as Prophet, Teacher, and Hero: Images of the Reformer*, 1520 – 1620, 163 – 174. 除了这些作品之外，作者还列举了路德的社会思想（social thought）、先知性预言（prophetic prediction）和论辩性著作（polemic）；参第 175 – 190 页。

④ Roland Bainton, 398 – 403, 413 – 415.

⑤ 拜尔，《路德神学：当代解读》译者序，III。

多数是因应个人和群体的具体提问而作答。情况既是这样，原始资料中就藏有极不相同的文章，洋洋洒洒，可成立另一图书馆：讲义、证道词、论战文章、慰问信、序文（主要是圣经书卷的导读）、辩论纲目、桌边谈话、寓言、诗歌等。所有这些讲词和即兴文章都不容易系统地编辑成册。与此同时，这些作品又全都与某一特定的生活背景（SitzimLeben）有关，可用路德宗教改革运动头一篇论纲为例说明：《探求真理，安慰忧伤的天良》（Pro veritateinquirenda et timoratisconscientiisconsolandis），那是他1518年春天执笔的。这个篇名妙极了，因为它表示出：探求真理这种学术性辩论，就是为了安慰忧伤的天良；理性的信仰认知不可以和感情的信仰体验切割——辩术是要为牧灵服务。①

"探求真理，安慰忧伤的天良"，真是一语中的啊！这篇名，道尽一切路德作为牧者的意义与其教牧神学的特质，这意义源自于他神学的理解，因为路德呈现出来的属灵劝慰，并非是实践外在的技巧，而是其神学重要、不可或缺的部分，②反之亦然，其神学并非是空泛的理论及纯粹的抽象推敲。路德探求真理是为了具体的人——安慰忧伤者的天良。诚然，他的实践是神学的，他的神学是实践的。

正如科尔伯所体认的，路德的神学是在两种情境中塑造而成：其一，路德是在进行论争过程当中产生神学；他为了追寻真理而与

---

① 拜尔，《路德神学：当代解读》前言，Ⅴ–Ⅵ。
② Theodore G. Tappert, 14.

各方对质，同时也因为感受到被教皇和假弟兄们①出卖而进行神学思考；②其二，路德的神学甚少是在大学的神学理论中建构而成，他的神学更多时候是产生于牧职实践当中；路德的神学形成于他关心罪人脆弱的良心之时、分担他们因在上帝审判的愤怒之下而恐惧与沮丧之时。路德是在上帝的话语中——当上帝的话表达了上帝的本质、同在及权能时——找到了生命中最迫切的、抑郁的问题的答案；路德是在基督的十字架中，也是在宣讲的、书写的、圣礼的话语中——饶恕和让生命得释放的话语中——找到了这些攸关生命问题的答案。那也是路德在会众、学生甚至是查理皇帝（Emperor Charles）面前所宣讲的答案。路德作为信仰的宣认者及上帝子民的牧者，他在宣讲及书写中重申，作为上帝的子民，是能够在基督的启示中认识上帝，也在他所赐的喜乐与平安中活着。③

　　由此看来，路德的神学与其教牧关怀有关。另一方面，他的教牧神学就如他的神学一样，需要按历史情境的发展来理解他的思想，但这并不意味着路德神学缺乏了系统神学的一致性。罗永光表示："路德的神学思想是在富挑衅的处境中发展出来的，而不是安坐在书桌旁精心地研究建立的，因此，路德神学的一致性并不取决于神学系统的内系次序(*ordorei*)和认知次序（*ordocognitionis*）的关系，而在于'十架神学'及与此不可分割的'藉信称义'信仰所发展的神学知

---

① "假弟兄们"（false brethren），这些"弟兄们"原本是与路德同在改革阵营的同道，后来他们之间因某些改革理念、神学观念及实践的分歧，路德就在其论辩性文章中直呼他们为"假弟兄们"，甚至声称他们是受了撒旦之灵的驱使而带来不团结与分裂，这些人包括Zwingli，Oecolampadius，Carlstadt，Bucer，Bullinger，Agricola，and Schwenckfeld等。详细讨论参Edwards，Mark U.，JR. *Luther and the False Brethren*(Stanford，CA：Stanford University Press，1975)。
② Robert Kolb，*Martin Luther：Confessor of the Faith*，198. 路德认为，教皇们在成为上帝子民的牧者这件事上失职；而那些假弟兄们则另辟途径进行改革，或者说他们另解了圣经重要的篇章。
③ Robert Kolb，*Martin Luther：Confessor of the Faith*，198 – 199.

识，①如阿尔托依兹曾指出的，路德的十架神学贯穿了他的整个神学思想。"②

换言之，路德神学的特质，先是表现在其境遇性（occasional），但又内含核心主题或核心教义③的系统性。如此，我们就不需要非此即彼地挣扎于到底是要按其神学教义之间的系统关系，或按历史情境的发展来处理路德的思想。④

从上述科尔伯的观点中，我们发现路德的牧职实践——关心罪人脆弱的良心——是直接关联于圣道（神的话）与圣礼，而非只是靠赖辅导技巧。

恰如温格特所说的，牧者的劝勉与关顾（Seelsorge，字面意思为"灵魂的关顾"或"牧灵"，care of souls）应该是从全面性的牧养事工来看待，而不应将之视为牧者的独立于其他事工的专长，此专长是只维系于治疗及个人性的好处，却与圣道与圣礼分开。⑤

因为，温格特认为，路德的牧养观强调牧养的果效涉及了牧者向那些极度需要安慰和需要信心的人们传讲真实的应许。因此，对路德而言，牧养的定义事关律法与福音之别，⑥即是"让那安逸者战

---

① 罗永光，《路德论神学》，载于《神学与生活》，第 24 期（2001），第 188 页。作者在该文注释 2 中如此表达。

② 同上，引自 Paul Althans，《马丁·路德的神学》，南京：译林出版社，1998 年，第 26 页。

③ 不同神学家会强调路德神学不同的核心主题或核心教义，也有人称之为始原主旨，如十架神学、因信称义神学、上帝的应许等，本文不讨论这个课题。

④ 这是长久以来，不同学者在讨论如何结构性地呈现路德神学概貌时的困境。参 Bernhard Lohse，141。另参罗永光，《路德圣灵观的当代意义》，载于《神学与生活》，第 29 期（2006），第 158－159 页。作者反对有人认为路德"的神学根本没有任何系统，乃是一个处境性的神学反应……"他认为，"路德处于水深火热的改教运动当中，具体地回应处境，当然是他的首要工作。然而，这些工作背后的神学绝对不是没有系统，更不是没有神学原则的'随机应变'。"

⑤ Timothy J. Wengert，403。

⑥ "律法与福音之别"显示了路德神学的另一项特质：借由辩证性思维来表达其神学及教义。"律法与福音"之间的关系，正是其辩证性神学的例子之一。路德的辩证思维有别于黑格尔的"正-反-合"的辩证结构。黑格尔的"合"寻求将前两个"正"与"反"前提集合起来，而产生一新的陈述或新前提。但路德的辩证却不寻求在"合"中消解"正""反"的张力，路德反而将辩证的"正"、"反"推向两极，表面上看起来两者互相排斥，但事实上，两极都成立，因而两极彼此都确立了对方。详细讨论参 James Arne Nestingen，248－249。

兢及安慰那战兢者"（terrifying the comfortable and comforting the terrified），这区别是在十字架影响下进行的：那就是上帝的话本身，是传道人所讲的，也是那唯靠恩典而活的软弱者所领受的。同时，对路德而言，牧养的产生完全是源于上帝的恩典，称那不义的为义，这是唯凭信心领受了那道的缘故。而且这宣称的义是与这世界的外在之义对立的，面对世上外在的义时，传道人称那在地上生活的羊群为蒙赦免的罪人。①因此，牧者的劝勉与关顾不能独立于圣道与圣礼，而应该从全面性的牧养事工来看待。

可见，路德属灵的劝慰常关系人的信心，由于"信道是从听道来的"，上帝的话（福音）就在此间居中。为此，关顾忧伤心灵的事工，即是福音的事工。②

综观上述所言，或许我们可以说，"基于上帝的应许（话语）的因信称义"是路德教牧神学的核心教义。

路德的称义观，让上帝的恩典直接联系个体，也重申了因着罪的缘故，因而人以及人的一切体制在称义或救赎上徒劳无功。此外，伴随路德称义观而发展的重要神学观点，以及其中所包含的福音观与教会观，抗拒了教皇的至高权威，也拒绝让教会法、教会会议成为信徒最终的权威基础，同时又否定了天主教会教阶制中具体体现教会权柄的三权：训导权、圣秩权及治权。③至此，路德可说是彻底地拆解了教会建制的权威结构，他当时的言论可说是一贯地将权威基础诉诸圣经以及（受圣经约束的）理性与良心，这意味着他也将个体的自由，从集体的权威秩序中解放出来，使得内在良心得以直接面对上帝（的话

---

① Timothy J. Wengert，403.
② Theodore G. Tappert，17.
③ 彭小瑜，《教会法研究：历史与理论》，北京：商务印书馆，2003 年，第 131 页。教会权威具体实现在这三种权柄（训导权、圣秩权及治权）的行使。详细解释参彭小瑜，第 122－135 页。作者不但对此三权作了详细的解说，也对路德宗教改革冲击这三重权柄所带来的影响予以评论。

语），而挣脱精神权力的枷锁。基于此，忧伤的良心是因上帝的话而得安慰，而并非因教会的权威结构。

路德的称义观提醒信徒，信仰是借信获得外在于我的基督的义，是借信活在外在于我的神的应许中；因此，信仰的基础是非己。因信，意味着唯信靠神的恩典而活；如此，上帝的子民都是蒙恩的罪人及义人。这正是为何"传道人称那在地上生活的羊群为蒙赦免的罪人"的原因。

由于信徒存在的正当性取决于由上帝的恩典获得与他之间正当的关系（义），信徒的人生在上帝面前（*Coram Deo*）及在人生的法庭上，证明了他存在于这世界上的正当性是基于上帝，而非来自"自我"的安全感、身份，或任何环境的因素。因此，信徒忧伤的天良得以安息在上帝面前。

四

我们是时候拿起《路德劝慰书信》来读了，若细细体会书中字里行间的情境，就会仿佛听到路德持续地发出的牧者之声，对那些处于悲痛中的人，施与深切的怜悯，随之我们也会发现他在这些景况中所流露的智慧。

虽然，路德写信的对象包括了选侯、文人雅士、行政官员，他甚至需要介入讨论政府的政策，以及教会腐败的权力架构的问题……但路德自始至终是一名牧者，当我们读着一封封书信时，路德的牧者形象会越来越清晰地跃然纸上。

放眼望去，更多时候他所面对的是一群生病的、垂死的、丧失亲人的、受瘟疫袭击而四面楚歌的、焦虑的、沮丧的、怀疑的、愁烦的……还有更多遭逢苦难的人群。潜藏在这些病痛与死亡背后的，是那股弥漫在人们心头的无助与无望……从每封信札中，我们不但感受到路德对羊群深切的爱，我们也渐渐地同感于这位 16 世纪欧洲教会里的牧者身上的重担。

或许从 1527 年的瘟疫事件，我们更能具体地体会牧者路德的牧养情景。

1527 年 4 月下旬开始，路德可能因高血压而身体不适，严重晕眩。7 月时，他的身体状况极差，灵里的攻击和身体疾病，使他感到自己可能不久于人世。当时，"不仅仅是教皇、农民和皇帝反对他……更有激进的'狂热者'和在圣餐问题上来自瑞士人士的反对。他的恐惧与疑虑渐长，并请区牧布根哈根来宽恕他的罪……"①

同年 8 月左右，瘟疫袭击维滕贝格，格拉汉姆·汤姆凌如此形容当时的情况：

　　……瘟疫袭击了维滕贝格，绝大多数学生和许多大学教员离开了这座城市。路德作为一名牧师，仍在坚守阵地，他的家变成了收容病人和垂死者的医院。勒雷尔的妻子汉娜在生出一个死婴后也撒手人寰，路德的绝望和沮丧仍在继续……到了 1527 年 12 月，瘟疫仍继续蔓延，而路德自己也常常处在恐惧中。他给居住在诺德豪森的约纳斯的一封信中说："不要停止为我祷告，与我并肩作战，我的约纳斯，有时，我灵里的攻击弱了，但有时它们加倍凶猛地杀回来，但是基督不会撇下我……我的信心不会断绝，直到死亡。"②

《路德劝慰书信》第八章记述了路德在 1527 年 11 月写给约翰·

---

① 汤姆凌（Graham Tomlin），《真理的教师：马丁路德和他的世界》，张之璐译，北京：北京大学出版社，2004 年，第 139 页。
② 同上，第 139 – 140 页。另参 Theodore G. Tappert, 17。

赫斯（John Hess）的信，信中说："……当死亡危难时，凡是在服侍中的人，比如传道人与牧者，他们有义务留守，因基督清楚地命令，'好牧人为羊舍命，若是雇工，他看见狼来，就逃走了。'一个人在濒死时刻，特别需要上帝的道与圣礼的帮助，以坚固和安慰他的良心，以至于让他有信心克服死亡。然而，当地若已经有足够的传道人，他们也同意在危难时留守，那没有必要全数留下，有些人可以撤离，我并不视此为罪……"①

但愿这位上帝子民的牧者、牧者们的牧者，也走进我们的心灵世界，劝慰我们忧伤的天良，让我们得以在上帝面前安息。

（本书作者是新加坡圣道基督教会牧师）

---

① Theodore G. Tappert, 231 - 232.

序　言

13　　马丁·路德（1483－1546）给这个世界带来了翻天覆地的改变，这一点是人所公认的。他在自己所处的时代公然对抗天主教廷和帝国的势力，在教会的教导、崇拜、组织和信仰生活方面引入改革，给西方文明带来了经久不息的影响。然而人们有时却会忘记，路德头顶的众多光环之中，最为重要的是他那牧师（或说灵魂牧者）的身份。从这个视角进行考察，我们不难发现宗教改革之所以会始于德国，最初就是源于路德对于其教区居民深深的担忧。因为他们购买赎罪券，迷信通过此举可以保证自己的救恩。①正如路德公开的改革行为始于他的教牧事工，这位改教家的生命也是在其教牧事工中结束的。1546年1月，当冬季接近尾声的时候，63岁的马丁·路德为了调解曼斯费尔德贵族之间的矛盾，不顾旅途的艰辛，来到自己的出生地艾斯莱本。经过长时间艰苦的谈判，贵族们终于达成一致，然而就在此后一天，路德便离开了这个世界。②路德的这两次教牧行动，前一个标志着宗教改革的兴起，后一个标志着这位改教家人生的终点，而这二者之间所贯穿的正是路德一生波澜起伏的教牧生涯。

---

① 见1517年10月31日路德写给美因茨大主教阿尔贝特的信，其中附有他的《95条论纲》。同一天路德将此文张贴示众，见 *WA*,*Br*,I,III；英文版见 *Works of Martin Luther*,Philadelphia ed.,I,26。

② 见本书第三章1546年2月7日和10日路德所写的信。

　　路德一生对同时代信徒所给予的属灵劝慰，并不仅仅局限于他给那些向他求助之人所写的书信，或是他与某个深受良心困扰的人之间的谈话。路德的教牧关怀最主要表现在他的讲道中。①在路德讲义的长篇附录以及他对各卷圣经的注释中，我们也可以一次又一次地感触到路德的牧者心肠，②教牧关怀也构成了路德撰写许多小册子和书籍的直接原因。③因此，如果一个人想要深入了解路德的著述和谈话，他就必须首先全面地看待路德的牧者身份。

14

一

　　从这样的视角来看待路德的文集，我们会发现不能简单地将路德的属灵劝慰看成是他的一种外在实践行动，事实上它是路德神学不可或缺的一部分。对于路德而言，他同时代的人都相信神是真实存在的，并且会以认真的态度来看待这个命题。路德就曾写道，所有的人天然地都会相信有一位神的存在，然而他们却不晓得什么是神所喜悦的，什么又不是，唯有在基督里，一个人才能拥有对神真确的知识并明白他的心意。④在路德确认了这样的观念之后，他便放弃了中世纪经院主义的思想以及神秘主义的理论，前者认为人可以依靠理性和逻辑认识神，而后者认为人唯有通过禁欲和苦修才能够经历神。

　　然而在神眼中，一个人如果单独凭借自己的能力和行为，不承认神和神的恩赐才是他所依靠的，他便是一个罪人。"不去相信、依靠、敬畏神，不将荣耀归给神，不要神作王掌权居首位"——这就是

---

① 比如本书第八章中有劳特巴赫所记录的 1538 年 12 月 1 日路德的讲道。
② 比如见路德关于《以赛亚书》的讲义（1532－1534），见 *WA*, XXV, 229－235。
③ 比如"为着那些在良心上软弱、胆怯和怀疑的人"，路德写下了小册子《是否士兵也能蒙受救恩》（*Works of Martin Luther*, Philadelphia ed., V, 32）。此外他写小册子《论贸易和重利盘剥》（1524）是为"有些人，哪怕人数很少，能够从贪财的血盆大口中被解救出来"（同上，IV, 12）。
④ 《〈加拉太书〉注释》（1535），见 *WA*, XL¹, 607－609。

罪。①罪的本质是远离神，②不信神。③因此，它并不仅仅意味着错误的行为（尽管这也是罪），它的根源在于人错误的倾向。在这样的观念面前，中世纪天主教对可原谅之罪与不可原谅之罪进行界定的学说便土崩瓦解了。它让我们看到一个人需要在神面前承认说"我是一个罪人"，而非"我犯了某个罪"。

人与神的关系因为罪而遭到了破坏，然而神却主动来恢复这种关系。在基督里，神以他的慈悲担当了人的罪，以他的怜悯为人承受了罪的刑罚，以他的爱成就了神人的和好，以他白白的恩典赐下了赦免。对路德而言，这一切都包含在神对人的"赦罪"之中了。这种赦罪是神主动的行为，而非被动的回应。它意味着当人还活在罪中的时候，神就接纳了他，而这种接纳所带来的，就是人在神里面的永生。

对于神这样的恩典，从人的角度来看，他所能做的就是接受。神的恩典原是人不配得的，任何人也无法使自己拥有配得这种恩典的品格。在神面前人要做的就是白白接受神所赐下的祝福，将自己的信心建立在神的应许和圣言之上。神将他的圣言赐给了我们，他亲自向世人说话。"神赐下他的恩典，绝非因为他看我们配得到这一切，"路德说，"他发出圣言、设立圣餐，也绝非出于这个原因。神将不配的你建立在他的圣言和神迹上，唯独是出于他白白的恩典。"④神借着圣言（更具体而言就是他的福音）进入到世人当中，以此赐下他的赦免和生命。因为神的圣言是一种应许，所以一个人唯有凭着信心才能接受它，这种信心并非一种理性上对教义的认同，而是一个人在基督里对神的信靠和委身，所以信心本身也是神的恩赐，

---

① *WA*, X¹, 25.
② *WA*, III, 28, 74.
③ 同上，331。
④ *WA*, II, 694.

而非人的成就。这种信心让我们确信神在他的愤怒中依然充满了慈爱，在他公义的审判中仍会施恩怜悯。拥有了这种对神的信心，就是拥有了神。①

如此说来，基督徒的生命就是一种信心的生命，一种活在神里面、完全顺服他的生命。一个基督徒从事"善行"，并不是要为自己赚取救恩，而是为了在爱心中服侍他的邻舍。"服侍我们的邻舍就是服侍神了"——这就是路德所说的服侍神（*Gottesdienst*）。②一个基督徒会无条件、自然而然、满怀喜乐地来投入这样的行动中，他这样做，并不是为了从神那里赚取救恩，而是他得着救恩之后天然的倾向。

因此在路德那里，他属灵劝慰所最为关注的就是人对神的信心，他要在这样的教牧劝导中去培植、坚固、建造并操练信徒对神的信心。因为"信道是从听道而来"（罗 10：17），所以神的圣言（即福音）在路德的教牧劝导中占据了中心位置。路德的目标并不是说服他人去参与诸如禁食、朝圣、苦修、善工，甚或领受圣餐之类的行为，而是要让人们建立对神的信心，并将那从对神信心中所生发出的爱，在自己的生命中活出来。

福音事工的对象就是那些被压伤的灵魂，那些在信心上面对挑战或缺乏的人，所以对于一个信徒而言，他的一生都会活在这种服侍之下。出于这种对福音本质的认识，之前与天主教诸如临终涂油及领受圣体的圣礼息息相关的各种迷信，因此销声匿迹，③而那些给死人举行的弥撒和守夜祈祷也不再继续。④虽然神对牧师职分的呼召在各种

16

---

① 参 Erich Seeberg, *Luthers Theologie in ihren Grundzügen*（Stuttgart, 1950）, 126, 129。
② *WA*, XXIII, 358.
③ 参 1523 年 3 月 1 日和 11 月 17 日路德写给维滕贝格众圣徒的执事和教牧人员的信，见 *WA*, *Br*, III, 34 – 36, 375 – 377。
④ 见本书第二章。

职分中具有最为崇高的地位，但改教运动却将中世纪天主教对教牧人员和平信徒之间的区分几乎完全取消。平信徒能够和教牧人员一样，给予他们周围的信徒属灵的服侍，这一点在路德的时代最为明显的证明，莫过于路德对平信徒可以听取忏悔并宣布赦罪的劝勉。①此外，这种属灵的帮助和劝导，通常都是在教会的背景中开展的，众信徒的团契是其实践的土壤。

以上所列出的路德神学的种种显著特质，显然难以称之为全面，然而通过这些特质，我们却能发现路德的教牧劝导与他神学之间的联系。与此同时，通过它们我们也会看到路德在改教运动中新旧两方面的实践。纵观路德的改教生涯，我们会看到他一直都在尝试让那些自己之前从修道院和神父职分上所学习到的用语和做法，为新教所用。②

二

疾病（见第一章）对于16世纪的人而言是一个重要的话题。当时的人们普遍认为巫术的使用导致了疾病的出现。在1529年的一篇讲道中，路德顺带提到疾病是由巫师所造成的，③但总体而言，路德始终都会对导致疾病的自然原因进行追溯，当然他也不会忽略在这些自然因素背后魔鬼撒旦的作为。从路德所服侍的众多病人当中，我们可以总结出一份有关各种疾病的明细清单，其中我们会发现肺结核在他那个时代造成了相当大的危害。路德也提到了溃疡、疖子和脓肿的出现，这当中有些可能是性病所造成的，而路德也会直接

① 参 John T. McNeill, *A History of the Cure of Souls*（New York,1951),163-176。
② Walter Dress, *Zetschrift fur Kirchengeschichte*, LII（Stuttgart,1933),122-161 中的 "Gerson und Luther"; A. W. Hunzinger, *Das Furchtproblem in der katholischen Lehre von Augustin bis Luther*（Leipzig, 1906); John T. McNeill, *A History of the Cure of Souls*（New York,1951),Chapters V-VII.
③ Hermann Werdermann, *Luthers Wittenberger Gemeinde wiederhergestellt aus seinen Predigten*（Gütersloh, 1929),105-109.

将它们归咎于梅毒所致。路德提到的其他疾病，还包括淋巴结核、
天花、眼部发炎、热病、痢疾、癫痫、中风、黄疸、疝气、浮肿和
结石等。当时落后的卫生条件和食品营养的缺乏，加剧了这些疾病
的流行，又加上当时人们对这些疾病起因的了解和诊治手段与今天
的水平相差甚远，这一切都使得疾病的爆发难以控制。

在他对患病者的服侍中，路德让这些人求助于医生、理发师和
药剂师。他说在患病时服用药物是非常有必要的，并且让医生和护
士尽力来救治他人的做法也极其可取。然而在这些医生能够提供的
治疗之外，路德也指出有些疾病的根源是在人的思想和情感上。
"我们身体的健康很大程度上取决于我们的所思所想，正如有句谚
语这样说道：'能高高兴兴便赢了一半。'"①

在路德的时代，人群中经常会爆发汗热病（见第八章），比这
更为恐怖的是黑死病。这种瘟疫一次次在城市中爆发，多数人都会
因其致死。所以每当瘟疫出现时，它都会造成人群的恐慌，随着恐
慌的扩散，社会上各种各样的工作都陷入了停滞，一切有能力逃走
的人都会选择逃离那被瘟疫所席卷的城市，由此所导致的物资短缺
和饥荒更加剧了疫情的危害。面对这样的情况，路德认为应当开展
各种预防措施，"将你所在的房屋、院落和街道统统用烟熏消毒。
避免一切没有必要的会面和走访，也不要到刚刚从病中恢复的人家
里去。在瘟疫中，一个人应像在市区帮助救火一样挺身而出。"②
那些对自己的邻舍负有责任的人，应该持守住自己的呼召和职分。
"你们要信靠主，"有一次在面对瘟疫时路德从讲台上如此宣告
说，"所有的人都应该持守住自己的职分，因为你的邻舍需要你的

---

① 见第三章1537年路德写给康拉德·科达图斯的信。
② 见第八章1527年路德写给约翰·赫斯的信。

帮助和坚固，所以不要抛下他们。"①言行一致的路德在瘟疫蔓延的时期依然没有离开过维滕贝格，甚至在连大学都不得不暂时迁至安全城镇的危险时期，路德也不为所动。在瘟疫中他不仅去探望那些患病的信徒，有时还会将患病的人接到自己的家中。

对于那些罹患各种疾病的人，路德表达了自己真切的同情。他从没有轻看过这些人所承受的痛苦，然而他更为关注的是，鼓励他们去坚定地依靠父神的恩典和慈爱，从而能够向神有安静等候、全然交托的心志。因为神永远都不会撇弃那些受苦的人，神对他们的爱超过了他们对自己的爱。正是路德这样的劝慰，让那些患病的信徒又一次回想起了自己在教会中所听到的圣言，从而能够紧紧地去依靠神。他们不再惧怕死亡，因为神已经借着耶稣基督胜过了死亡。

在面对信徒的离世时（见第二章），路德将那些为丧失亲友而哀恸流泪的人作为自己服侍的对象。他认为那为亲友离世而有的悲伤是正常合理的，同时他也指出信徒在这方面不应过度，要明确自己所做的一切都应出于对神的信靠。亲友的逝去不应被看成是一种神出于愤怒对我们的刑罚，因为借着神向我们的启示，我们看到神原是满有恩慈的。"如果我们对神的恩典有如此的确信，我们便能在平安中面对万事。"②从路德这样的服侍中我们会再次发现，他事工所围绕的中心一直都是神的圣言和人的信心。

三

作为牧者，路德不单要服侍那些患病、临终的信徒，也要关怀那些承受各样试炼艰难的教会肢体。在他们当中，有些人遇到的是

---

① 见第八章 1538 年 12 月 1 日路德讲道的记录。
② 见第二章 1536 年 4 月 18 日路德写给约翰·赖内克的信。

身体上的挑战，有些人面对的则是灵性上的攻击。

最常见的身体上的试探，尤其是对于年轻人而言，是来自肉体情欲的挑战（见第九章）。"我们看见，"路德写道，"这个世界充满了各样的羞耻之事：不贞、污言秽语、虚妄的传言和轻浮的小曲……不贞的恶念在我们的四肢百体中肆意发动，这包括我们心灵的思念，眼目的视野，听力的所及，嘴唇的语言，双手、双脚和百体的一切感触。要克制这样的试探需要我们付出艰辛的努力。"①如同对那些患病之人的劝慰，路德就这肉体上的试探也从外在物质方面提供了建议：一个人要胜过情欲的试探，他就要避免"贪食和醉酒，睡懒觉和游手好闲"。与此同时，"不要睡软床，避免穿柔软的衣服"。要避免过度的装饰，并且不要与异性有亲密的接触。在路德看来，早婚也是一种非常有效的方式，它可以帮助人们抵挡情欲试探，从而逃避由此而来的诸恶。②甚至有时，如在对黑塞亲王菲利普重婚问题上，③路德对于这种肉体上的冲动给予了相当的建议空间。

除了以上这些从外在物质层面对付肉体情欲的建议之外，路德还从属灵的层面给出了医治的方法。有一次他这样写道："对于这类事，最大的保护就是祷告和神圣言的光照，因此当一个人面对这种败坏情欲的搅扰时，他需要立即向神祷告，呼求神的怜悯和帮助，诵读默想主的福音，思念基督所承受的痛苦……在这样的争战中，信徒向主坚固的信心是他得胜极大的保障……因为那些全心仰望神施恩帮助的人会渴慕属灵的圣洁，于是他便可以非常轻松地抵挡那肉体上的不洁，并且在这种对神的仰望中，圣灵也会明确指示他如

19

---

① "*Treatise on Good Works*" (1520), in *Works of Martin Luther*, Philadelphia ed., I, 275, 276.
② 同上，267。
③ 见第九章。

何远离那些败坏的心思，以及所有与圣洁的生命不相容的事物。"①

与这种肉体情欲上的软弱相比，路德所面对更多的是人们在属灵试炼上的挣扎，他称此为"属灵的控告"（*Anfechtungen*）（见第三章和第四章）。这种信仰上的争战有不同的形式。有一次路德曾如此评论道，男人年轻的时候，会因迷恋女孩子的美丽而受试探；30 岁的时候会被金钱所试探；到了 40 岁的时候，试探他们的将是对荣誉和名声的渴望。②更危险的是，这些挑战构成了对基督徒信心的试探。此外，这些试探也会因人而异。"对于我而言，"路德说，"撒旦会借着我曾经做过的错事来攻击我，这包括我过去关于弥撒的言论，或我在年轻的时候这样或那样的过犯。对于他人，魔鬼也会用他们曾经犯下的罪来搅扰他们的良心。"③路德相信魔鬼就是要让人陷在自己的罪中无法自拔，并因此让人落入忧郁、绝望之中。人会在这样的状态中怀疑神的恩慈和怜悯，他们也会不再确信自己的罪已得了赦免，甚至他们会被魔鬼说服，认为神是恨恶自己的，因此对救恩完全失望。对此路德承认说，"我从自己的经历中发现了一个人应该如何去迎击这些试探，即当他被悲痛、绝望、各样心灵的忧虑或良心上的亏欠所围困时，该如何去胜过它们。"④

对于这样的试探，路德首先还是从外在的层面提出了抵御的手段。他建议信徒要逃避独处，因为正是在这样的处境中魔鬼诱惑了在伊甸园中的夏娃，而捆绑修士和修女的独身制度正是出于魔鬼的发明。基督并不希望看到信徒孤身一人，因此神将他们聚集在教会中。神造人是为着让他们彼此团契，而非孤身独处，并且基督应许

① 见 *Works of Martin Luther*, Philadelphia ed., I, 276, 277。
② *WA, TR*, II, No. 1601.
③ *WA, TR*, I, No. 141.
④ *WA, TR* I, No. 122.

说凡两三个人奉他的名聚会，他就要在他们中间。因此，那些受试探的人应该寻求他人的陪伴。对于他们，路德的建议就是从自己独处的房间中走出来，去找你的朋友！去与他人谈话！"我也常常被极大的试探和忧郁所困，"路德如此说，"遇到这样的问题，我就会去寻求他人的陪伴。事实上，在这种情况下，哪怕是与一个使女的谈话都常常会让我非常欣慰。"①

20

伴随着这些鼓励信徒寻求陪伴的建议，路德还对那些处在灵性软弱中的人提供了其他建议。不要禁食，因为处在饥饿中的人只会将自己完全地暴露在撒旦的攻击之下，所以信徒应当吃喝快乐。路德引用《箴言》31:6的经文来证明自己的观点："可以把浓酒给将亡的人喝，把清酒给苦心的人喝。"除此以外，路德还认为从事工作可以帮助信徒胜过各种试探。"人必须要去从事某样事情，"他说，"如果一个人的内心没有被神呼召他去完成的工作所占据，魔鬼就会来在他的内心中投下试探、失意和悲伤。"②

对于属灵的软弱和试探当然也有应对的属灵武器。"试着来读圣经，"路德建议说，"尽管你很可能没有这样的愿望（因为魔鬼想尽办法要来拦阻我们读神的话语，并让我们心中对圣经产生厌恶），你还是应该勉强自己来读主的话语。"③就如对神话语的默想一样，祷告也可以让我们的心思意念转向神本性的美好和他对我们的怜悯，从而胜过罪的试探。借此，那些陷在试探中的人可以如此说，"除了神赐下基督，并让他为我的罪而死以外，我一无所知。因而我深信神不再以他的愤怒来对我，而是以他的慈爱来接纳我。"④

① 第三章中1534年路德的桌边谈话；见 *WA*, *TR*, III, No. 3754。
② 第三章中1530年7月路德写给耶罗梅·维勒的信；见 *WA*, *TR*, II. Nos. 1299, 1349。
③ 路德《以赛亚书》的讲义（1532–1534）；见 *WA*, XXV, 230。
④ *WA*, XXV, 231.

唯有借着对神恩典和慈爱的信心以及对他圣言的依靠，一个人才能胜过各样的愁苦、忧虑、恐惧和绝望。可以想见，当这些神的话语借着牧师和邻舍有力的声音传递给我们时，那将是何等大的帮助。①与此同时，我们还要看到当属灵的试探和软弱临到的时候，这些可以被神转化成我们的祝福，因为正是通过它们，我们才认识到自己的骄傲和自恃，从而向神悔改，转向投靠他的怜悯和恩慈。

四

路德曾这样谈起过自己，"你们知道马丁博士不仅是一个神学家和护教者，他还是那些穷苦之人利益的保护者，当这些人从远近各处找到我陈述苦情的时候，我会尽力为他们提供帮助，并代他们求告于政府。就算我没有任何其他工作，光是这些事情已经足够我殚精竭虑了。然而，马丁·路德博士仍然愿意帮助那些穷困软弱的人。"②维滕贝格聚集了大量深陷不幸、无依无靠的人（见第四章），为了减轻他们的痛苦，路德竭尽其所能向他们提供帮助，同时也呼吁那些有能力的人士向他们伸出援手。

那些向路德求助的人中包括穷乏的寡妇和孤儿、失业的工人、未获薪俸的牧师，以及那些放弃修道院生活，却一时难以适应世俗生活的修士和修女。同时他也为那些蒙冤入狱和理应入狱的人代为求情，为那些财产遭到没收，或是因为其他的原因生计遭遇困境的人四处奔走。他非常关心那些穷困学生，为他们争取各种助学金和奖学金，从而让他们能够继续自己的学业。他也常常代年轻人向他们的父母进言，并在夫妻关系中代表一方同另一方寻求和解。他使

---

① 见第三章。
② *WA*,*Br*,VIII,237.

用自己的影响力来为难民提供庇护，尽力缓解那些遭受迫害之人所面对的困境（见第七章），并且在饥荒来袭时，呼吁政府进行干预（见第八章）。

在这类情况中，路德给出的建议通常都是双方面的。一方面，他提醒过错方归回正路，并要求他们对所造成的损失进行赔偿；另一方面，他也劝慰那些受害人要存忍耐的心来承受自己的苦难。关于路德这种同时向双方或多方给出建议的做法，我们可以很明显地在他对在上掌权者和其下臣民的劝慰中（见第十一章）发现许多例证：路德在对强权者作出严正谴责的同时，也强调受害方对在上权柄的顺服；在呼吁弱势群体忍耐等候的同时，也表现出了对革除罪恶欺凌的强烈期待。路德所强调信徒的长久忍耐并没有与胆小怕事混为一谈，因为他相信人们可以在某些恰当的时机到来时，采取勇敢的抵制和积极的行动（见第五章）。

与之相比，对于那些带着问题来向他求助的牧师，路德给出的建议却有极大的差异（见第十章）。这类教牧问题非常复杂多样，其中包括了信仰自由和政教关系的问题，也有关于良心、教义和信仰实践的问题。比如是否可以为一个尚未出生的婴孩施洗？不用水施行的洗礼有效吗？用热水施洗是否可行？只领受饼的圣餐礼是否犯罪？牧师能否像在教会中公开施行圣餐礼那样，在信徒家中私下施行圣餐礼？丈夫是否有权利抛弃自己患麻风病的妻子，再去另娶？能否为不信的人举行教会仪式的葬礼，并将其葬于教会的墓地？对于自杀的人，教会能否按照对那些自然死亡之人下葬的仪式来为其举行葬礼？如何看待允许妇女成为传道人的做法？是否神最终的审判即将到来？那些从中世纪以来流传下来的各种仪式，是应该遭到弃置，还是应予以保留？对于这些问题，路德都基于自己对福音的认识，以及问题的具体处境给出了回答。

22

五

在路德去世后不过几年的时间，他的第一部属灵劝慰的书信集就得以问世出版了，从那以后，每一代人在其有生之年都能至少看到一版新编的路德书信集。①每一版书信集都反映了教会在不同时代所面对的问题，以及随时代变迁人们对路德的不同侧面的欣赏，同时也反映了编集者们各自的偏好与兴趣。路德在教会中的地位备受推崇，在过去他的观点长期被认为具有权威性，因此常常出现在历代新教牧师的教理问答和牧师手册当中。②

现有大约 3000 封路德书信流传下来，包括献辞、序言、公开信和意见在内，我们通过各种途径可以推测出他当初所写的书信远远超过这些。这些书信普遍都是路德亲手所写，而非口述而成。一般来说，路德会用拉丁文致信给那些有学问的人，而对于那些受教育水平较低的人，路德便使用德文给他们写信，虽然有时这个原则也不是一成不变的。本书从路德现存的书信中选取了一小部分，用以呈现路德属灵劝慰的不同侧面。与之前的路德书信选集相比，这本书的亮点在于收入了许多之前未曾编入的书信。

除此之外，路德的桌边谈话也与他的书信有着紧密的联系。③
23　一向热情好客的改教家有时会在餐桌旁向自己的友人和学生们宣读一些他的书信，此外，他也会在这种场合就一些自己所关注到有关通信或与在座宾客相关的话题，与他人展开讨论。在 1524 年到

① 关于路德书信选集在 16 世纪最早五个版本的评述，见 Johannes Haussleiter, *Allgemeine Evangelisch Lutherische Kirchenzeitung*, L(Leipzig, 1917), 434 – 487 中的 "Luthers Trostbriefe"；英文版见 August Nebe, *Luther as Spiritual Adviser* (Philadelphia, 1894)。与本书相隔年代最近的一本篇幅很短的选集，见 Paul Scheurlen, *Vom wahren Herzenstrost: Martin Luthers Trostbriefe* (Stuttgart, 1935)。
② Conrad Porta, *Pastorale Lutheri, das ist nützlicher und nöthiger Unterricht … füranfangende Prediger und Kirchendiener*, 1582. 被认为是最好的牧师手册之一，1842 年在德国的讷德林根被重印。另外也请见 Jakob S. Gotthold, *Manuale casuisticum* (Frankfurt, 1717)。
③ 关于这方面的介绍，见 Preserved Smith, *Luther's Table Talk, a Critical Study* (New York, 1907)。

1546 年之间，路德的一些朋友和学生将路德在餐桌旁的谈话记录下来，并在之后重新作了誊录。偶尔他们也会记录一些路德离家在外的言行，并将路德的很多证道也记录下来。所有这些桌边谈话都用拉丁文与德文混合写成，这一点多少有些令人不解，推测其原因，有可能是因为那些与路德谈话的人都能使用双语，因此常常可以轻松地在语言之间作转换。另外也有可能是因为那些谈话的记录者习惯于使用拉丁文进行速记，因此他们有时会使用拉丁文来记录一些德语的谈话。后一种情况最明显地表现在那些由混合文字所记录的讲道中，因为，无疑，路德当初在讲道中所使用的都是德语。①本书仅仅从路德极为大量的桌边谈话中选取了很少一部分，以此作为他教牧书信的补充。

本书所收入的桌边谈话一般都对路德当时谈话的背景有所反映，然而我们并不能重现书中所有桌边谈话当时的背景。对于本书中路德的书信而言，作者当时的写信动机通常可以从文中发现，或者也可以通过我们对受信人的了解推测而知，因此本书的编者在每封书信之前都对那些有助于读者了解书信背景的必要信息，简要地作出介绍。鉴于编者无法对所有的背景信息逐一地给出说明，在此有必要指出，当代有关路德的各种研究，都不可避免地依赖于完成魏玛版路德文集的诸多编辑的辛劳成果，同时也有赖于众多关于路德的研究专著。这当中最重要的研究著作都在本书后附的参考书目中向读者列出。

本书所依照的英文译本是新近从拉丁文和德文的原文翻译而成，其中收录的很多路德书信都是首次被译成英文，并且在此之前绝大多数已翻译成英文的路德书信也并不完整。普里泽夫德·史密

---

① 比如见 *WA*, XXXIV[1]。

斯（Preserved Smith）与查理斯·雅各布斯（Charles M. Jacobs）①
部分或完整地翻译过一些路德早年的书信，他们的工作为本书所依
照英文版的译者提供了极有益的帮助。

即便是那些不熟悉路德的读者也都会发现他的书信与圣经的语
言有密切的联系。除了那些明确的经文引用之外，他的书信中还有
许多对经文的暗指。路德对于圣经极其熟悉，完全浸润于其中，因
此圣经中的一些表述和比喻会非常自然地流露在他的写作和交谈之
中。路德通常是从自己记忆中提出对圣经的引用和借喻，这就导致
这些圣经参考有时是出于拉丁文武加大译本的某种表述，有时是来
自于希伯来或希腊原文的某个措辞，有时取材于他自己所翻译的德
文圣经，甚至有时他所使用的圣经和以上的这些来源都有某些类
似。因此对于路德书信中经文的翻译，本书英文版的译者为了到位
的表达，在能够贴切表达路德所意指的情况下，使用了英王钦定版
中读者所熟悉的英文圣经，只有在相关经文的英王钦定版翻译与路
德所意指的明显存在分歧时，才会转而按照路德所希望表达的意思
重新翻译。在经文翻译方面，英文译本的译者不光要处理路德语言
翻译的难题，还要面对路德随意引用圣经所带来的挑战。在路德的
时代对圣经的引用（仅对那些给予出处的引注而言）通常只会给出
章数，不会像现在这样明确到圣经的几章几节，并且当时武加大译
本和德文圣经中章节的划分与我们今天的圣经并不完全一致。此
外，因为路德通常是依靠记忆来引用经文，所以有时会给出错误的
章数，甚至相关的圣经书卷名都有错误。因此为了不至于过分地拘
于原文，给读者造成不必要的干扰，本书按照当代圣经的章节划
分，将相关的圣经参考列于脚注之中，并对书信中路德的圣经引用
和暗指作出了区分。

———————

① *Luther's Correspondence and Other Contemporary Letters*, 2 vols. (Philadelphia, 1913, 1918).

缩略语表

C. R. — *Corpus Reformatorum*,由 C. G. Bretschneider and H. E.

　　Bindseil 编辑,Vols. I-XXVII(Halle,1834 – 1860)

De Wette — 由 W. M. L. de Wette 编辑的路德书信集(1825 – 1856)

EA — 埃尔朗根版路德全集(1826 – 1857)

Enders — 由 E. L. Enders 编辑的路德书信集(1884 – 1923)

WA — 魏玛版路德全集,主体已出版(1883 –　　)

WA,Br — 魏玛版书信集(1930 – 1948)

WA,TR — 魏玛版桌边谈话(1912 – 1921)

第一章　致患病者和临终者的安慰

致萨克森选侯腓特烈　　1519 年 9 月

时年 56 岁的萨克森（Saxony）选侯、智者腓特烈（Frederick），曾在宗教改革初期给予路德支持和保护，因此深为路德感恩敬佩。此时的选侯身患痛风、肾结石，并于 1519 年夏末染上热病，这样的病情令他的大臣们为他的性命极为担忧。作为这位王子和改教家路德之间的联络人，选侯的私人牧师和秘书，乔治·斯帕拉廷（George Spalatin，1484 – 1545）对宗教改革亦发挥着重要的影响。他建议路德写一些文章安慰病中的选侯。于是在一个月之内，路德完成了一本灵修类的小册子《给劳苦担重担者的 14 条安慰》。①斯帕拉廷后来收到了这本书的拉丁文原稿，为了让选侯也能读到此书，他请求路德将其译成德文。最终，此书的德文版于 1520 年出版。以下的这篇献辞与原稿一同被寄给了斯帕拉廷。[原文为拉丁文；*WA*，VI，99 – 106.]

致声名显赫的王子腓特烈，萨克森的公爵，神圣罗马帝国的元帅和选侯，图林根的伯爵，迈森的侯爵，我仁慈的阁下。

---

① 英文版见 *Works of Martin Luther*，Philadelphia ed.，I，103 – 171。

我们的主和救主曾赐给我们一条命令，所有的基督徒都应毫无分别地予以遵守，即我们应该为那些遭受患难、逼迫的人，尽人道关怀的义务，或称为（按圣经的说法）怜悯的事工。神让我们去探访那些患病的人，竭力去解救那些被囚之人，并要求我们向邻舍也当显出一样的善行，①好让这个被诸般罪恶患难所充满的世代能够稍得平安。我们的主耶稣基督在这条命令上为我们做出了极美的榜样，他因着自己对世人的大爱，离开了父神的怀抱，降世为人来承受我们的诸般苦难和软弱（即承担我们在肉身中的一切劳苦愁烦），并且亲自承担了一切神对我们罪恶的刑罚，以此让我们得着他的救恩。这一切正如《以赛亚书》43 章所写，"使我因你的罪恶服劳，使我因你的罪孽厌烦。"②若有人对于神所彰显的这恩典仍无动于衷，并对神在此之外圣言命令的权威，就是他要求世人热心行善的命令，不以为然，这样的人实在应当在最后审判的时候被神那愤怒的声音所咒诅："离开我，你们这被咒诅的人，进入那永火里去，因我病了，你们不来看我。③我在普世之上给你们赐下了如此众多的益处，你们却毫无感恩，对于你们那些有需要的弟兄连一根小拇指都不愿伸出帮助他们。你们不帮助他们就是不帮助我，因为神和救主基督原在你们的弟兄当中。"

因此，当我得知我最尊贵的阁下被病痛所困扰时，我很清楚那与您同在的基督也因您的病痛而软弱，所以我有义不容辞的责任来安慰您，这本小册子正是为此目的而作。我不能装作自己没有听到基督因阁下的病痛向我所发出的呼喊，他说，"看哪，我病了。"对于我们基督徒而言，我们不是自己在承受疾病这样的痛苦，而是我们的主和救主基督在为我们承受，我们因他得生。对于这样的真理，基督在福音中用平实的话语见证道，"这些事你们既作在我这弟兄中一个最小的身上，就是作在

---

① 参《马太福音》25:34–46。

② 《以赛亚书》43:24。

③ 参《马太福音》25:41,43。

我身上了。"①尽管我们有责任以同样的方式去探访、安慰所有承受疾病痛苦的人，然而我们更当如此对待那信徒一家的人，因为圣保罗在《加拉太书》6 章②中清楚地区分了哪些人是信徒一家的人（在某些情况下我们对他们有义不容辞的责任），而哪些人不是。

除此以外，还有其他的原因催促我向阁下尽自己的义务。我深知自己作为您众民中的一员，理所当然地应与阁下同担这病痛的愁苦，正如身上的肢体必然与头同受苦难一样，我们的福祉、安全、喜乐都维系于您——这国的元首。我们清楚地意识到神兴起您来治理德国，正如当年他兴起乃缦来治理叙利亚③一样，是要借着您让这里的国民脱离各样的罪与辖制。因此整个罗马帝国都称颂、注目着您的治理，将您视为国父，又看您好像是整个帝国极为珍贵的香膏，保卫着全境的和平，对于德国的民众而言更是如此。

与竭力安慰病痛中的阁下相比，我们理应更多地为您排忧解难。可见除了同情阁下在当前病患中所承受的痛苦之外，我们首要当做的就是要为阁下的健康与平安向神祷告。此时我深信阁下的众民都在殷勤、虔诚地为阁下献上代祷。承受阁下恩情的人如此众多，我作为其中一员视您为自己最大的恩人，因此我深感自己有义务以自己特有的方式来向您表达感激之情。然而鉴于自己才智和物力上的有限，我无法为您献上任何真正有价值的事物，我便听从您的牧师乔治·斯帕拉廷先生的建议，撰写了一些具有属灵安慰的文章，将其呈献于阁下面前，唯愿这些文字能像斯帕拉廷先生对我所说的那样，得蒙阁下悦纳。斯帕拉廷友好的建议是我难以拒绝的，因此我收集了自己的这 14 篇文章，将其编号列出，并命名为《14 篇安慰》。④我希望它们能够取代人们在流传

①　《马太福音》25：40。
②　《加拉太书》6：10。
③　参《列王纪下》5：1。
④　原名 *Tessaradecas*，是希腊文"14"的意思。

的迷信中所发明的那 14 位可以祛灾避邪的圣徒。①这份被列出篇名的目录并非一块属世的银牌，它们有着属灵的价值。它们被列出来并不是为着去装饰教堂的墙壁，而是要坚固那敬虔之人的心灵。我期盼着这本小册子能够在阁下目前的病痛中给您带来医治和盼望。这本书有两个部分，第一部分以形象的方式描述了七种患难，通过对它们的思想，得以让我们目前正在经受的患难得以减轻；在第二部分中，我相应地描述了七种祝福，我将它们集合在一起也是为着安慰那些活在软弱患难中的人。

愿阁下能悦纳我这本小书，盼望阁下能够因着对书中内容的沉思默想，得着喜乐和安慰。

在此谦卑地将自己荐于阁下面前。

阁下的臣民，

马丁·路德博士

29　　　　　　　**致乔治·斯帕拉廷　　　1527 年 7 月 10 日**

我们无法确知乔治·斯帕拉廷具体患有怎样的疾病，然而从路德的这封信中我们可以看出，他的疾病可能是心情不快导致的，当时的斯帕拉廷正陷于与他人的纷争之中（见第十一章）。1527 年 8 月 19 日，路德再次致信斯帕拉廷，信中表达了他对友人健康复原的喜乐之情。②这段时间路德个人的患病细节是由尤斯图斯·约纳斯记录通报的。③[原文为拉丁文，*WA*,*Br*,IV,221,222.]

---

① 在中世纪晚期，德国人所相信的 14 位主保圣人被分别赋予了特别的能力，每位圣人都被认为可以抵御某种特别的疾病和危险，这其中包括：喉咙的疼痛、牙痛、头痛、瘟疫，等等。相关见 Theodor Heckel, *Martin Luthers Vierzehn Tröstungen*（Gütersloh,1948）。

② *WA*,*Br*,IV,232,233.

③ *WA*,*TR*,III,No.2922b；此信在 Preserved Smith 和 Charles M. Jacobs, *Luther's Correspondence and Other Contemporary Letters*（Philadelphia,1913 – 1918）,II,404 – 407 中有部分译稿。

我所敬重的绅士，基督在阿尔滕堡（Altenburg）的仆人，在主里我亲爱的弟兄，乔治·斯帕拉廷先生：愿恩惠、平安从基督归与你。

我亲爱的斯帕拉廷：

这里的人都在纷纷议论你患病的消息。如果确有此事，我祷告主耶稣，求他保守你身体复原，并保守你长久的健康，单单去荣耀他的圣言。即使在患病中，我也盼望你能存心忍耐地接受神慈爱之手的击打，正如你所学到的，这样的经历不光能让你知道如何去面对病痛的折磨，也能让你晓得如何去教导那些患病之人。深信主必会在我们遇到危险试探的时候为我们开一条出路。①

就在三天前，我的身体也突然出现极度的虚弱，以致我认为自己必死无疑，很快就将在妻子和亲友的眼前死去。当时我全身没有一丝力气，而这一切就发生在瞬间，然而那满有怜悯的神让我随即得以恢复过来。因此我也请你为我祷告主，不要丢弃我这个在他眼前蒙恩的罪人。愿与你在主里再相会。

有谣言称我们这里爆发了瘟疫，这无疑是欺骗人的谎话。因着主的恩惠，这里凡事都很平安。②

> 你的，
>
> 马丁·路德
>
> 1527 年 7 月 10 日

致父亲约翰·路德　　1530 年 2 月 15 日

路德是一位孝子，他敬重并深爱着自己的父亲。1525 年，当路德迎娶凯瑟琳·冯·博拉时，他的父母出席了婚礼，并且在之后多次来维滕贝格探访改教家和他妻子。路德写这封信的时候他的双

---

① 参《哥林多前书》10:13。
② 疫情后来变得更加严重，参第八章 1527 年 8 月 19 日路德写给乔治·斯帕拉廷的信。

亲年事已高，并且路德父亲的健康状况极不乐观，因此他建议他的父母能迁往他所在的维滕贝格居住，然而年迈虚弱的父亲已无前往的可能。在这封安慰之信发出三个月之后，路德的父亲于 1530 年 5月 29 日离世了。6 月 5 日路德在写给梅兰希顿的信中这样说道："今天收到约翰·赖内克的信，得知我亲爱的父亲，老汉斯·约翰在复活节后第六个主日凌晨 1 点辞世。父亲的死让我陷入了极度的悲痛之中，这不仅因为我与他的血缘之情，还因为创造主正是借着父亲那美好的爱，成就了今日的我。尽管赖内克在信中告诉我父亲在离世时向主信心坚定、没有痛苦、如安睡一般，这给我些许的安慰，然而一想到父亲的慈爱和那些与他谈话交流的美好时刻，我便痛彻肺腑。不得不承认，我极少会对死亡有如此消极的评价。"①［原文为德文；$WA,Br,V,238-241.$ ］

写信给我亲爱的父亲，曼斯费尔德谷公民，约翰·路德（John Luther）：愿恩惠、平安从我们生命的主和救主耶稣基督归与您。

亲爱的父亲：

詹姆斯②写信告诉我您患了重病。目前气候异常、时局艰险，我为您的担忧也更深了。神虽赐与您强壮的身体，然而您年事已高，加上近期气候恶劣，我难免为您感到不安。我们都不能确知自己的生命在下一刻将会如何。我本应该亲自来看望您，这也是我最大的愿望，然而我的好友建议我不要如此行，并且最终说服了我。我个人也觉得不要试探神，将自己置于危险的处境，因为您一定知道贵族和农民向我是怎样地怀恨在心。现在我最大的喜乐就是您和母亲能尽可能来我这里，我和卡蒂（Katie）含泪请求你们能如此行。我盼望我们能得着这样的机会来服

---

① $WA,Br,V,351.$

② 路德的兄弟，居住在曼斯费尔德。

侍照料你们。因此我差齐里亚克·考夫曼①前来了解您身体的状况是否允许这样的出行。在神智慧的旨意中无论您病情终将如何，我都会因着与您的再次见面而欢欣鼓舞。我在世最大的喜乐，就是按着神的第四条诫命在您面前尽孝，以此来向神、也向您表达自己的感恩之情。

与此同时，我也发自内心地向主祷告，愿我们的父，就是那位使您成为我肉身父亲的神，能够按着他难以测度的慈爱和启示来坚固您，并以他的圣灵保守您，让您怀着喜乐、感恩的心来接受他爱子 —— 我们的主耶稣基督 —— 那满有祝福的教导。您已蒙神呼召，接受了这教导，从而脱离了过去那可怕的黑暗和错谬。我盼望耶稣基督那赐您知识，又在您里面开启属神作为的恩典，能够一直保守您，成全这工，直到您离世的日子，并让您从此以后在我们的主耶稣基督里得着永远的喜乐。阿们。

神已经借着这样的教导和信心，给您打上了那属他的印记，并以您与我们一同为他的名所承受的许多诽谤、凌辱、骂名、嘲讽、讥刺、仇恨和厌恶，作为您蒙恩的记号。②这些都是我们在生命中效法主基督的真印记，正如保罗所说，我们也将因此在将来的荣耀中，有神儿子耶稣基督的形象。③

在现今的苦难中，唯愿您的心靠主得着坚固和安慰，因为在天上有耶稣基督做我们的中保，让我们因他得以与神相交，他为我们胜过了死亡和罪，如今他在众天使的环绕中坐在天上，眷顾并等候着我们。因此在我们离世时，无须有任何的恐惧和挂虑，免得我们在这样的事上与世人一样堕落、沉沦。救主耶稣的大能胜过了罪和死亡，必保守我们不再被其伤害，并且主耶稣是如此地诚实无伪、满有慈爱，他绝不愿、也不会抛下我们，因此我们可以毫无挂虑地来到他的面前，寻求他的恩惠。

---

① 考夫曼是路德的一个侄子，在三个月前他作为一名学生被维滕贝格大学录取。

② 参《加拉太书》6:17。

③ 《罗马书》8:29。

31

　　他向我们如此说，如此应许，也如此起誓；他不会、也无法说谎，这一切让我们得着了确实的凭证。他说："你们祈求，就给你们；寻找，就寻见；叩门，就给你们开门。"①他还告诉我们说："到那时候，凡求告主名的，就必得救。"②整卷《诗篇》都充满着如此令人感到安慰的应许，特别是《诗篇》91 篇，更是适合安慰那些患病之人。

　　我写这些内容给您，是因为我心中挂虑着您的病情（谁都不知道自己离世的时间），③我愿自己能伴您一同体验信心、试探、安慰和对神圣言的感恩。神丰丰富富地赐下圣言给我们，正是为了此时的光景。

　　如果神的旨意是推迟您与基督同在那好得无比的日子，让您继续与我们来承受今世的苦难与不幸，在这流泪谷中穿行，察验这世界的忧患，又与其他的基督徒一同在忍耐中得胜，神必会赐给您恩典，让您以乐意和顺服的心面对这一切。被罪所咒诅的今生不过是一条流泪谷，人在其间生活得越久，他所经历、所感受到的罪恶、败坏、灾祸、苦难也就越多。在未进入坟墓之前，人没有休憩或停息。然而离世的圣徒却进入了那基督所赐的安息之中，只等主再来，到时我们必在大喜乐中苏醒过来，与主同在。阿们。

　　我将您交托给神，他对您的爱胜过您对自己的爱。在神所赐给您的福音中，他已向您证明这爱：他亲自承担了您的罪，并用自己的宝血来付清您生命的赎价。神已经赐给您恩典，让您靠着他的圣灵去信靠他，并且为您预备成全了一切，因此您可以大有信心，无须有任何的恐惧担忧，只要信心坚定地信靠他的圣言。如果您如此行，神将会为您承担余下的一切，他将确保所有的事都按着他美善的心意成就在我们眼前。神所做的实在超越了我们的所思所想。愿我们亲爱的主和救主与您同在，我们将按着他的心意再相见，或是在今生，或是在彼岸。因为我们并不

① 《马太福音》7:7。

② 《使徒行传》2:21。

③ 参《马太福音》24:36。

怀疑，而是切切实实地相信在不久的将来，我们必将在基督的同在中重逢。对神而言，我们的离世归主比起从我这里到曼斯费尔德，或是从您那里到维滕贝格，要容易许多。不过是片刻的安睡我们就将与主重逢，并且从此以后一切都将焕然一新。这无疑是最真实不过的。

　　我盼望您的牧师和传道人①能够在忠心的服侍中向您指出这些真理，这样您就不需要我再对您说什么了。然而我仍为自己不能在您身边服侍而请求您的原谅，神知道我因此心中充满了悲伤。我的妻子卡蒂②，以及小汉斯、玛格达莱妮③、莱娜姨妈④和我家中之人都问您安，他们都在信心中为您祷告。请代问我亲爱的母亲安。神的恩典与能力将伴随着您，直到永永远远。阿们。

爱您的儿子，

马丁·路德

1530 年 2 月 15 日

约翰·施拉金豪芬（John Schlaginhaufen）记录的
桌边谈话⑤　　1532 年春

　　我为着我父亲得以在敬虔的信仰中离世而感谢神。在他临终之时我寄给他一封安慰的书信，教区的牧师向他宣读了这封信，并询问他是否相信自己所听到的。他回答道："当然相信！只有十足的恶棍才会不信。"

致约翰·路德夫人　　1531 年 5 月 20 日

　　路德的弟弟詹姆斯与父母同住在曼斯费尔德，从他那里路德获

---

①　马丁·泽利希曼（Martin Seligmann）或迈克尔·克柳斯（Michael Cölius）。
②　路德的妻子，凯瑟琳·冯·博拉（Catherine von Bora）。
③　路德的孩子，四岁的约翰和一岁的玛格达莱妮。
④　玛格达莱妮·冯·博拉，路德妻子的姑姑。
⑤　由德文和拉丁文混合写成，见 *WA*, *TR*, II, No. 1388.

悉母亲患病严重的消息，后经证实这是一场致命的疾病。1531 年 6 月 30 日，在自己的丈夫去世 13 个月后，年迈的玛格丽特·路德也离世了。早在患病之前，路德的母亲就已经接受了新教信仰，因此在以下路德劝慰母亲的信中，我们看到这位儿子向母亲阐释了天主教和新教在基督论方面的不同教导，这对于玛格丽特必然有着特殊的意义。此篇满怀亲情的书信的主题出自于《约翰福音》16：33。[原文为德文；*WA*,*Br*,Ⅵ,103 - 104.]

愿恩惠、平安从我们的主和救主基督耶稣归与您。阿们。

我亲爱的母亲：

我从弟弟詹姆斯的信①中得知了您患病的消息。我为此大有忧伤，尤其是想到自己无法按着孝道在病床边陪伴您，心中更是痛苦。然而借着这封信，我和我的家人将与您同在，并且我深知我的心永远都不会离开您。

我相信您早已丰丰富富地蒙受了教导（感谢主），从主那里您已经得了那安慰人的圣言。这教导并不是出于我，而是许多传道人和劝慰者所充分供应您的。尽管如此，我仍要向您尽我的一份力。我理应按着母子之分待您，我们共信的神和创造我们的主正是在这样的关系中将我们紧紧地联系在一起。为此我愿成为劝慰您的众人中的一员。

亲爱的母亲，第一要紧的是您已清楚地知道神的恩典，并且明白自己的患病是出于他的恩典，正如父亲管教自己的孩子。这病痛与神加在那些不虔不义之人身上的刑罚相比，实在是微不足道的，甚至比那些蒙神眷爱的圣徒所遭遇的艰难也要小许多。主所爱的孩子中有人被斩首，有人被处以火刑，有人被投入深海，他们所遭遇的种种患难都远超过您现在所承受的痛苦。然而所有神的孩子都要说："我们为您的缘故终日被

---

① 此信现已佚失。

杀，人看我们如将宰的羊。"①因此，这病痛不应让您消沉、压抑，相反，您应该以感恩的心来接受它，视它为神恩典的记号，借此思想，与神的爱子耶稣基督所受的痛苦相比，我们的痛苦不过是至暂至轻的（哪怕那致死的疾病也是如此），并且主耶稣受苦是为着我们的缘故，而我们却是因着自己的罪而受苦。

其次，亲爱的母亲，您已知道那救恩真正的基础正是耶稣基督，他是我们的房角石，②在您现今的病痛和一切的难处上，您都要向他抱定信心。主永远不会让我们动摇失落，也不会任凭我们随流失去，因为他是我们的救主，所有无助的罪人，所有面临患难和死亡的人，都需要因他的圣名来寻求依靠他。

主耶稣对我们说："你们可以放心，我已经胜了世界。"③如果他已胜了世界，他必然也胜过了这世界的王和其一切的能力。除了死以外，这世界的王还有什么能力呢？的确，魔鬼正是靠着死亡的权柄让世人降服于他，让他们成为自己罪的奴隶。然而现在罪和死已经被胜过了，"你们可以放心，我已经胜了世界"。因着主宝贵的话语我们能够欢喜快乐。不仅如此，神也命令我们用喜乐、感恩的心来接受他的安慰。那些不愿因主的恩言得安慰的人实在是偏行己路，大大地羞辱了这位安慰者，他们这样做，好像是在说救主让我们放心的应许不过是一句空话，主已胜过世界的宣告并不真实一样。如果我们也随从他们，我们只会让那在肉体中曾经被抑制的诸恶、罪性和死亡再次发动，肆虐起来，我们将因此得罪那亲爱的救主。愿主保守我们远离那样的罪！

因此，我们当心中满有喜乐，向主存确实的把握。若有任何罪与死的忧虑让我们惊慌不安，我们的心便要立即振作起来宣告说："我的灵魂啊，你要趋向谁？罪与死啊，你们施与我的恐怖有多真实？难道你们不

---

① 《诗篇》44∶22，《罗马书》8∶36。

② 参《彼得前书》2∶6。

③ 《约翰福音》16∶33。

知道你们已被胜过了吗？哦，死啊，难道你不知道你已被死亡吞没了吗？难道你不知道那至圣者已指着你说'我已经胜了世界'？因此我不再受你恐怖威胁的随意摆布，我的心将从此因着我救主的慈言而大有安慰，他说：'你们要放心，要放心，我已经胜过了世界。'他是那得胜凯旋的英雄，那对我说'放心'的主已将他的得胜赐给了我。我要投靠他，牢牢地抓住他的应许和安慰。因为无论生死，他都不会撇下我。虽然你的虚张声势和骗人的谎言可能会令我离开那位得胜的救主，然而你的谎言终必被拆穿，主的话必显为信实，他已胜过了你，并命令我们从他得安慰。"

圣保罗也是如此向死亡夸胜，藐视它的权势："死被得胜吞灭了。死啊，你得胜的权势在哪里？死啊，你的毒钩在哪里？"[1]死啊，你就像木制的偶像，令人觉得可怕恐怖，然而你却没有毁灭的权柄，因为你的胜利、毒钩和能力已经被基督的得胜所吞没了；你可以露出你的獠牙，然而你却不能撕咬吞吃，因为神已经借着基督耶稣我们的主将吞灭你的得胜赐给了我们。主是配受赞美的，阿们。

靠着这样的真理之言和信念——而非他物，亲爱的母亲，您的心才能大享平安。要满心感谢神赐给您这样的知识，没有让您继续活在教皇的错谬中，后者叫我们去依靠自己的善行和修道士的功德，把这些视作我们的安慰。救主耶稣在他们看来并不是那安慰者，而更像一个严厉的判官和暴君。因此，若我们相信教皇就只有逃避基督的面，转向马利亚和其他的圣徒，不敢期望从主那里得着任何恩典和安慰。

然而，现在我们对天父那深不可测的仁爱和怜悯有了完全不同的认识。我们看到耶稣基督在神面前已经成为我们的中保，[2]我们的施恩座[3]

---

① 《哥林多前书》15：54，55。

② 参《提摩太前书》2：5。

③ 参《希伯来书》4：16。

和我们的监督，①他日夜为我们代求，使一切求告、信靠他的人与神和好。②因此，耶稣基督并不是一位无情的法官，唯有向那些不信他、拒绝他安慰和恩典的人，他才会显为严厉。并且这位人子也不是要刑罚、威胁我们，而是要借着他的死为我们代求，让我们与神和好。他为我们流血受死，我们因此不应向神存惧怕的心，而得以在完全的信心中靠近他的座前，称他为我们亲爱的救主，宝贵的安慰者和我们灵魂真正的监督。

母亲，神的恩召临到您正是要引您认识这样的真理。借着福音、洗礼和（祭坛上的）圣餐，您的生命已经被打上了神救赎的印记，只要您聆听他向您发的慈声，您就不会再被任何患难和危险所困。因他赐下的这宝贵恩典，您的灵魂应大得安慰，欢喜快乐地感谢神。那在您心里动了善工的，必成全这工，直到耶稣基督的日子。③要知道我们无法靠自己做成这些事情，面对罪、死亡和我们所行的败坏，我们都束手无策。因此，在我们以外有一位人子替我们来到审判台前，他为我们成就了美事，并将他的得胜赐给了我们。他命令我们接受这得胜，不可心存疑虑。他对我们说："你们可以放心，我已经胜了世界。"又说："我活着，你们也要活着，你们的喜乐没有人能夺去。"④

愿赐诸般忍耐安慰的父神，⑤借着他的话语和圣灵将那坚忍、喜乐、感恩的信心赐给您，让您胜过这病痛和今生一切的患难。愿您真实地经历到他恩言的甘甜，因主说，"你们可以放心，我已经胜了世界。"我愿全然地将您的身体和灵魂交托在他恩手之中。阿们。

您的儿媳卡蒂和您所有的孩子⑥都为您祷告。他们当中有些人为您

---

① 参《彼得前书》2:25。
② 参《提摩太前书》4:10。
③ 《腓立比书》1:6。
④ 《约翰福音》14:19;16:22。
⑤ 参《罗马书》15:5。
⑥ 指玛格丽特的孙子。

流泪，其他人在吃饭时都在说，"祖母病得厉害。"愿神的恩典与我们同在。阿们。

爱您的儿子，

马丁·路德

耶稣升天节之后的主日，1531 年

康拉德·科达图斯记录的桌边谈话　　1531 年秋

康拉德·科达图斯（Conrad Cordatus）曾是一名罗马天主教的神职人员，之后却成为路德忠实无畏的追随者。为了持守自己的信仰，他曾与多人进行论战，并因此遭受逼迫。在被驱逐出茨维考（Zwickau）（见第十章）之后，他来到维滕贝格暂作停留，在那里成为路德餐桌上的常客。以下的桌边谈话很有可能是科达图斯关于路德如何服侍患者所作的一篇记录。[WA, TR, II, No. 2194b.]

当路德探访病患者时，他会用非常柔和的方式与对方交谈。他会尽可能地俯身贴近患者，在询问了对方所患何种疾病，患病已有多久，问诊过哪些医生，服用过何种药物之后，他会继而询问患者是否在神面前有忍耐的心。当路德能够确信患者确实有这种依靠神的信心，即患者相信自己所患的疾病是出于神的旨意，因此他们需要在忍耐中承受，并已真心准备好为神的名而死之后，路德会对患者的这种意愿表示由衷的赞赏，并向对方指出这是圣灵亲自在其身上动工的结果。路德说一个人能够对神的圣言，即他的救主耶稣基督，有一定的认识，尤其是他意识到自己生命中有着因圣言而来的意愿和信心，并且看到神的圣言超越了一切他所视为宝贵的，这实在是出于神极大的怜悯。因着患者这样的信心，施恩的神将与他永远同在。路德在鼓励周围的人效法这信心的同时，仍会教导患者继续在信心中对主坚定不移，并答应自己将会为他代祷。

当患者向路德表示感谢，并言明路德的探望所带给自己的祝福是他们永远无以为报之时，路德会一贯地回答道，他所做的是自己应尽的职分，因此患者不必过多感谢他。在如此安慰患者的同时，路德还会告诉他不要畏惧死亡，因为那位在他们的生命中打上了印记（即通过神的圣言和圣餐）的神，已经为他们的得救献上了自己生命的代价。

致约翰·吕黑尔　　　1534 年 6 月 29 日

身为法律博士的约翰·吕黑尔（John Rühel）是曼斯费尔德伯爵阿尔贝特的大臣。他与路德有着姻亲关系，并在 1531 年成为路德儿子马丁的教父。吕黑尔的两个儿子克里斯托弗和马丁住在路德家中，并与他同席吃饭，路德正是从他们的家庭教师那里得知了吕黑尔因受疾病折磨而痛苦不安的消息。［原文为德文；WA，Br，VII，81 - 83。］

愿恩典和平安从基督归与你，生命和安慰都在他那里。

我亲爱的博士，我亲爱良善的表兄：

从你写给尤斯图斯①的信中我得知了你患病的消息，我的心为此备感伤痛，而更令我伤痛的是，得知你对病情的无望和消沉。

难道你不愿再作为我们同路的友人，继续认信那人子借着保罗所宣告的真理"我的能力，是在人的软弱上显得完全"②了吗？要知道你已经被这位人子所召，已经因着对他圣言的知识、渴慕和爱而蒙受了祝福，并且你的生命已经因着他所设立的洗礼和圣餐被打上了属他的印记，无疑这一切都应该让你此时大有喜乐。这位人子已经将那对他的爱放在了你的心中，又将那生命的印记、对福音的认信和对他恩典的见证

---

① 尤斯图斯是吕黑尔两个孩子的家庭教师。

② 《哥林多后书》12:9。

加给你，对他你还要期望得到什么呢？亲爱的博士，将你的眼目从现今的苦楚转向他所赐给你的那一切美好之事吧，与后者的丰富无量相比，前者实在形同无有。

除此以外，你还当确信，如果你给神时间，他是有能力让你恢复健康的。有一点我们当确信无疑，无论何时我们都是主的人，正如保罗所说："我们或活或死，总是主的人。"①确实如此，Domini（主）这个词既是所有格的又是主格的。它所有格（我们是主的人）的含义指我们是神的居所，是属他的人；而它主格（我们要作王）的含义指我们要靠着在主里的信心来治理万有，这是我们荣耀的得胜。感谢神，那古蛇与狮子终将会被我们踏于脚下。

正是在此之上，我们听到主炼如精金的话语："你们可以放心，我已经胜了世界。"②

因此，我亲爱的博士，你应在主里大得安慰。③盼望你能够敞开自己的心，接受弟兄的这番话，愿主借着这信中所说的，以超越他每日护理之工的方式亲自向你说话，因他应许我们说："我在那里，叫你们也在那里。"④

我会将你的两个孩子⑤抚养成人，他们住在我这里，我看他们如同己出。往事可鉴，你对我凡事以挚交之情相待，是我终身铭记的，因此我也会为你和你所托付我的尽心竭力，直到见主面的那日。阿们。

主若许可，教师菲利普⑥将很快来看你，到时再与你做更深的交通。代我向你所有的家人问安。

马丁·路德博士

---

① 《罗马书》14:8，原文从此处起到这一段的结束都由拉丁文写成。
② 《约翰福音》16:33。
③ 从此到本段结束原文均由拉丁文写成。
④ 《约翰福音》14:3
⑤ 克里斯托弗和马丁。
⑥ 菲利普·梅兰希顿。

圣彼得与圣保罗日，1534 年

致卡斯帕·穆勒　　1534 年 11 月 24 日

卡斯帕·穆勒（Caspar Müller）是曼斯费尔德的大臣，从路德所写《关于严词抨击农民之书籍的一封公开信》（Open Letter Concerning the Hard Book Against the Peasants,1525 年）一文致卡斯帕的献辞中，我们可以看出此人与路德之间的友爱关系。①在 1526 年，路德邀请卡斯帕做他大儿子的教父。②路德写这封信的时候，卡斯帕正处在病患之中，路德盼望此信能够带给他安慰和盼望。[原文为德文；*WA*,*Br*,VII,117 – 119.]

致尊敬而善于治理的卡斯帕·穆勒，曼斯费尔德的大臣，我仁慈的 39
阁下和挚友：愿恩惠、平安从基督归与你。

我亲爱的阁下和挚友，大臣穆勒：

我这样称呼你本是理所当然的，虽然这可能令你的某些同事有所不悦。我已经收到了你的来信和那些水罐。我非常喜欢这些器皿，为此我要由衷地向你表示感谢。在这些水罐中有一个是极美的，这让我们不禁担忧未来谁将会打坏它，以及在什么地方、何时、怎样打坏它，等等。

我的心因看到神将更多的疾病加在你身上而深感同情和悲伤。我能够确信：靠着神的恩典，你对他话语的看重和对基督国度的忠心已让你的生命迥异于世人。③同时我深信你的健康和活力对我们所有人来说，都是极大的安慰和益处，特别对这个心智昏蒙的时代更是如此。然而若你的患病是神的旨意，我必须说他的旨意的美善远超过我们。毕竟，即使是我们的主，他那至高圣洁的意愿也必须降服在他亲爱的父神更为超

---

① 见 *WA*,XVIII,375 – 401；英文版见 *Works of Martin Luther*,Philadelphia ed. ,IV,255 – 281。

② 参路德写给穆勒的信；见 *WA*,*Br*,IV,80,81。

③ 译文"迥异于世人"原文的字面意思是"极为罕见的鸟"。

越的良善旨意之下。为着神的旨意我们应该大有喜乐，至少我们也应当心存忍耐，甘心地顺服他的带领。阿们。

经上的话一语中的——"你们可以放心，我已经胜了世界。"①因此，除了荣耀他的得胜，并亲身披戴这得胜，我们还应当做什么呢？主已经胜过了魔鬼、罪、死、老我的败坏、疾病和一切的患难。②主的轭是容易的，他的担子是轻省的。③他为我们承受的重轭和担子正是神向我们所发的那可怕的愤怒，愿神保守我们脱离这样的刑罚。而如今，神已经在基督里让我们得以脱离这些咒诅，取代它们的是神所赐下的那容易的轭和轻省的担子。因此，我们要一生持定他所加给我们的，并且这出于神的交换理应被我们心甘乐意地接受。神仿佛是一位良善仁慈的商人，他接受我们的死亡，却将他的生命给我们；他拿走我们的罪，然而留给我们的却是他的义。今生他将那至暂至轻的疾病加在我们身上，然而这些如同是他以极优厚的条件向我们出售的债券，我们理应欣然快乐地接受，因为主所给我们的利率，远高于富格尔斯家族④所能给出的，这世上任何其他的商贾也无法与之比肩。是的，我们的主耶稣基督正是那位为我们争战的大能勇士，他为我们征服了世界，好让我们靠他夸胜。因此，让我们确信无疑地说：他就是那位得胜者，我们要活在他里面，与他一同争战。他是我们唯一的拯救，无论地狱的大门向我们发出何等的威势，我们都将靠主得胜。⑤

之前你要我写给你一封安慰信，我要说这就是我在基督里对你的安慰：要怀着感谢的心，喜乐地接受父神所赐给你的所有恩典，他已呼召你进入到他的光中，让你认信了他儿子的名，并且也将他丰富的恩典充充足足地加在你身上，让你去与他儿子的仇敌争战（这一切都是出于他

---

① 《约翰福音》16:33。
② 这句话的原文部分是由拉丁文写成的。
③ 参《马太福音》11:30。
④ 富格尔斯家族拥有奥格斯堡的一家银行。
⑤ 比较路德所作诗歌《上主是我坚固保障》第二段中的歌词："幸有上帝所选之人，挺身先我往前方。"

的旨意）。神的这一切恩典是不会向你废去的，除非你喜悦科赫洛伊斯①、威策尔②或哈雷的阿尔贝特之流③胜于圣保罗和以撒，或你将他们等量齐观，然而我深信，这样的事绝不会发生在你身上。神已丰丰富富地祝福你、拣选你，并拯救你脱离了魔鬼黑暗的权势和地狱的刑罚，现在虽然主让你病卧在床，然而这与他赐你的福分相比是何等的微不足道啊！因此你要向神献上感恩，将神所当得的尊荣献给他，向他还那一切你所许下的心愿。④正如《诗篇》116 篇让我们看到的，"我因信，所以如此说话：'我受了极大的困苦。'"⑤

　　然而向神为我所成就的一切，我又当如何报答呢？我要心甘乐意地饮那主所赐给我的杯，称颂、感谢我神的名。这意味着我当欢然承受痛苦和患难，并高唱"哈利路亚！""这样行，就必得永生"。⑥基督我主就是"那在你们心里动了善工的，必成全这工，直到耶稣基督的日子"。⑦是的，即使我们都是无望且可悲的罪人，然而主却要在我们身上成就这大事。因经上说："我们的软弱有圣灵帮助……圣灵亲自用说不出来的叹息替我们祷告。"⑧因此，我将满有信心地把你交托在主的保守之中。

　　也许我真是很久都没有探望过病人了。我的妻子卡蒂代问你安，她希望你早日康复并能有机会探望我们。

马丁·路德博士

圣凯瑟琳守夜礼，周二,1534 年

---

① 约翰·科赫洛伊斯（1479 – 1552）是与路德为敌的罗马天主教徒。
② 乔治·威策尔（1501 – 1573）曾多年追随路德，因不满路德而回到罗马天主教，之后为寻求这两大宗教阵营的和解而四处活动。
③ 美因茨枢机主教阿尔贝特，他当时已将其住所迁至哈雷。
④ 参《诗篇》50:14。
⑤ 《诗篇》116:10。
⑥ 《路加福音》10:28。
⑦ 《腓立比书》1:6。
⑧ 《罗马书》8:26。

致乌尔班·雷吉乌斯　　1534 年 12 月 30 日

乌尔班·雷吉乌斯（Urban Rhegius，1489 – 1541），又称里格尔
（Rieger），曾是一名罗马天主教的神职人员，后来因为人文主义的
影响成为一位新教牧师，他早年在奥格斯堡（Augsburg）及其周边地
区公开服侍。1531 年他被任命为吕内堡（Lüneburg）的教长，从那时
起，他的影响力扩展到了汉诺威（Hanover）。以下这封信是路德为安
慰病中的雷吉乌斯所作。[原文为拉丁文；*WA*，*Br*，Ⅶ，147，148.]

41　　　致在主里配受敬爱的弟兄乌尔班·雷吉乌斯，基督在萨克森的策勒
（Celle）所兴起的诚实忠信的管家：愿恩惠、平安从基督归与你，唯有
他是我们的平安和安慰。

我亲爱的乌尔班：

从你的来信中得知，你正受着撒旦差役的折磨，并且你肉身中的那
根刺①令你痛苦不已，然而这些并没有使我对你有怎样的忧虑，因我知
道你的生命因蒙主的塑造已有了他儿子的形象，②符合那圣徒的身份。
要知道目前临到你的试炼，也是其他身居要职的弟兄们所共同经受的，
借此我们才能向主谦卑。因此，你当勇敢无畏，心中常常满怀主的安
慰，专心地盼望他，③因他曾对圣保罗如此说："我的能力，是在人的软
弱上显得完全。"④神是信实的，我们原是被他所召。⑤那在我们心里动
了善工的，必成全这工，直到耶稣基督的日子。⑥阿们。我不仅对这位
神有所听闻，更是借着他得了安慰，正是他所赐下的恩典，让我成为今

---

① 参《哥林多后书》12:7。
② 参《罗马书》8:29。
③ 参《诗篇》27:14。
④ 《哥林多后书》12:9。
⑤ 参《哥林多前书》1:9。
⑥ 参《腓立比书》1:6。

日的样子。

　　我曾告诉你要信心坚定，并要确实地知道当你偶然被病患攻击时，并非只有你一人在受苦。因为"你们在世上的众弟兄，也是经历这样的苦难"。①我们理应彼此支持，相互激励。除此以外，更要看到从世界的开始直到末了，基督一直都在保守着所有属他的人。对于我们而言，健康和能力是不可能永驻的，然而我们也并非一直都在患病、软弱的状态中。我们身体的强壮依赖于神，他凡事按照自己的意旨行事，好像风随着自己的意思吹。②借着人生的无常，神让我们不敢自恃过高，因为若是我们时常强壮，我们必会骄傲；神也是借着各种转机保守我们不至绝望，因为若是我们长久地陷在软弱之中，我们必会丧志。因此，大卫说，"他知道我们的本体，思念我们不过是尘土"。③如果我们能对这些真理有确实的认识，即我们的本体不过是尘土，这实在将成为我们极大的益处。阿们。

　　然而对于你这属神的人，我为何仍要写信告诉你这些真理呢？原因唯独在于主内的弟兄需要相互提醒，在经行这今生流泪谷的途中我们需要彼此搀扶，直到我们所盼望的那日临到。

　　请代我向你尊贵的王子致敬。④我为他对圣经的热爱向主献上感恩，并祷告那赐诸般怜悯的父神大大祝福他并我们众人。阿们。

　　向你和你的家人问安道别，我们同在一位主内，也请你为同为罪人 42
的我常常代祷。

马丁·路德博士

圣大卫日,1535 年⑤

---

①　《彼得前书》5:9。

②　参《约翰福音》3:8。

③　《诗篇》103:14。

④　不伦瑞克-吕内堡的公爵，宣信者埃内斯特（Ernest of Confessor）。

⑤　这封信很有可能写于 1534 年。

致贝尔纳德·武策尔曼　　1535 年 11 月 2 日

为了坚持所深信的新教教义，贝尔纳德·武策尔曼（Bernard Wurzelmann）放弃了自己天主教教士的职分。1533 年，身为一名新教牧师的他去了帝国位于弗兰克尼亚（Franconia）的自由城邦丁克尔斯比尔（Dinkelsbühl），并很快在教区的民众中建立了威信。在这些人当中有一名妇女，众人相信有鬼附在她身上。关于她的具体情况我们不得而知，向路德咨询此事的武策尔曼在信中似乎也未对此有任何提及。[原文为拉丁文；WA,Br,Ⅶ,319,320.]

致贝尔纳德先生，丁克尔斯比尔忠心的牧师，愿恩惠和平安从主赐福与你。

我亲爱的牧师：

一位主内的弟兄带来了你写给我的信，从中我了解到在你的会众中间有一位妇女被鬼所附。对此我只能简要地回复你，因为我还忙碌于其他许多的事务。我托西奥巴尔德·迪德尔胡贝尔[1]将这封信带给你，回复此信的目的也特别是为了将他介绍给你。

你和你的会众首先要做的是迫切地向主祷告，无论撒旦如何负隅顽抗，你们都要用信心来抵挡他。大概在十年前，我们在那一带也曾遭遇过类似邪恶的魔鬼，然而我们借着不住地祷告和坚定的信心最终制伏了他。[2]你们也能够如此得胜，只要你们持续不断地靠着主名蔑视那狂傲的灵并不住地向主祷告。凭借着这样的做法，我曾经在各地捆绑了许多类似的邪灵，教会的祷告最终必然得胜。因此你当确信不疑，那出于真理的恒久祷告终会让邪灵降服下来。

---

[1]　曾是一名西多会的修士，在路德写这封信的时候，他已是一名驻伊林根的新教牧师。

[2]　参《马可福音》9:29。

此外，你当细心地调查这名妇女是否在行欺骗，免得最终你和你的会众都成了他人的笑柄。以我个人的经验，（完全不提那些我在书中所读到的）我以前确实遇到过类似的骗局，后来我为自己的无知、轻信非常后悔。邪灵得意于借着操纵女人来愚弄男人（正如他起初对亚当所做的一切），即使魔鬼最终无法动摇男人向神的忠心，他仍会故伎重演，乐此不疲。简而言之，无论邪灵是附在这个女人身上，还是附在你所谈到的其他任何人身上，也无论他是以梦淫女妖或男妖或任何其他的形式出现，我们都知道那就是魔鬼。故此我们不应对他的伪装和行动、实体和幻影掉以轻心，而是应当借着信心和祷告与他争战到底。那位被他钉死在十架上的至圣者，会再一次借着他死而复活的大能胜过那钉他的魔鬼，好让我们在他里面也胜过那恶者。

在主里向你道别。

马丁·路德

维滕贝格，1535 年 11 月 2 日

安东尼·劳特巴赫记录的桌边谈话　　　1536 年 3 月

1532 年安东尼·劳特巴赫（Anthony Lauterbach，1502–1569）被委任为莱斯尼希（Leisnig）的执事，在那里他娶了一名前修女为妻。之后他又在维滕贝格做了多年执事，直到 1539 年他去了萨克森的皮尔纳（Pirna），在那里作为当地的主教直到老去。在维滕贝格期间，劳特巴赫经常作为路德餐桌旁的座上客，他也因此记录了大量的路德的讲道和谈话。有时他还会陪同路德一同去作教牧探访，以下就是他随从路德探访一位患病女士时的记录。[WA, TR, III, No. 3612c.]

在讲道结束之后，马丁（路德）博士探访了一位从莱比锡流放

至此，在病患中依然敬虔爱主的姊妹布鲁女士。①这位女士在听闻丈夫溺亡消息的第一个晚上，因悲伤过度竟 15 次晕倒，她卧病在床。当看到马丁·路德博士来探望她时，她说道："我亲爱的博士，我如何才能报答您如此的恩情？"

44 　路德询问了她患病的情况，并教导她当顺服在神的旨意之下，那救她脱离所有撒旦攻击和罗马教皇的败坏②的神，正是借着目前这样的管教来洁净她（如同神一贯向他儿女所做的）。他说："女儿就应该接受父亲的管教，并生死相随。我们或活或死总是主的人。③主应许我们说：'我活着，你们也要活着。'④要知道主在将这样的苦难加给你的同时，也将那极为宝贵的珍宝赐给了你，并且他会加你能力来承受这一切。所以你应向他祷告祈求。"

在听过路德的劝慰后，布鲁女士向他回应了许多尊主为大的话。临走时路德在祷告中将她交托在我们亲爱救主的保守中。

致安德鲁·埃伯特　　1536 年 8 月 5 日

安德鲁·埃伯特（Andrew Ebert）是驻法兰克福（坐落于奥得河畔）的一位牧师，他于 1536 年 6 月底⑤给路德写了一封信，询问如何医治一位众人都认为被鬼所附的女孩。这位名叫马茨克·菲舍尔的女孩长久以来都患有精神疾病，曾经有一段时间，她的病情有了明显的好转，然而突然之间情况又急转直下。根据见证人的描述，她能从桌子上或站在她附近之人的袖子、衣服甚至胡子中抓到

---

① 关于莱比锡的宗教逼迫，见第七章 1532 年 10 月 4 日和 1533 年 4 月 11 日路德写给莱比锡基督徒的信。约翰·布鲁（John Brew）夫妇正在这些因迫害而遭受流放的人中。 在 1536 年 3 月，布鲁先生不幸溺亡。

② 指被罗马天主教所辖制的莱比锡。

③ 《罗马书》14：8。

④ 《约翰福音》14：19。

⑤ 此信见 WA, Br, VII, 482 – 487。

一些小硬币，并将它们塞入口中嚼碎吞吃。人们也说她开始讲一种
她以前从未听到过的德国方言。有一位从附近城镇而来的罗马天主
教教士给她服用了各种祝圣的草药，也为她洒了圣水，做了赶鬼仪
式，然而也无法治好这个女孩。为此埃伯特询问路德如何才能让这
个可怜的女孩有所好转。[原文为拉丁文，*WA*，*Br*，VII，489，490.]

致尊敬的绅士，安德鲁·埃伯特先生，法兰克福的传道人，与我位
于奥得河同一侧的好友，我在主里亲爱的弟兄：愿恩惠、平安从基督归
与你。

我所亲爱的安德鲁：

你信上所写之事令许多人难以置信。在你给我写信之前已经有相关
的消息传到我这里，我当时也认为所听到的过于荒诞，貌似怪谈传言。
直至收到你的来信，我才敢相信这一切是真实的，并看出这是神所显明
的一个兆头：他许可撒旦去效仿、展示某些王公贵族的恶行 —— 他们只
知道四处抢夺财富。①

你所面对的是一个充满了轻蔑、戏谑的邪灵，他以我们自恃的安全
作为嘲弄的对象，因此，我们需要首先迫切地为那个承受如此痛苦的女
孩祷告，我们在这些痛苦上也有分。其次，我们也需要以同样的轻蔑和
嘲笑来抵挡这魔鬼。要知道，一切赶鬼的仪式和徒有其表的措施都对它
毫无作用，只能换来它邪恶的讥笑和嘲弄。因此，我们必须长久地为那
个女孩祷告，并从始至终轻视撒旦的作为。若基督许可，恶者必将离她
而去。此外，若是那些由此兆头所显明的王公贵族能够弃绝他们的种种
恶行，相信情况也会出现好转，因为这鬼附的兆头已让我们看明，许多
贵族处在那邪灵的权势之下，被他所控制。

45

---

① 比较第十一章 1536 年 12 月 2 日以及 1541 年 12 月 28 日的信。

鉴于目前的形式，我希望你能向民众通报此事，①并且你要对相关的种种细节做仔细的调查，弄清此事中间是否有诡诈，特别是女孩所取得的那些钱币，你要查明这些硬币是否在他人摸来也觉得很硬，并能够在市场上流通。我之所以如此说，是因为我曾经被许多骗局、奸诈、虚假、谎言和诡计所蒙骗愚弄，我现在不得不对任何人或事小心提防，我只相信那些我清楚记得是我自己所做或所说的。今世魔鬼的能力、世界的败坏和人心的昏蒙令我不得不以此相对！你也要谨慎警醒，免得落入诡计，使我也受累其中。有句谚语说得好："经验之后，才知方向。"

在主里向你道别，请为我代祷。

马丁·路德

维滕贝格，1536 年 8 月 5 日

安东尼·劳特巴赫记录的桌边谈话　1537 年

玛格达莱妮·冯·博拉（Magdalene von Bora）是凯瑟琳·冯·博拉（路德的妻子）的姑姑，她长期住在路德家中。起初她跟随路德的妻子逃离了尼姆布申（Nimbschen）的修道院。她协助照料并教导改教家的子女，在路德家中深受爱戴。1537 年，她患病离世。以下是安东尼作为旁观者对路德是如何给予这位女士临终安慰所做的记录。［WA，TR，V，No. 6445.］

当马丁·路德走近这位受人尊敬的临终妇人的病床时，他以如此的交谈安慰了她：

"莱娜姑姑，还认得我吗？能听得出我的声音吗？"

当她示意能够明白路德的话时，路德说："你的信心唯独安稳在主耶

---

① 埃伯特发布了这样一份通告，题为 *Wunderliche Zetun von einem Geld Teuffel*（Wittenberg, 1538），见 *WA, Br*, VII, 483, 484 对此事的综述。

稣基督里。"之后他又说："复活在他，生命也在他。① 你将一无所缺。　46
你并非要死去，而是要安睡，如同婴孩在摇篮中甜美地入眠，在黎明破
晓时你将苏醒，那时你会永远与主同在。"

"是的，唯愿如此。"她回答道。

之后路德问道："还有什么令你忧虑的事吗？"

"没有了。"

"你的心脏部位是否仍感觉疼痛？我们的神将救你脱离一切的痛苦。
你永远不会死去。"

之后路德转向我们说："这对她来说是好得无比的，因为她不是死
了，而是睡了。"说罢他便走向窗口，独自祷告。12 点的时候，路德离
开她的房间。这位女士于早上 7 点安然归主。

安东尼·劳特巴赫记录的桌边谈话②　　1538 年 7 月

萨克森的选侯来信③ 表达了他对路德患病的同情。信中说他知道路
德一向并非容易受到医药的控制，他用外交的辞令客气、得体地暗示路
德是一个缺乏耐性的病人。

对此路德回复说："的确，我们不应当轻视医生所规定的生活规
则，然而有太多的医生行事却过于莽撞，常常不问青红皂白就为病人
开药。相比较而言，另外一些医生却过于谨小慎微，缺乏果敢，当他们
无法确诊患者的疾病时就会说：'很难对病情作出诊断，气候变化过于
异常，病情发作得非常迅猛。'他们的这些迟疑不决，常常令病人失去
耐心。

"医生只是对疾病的自然成因进行分析，并期望用他们相应的各种治
疗手段予以应对，他们这么做是好的，然而他们却不晓得，有时撒旦才

---

① 参《约翰福音》11:25。
② 原文由拉丁文和德文混合写成，见 *WA*, *TR*, Ⅳ, No.4784。
③ 这封信已经佚失。1538 年夏，痢疾和肾结石的反复发作，令路德深受病痛的折磨。

是这些疾病有形因素背后真正的始作俑者。他可以在刹那间就改变疾病的成因和症状，让热病变作寒战，令康健者卧床不起。要对付撒旦的这种攻击，我们必须要用更高超的医术，即向主的信心和祷告。正如《诗篇》31篇所说：'我终身的事在你手中。'[1]在生病期间，我的确对这节经文有了更深的领受。[之前我认为这节经文所讲的只是关于我们赴死之时。然而现在，我明白它是说我一生的时光，即我全部的生命，我的每一天、每一小时、每一刻，都在神的手中。我似乎可以这样来理解这47 节经文的含义：无论我健康或患病，顺境或逆境，或生或死，或喜乐或忧伤，这一切都在神你的手上。我一生的经历都在向我见证这一点是真实的。每当我们追求喜乐、愉快、敬虔、健康等等之时，现实的际遇却与之相违。][2]

　　"对那些有严格操守的医生，我向他们致以全心的赞赏。然而他们仍需容让我有时与他们的意见相左，正如穿梭不停的行星无法变成恒星一般，他们也同样无法改变我的禀性。神将人的生命交付在医生手中，他们所肩负的责任无疑是崇高伟大的。然而我们的身体却含有极多神秘的气体以及内在无形的组织，因此各种不可测的危险也常常伴随着我们，以致我们身上的肢体可以在瞬间分崩离析。可见任何医生都需要有谦卑的心，他必须对神常存敬畏，倘若没有这样的敬畏之心，他们所行的无异于谋杀。"

致弗雷德里克·米孔纽斯　　1541 年 1 月 9 日

　　身为哥达（Gotha）的牧师，改教者弗雷德里克·米孔纽斯（Frederick Myconius，或梅克姆［Mecum］）的声名在图林根家喻户晓。曾有一段时间，弗雷德里克罹患了肺部感染，到了 1540 年夏

---

① 《诗篇》31：15。

② 括号里的文字，来源于另一个不同的版本。

天，出现了肺结核的症状，他因此认为自己已临近死门。然而以下这封路德写给他的安慰代祷书信却给予他极大的激励。最终他康复了，并在路德离世几周后安息主怀。米孔纽斯曾在致乔治·勒雷尔（George Rörer）的信中如此说："尽管我已认定自己无法再康复，并且将很快就在病床上交付自己的灵魂。然而，那亲爱的人（路德）所写给我的信，极大地帮助了我，在读此信时，主的话语无法抗拒地出现在我的脑海中，我似乎听到他对我说：'拉撒路，出来！'"①［原文为拉丁文，*WA*,*Br*,Ⅸ,301－303.］

致声名远扬的绅士，弗雷德里克·梅克姆，哥达教会及图林根众教会的主教，我亲爱的弟兄，愿恩惠、平安从主归与你。

我亲爱的弗雷德里克：

来信中你对我说你因病将死，然而从属灵的意义来看，你应该说自己将因病得生。从你的来信中，我欣慰地获知你并不惧怕死亡。在你看来，这是所有良善之人都将面临的终点，并且你是更情愿离世与基督同在的。②无论我们是卧病在床，还是身体强盛，我们都应该有这样的心志。无论何时、何地、何种环境，我们都应以这样的心为心，因为这才是那已经活过来，并与基督一同复活，一同坐在天上的基督徒③当有的样式。在那里我们要审判众天使，④今天，我们因着帕子和模糊的镜子而视线不清，然而到了那日，我们便将一目了然。⑤

诚然，我因着你有这样的领悟大有喜乐，然而我祷告恳求主耶稣，就是那位掌管我们生命、健康、救恩的主，在我一切的愁苦中不

48

---

① 参《约翰福音》11:43。
② 参《腓立比书》1:23。
③ 参《以弗所书》2:5,6。
④ 《哥林多前书》6:3。
⑤ 参《哥林多前书》13:12。

要再让我为你忧伤，并且不要让我在有生之年，看到你和其他任何一位我的挚友穿越今世这幽暗的帷幕，进入主的安息，而将我继续留在这世上承受各样的苦难。多年来我饱经忧患，所以我才是那最应先行离世的人。所以我祷告主让我来替代病床上的你，好让我脱离这无用、朽坏的帐棚。①我自知自己活在世上的价值已所剩无几，因此我请求你与我们一同祷告，愿主保守你的生命在世比我活得更加长久，好让他的教会更加蒙福，并败坏那撒旦的计谋。正如我们生命的主基督所看到的，你也清楚地看到，主的教会在不同的时期对不同的圣徒和不同恩赐有着怎样的需要。

　　在经历了五周几乎令人沮丧的等待之后，我们终于收到了几封沃尔姆斯的来信。②乔治·勒雷尔③将会把关于对方的记录带给你。在会议中，我们的朋友在凡事上都做得严谨、智慧。反观我们的对手却行事无知、愚蠢，没有丝毫智慧，延续着他们荒诞的伎俩和可笑的谎言。可见当黎明渐渐显现，撒旦因那将要到来的真光已变得焦躁不安。他千方百计地为自己寻找遮掩和逃避的遁辞，然而他一切的诡计都将落空，就像任何人在显明的真理面前，试图粉饰自己弥天大谎的努力都将归于徒劳一样。我们还怀疑什么？那曾被杀又复活的羔羊是配得权柄、丰富、智慧、能力、尊贵、荣耀、颂赞的。④我们这些相信他被杀又复活的人，也要与他同在，这是确切无疑的。

　　我盼望我们的朋友能早日回来。

　　再见，亲爱的弗雷德里克。愿主应允让我仍在世的日子里，不要听到你离世的消息。愿他让你活下来，而非让我活下来。这是我的祷告和愿望，愿我的心意成全。阿们。因为这心意不是出于我个人的喜悦，而

---

① 参《彼得后书》1:14。
② 当时在沃尔姆斯正在举行一场会议，目的是调解罗马天主教和路德宗之间的分歧。约翰·埃克（John Eck）与梅兰希顿分别作为两方的代表。
③ 乔治·勒雷尔是一位极有能力的书记员，记录了大量的会议、谈话和讲道。
④ 参《启示录》5:12。

是为着神圣名的荣耀。

再次向你道别。我发自内心地为你祷告。我的妻子卡蒂和其他所有与我同在的人听到你的病情都深深地牵挂着你，他们都问你安。

你的，马丁·路德

主显节之后的主日，1541 年

致尤斯图斯·约纳斯　　1542 年 5 月 15 日

尤斯图斯·约纳斯（Justus Jonas，1493－1555）曾在维滕贝格神学院任院长十年，他在教会探访和重建的事工方面非常活跃。1541年约纳斯将新教的证道引入了哈雷，然而正当此时他却患上了严重的肾结石。同样的疾病也长期影响着路德，于是便有了以下这封路德致友人的安慰信。[原文为拉丁文；WA, Br, X, 64, 65.]

致尊贵的绅士，尤斯图斯·约纳斯，神学博士，基督在萨克森哈雷的使徒和大使，我在主里的挚友：愿恩惠、平安从神归与你。

我亲爱的约纳斯：

从来信中得知你也罹患了我在施马加登所患的疾病，即内急之苦，①闻此我心中备感不忍。感谢神医治了你。为了防范这疾病再次伺机发作，你必须在饮食上多加注意。我有一个非常有效的应对方法：我们这里的啤酒有利尿的作用，连医生们也都称其为利尿剂。在这方面，这种啤酒无愧于"啤酒皇后"的美誉。然而，你当慎饮白酒。

感谢你给我带来的柑橘。

除了撒旦因着我们在祷告上的麻痹和倦怠开始蠢蠢欲动以外，我们这里没有什么值得关注的事情发生。有很多事情反映出这种态势，其中

---

① 即尿痛。当路德 1537 年 2 月前往施马加登的时候，曾饱受此病痛的折磨。

一例就是罗尼堡的一名牧者①竟开始教导用热水施行浸礼（在天冷的时
候用热水给婴孩施洗）并不是真浸礼，因为这样的洗礼加入了火这种元
素，所以被加热的水不再是洁净的水了。看啊，我们的劲敌②是在何等
肆无忌惮地煽动着诸恶啊！

对于派去与土耳其人争战的无数士兵，③我不抱什么希望，同样不
抱希望的还有要投入战争的各种经费，除非神定意要在我们闲散的祷告
上施行神迹。今天有消息称侯爵④派出了他行伍华丽的骑兵，给人感觉
他们更像是去参加阅兵游行或方队展示，而非去与土耳其人作战。命运
催促我们前行，⑤我们却被罪所重压，并且在狂躁中彼此相咬相吞。我
请求你教导你的教会要殷勤、热切，不断地祷告。即使我们能够敬虔地
信靠主，但神的愤怒超过了我们的想象。然而我看不到人们有任何悔改
的迹象，到处充满无法被驯服的顽梗悖逆。愿神怜悯我们。阿们。

代我向所有的朋友问安。

你的，

马丁·路德

祈祷日之后的周一，1542 年

卡斯帕·海登赖希记录的桌边谈话　　1542 年 9 月

卡斯帕·海登赖希（Caspar Heydenreich，1516－1586）是路德
晚年经常在餐桌旁交流的朋友之一。1541 年卡斯帕重回维滕贝格
进修学业，同年获得了硕士学位，1543 年 10 月他再次离开维滕贝

---

① 所指的是梅尔希奥·弗兰策尔（Melchior Frenzel），路德 1542 年 7 月 13 日致信他，反对他所言热水
　　不洁净的新奇教导。 在信中路德如此写道，按此说法，其他人有理由说"潮湿的水也是不洁净
　　的，因为潮湿正是空气的属性之一……"（这里"空气"一词应联系空中掌权的恶者来理解。受时
　　代所限，当时的人们认为空气是空中魔鬼活动的领域。——译者注）见 WA，Br，X，97。
② 指撒旦。
③ 斯派尔会议决定建立一支由四万步兵和八千骑兵所组成的大军，将入侵匈牙利的土耳其人驱逐出去。
④ 勃兰登堡的选侯约阿希姆二世（Joachim II）。
⑤ 维吉尔的诗句，见 Aeneid，XI，587。

格，成为在弗赖贝格的萨克森公爵夫人凯瑟琳的私人牧师。之后他又前往托尔高，做当地的主教直到逝去。当海登赖希在维滕贝格期间，路德 14 岁的女儿玛格达莱妮罹患疾病，并很快于 1542 年 9 月 20 日离开了这个世界。以下是海登赖希根据当时情况所作的一篇记录。［WA, TR, V, Nos. 5494, 5491, 5496. ］

当看到女儿病情转入危重时，他（路德）这样说："我非常爱她，但如果你的旨意是要接她去，亲爱的神，我便因她能够与你同在而喜乐。"

之后，他向躺在病床上的女儿说："玛格达莱妮，我亲爱的女儿，你也许非常愿意留在这个世上陪伴我 —— 你地上的父亲。然而你是否也愿意去见你在天上的父亲？"女儿在重病中回答道："是的，亲爱的爸爸，愿神的旨意成就。""我亲爱的女儿！"路德回应道。 51

［转身离开女儿，他说：］① "心灵固然愿意，肉体却软弱了。② 我太爱她了，然而，若是出于肉体的意思是如此强烈，我的心向神又将如何呢？"路德又说了一些话，其中他说道："神所赐给我的恩赐，是近千年来他从未赐给过任何别的主教的（当然人应指着主所赐的夸口）。③ 尽管我还能时不时地唱一些短诗并向神感恩，可是我仍然为自己无法从内心喜乐地感谢神而懊恼不已。我们或活或死，总是主的人。④ （这里"主的"是所有格的单数，而非主格的复数。⑤）"

在妻子放声恸哭之时，路德安慰她说："要知道她将往哪里去，这于她是好得无比的。肉体虽然朽坏，灵魂却将永生。孩子不会与人理论，

---

① 括号里的文字来自另一个版本。

② 《马太福音》26:41。

③ 路德这里所说极大的恩典，是指他的妻子和孩子们。

④ 参《罗马书》14:8。

⑤ 拉丁文 Domini 是在短语 Domini sumus 中，可能意为"我们是主的人"（we are the Lord's 所有格的单数形式）或"我们是尊贵的大人"（we are lords 主格的复数）。 参本章 1534 年 6 月 29 日路德写给约翰·吕黑尔的信。

你告诉他们什么，他们就相信什么。对他们来说，凡事都是简单明了的。当他们步入死亡时，不会带着忧虑、抱怨和对死亡的恐惧，身体上也没有什么过于剧烈的痛苦，就像入睡一般。"

当女儿在忍受临死之前极度的痛苦时，路德跪在她的病床前非常悲伤地哭泣，祷告神若这是出于他的旨意，便拯救这个孩子的灵魂。之后女儿在父亲的怀抱中交付了自己的灵魂。她的母亲也在同一间屋内，然而因为自己过于悲伤而离孩子较远。

他的女儿于 1542 年三一主日之后第 15 个周三 9 点多去世。

致塞弗林·舒尔策　　1545 年 6 月 1 日

　　在路德写了以下这封信之前不久，塞弗林·舒尔策（Severin Schulze）一直是维滕贝格附近村庄普雷廷（Prettin）的一名新教牧师。在写这封信的时候，舒尔策成为贝尔根（Belgern）的牧师，并且似乎年事已高。在这封信中，路德就如何应对一起精神病案例告诉舒尔策他的建议。[原文为拉丁文；*WA*, *Br*, XI, 111, 112.]

致尊敬的舒尔策先生，贝尔根的牧师，我亲爱的挚友：愿恩惠、平安从神和耶稣基督归与你。

52　　尊敬的先生和牧师：

托尔高的税官和贝尔根的议员写信向我询问，能否提供一些建议来减轻约翰·科尔纳女士的丈夫所受的痛苦。对于这个世界能够在这种问题上提供的帮助我一无所知。如果医生们对于如何治疗这样的疾病都无计可施，你就应该确信他所患的并不是普通的忧郁。无疑，这必然是来自魔鬼的攻击，对此我们只有依靠基督的大能和出于信心的祷告来胜过它。这才是我们要去做的，我们也常常如此做。这里曾有一位制造柜子的匠人也遭遇了类似的攻击，陷入癫狂，然而我们靠着奉主名的祷告医治了他。

因此你应这样：与教会执事及两三名信仰虔诚的弟兄一同前去，作为当地的牧师，你当心中确信主已将那属天的权柄赋予了你。你要按手在他身上说："亲爱的弟兄，愿平安从神我们的父和主耶稣基督归与你。"之后你要高声清楚地向他重复《使徒信经》和主祷文，并以这样的话作为结束："神，全能的父，你借着你的儿子告诉我们说：'我实实在在地告诉你们：你们若向父求什么，他必因我的名赐给你们。'①你鼓励并命令我们奉你的名来祷告，应许'你们求告，就必得着'，②并且你也曾说过，'我必搭救你，你也要荣耀我。'③我们本是不配的罪人，但凭着你的话语和命令，以及我们因此而有的信心，祈求你的怜悯，求你赐下恩典让这人从诸般的凶恶中得着释放，让撒旦在他身上一切的工作都归于徒然，以此让你的名得着荣耀，并让众信徒的信心得着坚固。奉永不改变的耶稣基督，你的儿子，我们主之名祷告。他永活在你里面并掌权直到世世无穷。阿们。"在你离开之时要再次按手在这人身上说："信的人必有神迹随着他们，他们手按病人，病人就必好了。"④

　　如此连续三天，每天行一次。同时也叫信徒们去教会的讲台前同心合意地祷告，直到主垂听这祷告。

　　我们也将尽我们的所能，同时与你们向主祷告恳求。

　　向你道别。除了这样的建议以外，我再无他法。

一如既往的我

［马丁·路德］

1545 年

---

① 《约翰福音》16:23。

② 《约翰福音》16:24。

③ 《诗篇》50:15。

④ 《马可福音》16:17,18。

第二章　给丧失亲友者的慰藉

致巴特洛梅夫·冯·施塔伦贝格　　1524 年 9 月 1 日

巴特洛梅夫·冯·施塔伦贝格（Bartholomew von Staremberg，1460 - 1531）是一名奥地利贵族，曾任皇帝马克西米连一世（Emperor Maximilian I），为下奥地利的摄政者，在 1519 年作为帝国王子的代表前往西班牙履行使命。他似乎是新教的同情者，此外可以确定他的儿子是改教运动的支持者。1524 年，冯·施塔伦贝格的妻子玛格达莱妮·尼·罗森施泰因离世，正是这个原因让路德给他写了这封安慰的书信。同年，由一位不知名的作者作序，这封信以单张的形式印刷得以传播，作为"对那些因所爱之人已睡或过世而哀哭者的安慰"。[原文为德文；*WA*,XVIII,1 - 7.]

愿恩惠、平安从基督归与你。

尊敬的先生：

文森特·韦恩斯多费尔①因着在主里的爱心和忠诚，催促我写信予你。在提笔时我请求你以宽宏的善意来看待这信中的内容。韦恩斯多费尔告诉我，自从你的爱妻离世归主以来，你一直都在试图通过各样的

---

① 此人身份无从核实。

圣礼和善行，尤其是借着经常参加弥撒和守夜的祈祷，来帮助她的灵魂得着安息。他还向我提到你的妻子是如何因着对你的爱与忠贞而闻名于世，因此她配得你一切的眷爱和缅怀。关于此事韦恩斯多费尔一定要我致信予你，我实在不知该如何拒绝他的这般用心。于是为着你最大的益处我再三思量，并谦卑地向主祷告，愿你能欣然接受这信中的内容。

首先，我想提醒你思想约伯所说的话："赏赐的是耶和华，收取的也是耶和华；耶和华所看为好的，他便去行。"①因此你也应当用这节经文颂赞这位亲爱且忠信的神，你那亲爱且忠贞的妻子正是他所赐给你的，也是他所取去的。在神赐给你这位妻子之前，她就是神的；在神赐给你这位妻子之后，她仍是神的；即使现在神接她离世，她仍是属于神的（我们也是一样）。虽然神将那原本属于他的从我们身边取去时，会令我们悲伤不已，然而与神所赐给我们的一切恩典相比，他美善心意的成就才是最好的，这就像神自己要远超过他所赐给我们的各种恩典一样。从此，我们便看到神的心意在我们心中的位置，应远高于那美好的贤妻。如果说我们有时无法测透妻子的心意，那么我们更无法测透神的心意，然而借着信心，我们便可以去领会、思想神的心意。因此，你理当满怀喜乐地将原属于神的归还于他，并甘心地接受这个你所视为陌生、公正的交易代价，即虽然你失去了自己所深爱且温柔的妻子，然而你却顺服了神那亲切且充满怜悯的旨意，并且你更是得着了神自己。如果我们能全心喜悦这种与神之间的交易，我们的生命将会何等蒙福和丰盛啊！事实上只要熟练通达这样的真理，我们的生命的确能够如此，因为神每天都将这样的机会摆在我们面前，这一切都是我们可遇不可求的。

其次，我所尊敬的先生，我请求你停止那频繁的弥撒、守夜祈祷以及每日你为她灵魂的安息而作的祷告。为着妻子的缘故，你向神祷告一

①　参《约伯记》1:21。

次或两次就足够了，因为神如此应许我们说："你们奉我的名，无论求什么，若信就必得着。"①如果我们持续不断地为同样的事情祷告，这反映出我们并不相信他，而这种不信的祷告只能惹动神的恨恶。想想看，我们反复不断地为着同样的事情祷告，这到底意味着什么呢？它无非是向我们显明我们之前的祷告并未得蒙垂听，并且我们所祷告的并不合乎神的心意。没错，我们应该常常祷告，然而我们必须靠信心如此行，这一点是我们所熟知的，否则一切的祷告都是徒然，并且我们永远无法明白该为哪些新的事情向神祷告。

更重要的是，我劝你脱离那些为她的灵魂所守的弥撒及守夜的祈祷，因为这些并不是出于真实的信仰，所以会极大地惹动神的愤怒。任何人都会发现在各样的守夜祈祷中，既没有任何向神的热切，也并非出于对神的信心，有的不过是无用的装模作样罢了。如果我们盼望祷告能够蒙神垂听，我们必须用其他的方式来祷告，而那种守夜的祈祷只是在假冒敬虔。此外，神设立弥撒作为圣餐礼是为着活人而非死人的益处，然而，令人感到可悲又可怕的是，有人竟敢将神所设立的这类让活人分享圣餐的圣礼，变成为死人所做的善工和奉献。对此你要谨慎自守，绝不要在这种可怕的谬行上有分。神父和修士们为着自己的肚腹而发明了这些可耻的仪式，而真正的基督徒应当只做他深信是神所命令的事情。

55　关于各种弥撒和守夜祈祷，天主教的神职人员并没有任何神的命令作为依据，这些不过是他们为了聚敛财物而耍的手段，事实上并不能为逝者或生者带来任何益处。

对于这样的教导，你若有任何疑问，可以询问我之前提到的那位文森特·韦恩斯多费尔，他一心为你的益处着想，并请求我致信予你。愿你能因信中所说的得着喜乐，并且不被那些凭着自己虚妄、属世的发明而与神为敌的人带离了正路。愿基督在那真实的信心和对邻舍无伪的爱

———————————

① 参《约翰福音》14:12－14。

心中启示你、坚固你。

乐意为你效劳的仆人，

马丁·路德

圣吉尔斯日,1524 年

致萨克森选侯约翰　　1525 年 5 月 15 日

萨克森选侯智者腓特烈（1486－1525）作为路德的保护者，在宗教改革初期发挥了至关重要的作用。然而他却不敢公开支持路德，并且避免一切与路德的私人联系，以此摆脱牵连。农民战争期间，腓特烈陷入重病，并于1525 年 5 月 5 日临死之际，在洛豪接受了饼和杯圣餐礼。腓特烈终生未婚，因此由他的兄弟约翰继位，后者对改教运动给予了热切的支持。[原文为德文; $WA, Br, \mathrm{III}, 496, 497.$]

致尊贵的王子，萨克森的约翰公爵，罗马帝国的选侯，图林根的伯爵领主，迈森的侯爵，我仁慈的主公：愿恩惠、平安从基督归与您。

尊贵的王子，仁慈的殿下：

在这艰险多难的时刻，① 全能的神带走了我们的领袖，那仁慈的殿下和选侯，殿下的兄长，留下我们在这世上。特别是殿下您在此忧伤中，仍需承受这悲惨时局所加诸的重担，在如此忧急的时刻，我想自己有充足的理由致信于殿下（正如我职责所在）。此时《诗篇》中的话也许正是您想说的："因有无数的祸患围困我，这罪孽比我的头发还多，我就心寒胆战。"②

然而神是信实的，对于那些专心信靠他的人，神向他们所显的怜悯超过了他所发的愤怒，并且赐给这些人承受患难的勇气和力量，到了时

---

① 即处于农民战争末期。

② 《诗篇》40∶12。

候就要给他们开出路，让他们胜过患难。因此《诗篇》上的话成为我们

56 唯一的心声："耶和华虽严严地惩治我，却未曾将我交于死亡。"①以及
"义人（正是指着所有信徒而言）多有苦难，但耶和华救他脱离这一
切"。②所罗门也将这样的安慰带给我们，他说："因为耶和华所爱的，
他必责备，正如父亲责备所喜爱的儿子。我儿，你不可轻看耶和华的管
教，也不可厌烦他的责备。"③基督也亲自向我们如此说："在世上你们
有苦难，但在我里面你们有平安。"④

　　在世的患难是神所设立的学校，神要使用它管教我们，并指引我们
信靠他，好让我们对神的信靠不再停留于虚浮外表之上，而是真正建立
在我们的内心深处。殿下目前正在经受这所学校的训练，神取去了我们
的领袖，无疑是为了亲自来担当那逝者的职分，并且吸引殿下就近他的
宝座。他要教导您交出自己曾经因兄长的荫蔽而有的安舒，从今以后单
单从神的良善和大能中寻求能力与安慰，要知道他的温柔与安慰远比世
人更美。

　　我匆匆写下这封安慰的书信致予殿下，盼望您能以柔和仁慈之心接
受它，并能因着《诗篇》和其他经上的话寻获更多的喜乐。神的话语有
诸般丰盛的安慰，因着这样的信心，我将您交托在他的保守眷顾之中。

殿下卑微的仆人，

马丁·路德

颂主日之后的周一,1525 年

致匈牙利马利亚王后　　1526 年 11 月 1 日

匈牙利国王路易斯对宗教改革表示强烈的反对，然而他的妻子

---

① 《诗篇》118:18。
② 《诗篇》34:19。
③ 《箴言》3:12,11。
④ 参《约翰福音》16:33。

马利亚王后却对新教的传播报以同情。她是奥地利费迪南及丹麦国
王克里斯蒂安二世妻子的姐妹。很可能是在丹麦国王和王后的请求
下，路德写了一本关于四首诗篇的释经书，并将其献给马利亚王后
以期激发她对新教更深的好感。然而在这本短小著作完成之前，路
易斯国王却于 1526 年 8 月 29 日的莫哈奇（Mohacs）战役中战死。
于是路德在对那本诗篇释经书稍作修订的同时，也写了一篇献辞作
为该书的序言，其中安慰了丧偶的马利亚王后。[原文为德文；*WA*，
XIX，542 – 553.]

致尊贵的女士，马利亚，西班牙出生的王后，匈牙利和波希米亚的　57
女王，我最仁慈的女士：愿恩惠、安慰从神我们的父和我们的主耶稣基
督归与您。

最仁慈的王后：

应一些敬虔人士的请求，我愿意将这四首诗篇的注释献予殿下，希
望借此能鼓励您继续在信心和喜乐中更加促进神的圣道在匈牙利传扬。
因为有好消息告诉我，说殿下对福音深有好感，然而那些对神毫无敬畏
的主教（有人说他们势力强盛，并在匈牙利影响甚大，为所欲为）大大
地拦阻了神的圣道，甚至为此流了那无辜之人的血，①极尽所能地来抵
挡神的真理。

然而恰在此时，神借着他大能的护理，让事态发生了令人意想不到
的转变，土耳其人制造了深重的灾难，令殿下所深爱的丈夫，年轻尊贵
的国王路易斯死于沙场。因此，我也不得不调整我写此书的初衷。若是
当初那些主教许可福音自由地传播，全世界现在一定会将这次匈牙利所
遭遇的失利归咎于路德宗的"异端"，那将是何等的毁谤啊！然而如今

---

① 布赫菲雷尔（George Buchführer）被烧死在奥芬（Ofen）的火刑柱上，一名修士也被烧死在布拉格
的火刑柱上。

他们不得不去找其他的替罪羊！在我看来，是神定意不让他们抓住这诽谤的把柄。①

事情的发生正印证了圣保罗在《罗马书》中所教导我们的："从前所写的圣经都是为教训我们写的，叫我们因圣经所生的忍耐和安慰，可以得着盼望。"②我本着自己一贯的目的发表这些诗篇的注释，目的是以此（按着神所赐给我的能力）来安慰殿下，在这突如其来的患难中认识到，神并非是在他的不悦和愤怒中刑罚您（虽然那是我们应当承受的），而是以他的试炼和管教，让您学会如何单单地信靠这位我们在天上真正的父亲，并且因着耶稣基督这位真正的新郎③而得着安慰，他是我们的兄长，他的血为我们流出，身体为我们掰开。借着这样的安慰，您必将从那忠信的众天使得着喜乐，他们正如同亲密友人一般环绕在我们身旁。

尽管您在如此年轻之时就不得不因着失去挚爱的丈夫而孑然守寡，想必这对王后而言是一种极艰难的试炼，然而您仍能从圣经中得着丰盛的安慰，特别是《诗篇》，这卷书以无比丰富的方式让我们看到圣父、圣子的宝贵和慈爱，那被隐藏的永远的生命无疑就在他们里面。今世的苦难，对于那些明白圣经并且经历过父神慈爱的人而言，必然是至暂至轻的，但那些从未真正经历过如此恩典的人，即使他们享尽这世界的一切荣华宴乐，也不可能获得真正的喜乐。

人类因着失去挚爱的亲人而遭遇的苦难，是无法与我们天父失去他爱子的悲痛相比的。他曾亲眼见证了自己的独生爱子如何在世施行各样的神迹和仁爱，然而却因此被世人毁谤、咒诅并最终以最羞辱的方式在十字架上被处死。所有人都认为自己的十字架是最重的，甚至为所遭遇的痛苦而自怜远超过去思想基督所受的苦难，好像自己所背负的十架十倍于主。之所以会如此，是因为我们没有效法神的忍耐，因而，即便是

---

① 路德误以为他们的敌人无法将匈牙利在莫哈奇战役中所遭受的惨败归咎于他和改教运动。
② 《罗马书》15:4。
③ 参《马可福音》2:19,20。

很小的患难，在我们看来也超过了基督所负的十架。

愿发慈悲的父、赐各样安慰的神①以他的圣灵让您在他圣子耶稣基督里得着安慰，愿他让您能速速地忘却这痛苦，或是得着坚强的能力来承受它。阿们！

> 殿下顺服的仆人，
>
> 马丁·路德
>
> 1526 年冬季的第一个月

致寡妇玛格丽特　　1528 年 12 月 15 日

　　这封信的受信人身份不明，她的丈夫因试图自杀而受伤，并在不久之后死去。对于自杀，路德曾在其他地方如此评论道："我并不倾向于认为所有自杀的人都必然会受到神的咒诅。我认为他们自戕的行为并非出于自己的意愿，而是被魔鬼的能力所胜而导致的，这就像一个人遭遇丛林中劫匪的杀害一样。"②［原文为德文；WA, Br, IV, 624, 625.］

愿恩惠、平安从基督赐福与你。

尊敬而贤德的女士：

您的儿子 N③ 告诉我，您因自己所挚爱丈夫的离世而遭受着极大的不幸和痛苦。因基督之爱的感动，我愿致信予您，盼望您能因此得着安慰。

您心中应该满有安慰，因为您知道在您丈夫所经受的艰难争战中，基督最终得胜了。除此以外，您也应该因着丈夫离世时所表现出的那在基督里真实无伪的信心而大得安慰，他对神能有如此的确信，真是好得无比。基督也曾在客西马尼园经历过个人的争战，然而他最终得胜，并

---

① 参《哥林多后书》1:3。

② WA, TR, I, No. 222.

③ 对一个未注明姓名的代称。

从死里复活。

对于您丈夫伤害自己的行为，您可以将其视作魔鬼的能力在他肢体上发动所致。魔鬼很可能在违反您丈夫意志的情况下操纵了他的手臂。因为如果您的丈夫是出于自己的自由意志，他是绝无可能以这种方式来向基督见证自己的信仰的。魔鬼在破坏手臂、腿和后背的功能方面，显得是何等的殷勤啊！他的确可以违背我们的意志来操纵我们身体的任何部位。

因此，您应当因着明白神的旨意而得着安慰和满足，并按基督的话将自己视为他所祝福对象中的一员，因为他说："哀恸的人有福了，因为他们必得安慰。"①并且所有的圣徒也要齐颂这诗歌："我们为你的缘故终日被杀，人看我们如将宰的羊。"②可见我们若要得着安慰，就必要承受苦难与不幸。

此外您也要感谢神赐予您的丈夫如此的恩典，他没有像某些人一样，在绝望中死去，而是靠着神的恩典胜过了死亡的痛楚，并最终对主的话语大有信心。对于这样的人圣经如此说："在主里面而死的人有福了"，③并且在《约翰福音》11 章中也有基督亲口说的话："信我的人，虽然死了，也必复活。"④愿父神在基督耶稣里安慰您、坚固您。阿们。

马丁·路德

圣露西日之后的周二,1528 年

致康拉德·科达图斯　　1530 年 4 月 2 日

路德于 1530 年 1 月 3 日写信给茨维考的牧师康拉德·科达图斯（Conrad Cordatus），祝贺他儿子的出生。⑤作为这个孩子在洗礼上的教父，路德尤其关心他的成长，然而这个孩子却不幸夭折，听闻此

---

① 《马太福音》5:4。

② 《诗篇》44:22。

③ 《启示录》14:13。

④ 《约翰福音》11:25。

⑤ 这封信可见于 *WA,Br,V*,215–217。

讯的路德异常悲伤。在以下这封书信中，路德提到自己第二个孩子伊丽莎白在1528年出生七个月后便早夭，①以自己相同的经历来安慰康拉德。〔原文为拉丁文；$WA, Br, V, 273, 274.$〕

愿恩惠、平安从基督归与你。

我亲爱的科达图斯：

愿基督在你所经历的忧伤和患难中安慰你。除了他，还有谁能抚平这样的伤痛？我能够完全理解你信中所写的，因我也曾经历过类似的悲伤，这样的苦楚对于一名父亲而言，比直入骨髓的两刃利剑更加锋利，②更加令人痛彻肺腑。然而，当你看到那位远超于你的父亲，为着自己的荣耀定意要让你的孩子，不，更应该说是他的孩子与他同在时，你所有的不解和困惑就应该被打消。那孩子在神那里实在要比在这世上更加安全稳妥。

尽管如此，我这样的安慰，对于刚遭受如此打击的你而言，无疑是空洞的，仿佛是给耳聋之人所讲的故事。③我也能够体恤你这样的悲痛，那些比我们更刚强的人都会有难以抑制的悲痛，这本是无可厚非的。然而，我想这悲伤对你而言，未尝不是一件好事，在经受了这样的试炼和良心的重压之后，你便能从自己的经历中，体会到信心和神圣言的能力，正是在这样的患难中，这一切才更显真实。你还没有感受过那种肉体中的刺所带来的痛苦，也没有经历过撒旦差役的攻击，④然而到目前为止，你所经受的，你都靠着清洁的良心胜过了，这是荣耀且信实的。愿这样的心志一直坚固你到底。

我听说你期望尽快地赶赴会议，⑤我不赞成你如此行。理由是，首

---

① $WA, Br, IV, 511$。

② 参《希伯来书》4:12。

③ 参 Terence, *Heautontimorumenos*, II, 1, 10, 以及 Erasmus, *Adagia*, I, 4, 87。

④ 参《哥林多后书》12:7。

⑤ 指奥格斯堡会议，见第五章。

先我并没有受邀前往，而且即便我去，因为某些原因，我也仅仅是与当地的王子一同经行他的领地；其次，我认为这次会议将不会谈及与福音相关的话题，即使谈及也可能被拖后许久，这是因为王子们此时并不会对信仰之事有急迫和热切的心愿，到时他们所讨论的重中之重是如何来对付土耳其人。因此你可以到了合适的时候再去那里。① 此外，你要尽心尽力地教导茨维考人，让他们更加顺服真理。② 问候那些与你一同分担痛苦的人，你在复活长存基督里的喜乐应当胜过你为死去儿子所有的悲痛。不，要知道他仍然活着，只是暂时与你分别。

　　我的妻子卡蒂和我所有其他的家人都问你安。

马丁·路德博士

1530 年 4 月 2 日

致马蒂亚斯·克努森夫妇　　1531 年 10 月 21 日

　　约翰·克努森（John Knudsen）来自靠近今日丹麦边境的石勒苏益格教区，他于 1529 年 6 月 7 日被维滕贝格大学录取，两年后英年早逝，路德写下这封安慰逝者的父母的书信。我们现在无从得知约翰的具体死因，但从信中我们可以看出他是死于某种慢性的疾病。［原文为德文；WA,Br,VI,212,213.］

　　愿我们主和救主基督的恩惠和平安归与你们。

　　我所尊敬、亲爱的朋友：

　　那仍活在你们心中的宝贵儿子的校长③请求我致信予你们，盼望你们能从失去爱子的悲痛中得着安慰。

---

① 6 月 19 日和 7 月 6 日路德写给科达图斯的信中（WA,Br,V,380,381,441,442），多次提出科达图斯若要去奥格斯堡，可以和他一同前往。
② 关于科达图斯之后在茨维考遇到的问题，见第十章。
③ 保罗·霍克尔（Paul Hockel）。

　　此时，一切试图阻止你们为逝者流泪的做法都是不能想象的，事实上，没有谁的信心是因着听到某位父母竟没有为他们丧生的儿子动容而得着坚固的。《便西拉智训》22章中也如此说，"要为亡者哀哭，因为他已失去了光明；哀悼亡者要有节，因为他已得到了安息。"①

　　然而你们在节哀之后，心中应当满有安慰。你们实在有理由喜乐地向神感恩，当看到你们儿子的人生结局是何等的美好，在辞世之际他在基督里得着了何等的安睡。他现在必然已进入了基督那永远的安息之中，享受着主的甜美与柔和。在临终之时，你们的儿子不断向基督承认自己的罪孽过犯，并切切地向神祈祷，他向主的坚信令我们所有的人都为之感佩。相比他能在世千年，并享尽荣华富贵，他在临终之际从主承受的这极大的福分，更应该让你们的心得着安慰。因为你们知道，在他离世的时候，他已得着了人在今生所能得着的最珍贵的财宝。②

　　因此要喜乐，比起千千万万在极大的痛苦中离世，甚至那些可悲地死于自己罪中的人，你们的儿子是何等的有幸。你们与一切你们所爱的人，并我们这些人，都理应渴慕在临终之时蒙神如此的恩典。你们的儿子已经胜过了这世界和魔鬼，而我们却仍需要去谨守自己不要被它们所胜；你们的儿子已经在主里得着了稳妥安息，而我们还被包围在各样的危险试炼之中。你们作出了正确的选择，让他进入这所学校，你们为他所投入的一切爱心和钱财都是值得的。愿神帮助我们能够像你们的儿子那样离世归主。阿们。

　　愿主和那至高的安慰者耶稣基督，就是那位更爱你们儿子的神，那位从起初借着自己的圣言呼召他，之后将他从你们身边取去特归自己的主，用他的恩典安慰、坚固你们，直到你们在永恒的喜乐中再次与你们

① 参《便西拉智训》22:11。
② 参《马太福音》6:20。

的儿子相见。阿们。

马丁·路德博士

1531 年圣路加日之后的周六

致安波罗修·贝恩特　　1532 年初

　　这封信的日期有许多不确定之处，是因为这封信中所提及的不幸遭遇，常常与安波罗修·贝恩特（Ambrose Berndt）之后所遭遇的另一场类似的厄运相混淆。在这封信中，我们看到贝恩特的妻子玛格丽特死于产难，并且她刚出生的孩子也随之去世了。很有可能，在这封信之后不久，贝恩特又有其他的孩子离开了这个世界。贝恩特曾在维滕贝格进修过一段时间，并于 1528 年在那里取得了硕士学位。因此路德认识以下这封书信的受信人。〔原文为拉丁文，*WA*，*Br*，VI，279 – 281.〕

恩惠和平安归与你。

我亲爱的安波罗修：

我并非不近人情到无法体会玛格丽特的逝世所带给你的锥心之痛。因为我知道，丈夫向妻子所怀的那极深而敬虔的情感是不会被轻易取代的，而只要我们按照神所放在我们心中那夫妻情分来适度地表露这悲伤，这种因妻子离世而有的悲痛就并非神所不喜悦的。事实上，若是你立即摆脱了自己的悲痛，我反而不会视你为一个男子汉，或一个无可指责的丈夫。

　　尽管如此，我亲爱的安波罗修，我还要提醒你为妻子的哀恸不可过度，免得与神的心意相违。我们有必要为个人的悲哀设立界线。因此，你的心应当如此来思想：一方面，因着妻子和孩子的离世，你在今世承受着极大的痛苦，这是一位丈夫在他的家庭生活中所能遭遇的最悲惨的厄运。对你而言，这一点更是如此。因为你所爱的妻子有着如此卓然超群的恩赐，在方方面面与你深相契合，举手投足是如此端庄大方，并且最重要的是，她能够让你的心得着超乎所求的喜乐，并借着那从基督而来满有喜乐的交流，让你的灵魂常有安慰与喜乐。我实在能够体会，当你一想到她那温柔的灵性与你的性情是何等相配时，心里感到的那种无以复加的悲痛。

另一方面，你需要如此来思想你所面对的一切——事实上，你妻子的死应该让你在神面前得着极大的喜乐。她死于产难，因此她是在履行神所给她的职分和呼召中离开这个世界的。更重要的是，她在如此行的过程中，向主基督持守着坚定的信心和盼望：在清楚自己已临近死门时，你的妻子不断向主承认着自己的罪，单单地呼求基督，并完全地将自己交在神的手上，顺从他的旨意。此外，玛格丽特在极重的痛苦之中仍然靠着神所加的恩典，为你生下了儿子约翰，让他得以受洗，并与自己同葬，你也应视此为极大的祝福。①

这两方面你都应细细地思想。若是在那可见有形的恩赐与无形属灵的恩赐之间比较，你无疑会认定属灵的恩赐要远超于那些有形的恩赐。因此，你的心要充满这样的思念，并尽力节哀。你当用神的话来安慰自己，主的圣言才是那最真实的安慰。你也要学着为神所赐给你的妻子玛格丽特那属灵的恩赐而感恩。与此同时，唯愿你能祷告我们的天父，盼望你与我们最终都能靠着对耶稣基督的信心面对死亡。

你的，
马丁·路德

约翰·施拉金豪芬记录的桌边谈话②　　1532 年春

我相信神的怜悯超过了你所遭遇的不幸。当然，你有理由为逝者哀哭，这并非有什么不对。然而你要知道在那苦涩的醋中调有那甘甜的 64

---

① 换句话说，如果孩子没有被生下来并领受洗礼，那将是更大的不幸。
② 这篇桌边谈话由拉丁文和德文混合写成，见 *WA, TR*, II, No. 1361。这篇桌边谈话在另外的版本中题为"安慰安波罗修·贝恩特在一周内失去妻子、孩子的书信"；见 *WA, TR*, I, No. 987。

糖。你的妻子是有福的，现在她已飞升，得以与基督同在。我也巴不得能有她那样的福分，因为一旦得着，这世上的一切都会如同浮尘被我抛至脑后。所以不要只定睛在醋的苦涩上，你也要思想那糖的甘甜。看哪，那些降临在茨温利①、闵采尔②以及许多与其同类之人身上的灾难是何等可怕！他们所遭遇的只有无尽的痛苦，而没有任何的甜美。相比之下，你今天所遭遇的只是这地上至暂至轻的苦楚。

你的妻子在自己的死上作了那美好的见证。她在世的言行成为你极美的回忆，愿这能安慰你的心。愿这回忆所给你的感动能显明你是一位好丈夫，因你从未忘却那逝去的妻子。

你擅长辩证，常常教导他人如何使用这种方法。现在到了你使用它的时候，你要正确地作出分类、区分和总结。学着将那属天的从属地的中间区分出来，也要将自己所遭遇的不幸与他人的厄运相比较，以及其他诸如此类的事情。

致托马斯·青克　　1532 年 4 月 22 日

约翰·青克（John Zink）于 1530 年被维滕贝格大学录取，相关记录显示他来自法兰克尼亚（Franconia）柯尼希山（Königsberg）。从他曾经在路德家中的音乐晚会上扮唱女高音，我们可以判断他很可能非常年轻。在 1532 年 3 月底，约翰因患重病而卧床不起，并于 4 月 20 日离世。以下是路德写给逝者父母安慰的书信。③［原文为德文；*WA，Br*，Ⅵ，300 - 302.］

愿恩惠和平安从基督，我们的主归与你。

我亲爱的朋友：

---

① Zwingli 死于 1531 年 10 月 11 日的一场战役。路德并不认同他的政治活动。
② Thomas Münzer 是农民战争中的一位农民领袖，他于 1525 年 5 月 27 日被捕斩首。
③ 同时请见 *WA，TR*，Ⅰ，No. 249 对此事的记录。

此时此刻，相信你已得知你送至这里求学的爱子，约翰·青克因重病离世的消息。尽管我们曾不遗余力地尝试通过用药和护理来挽回他的病情，然而最终疾病仍然占据了上风，并让他离开了我们，进入到我们主耶稣基督的天家。这位小伙子生前深蒙众人的喜爱，对我尤其如此。我曾多次邀请他参加家中的晚会，并请他为众人献唱。他很安静，举止庄重，在学业上殷勤进取。因此他的离世也令我们众人悲伤不已。我们一直竭尽一切可能地挽留他与我们同在，然而神爱他更深，并按着他所喜悦的将你们的儿子取去了。 65

毋庸置疑，作为父母，在听闻自己孩子死讯之刻，必然会经受万分的悲痛，对此我不应对你们有任何的苛责。因为我们所有人，特别是我，常常被各种忧患之事所压伤。然而，我仍要提醒你们应当为神赐给你们如此敬虔、良善的儿子而感恩。在神眼中，你在他身上付出的一切心血和财物都被神所数算、所珍视。此外，你最大的安慰，也是我们最大的安慰，莫过于你的儿子是如此安详而端庄地进入了安息（而非逝去），并且在临终之际他的嘴唇见证了他极为美好的信心，这让我们也备感欣慰。我深信此时与神同在的他正享受着主永恒的祝福，唯有神才是那真正的父亲，这是无比真实的，犹如我们的信仰无比真实一样。约翰如此美好的临终见证显明天堂是他永远的家乡。

除此以外，你也应当思想自己向神存怎样的感恩。因为你儿子并非像许多人在临死之时那样场景恐怖，悲悲惨惨。即使他在地上能足享长寿，你作为他肉身的父亲能帮他的只不过是得到这世上的某个职分，与他此时所站之处相比，哪怕用全世界的荣华来作交换，他也不愿出让一刻。因此你要在这样的看见中节哀，并因此大得安慰。你从未失去他，而是看他在自己以先进入了那永远的祝福之中。为此，圣保罗也教导我们说，不要像没有指望的人一样为那些睡了的人忧伤。①

———————————————

① 参《帖撒罗尼迦前书》4:13。

　　我会让你儿子的导师法伊特·迪特里希硕士将一些约翰临终所言的
那极美的见证抄送一些给你们。深信你们必会因此深得欣慰。

　　出于对这位敬虔孩子的喜爱，我一直盼望致信告诉你们这些内容，
借着这份可靠的记录，深信你们已看到了他生命中那些美好的见证。愿
我们的主和安慰者基督帮助我将你们交托在他恩手之中。阿们。

同在软弱中的马丁·路德博士亲笔所书

致劳伦斯·左赫　　1532 年 11 月 3 日

　　劳伦斯·左赫（Lawrence Zoch）曾经是马格德堡主教的近臣。
1527 年，他因同情妻子拒绝接受某种形式的圣餐礼而被指控为异
端。当宗教裁判者发现左赫在此之前已转向了路德的新教观点后，
便将他囚禁起来。被释之后，左赫转投了萨克森的选侯，成为维
滕贝格大学的法律教授。他的第一任妻子克拉拉·尼·普罗伊塞尔
死于 1532 年，因此有了以下这封路德安慰左赫的书信。之后左赫又
娶了维滕贝格的法官耶罗梅·舒尔夫的女儿为妻。［原文为德文；
WA, Br, VI, 382, 383.］

　　愿神在基督里的恩典与平安，安慰并坚固你。阿们。

　　我亲爱的博士和挚友：

　　听闻你所遭遇的不幸，我的心也为此备感悲伤。思想你信中所描述
你挚爱的妻子如此被神接去，也令我尤为不忍。

　　然而，就连神的儿子都要去承受诸般的痛苦，他不仅要忍受魔鬼和
这个邪恶世界所加给他的迫害和仇恨，还要如以赛亚所说，被神"击打
苦待"，[1]又如《诗篇》22 篇所说，"我是虫，不是人。"[2]可见主所经

---

[1]　《以赛亚书》53:4。
[2]　《诗篇》22:6。

历的也要成为跟随他者的经历。在这条道路上，常常最令我们困惑的是看到神似乎总在击打着我们，然而事实是，我们一切的安慰都是从神而来。从另一个方面来看，我们也常常不解为什么那些不敬畏神的人可以升至高位，仿佛除了这个世界欢迎并抬举他们之外，神也祝福着他们。并且正因如此，这些恶人可以加倍地自夸，而我们这些跟随主的人却只有加倍的悲伤。

正是因此，你会觉得神似乎一直是在攻击你，而你的仇敌也向你夸口说："这就是这些基督徒的结局，这就是他们所传新福音的果子。"在这样的处境中，我们不光是在为主受苦舍己，更是被地狱般的痛苦所包围吞没。

然而，我亲爱的博士，你仍要靠主坚定，因这正是造就我们信心的时刻。要思想基督也曾有过这样的经历，并且他所遭遇的比我们更加艰难。然而那位看似在击打他的神，并没有最终抛下他，而是让他在荣耀中被高举。因此，你要深信终有一天神也会如此让我们与基督一同得胜。

你那敬虔的妻子在临终之时仍能全身心地尊主为大，这对你来说是何等大的安慰啊。此时此刻，她无疑已与基督同在，就是与那位她在地上所专心认信的主同在。除此之外，你还有更大的安慰，就是基督正按着自己的样式塑造着你的生命，让你去经受那些他曾经受过的苦难，即你不光要被恶者所攻击、嘲弄，而且似乎神也在视你为他的仇敌，然而到了时候，你会看到神真正的心意是要成为你的安慰。

因此，尽管此刻你在肉体中不断地沉吟悲痛，仿佛基督在他的软弱 67 中也曾向神发声呼求，①然而你的心灵却应该有切实的盼望，并且在圣灵那说不出的叹息中，与他一同呼求"阿爸，父"。②这呼求似乎是在

---

① 参《马太福音》27：46。

② 参《罗马书》8：26，15。

说:"你的杖打虽然严厉,然而直到永远你都是我的父,这是我所深知的。"

愿我们的主和救主,就是那位我们受苦的榜样,安慰你的心,并将他自己刻在你的心版上,好让你向他献上那忧伤痛悔的灵,①并甘心乐意地将你的以撒献上。②阿们。

马丁·路德博士

众圣徒日之后的主日,1532 年

致本尼迪克·保利　　1533 年 6 月

以下这封书信有一个早先印本,篇名为《1533 年马丁·路德博士因某位尊贵先生失去独生爱子而写给他的安慰信》,在一些其他版本的路德著作中,此文被视作一篇由路德为安慰他人所作的书信,然而现在人们已很确定此信是由路德口授,而非他亲自写成。当时的记录者是法伊特·迪特里希,他注明"这些话是路德在本尼迪克博士家所言的"。这封书信的受信人本尼迪克·保利(Benedict Pauli,1490 - 1552),是维滕贝格的一名法官和市政长官,他的第一个孩子(在当时也是他唯一的孩子)死于一场意外,这封书信正是为着安慰他所作。[原文由拉丁文和德文写成;*WA*,*TR*,I,No. 949.]

圣经并没有禁止我们为那些逝去的孩子悲痛哀哭。相反,在圣经中,我们看到许多敬虔的父辈和君王为他们逝去的儿女恸哭的例子。然而,我们却不应忘记,在哀恸的同时,我们须有节制。

这便是说你有理由为你的儿子感到悲伤,然而与此同时,你也要预备自己接受安慰。这安慰在于:这孩子之前是主赐给你的,而今天又

---

① 参《诗篇》51:17。

② 参《创世记》22:1 - 14。

是主将他从你那里取去。①你无法阻止神如此行，并且此时你更当做的是效法约伯。约伯失去了他所有的财富和儿女，然而他却说："难道我们从神手里得福，不也受祸吗？"②当约伯在自己蒙神所赐的福分与当时所遭遇的不幸之间作比较时，他对福和祸都有了正确的领悟。因此你也当如此行，你会发现你从主所蒙受的祝福要远远地超过自己现在所遭遇的不幸。但是此时此刻，你却只能定睛在自己所遭遇的不幸上，即你的儿子从房顶上摔落，被扶起时已奄奄一息的惨状。越是如此，你越无法看到你从神所蒙受的那些极其宝贵的福分和恩典，即神所赐你对他圣言的知识、基督对你一切的眷爱，以及你从神而有的那清洁的良心。这些恩典原本是无比宝贵的，凭着它们，即使今生所有其他的祸患都临到我们，我们也将得胜有余。没有经历过这些恩典的人，不可能知道那败坏的良心是何等沉重的负担，它的工价就是死亡和地狱。然而此时此刻，你有那清洁的良心，为什么还为自己儿子的死，如此地悲恸欲绝呢？

　　当然，我们承认你所遭遇的不幸极其深重。然而，它却并非是那种前所未有的患难。你有许多朋友都遭遇过类似的不幸。亚伯拉罕在他儿子活着的时候所体验的悲伤，要远超过你为着自己儿子的死而有的悲伤。要知道亚伯拉罕是被神命令去亲手杀死自己的儿子，而这孩子原本是万民蒙福的盼望。③当亚伯拉罕拿起刀要杀以撒的时候，你觉得他会作何感受？当雅各听到自己所爱的约瑟被野兽撕碎时，他所经历的痛苦又是何等的深重呢？④此外，大卫所经历的悲伤也鲜有父亲能与之相比。当他听到他所深爱的儿子押沙龙要将自己从国中逐出时，他是何等的伤心欲绝啊！⑤对他而言，自己的心在那一刻实在经受了如蜡熔化般

68

---

① 　参《约伯记》1:21。
② 　《约伯记》2:10。
③ 　参《创世记》22章。
④ 　《创世记》37:34。
⑤ 　参《撒母耳记下》15,18章。

的痛苦。如果你能够思想他人这些类似的经历，你会发现自己所遭遇的不幸与其相比，实在难及他们的一半。如此的比较也能让你那被忧伤捆绑的心灵极大地得着宽慰和释放。

然而你可能会说："你说得不错，但是我唯一的孩子已经死了，而且他死得是多么可怜啊！"为什么你要如此折磨自己呢？神是全能的，他曾赐给你一个孩子，也有能力赐给你更多的孩子。然而就算他不再赐你任何子嗣，并且你的妻子、财富和一切所有的也都失去了，你也不应该如此悲痛，因为基督仍然眷顾着你，在他里面那天上的父向我们施展着无比的恩慈，并且还有许多属灵的恩典是这个世界不能夺去的。当我们死后，我们将在永恒里享受这些福分。

然而你可能还会说："他的死是何等悲惨啊！"你这话好像是在说属神之人的死都不应当是悲惨的，因为死只是对于那些没有神的人而言才是悲惨的。事实上，对于我们这些神的儿女，那些亲爱之人离去的悲惨情景，应被我们看为是美好的，因主有安慰我们的话说："因为我活着，你们也要活着。"①

难道你所担心的是神因为对你的愤怒而夺去你的孩子？要知道这样的想法不是从神而来的。尽管人的意思会觉得这一切是无法接受的，并将此看成是神愤怒的报应，然而你应该深信，这孩子的离世必然是出于神的美意。我们老我的天性就是如此，倾向于将自己的想法看成是最好的，而对神的作为颇多微词。然而，神若是常常让我们的意思得着成全，反而是于我们有害的，因为那样我们就会过分自恃。我们有一位恩慈的神凡事与我们同在，这就足够了。至于他为什么会许可这样或那样的患难临到我们，这原不是我们需要追问明白的。

---

① 《约翰福音》14:19。

致约翰·赖内克　　1536 年 4 月 18 日

约翰·赖内克（John Reineck）是路德儿时的同学，他在图林根曼斯费尔德一间铸铁厂任负责人期间，遭遇了妻子的离世。以下是路德为了安慰他所作的书信。[原文为德文；*WA, Br*, VII, 399, 400.]

愿恩惠与平安从我们的主和救主归与你。

尊敬的先生，我的好友：

我听闻我们亲爱的主和仁慈的天父将你挚爱的妻子从你身边取去，这令你心中大有悲伤。你因从此与所爱的人不复相见而痛苦悲哀，这本是人之常情，我也为此深切地表示同情。我亲爱的朋友，有很多原因让我心中对你长存记挂，愿主赐你平安。

在如此悲伤的处境中，我们当如何面对？神命定我们要在今生学习、操练对他美善旨意的领会，因此我们应察验自己是爱他、遵行他的旨意更深，还是爱自己以及那些他所赐下、让我们拥有和喜爱的事物更深。尽管神无法测度的良善旨意向那些在亚当里的生命隐藏起来（神自己也是如此），让那些原本极美且深奥的知识在人看来不仅索然无味，更令人忧伤哀恸，然而信徒却因他纯洁而确切的圣言，看明了他隐藏的旨意，从而让自己的心得着了大喜乐。圣经中也多处向我们见证说，神管教他的儿女是出于他的恩典而非他的愤怒。圣雅各也说，我们落在百般试炼中，都要以为大喜乐。[①]因为患难生忍耐，忍耐生老练，老练生盼望。[②]你既然对神的圣言有如此丰富的知识，因此我盼望你能将这知识活出来，好让自己在神的恩典和天父的旨意中大有喜乐，从而胜过那失去亲人的痛苦。

70

----

① 参《雅各书》1：2。
② 《罗马书》5：3，4。原文为拉丁文。

如果我们对神的恩典有如此的确信，我们便能在平安中面对万事，哪怕有像约伯一般失去一切的厄运临到，我们也不会摇动。即使我们里面老亚当的生命不愿效法约伯行事，我们的灵却愿意在自己的忧伤和痛苦中仍然赞美神的旨意和作为。对于这老我的生命，尽管是如此沉重，然而我们必须承受它，直到我们见主的日子。到那时，我们必会脱掉那属肉体、必朽坏的身体，而穿上那属灵的、完美的身体。

因为你是我最好的朋友，我一直想与你在主里有如此的共勉，我盼望我们亲爱的主基督借着他的圣灵与你同在，他的安慰远胜于我的，他的善工正在你里面运行，他呼唤着你亲近他的圣言。我们的主永远不会从你收回他的祝福，也不会撇下你独自一人面对这苦难的人生。

此外，看到你的妻子在离开这今生流泪谷的过程中所经历的恩典，你的心也应该大得安慰，她是在何等的敬虔与平安中归主的啊！借此主也清楚地显明他是以自己完全的恩典待你，而非在愤怒中惩罚你。能得着贤妻是这世上最大的财富，然而那爱人在临终时所蒙受的恩典，更是世上的财富无可比拟的，这安慰要持续直到永生。

神若帮助我们，我们也能如此离开自己败坏的肉体，穿过这人生苦旅，进入父的天家。愿基督的恩典永永远远与你同在。阿们！

乐意为你效劳的仆人，

马丁·路德

复活节之后的周二,1536 年

致约翰·冯·陶本海姆　　1539 年 1 月 10 日

约翰·冯·陶本海姆（John von Taubenheim）是普鲁士王国的大臣，路德因听闻他妻子玛格丽特离世而致此信以表慰问。[原文为德文；*WA*,*Br*,Ⅶ,352 – 354.]

致仁慈而尊贵的约翰·冯·陶本海姆，财税征收者，我仁慈、良善、亲爱的先生和挚友：愿基督的恩惠、平安归与你。

仁慈而亲爱的先生，和蔼而亲爱的朋友：

71

近期我关注到一事，就是我们亲爱的上主那安慰的杖再一次落在了你身上，将你亲爱的妻子取去归他。你为亲人离世而生的心痛，也令我极其忧伤。因我知道你情感的高尚绝非那些放纵之徒所能相比，对后者而言，妻子去世的消息无疑会令他们无比兴奋。此外，在有幸与你有过接触之后，我深信自己对你有了相当的认识：在我眼中你绝非是那敌视基督的仇敌，而是一个对基督的道和国度充满了渴慕，并憎恶一切罪恶与不法之事的人。总而言之，我敬重你的敬虔爱主，神也让我确信我这样的认识是正确的，正如在你眼中我也是敬虔爱主的，并且神也让你确信自己不会看错一样。与那些在这个世界上肩负重任的人相比，我的情况极为不同，因为如果神停止了在我身上恩典的作为，我的犯罪沉沦必然是无人能比的。这样的经验告诉我，你不可能是神的仇敌，因此神也必然不是你的仇敌。这是因为他首先保守你没有成为他的仇敌，并且在你爱他以前就爱了你，①这一点对于我们所有人来说都是如此。

因此，唯愿那亲爱的天父能借着他的杖在你身上成就那奇妙的工作，好让你在父恩典的旨意中得着更多的安慰。当你被忧愁所困，肉体中充满了对神的怨言和不满时，愿神那出人意外的平安②仍然保守你得胜。我深知不用我的教导，神的圣言已让你明白基督的平安并不是我们肉体感官所能感受得到的，也不是我们的理性所能理解的，它超越了这一切，因为这是一件关乎我们信心的事。愿我们亲爱的主耶稣基督与你同在。

我盼望你对神心中不存丝毫怀疑，神也必知道我对你的帮助是出于真诚，并且对你的爱是毫无伪饰的。我明白自己算不得什么，然而基督却定意使用我这样一个可悲又丑陋的器皿，并容忍我在他的国中占有一

---

① 参《约翰一书》4:19。

② 参《腓立比书》4:7。

席。愿神坚固我，让我这不配的器皿能够继续为他所用。

我也盼望你能向我亲爱的税官朋友①介绍自己，我深知此人向来为人正直，所以如果他在什么方面需要你的恩待和照顾，请你一定予以帮助。世人的嫉妒与仇恨大大地得罪了神，并将他的儿子钉死在十字架上。这个世界不仅被握在魔鬼手下，它更是魔鬼自己的化身。尽管我们所说都是诚实无伪的话，但那位地方行政官②仍时时于我们有害。如果有一天我能与他见面，我要当他的面指出他的所作所为。然而我现在听到有消息说他已经离开了。③无论这消息是真是假，事情都不会像现在这样一成不变地发展下去。

我的妻子卡蒂向你致以由衷的问候，她为你不幸的遭遇也大有忧伤，她说，如果神并不是如此的爱你，或者如果你追随的是教皇，神都不会让你遭受这样与至亲的离别。神虽然让我们今生受苦，然而在永生里他却要让我们得释放，正如圣彼得所告诉我们的。④因此，我将你交托在神的保守中。

马丁·路德

主显节之后的周五，1539 年

致凯瑟琳·梅茨勒　　1539 年 7 月 3 日

约翰·梅奇勒是布雷斯劳（Breslau）的一名圣经教师，死于1538 年 10 月 2 日。仅仅八个月后，他的儿子基利安也离开了这个世界。就在基利安去世之前，他刚于 1538 年 12 月被维滕贝格大学录取。据菲利普·梅兰希顿的记述，⑤这个男孩在患病九天后就去世了。"起初他得的只是黄疸，这并非致命的病，并且我和医生

---

① 维滕贝格的沃尔夫冈·席弗戴克。

② 约翰·梅奇（John Metzsch），另见第九章。

③ 1539 年初他去了科尔迪茨（Kolditz）。

④ 参《彼得后书》2:9,3:7。

⑤ 梅兰希顿写给凯瑟琳·梅茨勒的信；见 WA,Br,VIII,486。

们都存很大的希望，相信他能康复。但之后出现了严重的腹绞痛，接着便发生了癫痫的症状，因为这孩子天生体弱，病情发展到这种程度对他来说已无法逆转。"以下这封信便是路德在凯瑟琳（Catherine Metzler）又遭遇丧子之痛后安慰她的书信。〔原文为德文；*WA*，*Br*，VIII，484，485.〕

致令人尊敬的贤德凯瑟琳·梅茨勒女士，布雷斯劳的公民，我恩慈良善的朋友：愿基督的恩惠、平安归与你。

尊敬而贤德的姊妹，亲爱的女士：

我不得不提笔写信给你，唯愿靠着神加给我的力量致予你这些安慰的字句。我能想象神借着你宝贵儿子的死所加给你的十字架令你何等心碎。你为此而生的悲痛，原本是人之常情，尤其当你所哀哭的人正是自己的血肉之亲时，这一点更是无可厚非。神没有将我们创造成仿佛草木一般没有情感的活物，与之相反，在我们的亲友离世之时，神的旨意就是让我们为此哀恸。否则我们在世人眼中就失去了见证，好像我们的生命中没有丝毫的爱，当我们的家人离世时尤为如此。

尽管如此，我们为逝者的悲伤仍应有节制。因为我们亲爱的天父正是借此来试验我们，看我们在悲伤中是否仍有对他的爱与敬畏，有如我 73 们在喜乐时所表现出来的；主也借此来试验我们是否真的愿意将他所赐给我们的交还在他手上，全心相信他要借此赐下那更美好的恩典。因此，我盼望你能够全心信靠神恩慈而良善的旨意，为他的缘故忍受这十字架的苦楚，不仅如此，还要信心火热地常常记念主亲自为你我承受了怎样的十字架。跟他所担当的十字架相比，我们的十字架实在轻省到了可以忽略的地步。

此外，还有一个理由可以让你大得安慰，就是你的儿子是一个如此举止良好、敬虔的孩子。他是一名得胜的基督徒，在离开这弯曲悖谬的世界时显出了蒙福的见证。可见神实在是爱他，也许神是出于保护、拯救他的缘故将他取去，保守他不被今世各样可怕的过犯所胜。我们所在的这个时代是何等的邪恶败坏啊，对此我们所有的人都有理由说出以利亚和约拿曾说过的那话："我死了比活着还好。"①可见对于那些落入魔鬼手中、死时毫无恩典的孩子，他们的父母更有理由哀恸。大卫从他儿子押沙龙那里所承受的正是这样的痛苦。然而，你的儿子已经与基督同在，他在主里面已得了安息。感谢满有恩典的主，因为他在取去你儿子归与自己时显出了极大的怜悯和慈爱。你儿子从主所蒙的恩，远比他若受君王的赏识，并身居高位要强千百倍。因此愿我们的神，就是那赐各样安慰的父，②借着他的圣灵大大地坚固你的信心。阿们。

马丁·路德

马利亚探访日之后的周四，1539 年

安东尼·劳特巴赫记录的桌边谈话③　　1539 年 7 月 16 日

有一天，布莱卡尔德博士④那贤德的妻子死于难产。当天早晨 5 点她起床时身体状况还都良好，但她在 7 点钟生下一个女儿后却离开了这个世界。马丁·路德博士前去安慰她的丈夫。在博士回到家后，他说对于一对彼此相爱的夫妻，身体上的分离让他们有着无比的痛苦。"我们的神，"他说，"真不愧是最有能力的婚姻终结者⑤，让两个人成为一体的是他，而拆散他们的也是他。今天早上她还与自己的丈夫同睡，而到了晚上她就要睡在我们主的里面了。我们的人生是多么的短暂易逝啊！对于相爱的夫妻，如此的分别实在是极大的痛苦。"

---

① 《列王纪上》19：4；《约拿书》4：3。

② 参《哥林多后书》1：3。

③ 原文由德文和拉丁文混合写成；见 WA，TR，IV，No. 4709。

④ 布莱卡尔德·辛德林格（Bleikard Sindringer）是一名法官。

⑤ "婚姻终结者"原文的词根有好夫之意。路德有时似乎刻意地说出一些极端的词语，令他餐桌旁的朋友吃惊不已。比如有时他将耶稣比作好夫（在他对当时自己的论敌作出评判的言论中；见 WA，TR，II，No. 1472），又比如有时他会把传道人说成是最恐怖的谋杀犯（因为他们劝说当局去严惩某些恶棍；见 WA，TR，III，No. 2911）。

致约翰·策拉留斯夫人　　1542 年 5 月 8 日

约翰·策拉留斯（John Cellarius，又称克尔纳[Kellner]，1496 - 1542），因为听到路德和约翰·埃克 1519 年在莱比锡的辩论而接受了新教，在此之前他是一名在海德贝格和莱比锡的希伯来文教师。在他离世的前一天，他被任命为德累斯顿的第一监督（或主教），而在此之前他曾任法兰克福和包岑的牧师。他死于 1542 年 4 月 21 日，以下是路德安慰他妻子的书信。[原文为德文；*WA*,*Br*,X,63,64.]

愿恩惠、平安从基督归与你。

令人尊敬而贤德的姊妹，亲爱的女士：

我在悲伤中听闻神，就是我们亲爱的父亲，以他仁慈的杖击打了你（正如击打我们一样），将你所爱的丈夫约翰·策拉留斯从你身边取去（同时也从我们身边取去）。尽管我们知道，此时此刻他正享受着从主而来那美好的安息，但这对于我们所有的人来说，仍是一个极其令人悲痛的消息。

然而愿这真理成为你的安慰：你所遭遇的伤痛，与这世界其他的人相比，并非是最不幸的。有许多人所忍受的痛苦要比你难过千百倍。并且就算把人类所有的痛苦相加，它们与神圣洁的儿子为拯救我们所承受的痛苦比起来，也算作无有。因为没有任何的死亡能够与我们的主和救主耶稣基督的死相比，正是借着他的死，我们才脱离了那永死的刑罚。

因此，你当在主里大得安慰，主为你我而死，他的价值远超过我们的丈夫、妻子、儿女、我们自己以及我们所拥有的一切。或活或死，或富裕或贫穷，随事随在，我们都是主的人。①并且如果我们真属于他，他也必属于我们，因此我们便得着了他的生命和他一切的丰富。阿们。

---

① 参《罗马书》14:8。

在此我将你交托在他的恩手之中。我的妻子卡蒂为你恳切地求主，
愿他的安慰和恩典与你同在。

[马丁·路德]

颂主日之后的周一，1542 年

75　　　　　**致尤斯图斯·约纳斯**　　　1542 年 12 月 26 日

路德一家与约纳斯一家有着亲密的往来，因此尤斯图斯·约纳
斯（Justus Jonas）的妻子凯瑟琳·尼·法尔克的死讯令路德和他的
妻子备感震惊。凯瑟琳的离世是如此突然，很有可能她是死于生产
时的并发症。约纳斯曾写信给菲利普·梅兰希顿，告诉对方他妻子
在临终时如此说："我本非常盼望给你生一个孩子，因为我知道你是
那样喜欢孩子。"[原文为拉丁文；*WA*，*Br*，*X*，226 – 228.]

致尊贵而卓越的绅士，尤斯图斯·约纳斯，神学博士，基督在哈雷
和萨克森的大使，维滕贝格大学的院长，①我在基督里尊敬的弟兄：愿
恩惠和平安从基督归与你，唯有他是我们的安慰和拯救。

我亲爱的约纳斯：

那降临在你身上、难以想见的噩耗令我震惊，此时我不知该写些什
么。你最亲爱之人的离世，也让我们陷入了深深的悲痛。这不仅是因为
她在真理上的敬虔是我心所喜爱的，更因为她喜乐的性格曾是我们极大
的安慰，特别是，当我们深知她是如此心甘情愿地分享我们的快乐，分
担我们的忧愁，好像这快乐和忧愁都是她自己的一样。这实在是一次痛
苦的离别，因我曾一心盼望自己死后，她能在众姊妹中作为那最有恩慈
的安慰者，去坚固那些我所牵挂的人。一想到她那美好的灵性、端庄的
仪表和真实的信心，我就悲痛莫名。失去了这样一位敬虔、高贵、端

---

① 约纳斯在去哈雷以前，曾是维滕贝格大学的院长和教授。

庄、友善的姊妹，实在令我痛惜不已。

我作为凯瑟琳的友人，都为她离世极其难过，更不用说作为丈夫的你，此时此刻会有多么悲痛。这样的痛苦是这个世界上任何事物都无法安慰的，唯有从那属天的盼望中，我们才能重新得力。是的，凯瑟琳已经在我们以先到父神那里去了——就是那位呼召我们众人的神，我们终究也会按着他的美意有一天回到他那里，结束这地上忧伤愁苦的旅程。阿们。

你有理由为失去至亲悲痛。然而我恳求你，在悲痛中仍当思想基督徒从神所蒙的福分。这肉体上的分别无疑是极其痛苦的，然而穿过今生的旅程之后，我们将在父神里面与所爱的人重逢，享受那最美好的合一。因为我们在天上的父是如此爱我们，竟愿意为着我们永生的福气流血舍身。圣保罗说："我们若与基督同死，也必与他同活。"①因此有朝一日，当我们在对神子完全的信心中安然睡去时，我们是何等的蒙福啊。神的美善和恩慈实在超越了今生，直到永永远远。然而这样荣耀的福分对于土耳其人、犹太人以及教皇的信徒、红衣主教、海因策和美因茨②人是多么的遥不可及、如隔深渊啊！此时此刻，那些真正需要忧伤痛哭的人正是他们，好让自己免于那永远的刑罚。

当我们行完这充满哀伤的今生之旅后，我们将来到神面前，享受那说不出的大喜乐。③凯瑟琳和玛格达莱妮，④这些你我所日思夜想的亲人和许多其他的圣徒，已经在我们以先进入了美妙的安息中。此时，她们在那里正时时呼唤、劝慰并提醒我们要跟随那条他们曾经跟随的道路。有谁不为这世上的种种可憎之事而绝望灰心呢？难道我们还能称它是世界吗？这里不正是那充满罪恶的地狱吗？那些所多玛人日日夜夜都在这世

76

---

① 《提摩太后书》2:11。
② 路德常常用"海因策和美因茨"这个词来指涉那些反对宗教改革的人。参 *WA*, LI, 579。
③ 参《彼得前书》1:6, 8。
④ 路德的女儿玛格达莱妮病故于 1542 年 9 月。

上摧残着我们的良心和眼目，（正如在挪亚时代）①圣灵也为此忧伤。②
我们原是和受造的万物都在等候得赎的日子来到，因此便与圣灵一同叹
息，这叹息虽无法言传，③然而那明白这叹息的父神就要快快应允我们
向他如此的祷告。阿们。

我一直想将这些话写给你，因为我深知此时的你一定陷于哀恸，力不
能胜。我也因你的痛苦而大有忧愁，以致无法再与你说些什么。卡蒂也悲
痛得难以自已（当她听到这消息时），她一直与你妻子极其相爱，形同姐
妹。我们恳求神能够安慰你的忧伤，因为你知道你所爱的这位良善而敬虔
的姊妹原是到父那里去享受永生。她已在基督的怀中进入了安息，对此我
们确信无疑，因为那众多极美的见证已将她对主信心的真实显明了出来。
我的女儿也是如此归入了主的安息，这唯一的安慰，常令我大得坚固。

愿那位使你经受如此试炼而学习谦卑的神，时时安慰你，直到永远。

你的，

马丁·路德

圣诞节之后的周二, 1542 年

致沃尔夫·海因策　　1543 年 9 月 11 日

在路德写此信之时，哈雷及其周边的地区爆发了严重的瘟疫，
有消息称，当时有六千人死于这场灾难。哈雷的风琴演奏师沃尔
夫·海因策（Wolf Heinze）的妻子也在遇难者当中，而哈雷的牧师正
是尤斯图斯·约纳斯。瘟疫爆发期间，约纳斯正在维滕贝格访问，
他通过信件了解到了海因策夫人的死讯。很可能是在他的请求下，
路德写了以下这封信。[原文为德文；*WA*,*Br*,X,394,395.]

---

① 《创世记》6:5,6。
② 《以弗所书》4:30。
③ 《罗马书》8:22,26。

致尊敬而杰出的沃尔夫·海因策、哈雷的风琴师，以及其他诸多荣誉头衔的佩戴者：愿恩惠、平安从基督归与你。

我亲爱的沃尔夫·海因策：

就在几个小时前，约纳斯博士告知我，他从哈雷获得消息说，你的爱妻埃娃已经离世归主，回到了天父的家中。

我能想象爱妻的离去对于你是多么的难以承受，我也因你的哀恸而备感忧伤。你知道我爱你的心是何等的真切，我深信你也是神所爱的。你是如此爱他的儿子耶稣，这令我由衷地因着你的悲哀而动容。

然而我们该如何面对这悲痛呢？今生有多少的苦难和忧伤啊，然而正是借此我们才认识到，神的儿子救我们所脱离的那永恒刑罚是何等的可怖，它实在千百倍于今生一切的不幸。唯有在耶稣里我们得了那最宝贵的财富。这世界上的一切都是短暂易逝的，然而我们却将与他同在，直到永永远远。我们亲爱的主基督，就是那位你真心所爱、全心听从的，必安慰你，让这样的试炼至终成为你的益处和他的荣耀。

若与仍存留在这世上和你并肩同行相比，你爱妻现在的所去之处是更加美好的。尽管我们仍不禁为至亲之人的离世而悲伤，然而愿神保守你和我们所有人在临终之时都能像你妻子那样蒙福。因此，将一切恸哭留给那个美因茨的恶棍①和他的同党吧，他们的生命才是真正可悲的。

在此我将你交托在主的保守中，深信主必看顾。阿们。

马丁·路德博士

圣母马利亚降生日之后的周二，1543 年

致乔治·舒尔茨夫人　　1544 年 10 月 8 日

1515 年乔治·舒尔茨（George Schulz）被维滕贝格大学录取，在那里完成学业之后，他继续在维滕贝格停留了一段时间，之后便　78

---

① 美因茨的红衣主教阿尔贝特（Cardinal Albert）。

去了萨克森的弗赖贝格，并最终死在那里。以下是路德为了安慰其寡妻而写的书信。[原文为德文；*WA*，*Br*，X，663，664．]

致尊敬而贤德的姊妹埃娃，乔治·舒尔茨的寡妻，我仁慈的好友：愿主的恩惠、平安归与你。

我因你遭遇的不幸而大有忧伤，因我深知，与至亲今生的离别是何等的难以承受。事实上，一个人在此等处境中，若没有深深的悲恸反而是不对的，有谁会对至亲如此冷漠呢？

然而，你也当看到主赐下了何等的安慰：首先你丈夫的离世，是如此满有圣徒蒙福的样式；其次，你知道他的离世是出于神的旨意，就是那位将自己的儿子赐给我们的亲爱父神的旨意。因此，为了神的旨意、他的事工和他的喜悦，我们甘心地舍下自己的意思，这是何等理所当然的事啊！这不仅是我们的本分，神丰富而永恒的祝福更会因此临到我们。愿我们亲爱的主耶稣基督借着他的圣灵让你的心大得安慰。阿们。

非常感谢你寄来的那些矿产的股份。①你本不必如此。我目前对如何处理这些事物没有什么经验，因此我会咨询好友的意见。

在此我将你交托在亲爱救主的恩手之中。

马丁·路德博士

圣方济各日之后的周三

致乔治·赫泽尔　　1544 年 12 月 13 日

耶罗梅·赫泽尔（Jerome Hösel）是一名学生，在距离写下此信三个月前刚刚在维滕贝格大学报到注册，然而之后却因热症，于1544 年 12 月 10 日离世，并于第二天下葬。这个孩子的父亲是马林

---

① *Kuckus*，即 *Kuxen*。

伯格（Marienberg）的一名矿工，①路德亲笔写下这封给男孩父亲的信，将孩子离世的消息告知了对方。[原文为德文；WA, Br, X, 698，699.]

愿神的恩惠和安慰借着他的独生爱子耶稣基督、我们的救主与你同在。

仁慈、尊敬、明智的先生：

尽管我不忍将这个悲伤的消息告知与你，就是你宝贵的儿子耶罗梅已按主的心意离世归他，然而我却不得不如此行。我盼望此时此刻，同为基督徒的你，能从我们救主耶稣基督的话中得着安慰，因他说："你们在天上的父也是这样，不愿意这小子里失丧一个。"②你的儿子是一位认识神的年轻人，是教会宝贵的肢体。我们在此见证了基督在他身上的工作，深信他是神所喜悦的，永远不会在他的恩典中失丧。此外，基督的话也指示我们说，"他们的使者在天上，常见我天父的面。"③因此，你当没有任何疑虑地相信，你的儿子此时此刻正在天上，与我们救主基督以及所有的圣徒享受着那美好的团契。

我也是一名父亲，并且我也多次亲身经历过那看着自己孩子离世的痛苦，④甚至那些比死亡更可怕的试炼也曾发生在我身上。因此，我能体会你所面对的不幸是何等的痛苦。尽管如此，我们必须胜过这些痛苦，并从神那永恒救赎的真理中得着安慰。神喜悦我们爱自己的孩子，并在他们离我们而去时为他们哀恸，但我们的忧伤须有节制，不应过度。而对神那赐永生救恩的信心，正是我们的盼望和安慰。

此外，你应获知你儿子当时的病情。他是因患一种热症而卧床不起

---

① 这封信信封上的拉丁文题名写着"致乔治·赫泽尔，马林伯格的矿工"。
② 《马太福音》18:14。
③ 《马太福音》18:10。
④ 见第一章路德相关的书信。

的，近期这种病又让好几个人离开了这个世界，其中包括两位很有才干的青年，一位来自吕内堡，另一位来自施特拉斯堡。①虽然医生尽了全力来医治你的儿子，然而仍无法将他挽回。

愿我们主耶稣基督的父，就是那永在的真神安慰你的心，并坚固你，直到永远。

马丁·路德

1544 年 12 月 13 日

致卡斯帕·海登赖希　　1545 年 4 月 24 日

在写此信之前不久，卡斯帕·海登赖希曾经常是路德家中餐桌旁的座上客。而路德写此信时，卡斯帕已成为在弗赖贝格的萨克森公爵夫人凯瑟琳的私人牧师。在他离家履职期间，他的妻子为他生下了一个儿子，然而很快这个孩子就去世了。此信正是路德为了安慰他而作。［原文为拉丁文，*WA*,*Br*,Ⅺ,75,76.］

愿恩惠、平安从主赐福与你。

我亲爱的卡斯帕：

我听说在你离家赴任期间，你的妻子为你生了一个儿子，然而这孩子刚出生不久就离世了。有人告诉我，你为此事大有悲伤，因为你甚至连看一眼自己的亲生骨肉的机会都没有。

亲爱的卡斯帕，你要放下这样的忧伤，转为喜乐，因为你的儿子已经在基督里得重生，②虽然在这个弯曲悖谬的世界中你没能见到他，然而将来你必会在荣耀中与他相逢。正如那智者所言："神将他接去，使他

---

① 来自吕内堡的这位学生，已无从核实他的身份，他可能死于 7 月底或 8 月。另一位学生名叫特奥巴尔德·冯塔努斯，来自施特拉斯堡，死于 10 月底。
② 即这个孩子受了洗礼。

的心智免受罪恶侵害。他短暂的人生完美无缺，无异于高寿而终。"①你深知这些真理，因你向来以此教导他人，这本是你的职分，你也胜任这样的教导。

事实上，作为一位父亲，被那天然的爱子之情所感，并不是令人羞愧的行为。"父亲"这个称呼本身就包含着甜蜜的情感。我们本不是草木，神的意思也并非让我们那样无情。然而在这些事情上，我们必须要有节制。②

在基督里道别。

[马丁·路德]

离五月初一还有八天

致安德鲁·奥西安德　　1545 年 6 月 3 日

安德鲁·奥西安德（Andrew Osiander, 1498－1552）的第一位妻子于 1537 年去世，此后他又娶了寡妇海伦·金霍费尔为妻，然而，之后海伦也去世了，同一天离世的还有奥西安德的一个女儿。他所遭遇的这双重不幸让路德深为同情，并因此写给他以下这封书信。[原文为拉丁文；*WA*, *Br*, XI, 113, 114.]

致声名远扬的绅士，安德鲁·奥西安德博士，神在纽伦堡教会忠信的仆人，我敬重的弟兄和高尚的先生：愿恩惠、平安从基督归与你。他是我们的安慰，也是属我们的，正如我们是属他的一样，这正如保罗所言，"我们或活或死，总是主的人。"③

尊贵、亲爱的奥西安德：

我们听闻主的十架又一次临到了你，而且这次竟是双重的十架！因

---

① 《所罗门智训》4:11,13。
② 参贺拉斯的《讽刺诗集》I,1,106。
③ 《罗马书》14:8。

为主不光取去了你的妻子，同时你亲爱的女儿也离世归主了。我深知这种痛苦对你而言是何等的难以平复，因我也体验过自己最亲爱的孩子离世①所带来的悲伤。也许你会觉得奇怪，尽管我确切地知道我的女儿已进入天家，享受着永生，并且在我仍在世的时候，神就已经赐我明确的印证，让我知道自己的骨肉已经进入了父神的怀抱。然而时至今日，我仍会为我宝贝女儿玛格达莱妮的死而流泪哀恸。事实上，我所说的这种爱，是出于天然的人性之爱，②即使它有善的一面，然而我们仍要将其连同我们自己钉死在十字架上，好让神善良、纯全可喜悦的旨意③成全在我们身上。因为那借着自己让万物受造的神子④本不会死，也无须受死，但他却甘心为我们舍了自己的性命，他的榜样是我们应当效法的。

　　我将这见证与你分享，并且我确知你心中必深信不疑，在一切患难中我们都会与你共渡难关，正如我们深信神也让你在我们的信心和教导上成为那忠信的同路人一样。因此，我们劝你将你宝贵的以撒作为活祭⑤和馨香的供物⑥献与神，这并不是指你的妻子和女儿，因为她们此时已进入了主极大的祝福中，而是说你对她们那天然而强烈的情感，它在我们里面实在是难以降服的。然而对于神而言，我们却需要献上这样的活祭，我们必会因为这样的摆上而得蒙安慰。我何必向你解释这些事情呢？难道你不是比我更加明白这真理吗？

　　在主里向你道别。请确信我们对你的爱。

你的，

马丁·路德

1545 年 6 月 3 日

---

① 玛格达莱妮·路德死于 1542 年 9 月 20 日。见第一章。

② 路德用希腊文 *"storge physike"* 来表述这个词。

③ 参《罗马书》12:2。

④ 参《约翰福音》1:3。

⑤ 参《创世记》22:2。

⑥ 参《以弗所书》5:2。

第三章　致忧郁愁苦者的喜乐

致约翰·阿格里科拉夫人　　1527 年 6 月 10 日　　

　　很可能在以下这封信发出的同一天，路德又写信给艾斯莱本拉丁文学校校长约翰·阿格里科拉（John Agricola,1494 – 1566），建议他让其妻子再次回到维滕贝格疗养一段时间。路德信中写道："在我们看来，你的埃尔莎若能再与我们多住几日，多多呼吸这里她所习惯的空气，必然是对她有益处的……如果有什么方法可以促进她的健康，我们都愿意尽力尝试。"①［原文为德文；*WA*,*Br*,IV,210,211.］

　　致尊贵而贤德的伊丽莎白·阿格里科拉夫人，艾斯莱本的校长之妻，我亲爱的朋友：愿恩惠、平安归与你。

　　我亲爱的埃尔莎：

　　我之前就有意给你写信，然而马特斯先生②在我落笔之前已经离开了。此时此刻，我相信你的校长丈夫又回到了家中，并且神若许可，你一定康复了不少。

---

① 　这封信见 *WA*,*Br*,IV,209,210。

② 　现在无从核实这位信差的具体身份。

你实在不必如此恐惧灰心。要知道基督一直与你同在，并为你担当着一切的疾病患难，他从没有按着你肉体所感觉的那样离开过你片刻。只要你恳切地求告他，你便会确知、深信神是垂听祷告的神。他正是要借此来帮助、坚固并安慰那一切寻求他的人，这也是你所深知的。因此你要大有喜乐，时常记念主为你所受的苦要远远超过你为他所受的苦，甚至也超过了你为自己所受的苦。我们也会为你祷告，从现在开始切切地祈求主因着他的儿子基督的缘故以恩慈待你，在你身体和灵魂的软弱上坚固你。在此我也将你交托在主的保守眷顾之中。阿们。

83　代我们向你的丈夫和你其他的家人问安。

马丁·路德

圣灵降临节之后的周一,1527 年

致约翰·阿格里科拉　　1527 年 7 月初

约翰·阿格里科拉的妻子接受了路德邀请，前往维滕贝格（见上封信）。在她疗养期间，路德观察到她的健康问题更多是出于灵性的原因，而非身体的原因。[原文为拉丁文；*WA*,*Br*,IV,219,220.]

致约翰·阿格里科拉，基督在艾斯莱本的仆人，我在主里的同伴：愿恩惠和平安归与你。

我亲爱的阿格里科拉：

我非常乐意让埃尔莎到我这里休养。正如你所看到的，她的健康问题更多是出于灵性的原因，而非身体的原因。一直以来，我都在尽力地劝导她，也许这也正是你所做的。然而在这种处境中，一位妻子也许更倾向于相信别人，而非她的丈夫，因妻子总会认为丈夫是出于爱的缘故说这些话，因而缺少了理性。

总之，她的病并不属于药剂师（照他人所称呼的）医治的范畴，希波克拉底的药膏也不能对症，而是需要圣经大能的劝慰和神圣言的医治。希波克拉底与良心何干？因此我劝你不要再依靠药物，而是用神的话语来医治你的妻子。然而，我们妻子的共通之处在于，她们认为神的圣言并不针对她们，而是专为她们的丈夫而说出的，让我们因此成为她们的保护者。可见你应当反复地向你的妻子强调，让她记得无论你是否在她身边，神的圣言一旦从讲台教导出来，便都是与她有关的。一直以来，我也与卡蒂在打着同样的一场仗。我们的妻子因此需要谨慎自守，免得到了需要使用主话语的时候，她们却发现神的圣言对自己的忧伤毫无作用。

除此以外一切都很平安。在主里向你道别。

马丁·路德

致伊丽莎白·冯·卡尼茨　　1527 年 8 月 22 日

伊丽莎白·冯·卡尼茨（Elizabeth von Canitz）是 1523 年从尼姆布申（Nimbschen）修道院跑出来的九位修女中的一员。[1]在路德写此信时，她正走访于莱比锡附近的艾察（Eicha）。在信中，路德希望邀请她来筹办维滕贝格的女子学校，然而伊丽莎白却拒绝了路德的邀请，原因很可能是出于对当时正在维滕贝格肆虐瘟疫的担忧。[2]路德在此信中也提及了伊丽莎白心中的失意，这可能也是导致她不愿前往的原因。［原文为德文；*WA*,*Br*,IV,236,237.］

致尊贵、贤德的埃尔莎·冯·卡尼茨小姐，现居住于艾察的姊妹，我在基督里亲爱的朋友：愿恩惠、平安从基督耶稣归与你。

尊敬、贤德的埃尔莎小姐：

我曾致信予你亲爱的姑姑，汉娜·冯·普劳希，请她叫你来我这里

---

① 见第六章 1523 年 4 月 10 日路德致乔治·斯帕拉廷的信。
② 见第八章 1527 年 8 月 19 日路德致乔治·斯帕拉廷的信。

待一段时间。我一直有意请你当这里青年女子的教师,并期望你能成为那些在这里从事这项事工的肢体的榜样。我的家到时可以为你提供食宿,因此你不必担忧在这里会遇到什么困难。在此我请求你不要推却我这样的邀请。

我也听说你遭受了恶者的攻击,心中充满了灰心和失意。哦,我亲爱的姊妹,不要再容让它恐吓你,因为那些今生受魔鬼攻击的人,在主那里将永远脱离这样的试炼。可见你目前的软弱并非坏事,基督也曾为此受苦,许多先知和使徒也是如此,正如我们在《诗篇》中所常常看到的一样。因此你要大有喜乐,心甘情愿地接受父神的杖打。他会按着自己的美意,到了时候让你得着医治。如果你能来我这里,我们可以进一步地交通此事。

将你交托在主的保守中。阿们。

马丁·路德

圣亚加日之后的周四,1527 年

致耶罗梅·维勒　　1530 年 7 月

耶罗梅·维勒 (Jerome Weller,1499 – 1572) 读书期间曾在路德的影响下,从学习法律转为学习神学。从 1527 年到 1535 年的八年里,维勒一直以家庭教师的身份住在路德家中,因此几乎每天都能与路德见面。在此之后,他回到了自己的家乡萨克森的弗赖贝格,在那里成为一名神学教师。维勒腼腆和羞怯的个性常常使自己陷于忧郁之中,下面这封信正是路德在维勒离家期间写给他的,当时的维勒又陷入了属灵的低潮,路德希望以此坚固他走出自己的软弱。
[原文为拉丁文;$WA,Br,V,518 – 520.$]

恩惠、平安从基督归与你。

我亲爱的耶罗梅：

你需要清楚地知道，此时你所面对的试探必然是出于撒旦的攻击，因为他知道你投靠了基督。你现在看到，神许可那些最恨福音的仇敌有 85 何等的自满与嚣张啊！想想埃克①、茨温利②和他们的党徒，他们不正是如此吗？我们所有人，只要身为基督徒，都要面对仇敌魔鬼的攻击，正如圣彼得所说："你们的仇敌魔鬼，如同吼叫的狮子，遍地游行。"③

主所爱的耶罗梅，你应该为着魔鬼如此的试探而喜乐，因为这实在显明神对你的恩待和眷顾。你信中说这试探是你力所不能胜的，并担心它最终会令你绊跌仆倒，陷入绝望和人的嘲笑中。然而我看出这是出于那恶者的诡计，如果他不能一次性地败坏一个人的信心，他便持续地与这人缠斗，消磨他的意志，直到击溃他的防线。因此，无论何时，当你遭遇这样的试探时，你一定要记得不要与那恶者作任何辩论，也不要在那些致死的思想上有任何驻足，那样做无异于自陷撒旦的网罗，完全受制于他。相反，你要竭力去嗤笑这些由魔鬼所勾引出的念头。面对这样的试探争战，对恶者的蔑视是最容易也是最好的得胜武器。你当嘲笑那仇敌，并满怀讥讽地问那正与你辩论的是谁。一定要想办法逃避一人独处的环境，因为恶者正伺机要趁你孤身一人时发起攻击。你要以嘲讽和蔑视的态度来对付那恶者，而非用抵挡和辩论的方式来与它争战。借此你便能驱逐那些黑暗败坏的思想，靠主重新得力。

事实上，这种试探与你每日所需的饮食相比，更是不可或缺的。让我告诉你，当我在你这般年纪时所经历的争战。在我刚进入修道院时，我时常灰心失望，无法放下自己心中的忧虑。因此我便向施陶比茨博士

---

① 约翰·埃克（John Eck, 1486–1543），是敌对路德的天主教徒中的领袖人物。

② 茨温利（Huldreich Zwingli, 1484–1531），瑞士的改教家，在对圣餐礼的诠释中，他与路德有着激烈的争执。相关请见 G. W. Bromiley, ed., *Zwingli and Bullinger* (Philadelptua, 1953), in The Library of Christian Classics。

③ 《彼得前书》5:8。

（Dr. Stauptiz）（想到他我便有喜乐）①道出自己的软弱，并询问他的建

议。他了解了我当时面临着怎样的黑暗和恐惧之后，便对我说："马丁，

86 你难道不知道这样的试探对你来说是何等的有益和必要吗？神不会无缘

无故地让你经受磨炼。你将会看到神的心意是要你成为他的仆人，为他

成就大事。"而结果正如他所言。神如今真的让我成为一位名副其实的

博士（我这样评论自己并非不恰当）。这在我当初被试探所困扰的时候是

想都不会去想的。 因此，如今我也大有信心地对你说，同样的事也将成

全在你身上，你将会大大地被神使用。你要将我这话存在心上，让自己

得以振奋，并满心相信那些从饱学之士和属灵前辈所出的话语，必然带

有那预言的能力。

我还记得一位因经历丧子之痛而接受我安慰的弟兄曾对我说："马

丁，我们拭目以待，有一天主必然要大大地使用你。"②这话我时常记在

心中，因为正如我所告诉你的，这样的话常常带着预言的能力。因此你

当鼓起勇气，将那些致死的想法远远抛开，立刻去寻求弟兄的陪伴，尽

情地畅饮、说笑，让自己投身在这样的欢娱之中。有时我们有必要多喝

点酒，嬉戏说笑，甚至犯一点小罪，从而轻视那撒旦的攻击，免得他抓

住机会，让我们在小事上过分认真，因此陷入他的网罗。有时我们对某

些罪过于忧虑紧张，反倒会让我们被其所胜。

因此，如果那恶者对你说"不可饮酒"，你就要回复他说："正因为

你说了这句话，我就是要喝酒，并且要多多地喝。"对于那些撒旦所禁

止的，我们应该常常反其道而行之。我常常随意畅饮，口无遮拦，喜悦

美食，是出于什么目的呢？不正是要心意坚定地嘲弄、刺激那常借着诡

计来嘲弄、挑衅我的魔鬼吗？我象征性地犯一些罪就是要去嘲笑魔鬼，

让他知道我是不被罪所辖制的，并且我的良心也是清洁的。所以，当撒

---

① 路德常常以充满敬意的口吻提到他曾经在做修士期间，从奥古斯丁修道院院长约翰·冯·施陶比茨
那里得到的帮助。

② 关于这件事的记述，还出现在 *WA*,*TR*,I,No. 223。

旦来攻击试探我们时，我们需要将十诫抛在一边。①当撒旦控告我们是犯罪之人，并向我们宣告说，我们是那些应当在地狱中接受永死刑罚的人时，我们要这样对他说："我承认自己当受地狱永死的刑罚，但这又怎样？难道这意味着我就要被判定接受永远的咒诅吗？闭嘴吧！因我认识　87
那位替我受死，并为我成全义行的那一位，他的名字就是耶稣基督，神的儿子。他在哪里，我也要在那里与他同在。"

你的，

马丁·路德

约翰·施拉金豪芬记录的桌边谈话②　　1531 年 12 月

马丁·路德博士对施拉金豪芬说："我们的神是谦卑之人的神。神说，'我的能力，是在人的软弱上显得完全。'③若我们不认为自己是软弱的，我们必然会极其骄傲。神只会在那些谦卑之人的身上施展他的大能，因为那将残的灯火他不吹灭。④相比之下，魔鬼不光希望我们的灯火因着罪性而不断地燃烧，而且希望我们因此尽快灰飞烟灭。"

"神对我们所遭遇的患难既喜悦又恨恶。他喜悦它们，是因为这些患难催促我们来到他的面前祷告寻求；他恨恶它们，是因为我们可能会因此陷入绝望。但要记得经上的话，'凡以感谢献上为祭的，便是荣耀我。⑤神所要的祭，就是忧伤的灵。'⑥因此，当你心中快乐时，你就应唱诗赞美神；⑦当你忧愁时（即当你被试探所困时），你就应祷告，因为

---

① 这就是说我们应当从律法转向福音。路德曾在其他的书信中说："魔鬼的诡计就是要将福音变成律法。律法的教导和福音都是必不可少的，并且这两者本是合一的。然而我们也需要看到两者之间的区别，免得自己要么陷入绝望，要么骄傲自义。"见 *WA, TR*, III, No. 3799。

② 这篇桌边谈话由德文和拉丁文混合写成，见 *WA, TR*, I, No. 956.

③ 《哥林多后书》12:9。

④ 参《以赛亚书》42:3。

⑤ 《诗篇》50:23。

⑥ 《诗篇》51:17。

⑦ 参《雅各书》5:13。

耶和华喜爱敬畏他和盼望他慈爱的人。①可见，对神敬畏和盼望实在是极美的事。我们的主帮助那些向他谦卑的人，因他曾说：'耶和华的膀臂并非缩短，不能拯救，耳朵并非发沉，不能听见。'②争战有时，和好有时；③愚蠢有时，智慧有时；试探有时，患难有时。而神愿意侧耳垂听患难之人所发出的那柔声的叹息。"

我（施拉金豪芬）手上拿着一首诗篇，他（路德）问我是否在其中寻获了喜乐。他问说："你在其中寻到了喜乐还是忧愁？"我回答说："我常常从这首诗篇中得着安慰，但之后撒旦却会问我，说诗篇与我有什么关系。"路德画着十字架对我说："从前所写的圣经都是为教训我们写的，叫我们因圣经而生发出忍耐……④亚伯拉罕、以撒、雅各、亲爱的约瑟、利百加和利亚不可能想到我们今天会读到他们的故事，大卫也不能想象我们会将他的诗篇译成德文，广为传诵，并在这些诗篇中经历到那些久远以前他所经历的安慰。大卫信靠神，神就帮助他。神也会同样帮助我们这些仰望他的人，因为指着他的话都是'是的'，因此也是阿们的。"⑤

马丁·路德博士接着说："当你遭到魔鬼的试探时，你要问他说：'魔鬼，这诗篇中神的命令是什么？'若他无法回答你，你便对他说：'速速离去吧，可悲的魔鬼，向我收起你那败坏的言辞吧！'"

他还对我说："如果魔鬼仍未停止他对你的试探，你就要奉主耶稣基督的名驱逐他。你可以如此说：'神禁止我们接受你的这些银钱。它们并不是从匈牙利或波希米亚或萨克森而来，而是从你这个恶者而来的。'因此，我们要拒绝这些魔鬼的银钱，永不接受他的试探。"

---

① 参《诗篇》147:11。

② 《以赛亚书》59:1。

③ 参《传道书》3:8。

④ 参《罗马书》15:4。

⑤ 参《哥林多后书》1:20。

约翰·施拉金豪芬记录的桌边谈话①　　1532 年春

那些因心存疑虑而备受试探的人应该大大地享受美食佳酿。今天一大早，魔鬼就来与我辩论茨温利的事，②我发现一个吃饱喝足的人比起一个正在禁食的人，更加能胜任这样的辩论。想象一下，一位主教的妹妹找到这位主教，向他倾诉自己内心有无法承受的痛苦。③主教却请她吃许多美味的食物，三天后他来问候这妇人的情况。

"很好。"她回答道。

"之前一直搅扰你的那些忧虑都到哪儿去了？"

"我差不多已经将它们全都忘记了。"她回答道。

因此，你应该吃喝享受，让自己的心得着喜乐。那些在属灵之事上经受试探的人，应该好好地吃喝快乐，而那些贪食好色之徒却应当禁食。

致约纳斯·冯·施托克豪森　　1532 年 11 月 27 日

在 16 世纪早期，各城镇都流行一种做法，就是请邻近地区的某位贵族率领他的骑士来负责当地的治安。从 1521 年到 1532 年，约纳斯·冯·施托克豪森（Jonas von Stockausen）便作为卫队长维护着图林根北豪森的社会秩序。在任职后期，施托克豪森因身体患病，希望有人来接替他的工作，同时他也被忧郁的情绪所困。在以下这封信中路德为他提供了一些建议。［原文为德文；*WA*, *Br*, VI, 386 – 388.］

致受人尊敬、骁勇善战的约纳斯·冯·施托克豪森，北豪森的卫队

---

① 原文由拉丁文和德文混合写成；见 *WA*, *TR*, II, No.1299.

② 关于茨温利的教导，他死于 1531 年。

③ 在另一封信中路德使用了相同的比方（*WA*, *TR*, II, No.1349）。在那封信中，路德将主教的妹妹描述为"灵里有极大的痛苦"。

长，我仁慈的阁下和挚友：愿恩惠、平安从基督归与你。

尊敬、勇敢、亲爱的阁下和朋友：

有好友告诉我说，你正经受着魔鬼极大的试探，就是他企图让你厌倦此生，并以死了断。我亲爱的朋友，我劝你速速地摆脱这种想法，不要再活在其阴影之下，留心听那些没有向这种试探屈服之人所作的见证，将我们向你所说的铭记在心。唯愿神借着我们的话来坚固、安慰你。

你知道，首先你要顺服神，并且谨慎自守，免得自己违背了他的旨意。你一定清楚地知道，是神赐你生命，并且此时他并不愿意将你取去。因此，你一切的思念都要顺服神这样的旨意，并且在自己的意思与神的意思相违的时候，看明这是出于那恶者的工作，是他借着自己的权势将这样的思虑深植在你的心中。可见，你必须靠着坚定的信心来抵挡这些败坏的忧虑，在面对它们的时候，要么以坚忍的心来承受这样的苦难，要么靠着神的大能来拔出魔鬼埋在你心中的意念。

我们的主基督也曾活在诸般患难与重担之下，然而在父的时间没有到来之前，他却从未有过赴死的意念，而是尽他所能地避死向生，并对周围的人说："我的时候还没有到。"①以利亚、约拿以及其他的先知也曾有过与你类似的经历，在他们面对着似乎无法承受的重压之时，他们也在极大的苦楚中求死，甚至咒诅自己出生的日子，②然而，他们最终都胜过了这种取死的意念，并坚强地活了下去，直到神赐他们的日子满足。我们对你如此的劝慰和圣经中的榜样，都是你需要专心听从和效法的，你要把这些视作圣灵对你的教训。此外，你必须弃绝那一切促使你不按此而行的意念和想法。

如果你发现自己很难按我们说的去做，你便想象自己是被锁链严严

---

① 《约翰福音》7:6。

② 参《列王纪上》19:4；《约拿书》4:3；《耶利米书》20:14。

地捆锁，然而你需要竭尽所能、汗流浃背地挣脱这样的捆绑，因它背后
是那恶者极强的势力。魔鬼将他攻击的标靶深埋在我们的肉体之中，我 90
们若不用尽全力，是不可能将其移除的。因此，你必须靠着主的大能胜
过恶者的攻击，心意坚定，轻视这今生的苦楚，向自己呐喊说："不，我
亲爱的朋友。无论你是多么的厌弃此生，你也要活下去，并热爱这生命！
因为这是神的心意，也是我所愿的。离我去吧，你这恶魔的意念！与死
亡一同灭绝在地狱中吧！你永远与我无分无关。"用诸如这样的话语来
坚固你的口舌，咬紧牙关抵挡那些取死的想法，为着神的缘故让自己的
意志坚如磐石，超过那一切最顽梗的农民和悍妇，愿铁砧上的锤炼都无
法让你屈服。如果你能如此心意坚定地来与这样的试探争战，神必会加
给你力量。然而，你若是不去奋力抵挡和挣扎，而是任自己的意思来摧
残败坏，那失败必速速临到。

以下这个建议我认为最好不过：不要一味地与那些取死的意念缠
斗，而是要学会忽视它们，好像自己完全不在乎它们的存在。常常转移
自己对它们的注意力，对那试探的魔鬼说："别来烦我，我现在没有时间
与你理论，我需要吃喝、骑马出行，还要做这样、那样的事情。"或者用
同样轻蔑的态度对他说："现在我要高高兴兴地待一会儿，你明天再来
吧。"以诸如此类的话对付他。尽自己所能地去从事一些活动或游戏，
好让自己轻看这些试探，不再受这些思虑所困。如有必要，也可用一些
粗鄙无礼的话斥责此类意念，如，"亲爱的魔鬼啊，如果你始终都胜不过
我，不如来舔我的脚趾吧！①这会儿我没时间陪你了。"在这方面，你可
以多以格尔松《对亵慢的思想》一书中那些关于鹅发出嘶声或捏死跳蚤
的记述为例。②这实在是一个对付试探的好办法。此外，我们和那些敬
虔信徒的代祷也会坚固你。

---

① 这句话德文为 Kanstu mir nicht neher［kommen］,so lecke mich。
② 约翰·格尔松（John Gerson,1363 – 1429）。

在此我将你交托在我们亲爱的恩主、唯一救主和真正的得胜者耶稣基督的保守之中。愿他在你的心中赐下那不断胜过恶者的能力，也愿他让我们所有人都从他对你的恩助和所施行的神迹中得着喜乐。按着他的命令和向我们的应许，我们大有信心地盼望这一切都成就在你身上。阿们。

马丁·路德博士

圣凯瑟琳日之后的周三,1532 年

致约纳斯·冯·施托克豪森夫人　　1532 年 11 月 27 日

91　　　　除了上一封信以外，路德在同一天又致信施托克豪森的妻子，就她作为妻子如何帮助丈夫从忧郁中得以恢复提出了自己的建议。
[原文为德文；$WA,Br,VI,388,389.$]

致尊敬而有贤德的 N.冯·施托克豪森夫人，北豪森卫队长的妻子，我善良的好友：愿恩惠、平安从基督归与你。

尊敬而贤德的女士：

我在匆忙之间已经给你亲爱的丈夫写了一封慰问信。魔鬼恨你们二人，因为你们所爱的主正是他的仇敌。然而你们必须为此受苦，正如基督曾说："正因为我拣选了你们，所以世界和它的王就恨你们。但你们可以放心。在耶和华眼中，看圣民之死极为宝贵。"[1]

因为我事务繁忙，我只能在此信中略略提及我的意见。你一定要注意，不要让你的丈夫有片刻独处的时间，也千万不要将任何伤人的利器留在他身旁。独处对他此刻而言是大忌，因为这会成为魔鬼千方百计要加害于他的陷阱。你大可以给他读一些有趣的故事、新闻和逸事奇谈，哪怕把一些新近流行的关于土耳其人、鞑靼人之类的虚妄之谈讲与他听

---

① 合并了多处经文，参《约翰福音》15:19,16:33,以及《诗篇》116:15。

也无妨，只要这些话题能引他发笑，便是行之有效的办法。之后你可以
立即给他背诵一些圣经上安慰的经文。无论你做什么，最重要的是不要
让他一人独处，同时要保证他所处的环境不要过于安静，免得他因此不
经意间便陷入到自己的意念当中。他若是因你所做的这一切而生气、不
满也没关系，你表面上随着他一同抱怨便是，然而暗地里你却当在这些
方面更加注意。

我在匆忙之间给你的这些建议，相信是足以见效的。基督必记念你
因他所承受的患难，他必帮助你，正如他最近所成就的一切。唯愿你坚
定地信靠他。你是他眼中的瞳仁，那伤害你的就是伤害他。①阿们。

马丁·路德博士

圣凯瑟琳日之后的周三,1532 年

致约翰·施拉金豪芬　　1533 年 12 月 12 日

约翰·施拉金豪芬（卒于 1560 年）曾作为新教的牧师，在萨克
森茨维考附近的韦尔道做过多年的服侍，之后他以副牧师的身份回
到维滕贝格。他是路德餐桌上的常客，个性急躁的他，对于属灵的
试探和争战常表现出愤怒和不满。因为他的言行总是在忧郁与愉快
之间变幻不定，所以给人留下一种非常情绪化的印象。以下这封书 92
信正是在他某个失意的时期，路德给予他的劝慰。［原文为德文；
WA,*Br*,Ⅵ,561. ］

致基督里尊敬的绅士，约翰·施拉金豪芬先生，克滕（Köthen）的
牧师，神圣言忠心的仆人，我的兄弟：愿恩惠、平安从基督归与你。

我亲爱的牧师：

谢谢你寄来的欧楂果，与那些从意大利进口的水果相比，我更喜欢

---

① 参《撒迦利亚书》2:8。

这些我们本土的水果。就算它们的口感有些粗劣，但至少还是成熟的。

听到你近来依然感到消沉的消息，我感到非常同情。基督与你是如此亲近，甚至超过了你对自己的爱，他永远不会令你受伤，而是为你流出他的宝血。亲爱的朋友、忠心的弟兄，你当思想这样的恩典。要记住，基督对你的爱与恩待，要超过他爱路德博士或任何一个其他的信徒。你所求于我们的，应当向基督祈求更多。我们所做的一切也都是出于他的命令，而那位命令我们的，会同时以他的恩慈来为我们成就一切。

因此我将你交托在神的保守之中。阿们。

在繁忙间致信予你的，

马丁·路德

圣路加日前夜，1533 年

致安哈尔特王子约阿希姆　　1534 年 5 月 23 日

当尼古拉斯·豪斯曼（Nicholas Hausmann）在德绍任牧师之时，王子约阿希姆（Joachim）是此地的领主，而两年前正是路德向安哈尔特的这位王子热情地推荐了豪斯曼。在一次豪斯曼对维滕贝格的走访中，路德通过与他的交流，得知王子约阿希姆身患热症，并且他的病情因为自身病态的抑郁情绪更有恶化的趋势。在给王子的建议中，路德明确地指出自己敬虔生命的实质，就是脱离当时备受推崇的禁欲式苦修。[原文为德文；WA, Br, VII, 65 – 67.]

愿恩惠、平安从基督归与您。

尊贵的王子，仁慈的殿下：

我常想到殿下的家人一直以来都秉承着出世、清净和谨守的性情，①

---

① 路德很可能是在说安哈尔特家族中的王子威廉，他在 1473 年成为了一名托钵修士（WA, TR, V, No.6859），以及约阿希姆的两位身为修道院院长的姑姑。

这不由得让我猜测殿下的病因很可能也是源于这种内心的忧郁和沮丧。因此，我要鼓励殿下，身为年轻人应时常心怀喜乐，积极地去参与骑马 93 打猎的活动，按照敬虔和得体的方式，与那些兴致相同的伙伴一同游玩尽兴。要知道对于任何人而言，独处和忧郁都是极其有害的，对于年轻人尤其如此。为此神命令我们要在他面前喜乐，因他并不喜悦那忧伤的祭物。摩西也常常如此劝导我们。此外，在《传道书》12 章中也这样写道："少年人哪，你在幼年时当快乐。在幼年的日子，使你的心欢畅。"①可见，那种让年轻人疏远一切娱乐并操练独处与悲伤的教导，无疑是极其有害的。

鉴于殿下身边有尼古拉斯·豪斯曼以及其他忠心之人的陪伴，您当与他们在一起常常喜乐。因为得体、正当的喜乐和欢娱对于年轻人而言是最好的良药，对所有人来说也是如此。很长一段时间，我也曾将自己的大好年华耗费在忧伤和阴郁之中，然而现在的我却尽可能地让自己的生活充满愉快。感谢主，让我们现在对他的圣言有了充分的认识，并因此在诸般喜乐中都有良心的平安，好在感恩中享受主的各种恩赐。神造它们正是为此目的，并且他也喜悦我们如此享受它们。

若是我对殿下的判断有误，我盼望您能以宽宏的心饶恕我。因在我看来，殿下您远离欢乐的原因正是源于您认为它是罪恶的。我曾经也持与您同样的观点，并且现在有些时候我还是这样看。然而您当分辨那罪中之乐才是属乎魔鬼的，而在与那些良善且敬畏神的圣徒的陪伴下所经历到的得体、高尚的愉悦，是神所喜悦的。在这样的娱乐中，偶尔过于尽兴也并非坏事。

因此，您当常常喜乐，无论这喜乐是源于您内心所经历到的基督自己的生命，还是外在那些神的恩赐或生命中的良善之事，您都要看为美好。这些是基督也不会拒绝的，并且他与我们的同在正是让我们享受这

① 《传道书》11:9。

一切。他将这些恩赐赋予我们，就是让我们借着使用它们而得着喜乐，好让我们因此赞美、亲近、感谢他，直到永永远远。

过去时代的旧有做法可能会将那种压抑与忧伤的影响延续到今天。然而，基督的眷顾却与我们同在，他永远不会抛下我们。为此我将殿下交托在他的恩手之中。阿们。

乐意为您效劳的仆人，

马丁·路德博士

五旬节前夕，1534 年

94　　　**致安哈尔特王子约阿希姆　　1534 年 6 月 26 日**

在前一封信寄去一个月之后，王子约阿希姆抑郁的状态仍未见好转。路德再次致信予他，并应许若时间许可便会前去探访。［原文为德文；*WA*，*Br*，Ⅶ，78，79.］

愿心灵的恩惠和平安，身体的安慰和强健，从基督耶稣，我亲爱的主和仁慈的救主归与您。

仁爱的王子和殿下：

在弗朗西斯校长①将要回到您身边，使您得着喜乐之际，我请求他将我的问候带至与您，即使这样的问候只是一句简单的"早上好"②或"晚上好"。因我满心企盼着殿下的状况能有所好转，虽然我知道这种恢复往往进展得比较缓慢。

此外，我也不断为着您的缘故献上自己卑微的代祷。回想自己从病中好转的经历，有时这种康复会比较快，但有时会比较慢，然而神赐下

---

① 弗朗西斯·布克哈特（Francis Burghard）曾是维滕贝格大学的一名希腊文教师，1532 年出任该大学校长。他也是王子约阿希姆的亲密朋友之一。后期他积极从事政治活动，并于 1536 年被任命为萨克森选侯国的副总理。

② 原文是拉丁文。

的医治都会超过我的所求所想。

　　当然，我说的这种医治是从神而来属灵的安慰，因为属世的安慰和医治若不能促进属灵的安慰，便实在是与我们无益的。以利沙便是借着那弹琴之人而得了从神而来的启示，①大卫在《诗篇》57 篇中也宣告说，他的琴是自己的能力和喜乐："我的灵啊，你当醒起！琴瑟啊，你们当醒起！"②此外，所有的圣徒都是借着诗篇和乐器让自己得着了喜乐。因此，我看到弗朗西斯校长要回到您身边，心中便大有欣慰。他是一位极有涵养、行事得体的弟兄，必能借着属灵的交通、歌唱和其他的方式让殿下的心得着欢畅。③

　　我向殿下致以自己衷心的祝愿，并盼望弗朗西斯校长的服侍能帮助您恢复健康、心绪调和。阿们。除非我遭遇重大的不测或死期将至，一直以来我都盼望着能尽快去探望殿下。然而此时，我因为陷于各样繁乱的印刷事务，④实在无法抽身前往。在此我将您交托在恩主的保守之中。阿们。

[马丁·路德]

圣约翰日之后的周五,1543 年

佚名者记录的桌边谈话⑤　　　1534 年

　　同有他人的陪伴相比，人在独处时所犯的罪更多、更败坏。在伊甸园中，魔鬼趁夏娃孤身一人时诱惑了她。凶杀、抢劫、偷盗、欺骗和奸淫这样的罪行，都是在人独身一人时所犯的，因为这种孤身的处境为魔鬼提供了大行败坏的时机。另一方面，一个在群体中生活的人很可能要

---

① 参《列王纪下》3：15。

② 《诗篇》57：8。

③ 在 1534 年 6 月 12 日路德写给约阿希姆的信中（*WA,Br*,VII,74），我们得知弗朗西斯是一名国际象棋高手。

④ 路德当时正忙于监督他所翻译的第一版新旧约圣经的印制。最终，路德似乎于同一年 7 月 15 至 19 日，在朋友的伴随下，探访了这位王子，并于 7 月 24 至 28 日再次探望了他。

⑤ 原文由德文和拉丁文混合写成，日期不详；见 *WA,TR*,IV,No.4857。

么耻于犯罪，要么得不着犯罪的机会。

基督应许说："无论在哪里，有两三个人奉我的名聚会，那里就有我在他们中间。"[1]

魔鬼也是趁着基督独自一人时来试探他的。大卫犯下奸淫和谋杀的罪，就是在他孤身一人、闲来无事的时候。我也发现当自己独处时，我极其容易陷入到种种罪行当中。

神创造了人类，就是让我们生活在群体之中，而非孤身独处。我们可以从神造男又造女的行动中看到此结论的明证。与之类似，神[建立了教会，组成了圣徒的群体，并且][2]设立了圣餐礼、讲道和教会中的诸般安慰的事工。

独处将导致忧郁。当我们独自一人时，那些最悲观、最不堪的想法往往会涌入脑海。各种恶事的细节会历历在目地浮现。若是又加之我们在生活中遭遇了什么不幸，我们更会不由自主地沉浸在其中，将其放大，把自己看成是这世上最可悲的人，并且只会朝着那最不好的结局去思想。总而言之，当孤身一人时，我们常会陷入各种忧愁的思想中，得出一些不当的结论，并把各种事情都看得极坏。并且我们会觉得所有人都比自己快乐，这种认为他人顺利、自己不幸的想法，会让我们更加陷入悲观。

致马提亚斯·维勒　　1534 年 10 月 7 日

96

耶罗梅·维勒有一个弟弟，名叫马提亚斯（Matthias，1507 – 1563）。他曾在萨克森亨利公爵的大臣府中任职多年。他周围的人均认为他有极佳的音乐天赋，并且曾有一段时间他也是弗赖贝格大教堂的司琴。因此在这封信中，路德建议他在自己陷于忧郁时，可以

---

[1] 《马太福音》18:20。
[2] 中括号里的文字出现在另外的版本中。

从音乐中寻得慰藉，与此同时，路德也告诉马提亚斯，要看到神的话语可以通过不同的方式临到信徒，这其中就包括了"圣徒的交通和弟兄的劝慰"。①[原文为德文；*WA,Br*,VII,104 – 106.]

愿恩惠、平安从基督归与你。

我尊敬、善良的朋友：

我从你亲爱的哥哥那里得知，你此时正陷于极深的忧郁和不快之中。我想他一定也将我的意见告诉了你。

亲爱的马提亚斯，不要一味沉浸在自己苦闷的思想中，而当留心听周围人劝慰你的话。因为神命令弟兄之间要彼此劝慰，对于那些在患难中的肢体，神也愿意他们把出于其他肢体的安慰视作是出于神自己的。因此，我们的主曾借着保罗如此说："勉励灰心的人"②，又借着以赛亚说："你们要安慰、安慰我的百姓。"③此外，在圣经其他地方，我们的主也教导说，他的旨意并非是叫人灰心沮丧，而是要让他们乐意地侍奉他，④因他并非要我们去献那忧愁的祭物。摩西和众先知也是多次多方地教导这些真理。我们的主也命令我们不要忧虑，⑤圣彼得也是如此按照《诗篇》55 篇教导我们，⑥要将一切的忧虑卸给他，因为他顾念我们。⑦

因此，当你看到神的心意是让弟兄彼此劝慰，并且他愿意那些软弱肢体在信心中来接受劝慰时，你就应该放下自己的忧虑。要知道魔鬼正是要使用这些忧虑来折磨你。可见这些忧虑并不是出于你的思想，而是

---

① 参 Luther's Smalcald Articles（1537），in Henry E. Jacobs，ed.，*The Book of Concord*,2 vols.（Philadelphia,1883），I,330。

② 《帖撒罗尼迦前书》5:14。

③ 《以赛亚书》40:8,9。

④ 参《申命记》28:47。

⑤ 参《马太福音》6:25。

⑥ 参《彼得前书》5:7。

⑦ 参《诗篇》55:22。

出于那被咒诅的魔鬼，它一刻都不愿意看到我们在主里面享受喜乐。

因此，你要留心听我们奉主名向你所说的话：要在基督里喜乐，他是你的恩主和救主。你要将自己的重担交托给他，因为他必顾念你，哪怕表面看起来，你并没有完全按照自己的想法达成所愿。神是又真又活的，我们要相信他为我们成就的是最好的。这样的信心在神眼中就是最美的祭物，正如圣经上所言，①那蒙神悦纳最好的祭物，莫过于在主面前喜乐的心。

因此当你处在悲伤之中，那忧郁情绪似乎要占据上风之时，你要说："起来！我要弹琴②向神歌唱，因为圣经教导我们说，神喜悦听那欢呼的歌唱和乐器所发的音乐。"之后你要像大卫和以利沙一样弹琴歌唱，③直到自己忧郁的情绪被一扫而光。如果魔鬼之后又来搅扰你，企图将那忧伤的意念深埋在你的思想中，你就要用刚强的信心抵挡他说："离我去吧，魔鬼！现在我要向我的主基督弹琴歌唱。"

你要常常如此操练来抵挡魔鬼的攻击，不要许可任何他所加的忧虑进入你的思想。如果你允许他的一个意念进入你的思想，你便会受其所困，于是他便可以将更多的忧虑强加给你，直到最后完全将你掳去。因此，你所要做的就是从一开始便抵挡魔鬼的作为，就像一位丈夫一听到妻子的唠唠叨叨，便从腰间抽出自己的笛子，兴高采烈地吹奏起来，直到他的妻子理屈词穷，拿自己毫无办法为止。你也应当如此弹琴歌唱或聚集一些好朋友与你一同歌唱，直到魔鬼的诡计最终在你身上落空。

如果你深知那些忧虑是出于魔鬼，你实际上已经得胜了。然而因为你在信心上仍很软弱，就需要依我们的建议行事。正是神的恩典让我们知道该如何行，所以在试探中你要多多寻求我们同工的帮助，直到你可

---

① 路德在此具体指的是哪节经文似乎不太明确。
② 这里路德所指的乐器是一种便携式的风琴。在 16 世纪这种乐器是一种装有笛管的箱子，乐器的一侧设有按键，另一侧装有风箱。
③ 参《列王纪下》3∶14,15。

以靠着自己行走得稳。并且当有敬虔的肢体来安慰你时，我亲爱的马提亚斯，你要学着去相信正是神借着他们在向你说话。按他们所说的去做，相信这就是神的话语，因为神的话语正是按着他自己的命令，借着弟兄而赐给我们，成为你实在的安慰。

愿你我共同的主，就是那位将这些事情告诉我，也是我必须顺服的神，向你的心说话，让你能够有信心来接受我所说的。阿们。

马丁·路德博士

圣方济各日之后的周三,1534 年

致安哈尔特王子约阿希姆　　1535 年 12 月 25 日

为了安慰深陷忧郁中的王子约阿希姆，路德曾在 1534 年两度 98 写信给他，然而情况却未见好转。从以下这封信中，我们看到这位王子似乎在信仰上也存有疑虑。在这封写于圣诞节的信中，路德从一开始就提醒王子约阿希姆，要仰望基督道成肉身所带来的安慰。[原文为德文；*WA*,*Br*,Ⅶ,335,336.]

愿我们亲爱的主基督借着他的道成肉身安慰殿下。他如此行就是要向世人彰显他美善的心意，让我们从他得着安慰。为此有天使高声唱道："在至高之处荣耀归与神，在地上平安归与他所喜悦的人。"①

我深信殿下现在对于教义和福音已不存任何疑惑，正如您已经蒙受教导，知道如何明辨神的真理，不再被教皇和魔鬼撒旦的谎言所害。若我们真从这教义和信条中得着了满足，就算这世上一切的患难临到我们，又有何惧？还有什么能令我们失意忧伤呢？除了我们犯罪跌倒，让良心受亏损之外，还有什么能让我们蒙羞？然而，尽管我们每天都活在罪中，基督却已经将我们的罪行洗净了。除了魔鬼以外，还有谁能让我

---

① 《路加福音》2:14。

们惧怕呢？那在我们里面的是比魔鬼更大的。①即使我们小信，基督也不会改变；即使魔鬼都被看作是圣洁无罪的，我们依然承认自己是罪人；即使魔鬼能力极广，可以让他轻视基督的帮助和能力，我们仍无比需要那亲爱的救主。我们无疑是软弱的，并且我们甘心如此，好让基督的能力住在我们里面，就如圣保罗所说："因为基督的能力是在人的软弱上显得完全。"②

我亲爱的殿下，您从未背叛过那亲爱的主，或将他钉于十字架上。即使您曾如此得罪他，基督仍然是满有恩慈的。因为就算是那些把他钉在十字架上的人，基督也为他们祷告。因此您当大有喜乐，靠着基督的能力来抵挡那魔鬼，因为恶者所能做的无非是搅扰、恐吓，或杀死我们的身体。

我们亲爱的主耶稣基督，他是我们的挚友和安慰，愿他的安慰永远与殿下同在。

[马丁·路德]

致康拉德·科达图斯　　1537 年 5 月 21 日

康拉德·科达图斯（1475－1546）曾被邀请到路德的家乡艾斯莱本担任牧师的职分，康拉德却迟迟不能下定主意去或不去。尽管路德鼓励他前往，然而康拉德似乎仍愿留在维滕贝格附近的村庄尼梅克。在以下这封信中，路德要求他的朋友胜过自己心中的忧愁，并且告诉他一个人的身体健康状况与他的所思所想是紧密相关的。一个人若总是怀疑自己生病，那么他就可能会因此真的患上疾病。[原文为拉丁文；*WA*,*Br*,VIII,79,80.]

---

① 参《约翰一书》4:14。

② 《哥林多后书》12:9。

愿恩惠、平安从基督归与你。

亲爱的科达图斯：

你能接受来自我家乡艾斯莱本的邀请，着实令我高兴。这样一来，你便可以抵挡韦策尔，一直以来他都是你圣洁义怒的对象。①然而在我看来，你应该先去那里看看，好对方方面面作一些了解。之后如果你觉得乐意前往，你便可以毫无遗憾地离开尼梅克，让神的旨意得着成全，我也会因此大有喜乐。相信那边的空气也许会对你更加有益，相比尼梅克潮湿的空气来说，艾斯莱本的空气由于日夜被火焰所洁净，②对你的健康必然更有好处。

我为着你的健康得以恢复感谢神。③但我仍要劝你打消自己的疑虑，不要总去假想自己身上到底有多少种病。你知道有句谚语说："疑虑带来厄运。"④因此在你忍受身体的疼痛时，你应该立刻转移自己的注意力，而非流连于对疼痛的假想中，我也一样该如此行。因为我们的仇敌魔鬼，遍地游行，不光寻找要吞吃我们的灵魂，⑤更要借着我们的忧虑来伤害我们的身体，从而让他败坏我们的诡计得逞，因他知道我们身体的健康很大程度上依赖于我们的所思所想。有句谚语也正是这样说道："能高高兴兴便赢了一半。"⑥并且《箴言》也说："喜乐的心，乃是良药；忧伤的灵，使骨枯干。"⑦尽管对于这样的建议，我也如同圣保罗在《罗马书》2章中所责备的犹太人那样，能说不能行，⑧但我仍希望

₁₀₀

---

① 乔治·韦策尔（George Witzel）是艾斯莱本圣安德鲁教会的一名罗马天主教神父，从 1533 年到 1538 年，他一直与路德宗处于论战之中。1534 年，迈克尔·克柳斯（Michael Cölius）曾写过一本反对韦策尔的书，而这本书的序就是由科达图斯所撰写。关于克柳斯的教牧生涯，见 *WA, TR*, IV, No. 5029。

② 这里是指与艾斯莱本附近矿山相连的熔炉。

③ 在 1537 年 4 月 17 日，科达图斯曾写信给梅兰希顿，告知他自己身上又发现了中风的迹象。

④ 德国谚语。

⑤ 参《彼得前书》5:8。

⑥ 德国谚语。

⑦ 《箴言》17:22。

⑧ 参《罗马书》2:21。

你能照此而行。

　　在主里向你道别。

马丁·路德

圣灵降临节之后的周一，1537 年

安东尼·劳特巴赫记录的桌边谈话① 　 1538 年 3 月 29 日

　　当在软弱试探中极其苦恼的耶罗梅·维勒来见路德时，路德安慰他要在主里重拾勇气，而且应当靠着与弟兄们的团契生活振作起来。路德问道："你是向谁怀怨在心呢？是向神吗？还是向我，或是你自己？"维勒博士回答道："我承认我是向神心怀怨言。"路德回答道："神是不会失信的。我也常常像你那样埋怨神，当我应当向他献上馨香之祭时，我献上的却是那令他极其厌恶的抱怨和老我的意思。如果神没有赐给我们赦罪的信条，②就是神那永不改变的应许，我们只会愈加败坏沉沦。"

　　维勒说："魔鬼非常善于攻击我最软弱的地方。"路德回答说："是的，他有这样的能力并非学自我们。　魔鬼本身非常狡猾。　就像他曾经没有放过我们信心的先祖、众先知以及那最伟大的先知基督一样，今天他也不会让我们逃脱他的攻击。他会将一个极其怪异的三段论强加给我们，比如他会说：'你犯罪了；神对罪人无比愤怒；因此你已无可救药了。'"要胜过这样的攻击，我们一定要从律法进入到福音之中，并且紧紧抓住神已赦免我们一切罪恶过犯的应许。亲爱的弟兄，你并非是唯一受此试探的人，正如彼得劝勉我们说，不要灰心，因为知道我们在世上的众弟兄，也是经历这样的苦难。③摩西、大卫和以赛亚都承受了许多又大又难的试炼。想想看，当大卫写下"耶和华啊，求你不要在怒中责备我"④这

---

①　原文由德文和拉丁文混合写成；见 *WA*,*TR*,Ⅲ,No.3798。

②　这一信条总结在《使徒信经》中。

③　参《彼得前书》5:9。

④　《诗篇》6:1。

样的诗篇时，他所承受的是何等大的患难啊！也许他宁愿死在刀下，也不愿在神面前承受他的愤怒，以及那因此而来的内心的愁苦。因此，我深信那些在神面前倾心吐意的人，甚至比那些为主殉道的圣徒要更胜一筹，因为对于前者而言，他们天天目睹那些邪恶之人拜偶像、攻击义人、肆意犯罪，却大享平安丰富，而义人却忍受羞辱，好像那将被宰杀的羔羊。①

致贝尔纳德·冯·德伦　　1538 年 5 月 27 日

从 1537 年起，贝尔纳德·冯·德伦（Bernard von Doelen）一直是萨克森弗赖贝格圣彼得教堂的一名新教牧师。 然而他似乎常常遇到一些不满之事。在贝尔纳德前往弗赖贝格之前，他一直身居维滕贝格，那时他就曾向路德表达过自己心中的不满，抱怨过"那些骄傲的听众竟然对《教理问答》的宣读极其蔑视"②这样的话。在以下这封信中，我们并没有看到贝尔纳德具体为了何事心存芥蒂，路德实际上也不清楚，因此他回复贝尔纳德，建议对方能亲自来见自己，比起通信，这更能有助于明确贝尔纳德遇到了怎样的属灵的问题，并为他提供有针对性的应对建议。[原文为拉丁文，WA, Br, VIII, 231, 231.]

致我亲爱的弟兄，贝尔纳德·冯·德伦博士，被钉在十字架上之主忠心的门徒和管家：愿恩惠、平安从主归与你。

亲爱的贝尔纳德：

上次你提到自己所遭遇的试探软弱，我因为要赶去上课，身旁没有邮差，所以没有及时回复。如果你想听我的建议，此时此刻除了建议你

---

① 参《诗篇》44:22；《罗马书》8:36。
② WA, TR, III, No. 3573.

立刻来与我见面以外，我暂时没有其他的话语来安慰你。你所面对的艰难处境，很可能不是信中一两句话可以帮助你解决的。神若许可，愿他借着你与我面对面的谈话和我现场即时的建议①来让你的心得着安慰。此外，我也不是很清楚，此时此刻你所遭遇的到底是何种的搅扰，②是什么导致了这样的问题，它是否与良心有关，还是出于信心的软弱，等等。因此，我无法在信中对你具体讲些什么，唯愿能与你见面交通，到时你便会看到你并非是唯一遭遇软弱的人。连基督也曾与我们一样凡事受过试探，③因此他必然经受过你现在所承受的软弱，否则圣经上就不会说主凡事受过试探的话了。基督在所有的方面都承受过试探是千真万确的，因此我们能够确信自己所有的软弱也都被他胜过了，正如基督所说："你们可以放心，我已经胜了世界。"④

愿那胜过愁苦、死亡和阴间权势的神，亲自借着他的圣灵安慰你、保守你的意念心怀。阿们。　102

请为我祷告，正如我为你祷告一样，因我也一样面对着试探、软弱。

你的，

马丁·路德

祈祷日之后的周一，1538 年

致 M 夫人　　1543 年 1 月 11 日

以前路德书信的编辑者认为，M 夫人很可能是指玛格丽特，而玛格丽特又可能是玛格丽特·埃莎特（Margaret Eschat），或玛格丽特·埃绍斯（Margaret Eschaus）。然而对于埃莎特夫人而言，她并没有一位信中所说称为约翰的兄弟，她的丈夫也从未在任何地方

---

① 在路德的教牧辅导中，他的这种面对面教导与他的神学一样至关重要。
② *Perturbatio*.
③ 参《希伯来书》4:15。
④ 《约翰福音》16:33。

担任过市镇长官。尽管时至今日，我们仍不能确定受信人的身份，然而从这封信中，我们却能发现这位女士有着非常细密的心思（如果不是过于谨小慎微，或说敏感的话），她深深地为自己在愤怒时不经意间所说出的一些话而感到后悔、烦恼。路德信中提醒她不要忘记神赦罪的应许，以致将自己的罪看得过于沉重。[原文为德文；*WA*, *Br*, X, 239, 240.]

愿神的恩惠和平安从主归与你。

我亲爱的 M 夫人：

我从你兄弟约翰那里得知，你因自己脱口而出的一句凶恶之言大有不安，就是你曾说："巴不得那些四处造谣我丈夫是托人当上镇长的人都下地狱。"你兄弟告诉我，魔鬼一直让你为此饱受煎熬，甚至你都在想，自己会不会因为说了这样的话而落入魔鬼的权下。

哦，我亲爱的 M，既然你已确信是魔鬼诱使你说出这样的话，并且那担忧自己永远被他的权柄所辖制的意念也是出于他，你就应当实实在在地看到这些都是魔鬼的谎言。"他本来是说谎的[也是说谎之人的父]。"①基督是绝不会将这种属于魔鬼的意念放在你心中的，因为基督的受死原是为释放那些被魔鬼权柄所辖制的人。因此你要唾弃那魔鬼，并对他说："我犯罪了吗？没错，我是犯罪了，我为此难过，[但我绝不因此失望，因为]基督已经将众人的罪洗净了，就是所有那些愿意向他认罪之人。因此，毫无疑问，我所犯的这罪也蒙基督洗净了。离我远去吧，魔鬼，因我已经得了赦免，这是我深信不疑的。并且就算我犯了杀人或奸淫的罪，甚至亲手钉死了基督，只要我向他认罪，那样的过犯也必得蒙赦免，因为基督在十字架上说：'父啊，赦免他们。'"②

---

① 《约翰福音》8:44，这里和下面中括号里的文字，都是来自 1554 年乔治·勒雷尔出版的一个更完整的版本。

② 《路加福音》23:34。

亲爱的 M，可见你不应再被自己的那些思虑所缠绕，更不要去相信魔鬼的谎言。而是要相信我们这些传道者的话，因为神已命令我们教导众人，从而使灵魂得赦，正如基督所说："你们赦免谁的罪，谁的罪就赦免了。"①你当对此深信[不疑]。现在我们这些神话语的管家奉耶稣的名和他命令的权能赦免你，不单赦免你所犯的这言语上的罪，还要赦免你从亚当所继承的所有的罪。这些罪是如此深重，很多都是神并未向我们完全显明的，他绝不会让我们因这些罪而永远沉沦[只要我们一心信靠他]。

因此你要大有信心，在主里满有指望。你的罪已经得了赦免，你要信心坚定地如此相信。[不要再让自己肉体的意思又活过来。]谨慎地遵行你的牧师和传道人[凭着神的圣言]所告诉你的话。绝不要轻看他们的建议和劝慰，因为神正是通过他们来向你说话，正如基督所言："你们赦免谁的罪，谁的罪就赦免了。"并且他还说："听从你们的就是听从我；弃绝你们的就是弃绝我。"②你若深信这话，魔鬼便无从攻击你了。

或是[你若仍信心软弱]要如此说："我愿意自己的信心能够更加刚强，我也非常清楚地知道这些真理是我应当坚信不疑的。尽管我现在还无法按着神喜悦的方式来接受这样的真理，然而我知道它们的确是[毫无虚谎的]真理。"这就是[因信称义和]因信蒙拯救的含义[正如基督所说："饥渴慕义的人有福了"③]。

愿我们亲爱的主，就是那位为我们的罪而受死，而非因我们的义而受死的人子[并且为了我们的称义又从死里复活的神]④，让你在真信心中得着安慰和坚固，不再为自己的罪而痛苦不安。

马丁·路德博士

---

① 《约翰福音》20:23。

② 《路加福音》10:16。

③ 《马太福音》5:6。

④ 《罗马书》4:25。

主显节之后的周二，1543 年

致萨克森公爵夫人西比尔　　1544 年 3 月 30 日

大概在 1545 年 3 月 27 日，①萨克森选侯约翰·腓特烈的妻子写信给路德，询问他的身体和家庭的情况，然而她致信路德的主要目的，是要倾诉自己因丈夫到斯派尔参加会议而承受的相思之苦。为了让她在孤单中得着喜乐，路德回复如下。〔原文为德文；WA, Br, X, 548, 549.〕

致尊贵的公爵夫人，西比尔（Sibyl）女士，克里夫·于利希公爵夫人的女儿，萨克森的公爵夫人，图林根选侯和伯爵、迈森侯爵、马格德堡领主的妻子，我高贵的女士：愿恩惠、平安从主归与您。

极其尊贵、高尚的女士：

我已经收到了殿下的来信，您对我的健康以及我妻子儿女无微不至的问候和祝福，令我感激不已。感谢神，我们一切都好，他如此恩待我们，原是我们不配的。我时而会头痛发作，②但这实在没有什么值得奇怪的，因为随着我年事已高，身体必然走向衰老、迟钝、失调、病患和虚弱。只要水桶未破，便还能从井中取水。我在世度过的日子已经够长了。在我这老迈无用的躯体下入黄土，成为蛆虫食物之前，神已将人生最美好的结局赐给了我。我相信，我已亲眼看到了那些自己有生之年所能看到的最好的光景。这世界上的事似乎越变越差。愿神帮助他自己的选民。阿们。

我非常能够理解殿下在信中所说，自己因丈夫在外承受的忧伤和孤独。然而您更应看您的丈夫这样做是何等的必要，因他离您远行，是与

---

① 现存原书信的日期并不确定；见 WA, Br, X, 546。
② 在这之前路德刚经历了一场病痛，人们认为很可能是中风所致。

基督的国度和德意志民族有益的，因此您需要按着神的心意学会在忍耐中等候。即或魔鬼不再能够搅扰我们，让我们在世有更多可安息的时间，特别是可以免受许多的痛苦，然而神宝贵的话语仍是我们的益处。神的话不仅在今生可以让我们得着许多安慰和坚固，在来生它也应许要赐给我们拯救。除此以外，我们还有祷告，正如殿下信中所言，凭着祷告我们得着了神的悦纳，并因此从他那里获得了随时的帮助。神的圣言和祷告这两样妙不可言的宝贝是魔鬼、土耳其人、教皇或他们的附庸所不可企及的，可见他们实在比这世上最卑贱的乞丐都要贫穷可怜。

我们实在可以因这样的恩赐而大有荣耀，常得安慰。因此我们应常常在基督耶稣、神的爱子、我们的主里感谢神。他是那赐诸般怜悯的 105 父，他为我们赐下了如此宝贵的恩赐，并凭着自己的恩典呼召我们来承受他的产业，尽管我们是如此不配。可见，我们实在应该在忍耐中去承受今生所遭遇的那些至暂至轻的苦楚。不仅如此，我们还应该怜悯那些在这个黑暗、败坏的世代向神颈项顽梗之辈，他们与神的恩典无分无关，注定不配得着神的产业。愿神在他所喜悦的时间来光照他们，也帮助我们，好让世人都能看到、认识并渴慕他的恩典。阿们。

我的妻子卡蒂谦卑地为殿下献上自己的代祷，并且深深感谢您对她的挂念。

在此我将您交托在我们宝贵恩主的保守之中。阿们。

殿下顺服的 [臣民]，

马丁·路德博士

大斋节第五个主日，1544 年

致马丁·路德夫人　　1546 年 2 月 7 日

早在 1540 年，路德就曾对曼斯费尔德的贵族没收民众矿产和铸铁厂的不当行为发出过谴责。①在这之后，贵族之间同样是因为对利益的贪婪爆发了分歧。1545 年，曼斯费尔德的伯爵阿尔贝特邀请路德作为调停人和仲裁者，来平息贵族之间的争议。于是在 1545 年 10 月和 12 月，路德先后两次前往曼斯费尔德。 然而，尽管如此，贵族之间的问题仍然没有得到解决，因此路德不得不第三次前往。虽然有病在身，体力也严重透支，路德仍于 1546 年 1 月 25 日，在气候最恶劣的寒冬中，同他三个儿子和秘书启程前往，并在途经哈雷时，与尤斯图斯·约纳斯会合。路德将旅程中的经历一一写信告知了他的妻子，他的妻子也常常在回信中表达对路德身体状况的关切。在以下这封信中，路德以温柔的口吻提醒妻子，不要为他过度忧虑。［原文为德文；*WA*,*Br*,Ⅺ,286,287.］

致我亲爱的妻子凯瑟琳·路德，维滕贝格博士的妻子，猪市的守护者，②我理应无微不至去关爱的贤妻：愿恩惠、平安从主归与你。

亲爱的卡蒂：

你应多读《约翰福音》和《小教理问答》，③对于后者更是如此。你曾说："这书中所写的一切都是对我有益的。"现在你常常为我担忧过
106 度，仿佛在你看来神已不再是全能的。要知道，若是有一个马丁·路德淹死在萨勒河中，④或烧死在火中，⑤或是失足于沃尔夫的捕鸟网里，⑥神都能立时创造出十个马丁博士来。因此不要为我再有什么忧虑，与你

---

① 见第十一章。

② 1532 年路德从克劳斯·比尔登豪尔（Claus Bildenhauer）手中买下了曲尔斯多夫的一处小农场。在此路德以玩笑的口吻来指称他妻子在小农场的经营活动。

③ 路德所撰写的《小教理问答》（1529 年）。

④ 在 1 月 25 路德写给妻子的信中，他以调侃的方式写道，当他在哈雷前往艾斯莱本的路上，萨勒河突然涨溢出河沿，几乎令他"重洗"于河中（*WA*,*Br*,Ⅺ,269）。

⑤ 见 1546 年 2 月 10 日路德写给妻子的信。

⑥ 沃尔夫冈·西贝格尔（Wolfgang Sieberger）是路德的私人秘书，曾是一名捕鸟人，路德称他为"沃尔夫"。

和所有的天使相比，神的保守是无比全备的。他虽躺卧在马槽，投靠在童贞女的怀抱中，然而与此同时，他也坐在全能父神的右边。你会因此大得安慰。阿们。

我深信所有的魔鬼都已经离了地狱，并从世界其他地方赶至艾斯莱本，也许在我看来，谈判陷入了僵局。大概有 50 名犹太人也来到这里，正如我在之前的信中向你所说的。①据传有四五百名犹太人在里斯多夫出入，里斯多夫就位于我这次一到达就患病的艾斯莱本以外。掌管艾斯莱本周围地区的阿尔贝特伯爵使在他领土上的犹太人蒙受耻辱，然而没有人愿意为这些犹太人做些什么。曼斯费尔德的女伯爵寡妇索尔姆斯，②因为犹太人提供保护而备受轻视。我不太清楚这是否属实，无论怎样，我今天言辞激烈地陈明了自己的观点，③期望那些认同我观点的人能从中受益。

我需要你不住地为我代祷，好让这次的谈判能够进展顺利。今天我几乎在一怒之下打道回府，然而因着家乡的满目疮痍，我不得不遏制住自己被激怒后的举动。④

让菲利普先生⑤也读这封信，因为我没有时间再给他写信。由此⑥你应深信我是何等的爱你，对于这爱你向来就不曾怀疑，愿你能因此得着安慰。我想同样拥有妻子的菲利普也一定能理解我的行为。

我们在这里的食宿条件都非常好。每餐议员都会为我提供两夸脱的赖因福尔酒（Reinfal），⑦这实在是佳酿，有时我会和同伴一同分享。　107
当地出产的酒也非常可口，瑙姆堡的啤酒是首屈一指的，尽管我觉得它

---

① 1546 年 2 月 1 日路德写的信（*WA*,*Br*,XI,275）。
② 女伯爵多萝蒂·尼·索尔姆斯（Dorothy nee Solms），她的亡夫是曼斯费尔德的伯爵埃内斯特。
③ 路德当天的那场讲道（*WA*,*Br*,LI,173 – 187）现在看来并不涉及对犹太人的任何攻击。因此，很可能那些激烈的言辞在这篇讲章出版之前就已经被删掉了。
④ 路德的家乡在艾斯莱本，是曼斯费尔德的一个郡。
⑤ 即菲利普·梅兰希顿。
⑥ 即路德选择写信给他的妻子，而非梅兰希顿。
⑦ 一种从伊斯特里亚（Istria）的里沃格利奥（Rivoglio）进口的酒。

令我生了很多的痰。现在各地的啤酒都被魔鬼用树脂所败坏，家中的酒也被他掺入了硫磺。然而此处的酒却很纯，尽管如此，它还是免不了受土壤和天气的影响。

你不必担忧，你所有的信我都已经收到。我今天收到了你上周五写给我的信，同时收到的还有菲利普先生的信件。

爱你的丈夫，

马丁·路德

圣多萝蒂日之后的主日，1546 年

致马丁·路德夫人　　1546 年 2 月 10 日

曼斯费尔德贵族终于通过谈判（见上）取得了和解，然而路德却为此耗尽心力。最终他在几位友人（其中包括尤斯图斯·约纳斯，他之前曾与路德一同前往艾斯莱本）的陪伴下于 1546 年 2 月 18 日平静地离世。以下这封信是在路德去世前一周所写，信中他又一次劝妻子不要为他担忧。这是他临终前决意要完成的几封信之一。〔原文为德文；*WA*, *Br*, XI, 290 - 292.〕

致敬虔而焦虑的女士，维滕贝格的凯瑟琳·路德夫人，曲尔斯多夫的守护者，①我亲爱、贤德的妻子：愿恩惠、平安从主归与你。

我最珍爱的妻子：

由衷地感谢你为我的担忧，这担忧令你难以入睡。在你不断担忧之时，我们几乎葬身火海，因为我们的住处突然失火，我房间门外有火烧了起来。此外我想多半也是你担忧的结果，昨天有一块石头几乎砸中我们，若是砸中，那我们就会像老鼠落在捕鼠器中那样被打死。前几天总有些石灰落下来，就在我们叫人来检查房顶的时候，一块有枕头那么

---

① 见第 103 页注①。

长、手掌那么宽的石头掉了下来。想想看，要是没有天使的保守，你的焦虑将会带来怎样的结果啊！

如果你不停止为我忧虑，我担心大地将会裂口将我们吞下，到时我们将会埋于深坑之中，难道这就是你从《教理问答》和对主的信心中所学到的吗？因此，我请求你将自己的忧虑交托给神，他从未命令过你为 108 自己或为我们担忧。圣经在多处都这样教导说："你要把你的重担卸给耶和华，他必抚养你。"①

感谢神，他让我们在身体和灵性上都极为安康，谈判也没有出现我们始料不及的危机。尤斯图斯·约纳斯不慎撞在了箱子上，他的腿因此受伤。由此可见，嫉妒真是人之常情——因为他不愿意我独自一人一瘸一拐！

愿神保守你！我们盼望这里的会议能够快快结束，好让我们早日启程回家，盼望这也是神的心意。阿们。

> 乐意为你效劳的仆人，
>
> M.L［路德］

---

① 《诗篇》55∶22。

第四章　致困惑怀疑者的教导

致乔治·施彭莱因　　1516 年 4 月 8 日

　　乔治·施彭莱因（George Spenlein）曾在维滕贝格的奥古斯丁修道院做过四年的托钵修士。在这封信寄出之前不久，他刚转至梅明根的奥古斯丁修道院，因此路德变卖了他留下来的一些私人物品。1520 年施彭莱因完全放弃了修道生活，成为一名新教牧师。数年后，路德认为有必要指出他言辞上的尖刻。①在以下这封信中，路德阐明了一个自己当时所认识到的真理，即在因信称义和因行为称义之间存在着怎样的差别。[原文为拉丁文；*WA*,*Br*,I,33 - 36.]

　　致敬虔而真诚的乔治·施彭莱因修士，梅明根奥古斯丁修道院的隐士，我在主里亲爱的朋友：愿恩惠、平安从天父我们的神和主耶稣基督归与你。

　　我亲爱的弟兄乔治：

　　我希望你知道你的那些物品我一共变卖了两个半基尔德，这其中包括那件布鲁塞尔的外衣，卖了一基尔德，爱森纳赫神学家的著作②卖了

---

① 见第十一章 1543 年 1 月 27 日路德写给乔治·冯·哈施塔尔的信。

② *Summulae totius logicae, quod cpus mains appellitare libuit*, by Jodocus Trutvetter, of Eisenach（Erfurt, 1501）.

半基尔德，斗篷和其他物品卖了一基尔德。还有一些东西没有卖掉，这
其中有巴普蒂斯塔·曼托瓦（Baptista Mantuan）①的田园诗集，以及你
的收藏品，这对你来说也许是个损失。变卖所得的这两个半基尔德我们
已经以你的名义归还给了修道院院长，②还欠他的半基尔德，你需要以
后想办法还给他，或者请他免去此债务。我个人觉得鉴于院长一向对你
的恩待，他应该不会拒绝你这样的请求。

现在，我很想知道你的灵魂是否已经厌弃了自己的义行，从而开始
学着去信靠基督的义，并因他重新得力。因为对于我们这般年龄的人来
说，我们非常容易陷于那种依靠自己的试探之中，那些竭力行善、追求
正直的人尤其如此。然而他们却不知道神的义是何等的丰盛，并且他的
义已经在基督里白白赐给了我们。那些人竭力靠自己的能力行善，是为
了能够披戴自己的功德，从而站立在神面前。但这实在是不可能的。在
我们当中，你与另外一些人曾经也持这样的观点。与其说这是一种观
点，不如说它是谬误。我以前也是如此，并且时至今日我都在与这样的
谬误争战，然而仍未完全胜过它。

我亲爱的弟兄，你当效法基督和他的十字架，你要看到自己是何等
的无望，并学着向他恳求说："主耶稣你是我的义，而我却成为了你的
罪。你已亲身承担了我的过犯，并将你的义赐给了我。你承担了那原本
不是你的，而我却得着了那原本不是我的。"在你祈求神的圣洁之时，
要谨防自己那不希望成为罪人或被视为罪人的倾向。要知道基督只与罪
人同在，正是为此他才离开了那义人的居所，就是他的天家，降世为
人，住在罪人中间。你要思想他这样的爱，便能看到他那甜蜜的安慰。
因此，如果我们能够靠自己的好行为和肉身的受苦换得无亏良心，基督
的受死还有什么意义呢？可见，我们只有对自己和自己的行为完全绝

---

① 一位加尔默罗修会的诗人（1448－1518 年）。
② 约翰·施陶比茨（John Staupitz）。

望，并且只有在基督里才能得着平安。此外，神会教导你明白因着基督接纳了你，他将会背负你的罪，而让你披戴他的义。

若你能按着那当有的样式来认信这真理（那不愿相信的有祸了），你就要宽宏地接纳那些尚未受教、仍活在错谬中的弟兄。存心忍耐地帮助他们，让他们的过犯成为你的过犯，而你若是有任何良善，便愿这样的良善能成为他们的良善。因使徒也是如此教导我们："所以你们要彼此接纳，如同基督接纳你们一样，使荣耀归与神。"① 又说："你们当以基督耶稣的心为心。他本有神的形像，不以自己与神同等为强夺的。"② 即便你认为自己比身边的弟兄强， 也不应将这样的德行看成是自己的，反倒应该学习谦卑，忽略自己所有的，视自己为他们中的一员，好让他们得着帮助。

有些人不愿去帮助那些不如自己的人，而是一心想逃避远离他们，111 这样的义实在是当受咒诅的，因为他不愿在耐心、祷告和榜样上扶持身边那些比自己差的人。这就好像那恶仆人将主人的银子藏在地里，③不去按着主待他的方式去对待他人。④你若是基督的一朵玫瑰或一束百合，就应该知道自己原当与荆棘同生。⑤因此你一定要谨慎自守，不要因为自己的急躁、武断和隐藏的骄傲反而成了那荆棘。《诗篇》告诉我们，基督正是在他的仇敌中掌权的神，⑥如果连主都是这样，为什么你会想象自己将生活在友爱的环境中呢？因此你要为着自己所缺乏的，在神面前屈膝恳求，他便会在凡事上教导你。你只要定睛在基督为你和众人所成就的恩典上，便会知道自己该为他人做些什么。若基督只愿意在义人中行走，并且只愿意为他的朋友而舍命，那么谁有资格值得他为之受

---

① 《罗马书》15:7。
② 《腓立比书》2:5,6。
③ 参《马太福音》25:18。
④ 参《马太福音》18:28。
⑤ 参《雅歌》2:1,2。
⑥ 参《诗篇》110:2。

死，谁又有资格配得与他同在呢？我亲爱的弟兄，你要效法基督并为我祷告。愿主与你同在。在主里面向你道别。

你奥古斯丁修道院的弟兄，

马丁·路德

主怜日之后的周二，1516 年

致乔治·斯帕拉廷　　1518 年 1 月 18 日

乔治·斯帕拉廷是路德早期的跟随者之一，在他任萨克森选侯的私人牧师和秘书期间，他对改教运动做出了相当的贡献。在改教运动早期，他询问过路德许多关于神学和实际生活的问题，研读圣经有哪些最好的参考工具便是其中之一。[原文为拉丁文；*WA*,*Br*,II,132－134.]

致我行为完全的好友，乔治·斯帕拉廷，在基督里的真弟兄：问安。耶稣。①

杰出的斯帕拉廷：

以前你向我询问之事都是在我能力范围之内，或至少是我敢于作答的。然而这次你所提的问题却指向对圣经全备的知识，因此你所问的已经远超过我所能回答的，在这方面我自己迄今为止也未能找到任何指引。

对于这个问题，不同的人有不同的看法，即使对于那些最为博学的人，也是如此。你知道伊拉斯谟一贯认为，在教会历史上唯有圣哲罗姆 112（Jerome）的著作值得人们去细心考察。因此，如果相比哲罗姆，我更欣赏奥古斯丁，我的观点看上去似乎就有失偏颇。这不仅是因为我是奥古斯丁修道院中的一员，还因为伊拉斯谟的观点长久以来就为人们所接受，甚至人们普遍认为，将奥古斯丁与哲罗姆相比，是一种不当的无礼

---

①　以耶稣之名祈祷的书信传统。

之举，然而也有人不这么看。在这些观点中，我因为限于自己学识的浅薄和恩赐的有限，无法作出判断。但在那些对于生花妙笔要么满心厌恶、要么不屑一顾的人中（似乎所有的人都是如此），我仍常常表现出对伊拉斯谟的欣赏，也会竭力地为他辩护。 并且我极为谨慎地避免与他的分歧公开化，免得那些恨恶他的人得着攻击的机会。然而如果我站在神学家而非语法学家的角度，我认为伊拉斯谟似乎在很多方面都距离对基督的真知识非常遥远，然而在其他领域，我们似乎很难再找到一个与他一样博学多识、才华横溢的人，即使是他推崇有加的哲罗姆也在他之下。要知道，你如果将我对于伊拉斯谟的这种观点告诉别人，那无疑会破坏我们的友谊，因此你要小心，不要向他人透露我的观点。正如你所看到的，有很多人一天到晚都在竭力寻找毁谤良才的机会。所以我向你说的这些，只能作为你我之间的秘密。在你没有通过学习思考验证我的结论之前，你实在不应该完全接受它。你是我最好的朋友，因此如果你想了解我的研究成果，我不会向你有任何隐瞒的。唯有一点，你一定要使用自己的判断，而非一味地认同我的观点。

对于研读圣经最紧要的是，一个人不可能单独依靠学习和技巧来读懂圣经。因此，在研读圣经之前，你应该首先向神祷告，询问是否他乐意借着你成就一些事情来荣耀他，而非让你或任何其他的人得着荣耀。以这样的心来读他的话，神便会赐给你对他话语真实的看见。因为只有他才是圣经真正的作者，所以不会有人比神更明白圣经。圣经也如此说："他们都要蒙神的教训。"①因此，你应当完全放下自己的勤奋和能力，单单来寻求圣灵的浇灌。相信我的话，因为我在这方面有真实的经历。②

在你有了这样毫无自己的谦卑之后，你要按着顺序从头至尾地来阅读圣经，将那些圣经故事的要义牢记在自己的心中（我相信你已做

① 《约翰福音》6:45。
② *Experto crede*（亲身体验为实）。

到了这一点)。圣哲罗姆的书信和圣经注释将会对此有极大的帮助,但 113
如果论到对基督和神恩典的认识(即那些关乎圣灵所隐藏起来的知识),
在我看来,奥古斯丁和安波罗修所提供的指导是更好的,而哲罗姆太具
有奥利金风格了(即寓意解经)。① 这方面我的观点与伊拉斯谟完全不
同,然而既然你问了我这个问题,而非问他,我便只能按照我的观点来
回答你。

如果你喜欢我的研读方式,你可以先从奥古斯丁的灵修著作和书信
读起,对于他的著作,我们中间对基督有着无比热忱的弟兄卡尔施塔特
(Carlstadt)已经完成了大量出色的注释,并正在进行编辑。② 然后再来
读他驳朱利安的著作,以及他反帕拉纠书信的著作。你也可以来读安波
罗修向所有异教徒呼召的著作,尽管这本书的风格、内容和年代都显示
它很可能并非出于安波罗修本人的手笔,然而它依然是一部极有学术分
量的著作。如果你对我所说的这些感兴趣,之后你我可以有更多的交
流。鉴于你所提出的问题是如此难以回答,请原谅我在鲁莽之中对这些
属灵伟人的评论。

最后,我会寄给你一本伊拉斯谟的护教书。③ 看到这些博学之士中
间所燃起的战火,我表示非常遗憾。在这本书中,虽然有些时候伊拉斯
谟表现出了对过往友谊的珍视,然而在辩论方面他无疑更胜一筹,即使
他的言辞表现得更为激烈。

亲爱的斯帕拉廷,向你道别。

弟兄 马丁·埃留提利乌斯(Eleutherius)④

圣百基拉日,1518 年

---

① 奥利金(Origen, 182 – 251),因其寓意解经而广为人知。

② 安德鲁·卡尔施塔特对于奥古斯丁著作的注释。

③ Desiderius Erasmus, *Apologia ad Iacobum Fabrum Stapulensem* (Antwerp, 1517). 法国的人文学者法贝
尔·斯塔帕朗西斯(Lefèvre d'Étaples, Faber Stapulensis)与伊拉斯谟对于《希伯来书》的注释出现
了极其尖锐的分歧。

④ 按照当时人文主义者的流行做法,路德有时也会使用一个希腊化的名字。希腊文 *eleutheria* 意为自由。

致萨克森的约翰·腓特烈公爵　　1521 年 3 月 31 日

1532 年，约翰·腓特烈在父亲死后继承了萨克森的选侯之位。他曾经致信路德，就自己在读经中所遇到的问题请教他。这些问题的价值在于它们反映了宗教改革初期，敬虔的平信徒在信仰上的典型问题，并且路德在这封信中的回答也很有代表性。〔原文为德文；*WA*，*Br*，Ⅱ，294，295. 〕

114

高贵而仁慈的殿下：

我以谦卑的心读了殿下询问关于基督善行和他睡眠的那封信。的确，正如殿下在信中所指出的，福音书中只有一次提到了基督的睡眠。[1]然而若是所有关于基督睡眠的事都被记载下来，那将会是何等宏大的一本书啊！因此仅一次提及此事即已足够，基督真实的人性正在此得以彰显。毋庸置疑，与福音书所提及的相比，基督当年很多的祷告、禁食、行程和神迹是未被记在其中的。圣约翰在他福音书最后一章就如此说："耶稣在门徒面前另外行了许多神迹，没有记在这书上。但记这些事，要叫你们信耶稣是基督，是神的儿子，并且叫你们信了他，就可以因他的名得生命。"[2]

毫无疑问，基督在他所行的一切事上都得蒙父神的喜悦，这一点千真万确。他的吃喝躺卧与他所行的最大神迹一样，都是蒙神悦纳的。因为我们的天父所察看的并不是外在的行为，而是行为的动机，对于这一点我在书中论善行的部分已作了充分的论述。[3]

我们并没有必要相信当基督被钉在十字架上之后，他从头到尾完整

---

① 《马太福音》8：24。

② 《约翰福音》20：30，31。

③ "Von den guten Werken"（1520）；见 *WA*，Ⅵ，196 – 276；英文版见 *Works of Martin Luther*，Philadelphia ed. , Ⅰ，173 – 285。

地祷告了那首包含"我的神，我的神，为什么离弃我"①经文的诗篇。但另一方面，对于那些愿意看到基督在十字架上如此祷告的人，我认为他们的这种要求也未必不可理喻。每个人在是否接受这样的观点方面都有自己完全的自由，因为圣经对此未作任何提及。

在此我将《马利亚颂歌》②的第一部分寄予殿下。这部四卷著作集的最后一部分正在印刷的过程中。这部书的出版延期了，我只有在此事完成之后才能回来。殿下一定知道我为了参加会议不得不放下所有的事情。③如果神许可我回来，殿下将立即得到整部著作。

在此向您道别，并求神施恩与殿下。

殿下谦卑的牧师，

马丁·路德博士

复活节，1521 年

致芭芭拉·利斯基尔兴　　1531 年 4 月 30 日

芭芭拉·利斯基尔兴（Barbara Lisskirchen）是耶罗梅·维勒和彼得·维勒的妹妹，1525 年她嫁给了萨克森弗赖贝格的乔治·利斯基尔兴。一直以来她对预定论的教义非常困惑焦虑，不能确定自己是否为神所拣选的。在这封信中，路德以自己过去的经历来劝勉激励她的信心。[原文为德文；*WA*, *Br*, Ⅵ, 86 – 88.]

我从你亲爱的哥哥耶罗梅·维勒那里获知，你为神永恒拣选的问题而大惑不安，对此我深表同情。盼望基督我们的主能带领你胜过这样的试探。阿们。

---

① 《马太福音》27：46。原文引用的是拉丁文。
② "Das Magnificat verdeutscht und ausgelegt"（1521），见 *WA*, Ⅶ, 538 – 604；英文版见 *Works of Martin Luther*, Philadelphia ed., Ⅲ, 1179 – 200。
③ 这封信写于路德赴沃尔姆斯会议前夕，在此之前查理五世已向路德发出了正式诏令。

　　我能够完全体会你目前所面临的软弱，以前我自己也因这样的问题几乎落到永死的边缘。除了为你代祷，我也非常愿意在真理上给你一些劝勉和安慰，然而通过信件来讨论这些问题显然有些不便。尽管如此，我愿意与你分享神曾经如何带领我胜过这种软弱，以及现在每一天我是如何靠着神的恩典脱离这试探的，盼望神加我足够的恩典，借着我来帮助你。

　　首先，你心中当确信无疑，自己目前的忧虑必然是出于那恶者猛烈的火箭。①《箴言》7 章说："那些探寻君王高深之事的人必至堕落。"②因此你目前这种对神隐秘之事的竭力探寻实在是徒劳无益的。《便西拉智训》3 章就曾这样说："对你太难的事，你不要寻找；然而神给你所规定的，你应时常思念。"③因此，对那些神没有命令你去明白的事物好奇，与你的生命无益。在《诗篇》131 篇中，大卫向主陈明，说那些重大的事是自己无法测透的。④可见这些想法并非出于你自己，而是出于那116　恶者，他让我们因这些忧虑深陷对神的恨恶和对自己的绝望中。在第一条诫命中神严严地禁止我们这样去忧虑，他是赐予我们生命的神，他的心意是让我们爱他、信靠他、赞美他。

　　其次，当你被这样的忧虑所困扰时，你应该学着来问自己说："请你告诉我，神的哪条诫命要求我来回答这个问题呢？"当你看到神的诫命并没有如此要求你时，你要说："败坏的魔鬼，离我而去吧。你竭力要让我为自己忧虑，然而圣经上神却明明地教导我把自己交托在他的保守中。神说，'我是你的神。'⑤他这话的意思便是告诉我，'我保守眷顾着你，因此你要信靠我，等待我为你成就我的应许，并将你的重担交托给我。'"圣彼得也

①　《以弗所书》6：16。
②　参《箴言》25：27。
③　《便西拉智训》3：21，22。
④　参《诗篇》131：1。
⑤　参《出埃及记》20：2。

是如此教导说，"你们要将一切的忧虑卸给神，因为他顾念你们。"①大卫也教导说："你要把你的重担卸给耶和华，他必抚养你。"②

第三，如果你仍无法打消这些念头（魔鬼是不会轻易放弃的），你也不能放弃。你要竭力把自己的意念从这些困惑上转离开来，并对魔鬼说："魔鬼，你难道没有听到吗？我不会再与你理论下去了。离开我吧！我要一心思想神的律法，我也要把自己完全地交托在他的保守之中。如果你对这些事情那么在行，你可以到天上去与神辩论，他一定会给你最满意的答案。"你要常常借助这样的方式，将自己的忧虑打消，并定睛在神的诫命之上。

第四，我们要看到神最大的诫命是要让我们定睛在他宝贵的儿子，我们的主耶稣基督身上。我们在地上每日的生活，都应当从他完美的形象中看到神是如何以自己无比的慈爱和良善在爱着我们，他顾念我们，甚至连他的爱子都不惜。

若有人对预定论的教义备感挣扎，以上是对这问题的唯一答复。你若如此行，便能显明自己对基督的信心。如果你相信他，那你便是蒙召的；如果你是蒙召的，那你必然是被主所拣选的。因此，不要容基督那荣耀的形象和他施恩的宝座从你的视线中消失。若是那魔鬼火蛇般的意念仍然来搅扰伤害你，你要心意坚定地抵挡它，不容它们在你头脑中存留一刻。对于这些意念，你要转开自己的眼目，定睛在那铜蛇之上，就是那为我们舍命的基督身上。你要心意坚定地如此行，到了时候神必然会救你脱离试探。

此外，正如我所说的，若要脱离这些意念，你需要有为主争战的心。一旦不慎又落入到那种意念中，你便需要立即摆脱这种想法，这就 117 好像若有污秽之物落入你口中，你会立即将其吐出去一样。神严严地命

---

① 参《彼得前书》5:7。

② 《诗篇》55:22。

令我们，当将他儿子的形象放在我们面前，因着他丰富的启示，我们已经认识了那位时刻帮助眷顾我们的神。要记得神并不是让我们靠自己来寻求保守和眷顾，那样做无疑是在否认神，并且否认了神的第一条诫命和基督的恩典。

神的仇敌魔鬼就是用这样的思虑（正是与神的第一诫相反的）使我们把注意力转向我们自己，从而令我们与基督和神的爱隔绝。我们若是让这样的思虑占据我们的心，便是在试图以自己来取代神的作为，因为神的心意是要做我们的主，眷顾我们一切所需。在伊甸园中，魔鬼就是要去挑动亚当里面与神同等的心，好让亚当成为自己的神，并靠自己来满足一切所需，这让亚当失去了神在他生命中的保守和眷顾，并最终导致了他的堕落。

至此，我已经给你提供了足够多的建议。之前我也曾写信给你的兄长耶罗梅·维勒，①相信他也会常常来劝诫你，帮助你抵挡那些从恶者而来的搅扰，让他反落在自己败坏的坑中。魔鬼非常清楚自己在类似的诡计中遭受过怎样愤怒的刑罚，就是从天上堕入了地狱。总之，那些神未曾吩咐过我们的，就不要让它们成为我们的困惑和搅扰，因为那些疑惑都是从魔鬼而非从神而来的。

愿我们亲爱的主耶稣基督将他的手和肋旁显给你看，②让你的心因他的爱而大有喜乐。愿你单单定睛在他身上，直到从他而来的喜乐临到你。阿们。

马丁·路德

1531 年 4 月的最后一天

---

① 这封信已经佚失。

② 参《约翰福音》20：27。

康拉德·科达图斯记录的桌边谈话① 1531 年秋

对于那些无法确信救恩、常常灰心的人，我会如此劝慰他们。首先，我会提醒他们要远离个人独处的环境，与此同时，要常常与他人谈论《诗篇》和圣经。之后（尽管这一点很难做到，但它却很有效）我会 118 让他们尽力说服自己相信这些想法不是他们自己的，而是来自魔鬼。因此，他们需要努力将自己的注意力从这样的想法中抽离出来，转向关注其他的事情，让魔鬼的意念仍归于魔鬼。

一个人如果甘愿落入这样的试探中，幻想自己能够胜过它们，或是认为这些意念总会有结束的时候，这样做只会让魔鬼的攻击更加肆虐，于自己没有丝毫的益处。其实，对于这些意念最好的应对方式就是：任它们无影无踪地来，又无影无踪地消失，不要理会它们或与其理论。不愿意如此行的人，我也没有任何别的建议可以给他。然而你也要看到，能做到这一点是很困难的，因为当我们对神永恒的救恩产生疑惑时，我们老我的天性是不愿意抛弃这些意念的，直到我们有一天终于看到，流连于这样的想法并与其争辩，这永远也不可能让我们获得确据和得胜。凭我们自己的能力和知识，我们永远无法对付这些问题。撒旦深谙此道。因此他将这些意念放在我们面前，让我们觉得这些问题似乎非常重要，引我们就范，深陷其中，以为自己可以将这些问题查个究竟。事实上，一旦我们如此行，便落入了撒旦的圈套，成为他的掳物。

然而，那些承受试探的人仍然可以将自己的思想转离这些试探，他们要做的就是听从那些忠心肢体的劝慰，如同顺服神从天上而来的话语。布根哈根曾对我说过一句话，常常坚固我的信心，他说："你实在不

---

① 原文由拉丁文和德文混合写成；见 *WA, TR*, II, No. 2268b。这篇桌边谈话是由迈克尔·斯蒂费尔将几篇路德的桌边谈话编辑而成，在 1528 年 7 月 14 日他将此致信文策尔·林克（Wenzel Link）。在大多数路德书信的版本中都包含有这封信。关于这个问题；见 *WA, Br*, IV, 495, 496。

应该轻看我的劝慰，因为我深信我向你所说的正是神所赐下的。"经上说："这话将我救活了。"①对于那些落入试探中的人，他们会对此有更深的体会。基督也曾如此受过试探，然而他却对撒旦说："不可试探主你的神。"②借着这样的话他胜过了魔鬼，并且也让我们能够因他得胜。我们对救恩感到忧虑，这的确是在试探神。当这些问题在我们的脑海中出现时，我们会将它们看成是与救恩息息相关、无比重要的，然而事实上，我们却因此而开始抵挡神，尽管从表面看起来我们好像不敢在心里轻看神，对他说"你不是我的神"，或说"我不愿意你做我的神"。可见在遇到这样试探时，我们更应该呼求神的名，好让自己脱离那些疑惑的思虑，从其他方面来思想神。这样的得胜，意味着你要听从那些劝你回到神面前之人对你所说的话，并且你要牢牢地依靠主的话语。对于如何靠主得胜，我已经说了很多，然而我知道我说的还不够，因为我的经历让我深知，撒旦能借着这样的试探行极大的败坏。

最后，要让那些陷入试探的人恒切地祷告，仰望神的拯救，因为神必会拯救那些信靠他的人。不要让他们独自在这样的软弱中挣扎，所有的肢体都应该借着代祷来帮助他们，共同分担这重担。③

除此以外，如果撒旦仍不肯退去，那些忍受试探的肢体就需要在忍耐中看清撒旦的手段，就是如果有些信徒是他无法凭着猛烈的攻击和诡计掳去的话，他便要借着无止息的搅扰来消磨软化他们。这正如诗人所说的："从我幼年以来，敌人屡次苦害我，却没有胜了我。"④如此地仰望神的应许，是神和众天使所喜悦的，最终它将给我带来得胜和祝福。

---

① 《诗篇》119：50。
② 《马太福音》4：7。
③ 参《加拉太书》6：2。
④ 《诗篇》129：2。

致瓦伦丁·豪斯曼　　1532 年 2 月 19 日

尼古拉斯·豪斯曼的弟弟瓦伦丁·豪斯曼（Valentine Haus-mann）是萨克森弗赖贝格的市长。他一度深受不信、怀疑以及因此而来对永死恐惧的搅扰。在以下这封日期不明的信中，路德提醒他一定要胜过这种忧虑。[原文为德文；$WA, Br, VI, 267.$]

愿恩惠、平安归与你。

我亲爱的先生和朋友：

你哥哥尼古拉斯刚来过我这里，从他那里我得知你仍然被恐惧和不信的意念所攻击。对此我以前曾致信与你，[1]现在我仍要在信心中对你说：你要接受这出于神的杖打，这原是为了使你得益处，即使是圣保罗也必须去承受那肉体中的刺。[2]感谢神，因为他看你是配受这出于怀疑的恐惧，神将借着这样的软弱让你更加祷告寻求他，正如你在福音书中所看到的他人对主的恳求："我信不足，求主帮助。"[3]比你信心软弱的人是何等多啊！然而他们却对此一无所知，每日活在不信的光景中。神让你看到自己信心的软弱，这原是他的恩典，借此你看到他的心意是要来帮助你脱离那软弱的光景。可见你越是觉察到自己信心软弱，你便越能依靠主的帮助。你要大有平安地依靠神，他必然会带领你在凡事上经历得胜。

在此我将你交托在主的保守之中。阿们。

[马丁·路德]

祈求日之后的周一，1532 年

---

[1] 此信已经佚失。

[2] 参《哥林多后书》12:7。

[3] 《马可福音》9:24。

120

约翰·施拉金豪芬记录的桌边谈话①　　1532 年春

那些教皇的差役和重洗派的人②鼓吹，一个人要想认识基督，他就必须要去寻求独处，并避免与他人的交往，从而成为一名尼哥拉党徒。③这种教导无疑是出于魔鬼的诡计，因为它显然是与诫命的第一块法版和第二块法版相违背。第一块法版是要让我们信靠、敬畏神。在第二条诫命中，神的心意是要让他的名在人前得着宣告和赞美，并传扬在万民之中，而非让人躲在那黑暗的角落里。与之类似，第二块法版教导我们要善待邻舍。可见我们并不应与他人相隔离，反而要与他人相交。那些人所鼓吹的无疑会对家庭、经济和国家带来极大的破坏，并且也与基督的生命毫无相干。因为主从不喜悦独处，他的一生都在熙熙攘攘的人群中度过，除了祷告的时候，我们的主从未一人独处过。因此，相比那些宣称"要寻求独处，让自己的心更加圣洁"的人而言，主的教导与他们有天壤之别。

致瓦伦丁·豪斯曼　　1532 年 6 月 24 日

瓦伦丁·豪斯曼仍未能从怀疑的阴影中走出来（见路德于 1532年 2 月 19 日写给他的前一封信），于是路德根据各种具体的情况给予他更为明确的教导。[原文为德文；*WA*,*Br*,Ⅵ,322,323.]

愿恩惠、平安从基督我们的主归与你。

我亲爱的瓦伦丁：

我已听说你因信心的软弱而正遭受着恐惧的折磨。然而你无须那样

---

① 原文由拉丁文与德文混合写成；见 *WA*,*TR*,Ⅱ,No. 1329。
② 天主教和新教的神秘主义都认为，独自的修行可以帮助一个人认识基督。
③ *Ein Niklos bruder.* 路德有时用这个词特指纵欲之人，有时用来特指修士，有时同时用来指称这两类人。也见《启示录》2:14,15。

担忧，因为神会以他奇妙的方式来带领我们。虽然在我们看来，他的作为似乎有时于我们不利，但神所做的一切都是为着我们的益处，只是他的作为超乎我们的想象。如果你现在没有经受过神如此的管教，对他也不曾有如此的敬畏，谁能料想此刻会有怎样更加可怕的结局已经临到了你。因此无论在什么情况下，你都不应该因为自己没有得着坚定的信心而失去了对神的忍耐等候。在《罗马书》14 章和 15 章中，圣保罗让我们看到神眷顾那些信心软弱的肢体，他永不会撒下他们。①神作为我们的父亲，绝不会撒弃自己那些患病、犯错的孩子，他若是那样做的话，就不会有任何人可以成为他的孩子了。因此，你当向神呼求说："亲爱的父神，如果这样的管教是出于你的心意，我愿甘心乐意地承受它。愿你的旨意成就，②并求你赐我忍耐的心。"

其次，尽管我不是很清楚你现在如何看待自己的恐惧，但我要提醒你，无论如何你都要呼求神，向他祷告，特别在自己意识到这种恐惧的搅扰时，更要如此。你要双膝跪下，向天父大声呼求。哪怕在你看来神的律法是自己所厌恶的，并且自己的一切祷告也是徒然的，你也绝不要放弃求告他。你要心意坚定地如此行，越是觉得这样做毫无意义，你就越要恳切地祷告。你要如此与心中的恐惧争战，直到胜过它为止。不要消极地忍耐，眼睁睁地看着自己软弱下去，这样时间一长，你的处境便更不如前。因此，你当奋力地来祷告，大声呼求主救你脱离这恐惧，并在这样的恳求中，不断地诵读主祷文。在此之外，你一定还要看到自己的恐惧无疑是出于那恶者魔鬼，因此神的心意就是希望你来抵挡他，神让这些临到你，正是要让你为他争战。你也要大有信心，深信神必会垂听你恳切的祷告，向你施以援手。

最后，如果你始终都无法向主祷告，你就需要他人以清楚的声音来

---

① 参《罗马书》14:1,15:1。

② 《马太福音》6:10。

为你诵读《诗篇》或新约，而你要专注地听这些经文。在听的时候，你必须努力地改变自己，不再关注那些失败的方面，也不要一味地沉浸在自己的想法中，忘记了主的话语，似乎你在等着被不信的恐惧所湮没。与之相反，你一定要记得在遇到软弱的时候，自己当唯独看重祷告和神的话语。为了保守己心，在没有遇到软弱的时候，你就该常常如此行。你要用祷告的心，竭力抵挡那种出于不信的恐惧。神若喜悦你如此行，你便会看到自己的情况逐渐地有所好转。离开了神的话，我们凭着自己的能力是永远无法胜过魔鬼仇敌的，但当我们祷告并看重神话语的时候，魔鬼便要落荒而逃了。

在此我将你交托在主的保守之中。阿们。

马丁·路德

施洗约翰日，1532 年

122　　**康拉德·科达图斯记录的桌边谈话①　　1532 年秋**

路德谈到神的预定。他说一个人若是陷在关于这个教义的辩论中，无异于尝试扑灭那已经失控的烈火，因此他在辩论中投入得越深，便越被灰心所困扰。我们的主恨恶这样的辩论，因此他设立了洗礼、圣道和圣餐作为信徒蒙恩的标记，好让我们在信心中宣告说："我已经接受了洗礼，我已经信靠了主，我已经领受了主的圣餐。我是否被预定得救又与我何干呢？"②在基督里神已经赐给我们一个稳固的根基，③让我们可以稳行其上，直到进入父的天家。④可是如果我们轻视这根基，并且奉魔鬼的名开始做那些舍本逐末的事，我们遭遇失败沉沦将是必然的。我们若能心地单纯地相信这应许是出于神，并且看到向我们

---

① 原文由拉丁文和德文混合写成，见 *WA*, *TR*, No. 2631 b。

② 这句话出现在此封信的另一个版本中。

③ 参《哥林多前书》3:11。

④ 参《马太福音》7:14。

如此说话的正是神，我们无疑便会高举这话语。然而，因为我们是借着他人的口听到这些信息的，我们便习惯于轻看这应许，将其作为耳旁风。

致格雷戈里·罗塞肯　　1533 年 3 月 28 日

在茨维考受挫之后（见路德于 1531 年 5 月 19 日写给豪斯曼的信），尼古拉斯·豪斯曼有一段时间客居于路德家中。1533 年初他去了德绍，以下这封信很显然正是路德当时应尼古拉斯的请求所写的。路德并不认识这封信的收信人，后来人们大都相信此人就是在德绍给安哈尔特的王子乔治作过告解神父的方济各会修士格雷戈里·罗塞肯（Gregory Rosseken）。在以下这封信中，路德教导罗塞肯当如何与教皇以及所有天主教教义决裂。［原文为拉丁文；*WA*，*Br*，Ⅵ，438，439.］

致在主里尊敬的绅士，乔治·N，①基督的门徒，我真诚的朋友：愿恩惠、平安从基督归与你。

我亲爱的弟兄：

那良善的弟兄尼古拉斯·豪斯曼已将你对主那真实的敬虔告诉了我，尽管在他看来这样的敬虔仍是软弱的，因你仍要依赖于那些教皇的随从和宗教议会的权柄。对此我并不感到吃惊，因为你目前所持守的这些观念，也是我在 20 年奥古斯丁修士的生涯中所深深浸染、习以为常的。若不是神用他的大能将我从中救拔出来（豪斯曼先生将要与你谈及这段经历），我是绝无可能靠着任何神的话语与其决裂的，尽管我在内心会认定神的话语才是那唯一的真理，但我仍没有能力从那种错谬中脱离

---

① Enders（Ⅸ，278）猜测收信人是乔治·方克（George Funk），路德之前也不认识此人。有可能是将 Gregory 误写成了 George。

出来。要将主的话语付诸实践，并将那些我所教导的行出来是何等的艰难啊！因此我更不敢奢望你可以表里如一地按着主的话而行，因为正如我所听说的，多年以来，你一直陷在这种人的传统中，很多事情已经习以为常，并且你没有像我曾经那样感受到圣灵在内心的催促，要时刻用神的话语来抵挡这错谬之道。

因此，你不必为此灰心，现在你所当做的事就是恳切地祷告，求主耶稣让你看到那属天的真理，即基督是超越摩西、教皇和一切世人的，并且也远远超越了我们的良心，而相比起来，我们的良心甚至是在摩西和教皇之上的。如果我们必须要相信摩西和自己的良心——正是它们让我们因着律法看到自己是何等败坏，我们岂不更当信靠耶稣，就是那位万有独一的主宰吗？他曾命令我们信靠他，①并说"他们将人的吩咐当作道理教导人，所以拜我也是枉然"。②即使这世界上充满了无数教皇的党徒和宗教的议会，他们又怎能与基督相比？这就好像蜡烛无法与太阳相提并论一样。你要借着祷告来认识这些事，因为对于长期浸染在错谬之中的人来说，他们很难立刻看明这真理。我这样说也是出于我的经验，这也是我能够信任你的原因。然而我仍要提醒你，借着祷告和行道来专心持守真理，主必与你同在。我所写给你的这些内容，盼望罗泽勒先生③也能读到。请向他致以我衷心的问候。

在主里向你道别，愿他坚固你的信心，天天经历更新。阿们。

马丁·路德博士

欢欣日之后的周六，1533 年

---

① 《马可福音》11:24。
② 《马太福音》15:9。
③ 此人身份不明。

法伊特·迪特里希记录的桌边谈话①　　约于 1533 年

有人问路德如何去安慰那些担忧自己没有被神称为义的人，因为在 124
这些人看来，按照《罗马书》5 章所言，"我们既因信称义，就借着我们
的主耶稣基督得与神相和"②，所以，所有的义人都会经历到与神和好
的平安。然而这种平安却是他们所从未经历过的，这便让他们对自己是
否有永生充满了怀疑。

路德如此回答说："对于这种人，首先要提醒他们，基督徒的一生要
面临许多愁苦、试探、患难、死亡，以及诸如此类的逆境。然后要让他
们看到，自己活在这种不安的思绪中是出于撒旦的搅扰。他们应该确信
自己是神的儿女，那位在天上的父对他们的接纳如同《希伯来书》12 章
中所言：'我儿，你不可轻看主的管教。'③如果那些受魔鬼搅扰的人真
是神的儿女，神必然眷顾他们，他永远不会轻看他们所受的患难，撒下
他们。因此，这些人即使在试探中，也要大有喜乐，深信神向他们所存
的是赐平安的意念。"

"但是你如何来看圣经中保罗所说的'我们与神相和'？"

对此路德回答说："没错，基督徒在信心中将大有平安，然而这种平
安不是眼所能见的，也超越了我们其他的感官。这正如我们在这已死的
身体中，无法感受到生命，然而我们在主里却能满有盼望地相信自己是
有永生一样。事实上，我们的肉体所感受到的是极大的不安和扰乱，正
如大卫在《诗篇》中叹息说：'我的骨头也不安宁。'④基督被钉在十字
架上时也经历了极大的不安。此外，如果信徒从未承受过试炼，福音中

---

① 原文由拉丁文写成；见 *WA*, *TR*, I, No. 865。
② 《罗马书》5:1。
③ 《希伯来书》12:5。
④ 《诗篇》38:3。

的应许和安慰以及神那充满恩典的信息还有什么价值呢？经上诸如'穷人有福音传给他们'①、'你们这小群，不要惧怕'②、'信心软弱的，你们要接纳'③、'要彼此安慰'④的话还有什么意义呢？因为基督徒常常经历忧伤和患难，所以神对我们最重要的命令，就是让我们去鼓励、安慰那些处在患难中的肢体；而对于那些承受试炼的肢体，他们也当乐意接受这样的劝慰，心存喜乐，竭力胜过自己的忧伤和恐惧。"

致彼得·贝斯肯多夫　　1535 年初

路德的一位老朋友向他询问怎样的祷告才是最佳的。路德以一封题为《我们该如何祷告——致技艺高超的理发师彼得》的公开信，为他提供了建议。在 1535 年初，这封公开信得以出版，名为《致好友关于祷告的捷径》。信中所提到的理发师彼得，在其他地方也被路德称为外科医生，他正是彼得·贝斯肯多夫（Peter Beskendorf）。这封公开信面世不久，彼得·贝斯肯多夫很可能是由于醉酒的原因，刺伤了自己的女婿，后者是一名士兵，自诩刀枪不入而招致此祸。由于路德的出面，彼得最终得以免于死刑，然而他仍为自己愚蠢的行为付出了被流放的代价，并失去所有财产。[原文为德文；*WA*,*Br*,XXXVIII,351–373.]

亲爱的彼得先生：

下面我将按照我所知道的来与你分享该如何祷告这个话题。愿我们的主带领你和其他的肢体更好地祷告。阿们。

如果我发现自己因对其他事物的关注而越来越疏于祷告（因为我们

---

① 《马太福音》11:5。
② 《路加福音》12:32。
③ 参《罗马书》14:1。
④ 参《哥林多后书》13:11。

的情欲以及撒旦魔鬼会常常拦阻我们祷告），我就会拿起自己的《诗篇》，奔向内室寻求神。若是在白天条件许可的情况下，我便会到教会与肢体们一同聚会，那时我会向自己不断地重复"十诫"、《使徒信经》。如果有时间的话，我还会诵读一些基督在经上所说的话，以及保罗书信或《诗篇》中的经文。在这些方面我所做的几乎和小孩子别无二致。

将祷告作为早起后要做的第一件事，以及睡前的最后一件事，这样的操练是极其有益的。我们要非常谨慎，不要落入这样一种自欺的意念中："稍等一下，让我先把这件或那件事处理好，一个小时之后我就来祷告。"这样的意念将会让你远离祷告，被一些其他的事务所缠累，你的注意力也会被它们所占据，最终令你的祷告毫无功效。

没错，有时候我们确实会遇到一些事情同祷告一样重要，甚至比祷告更重要，尤其对于我们那些当尽的本分而言，更是如此。哲罗姆曾说过一句话，大意是主的义仆所有的工作都是祷告，[1]并且我们也常听到智慧的话语说，"那些在服侍上向主忠心的人，他们祷告的功效必加倍。"[2]这话是可信服的，因为敬虔的肢体在服侍的同时，他心中存着对神的敬畏和尊崇，神的十诫也谨记在他心中，因此他们绝不会用不义的手段来伤害他的邻舍，也不会偷窃那属于邻舍的财物，或者利用或侵占属于他的东西。这样的意念和向神的信心，无疑让一个人的行动成为他对神的祷告和赞美。

与之相比，我们看到那些不信之人所行的，无疑是对神的一种羞辱和咒诅，那些怀着不信的恶心行事的人，他们的所行的确是双倍的咒诅！因为在他们败坏行为的背后,还有那不信的恶心，即在行恶的同时，他们对神也充满了轻视，破坏着他的十诫，并且对邻舍也心存不义，算计着如何去偷窃或占用那属于他的。这样的所思所想是何等的令人神共 126

---

[1]　这可能出自哲罗姆的《〈马太福音〉注释》第四卷中谈及《马太福音》25∶11 的地方。

[2]　参 Ernst Thiele, *Luthers Sprichwörtersammlung* (Weimar,1900), 51。

愤，这样的意念以及这意念所结的果子，实在成为那不信者双重的咒诅。他们必因此承受神的愤怒，并且他们也将因此在神里面一无所有、一无所是。对于恒切地祷告，基督在《路加福音》11 章中称其为"不住地祷告"，①这是因为所有人都应该时刻意识到自己在神面前的罪行与不配。然而对于那些不敬畏神、不遵行他诫命的人来说，他们是不可能有这种认识的。这一切正如《诗篇》所言："惟喜爱耶和华的律法，昼夜思想，这人便为有福。"②

　　然而，我们也需要谨慎，恐怕自己渐渐远离了那真正的祷告，将那些原本不是必需的事情当成是必需的，久而久之便在祷告上开始懒散懈怠。要知道那伺机攻击我们的魔鬼从未打盹或掉以轻心，并且我们的肉体常常也在罪性上发动，倾向于拦阻我们向神祷告。

　　如果你的心因着默想③而感动，你就要立刻跪下或是双手紧握，肃立在神面前，举目望天，用尽可能简单的话对自己这样说："亲爱的神，我的天父，我是一个可怜不配的罪人，连在祷告中向你仰望举手都不配。然而你却命令我们所有人都要向你祷告，应许要垂听我们一切的祈求，甚至借着你亲爱的儿子，我们的主耶稣基督，教导我们该祷告什么以及如何祷告，因此我要顺服地来到你面前，依靠你丰盛的恩典，奉我主耶稣基督的名与地上的众圣徒一起祷告，所求告的正如你教导我们的：'我们在天上的父……'④"接下来你便逐字逐句地将主祷文祷告出来。

　　之后你可以按照自己的感动重复主祷文中的某一句或某一段。比如你可以重复主祷文的第一个祈求："愿人都尊你的名为圣。"接着祷告说："是的，主，亲爱的天父，愿你在我们之中并在全地之上荣耀你的名。土耳其人、教皇、假教师和其党徒一切的败坏、偶像崇拜和异

---

① 《帖撒罗尼迦前书》5:17；参《路加福音》11:8 - 13。

② 参《诗篇》1:1,2。

③ *Durch solch mündlich gesprech.*

④ 《马太福音》6:9。

端之说都要被你拔除毁灭，因为他们妄称你的名，①做了那可羞耻的恶事。他们自诩是在将你的话和教会的律例教导众人，但事实上，他们口所出的都是魔鬼的谎言和欺骗的诡计，让你的名因此大遭亵渎。他们借着你的名遮掩自己的恶行，诱惑了世上许多可怜的灵魂。很多义人因此受到逼迫、残害和杀戮，然而他们却以此作为对你的服侍。亲爱的主啊，求你转化人心，拦阻这恶行。转化那一切仍然可以被你所转化的人，好让他们与我们，我们与他们一起来敬拜、尊崇你的圣名。与此同时，求你拦阻那些不愿被你转化之人的恶行，捆绑他们不能再滥用你的名去诱惑那许多可怜的灵魂，保守你的圣名不被这些人所羞辱、亵渎。阿们。"……②

你应意识到我并不是让你在祷告中去复述这些话，那样做最终不过就像照本宣科一般读过了事，正如很多平信徒和神父、修士读惯了玫瑰经和祈祷书一样。我要做的是教导并激发你的心，让你看到使用主祷文祷告时当存怎样的心思。当你预备好自己的心，愿意来到主面前祷告时，你便可以将主祷文的思想用自己的话说出来，并没有篇幅的限定。我自己也不用某种固定的话语来祷告，我祷告的话语因着自己每天的感动而有不同的侧重。然而在祷告中，我会倾注全力地思考某段主的话语，有时我甚至会流连于对主祷文中某一个祈求的丰富联想中，而忽略了其他六个祈求。在我看来，当我们进入到对某一个祈求极美的思想时，我们可以放下其他的祈求，好让这样的思想能够充分地展开，不要去打断它，安静地聆听圣灵在其中对我们的教导，因为圣灵对我们的一句教导，要强于我们千万句的祷告。我在祷告中所学到的，正是因此远远地超过自己读书和思考的所得。

可见，对于祷告，最重要的就是要让我们的心胜过种种辖制，专

---

① 参《出埃及记》20:7。
② 此处删去了路德关于主祷文中其他祈求的教导。

注地投入在其中。传道人也提醒我们说："你在神面前不可冒失开口，免得你试探了神。"①在祷告中一个人嘴上振振有词而内心却如脱缰之马，不被主所约束，这不是试探神又是什么？然而这正是那些神父所做 128 的，他们会在祷告时这样说："'神啊，求你快快搭救我。'小子，快把马套好。'耶和华啊，求你速速帮助我。'②使女，快去挤牛奶。'荣耀归与圣父、圣子、圣灵。'③动作快点，小子，你这个遭天谴的！"以前在我仍处于教皇的辖制之下时，我听到过很多类似的祷告，并且几乎所有教皇党徒的祷告都是如此，他们正是这样在祷告中轻蔑神的。如果这些跟从教皇的人既不愿也不会向神祷告，他们还不如去嬉戏游玩。曾经我也常常按着教规每天七次祷告（canonical hours），然而若不是背到祷告结束时的《诗篇》或祷告的时刻名，我常常不知道自己是刚刚开始祷告，还是已经完成了三四次祷告。

尽管不是所有的天主教神职人员都像我之前提到的那个神父那样，把祷告和世俗事务混在一起，然而他们在祷告中不约束自己的思想却是事实，而是任其四处游荡，因此常常在祷告之后，他们都不确定自己到底说了些什么。通常他们在说过拉丁文"赞美神"这样的开场白之后，就立刻心不在焉了。我认为他们这些自欺欺人的把戏，充其量就是将自己那些毫无情感、杂乱无章的想法堆砌在祷告中。现在我看出，在祷告中只是说赞美主，而最终连自己说了什么都忘记的人，是绝不会作出什么合神心意的祷告的。与其相比，那些按着合宜之分祷告的人，他们必然会将祷告中自己所思和所说的一切记得清清楚楚。

对于一个手艺精湛、小心谨慎的理发师而言，也是如此。他必须集中自己的注意力，让自己的所思所想和视线所及都关注在剃刀和头发上，并且他也一定不会忘记自己用刀剃过的部位。如果他执意与人闲聊，并

---

① 参《传道书》5∶2。
② 《诗篇》70∶1，原文引用的是拉丁文。
③ 原文引用的是拉丁文。

在工作时任随自己的思想抛锚、眼睛乱看，他便很有可能划伤他人的嘴巴和鼻子，甚至有可能一刀割中咽喉，取人性命。无论什么事，要想把它做好，无疑都需要我们全身心的投入，正如谚语所说："眼睛盯着太多事的人，无法洞察细节。"又有话说："无法专注的人就不会思考，他也必将一事无成。"可见合神心意的祷告是多么需要我们专心致志、倾力关注啊！

我通常都会如此使用主祷文来祷告。直到今日，我仍然如同婴孩吮吸母乳一般从中得着滋养，我天天以它为我生命的饮食，从未有过厌烦，在我看来这是最好的祷告，甚至超过了《诗篇》——当然后者也是我极喜爱的。主祷文显然是神的杰作，然而这杰作每天却在全地上被许多人有口无心地反复诵念，这是何等令人惋惜的事啊！很多人每年都会几千次地重复主祷文，然而这样的祷告即使再继续一千年，那些有口无心的人也不会真正经历到这祷告中的一点一画。①可见主祷文（与主的名和主的话语一样）已经成为全世界最为悲壮的殉道士，因为几乎所有人都在扭曲它原初的美意，很难借着正确的使用，从中得到真正的安慰和喜乐。

在祷告完主祷文之后，如果我还有时间，我会用类似的方式来逐次思想神的十诫，直到自己完全预备好心志向主祷告。对于神的每一条诫命，我都会从四方面来思想它。在我看来，这四方面联系在一起，如同四条主线编成的花环一般，其中的第一条主线，是关于诫命所教导的内容，它让我来思想我们的主借着这条诫命对我有怎样严肃的命令和吩咐。第二条主线，是我对这条诫命的感恩。第三条主线，是我为此的认罪。最后的主线，是我因着诫命向主的求告。如下，我会按着这样的方式来思想和祷告：

主说，"我是耶和华你的神"，"除了我以外，你不可有别的神。"②

---

① 参《马太福音》5:18。
② 《出埃及记》20:2,3。

对于这诫命我会首先思想神在其中对我有怎样的教导和命令：神定意要成为我的神，因此无论环境如何，他都要我向他有坚定的信心，这是他向我的心意所在，我也要将自己永远的福分仰望交托在他的手上。除他以外再没有任何其他的事物值得我去依靠仰赖，不管它是什么美物、尊荣、智慧、能力或是任何的受造物。第二，我要因着主深不可测的怜悯献上感恩。我这失落在罪中的受造物，没有半点美德和功劳，然而他竟愿如慈父一般恩待我，心甘乐意地亲近我，成为我的神，完全地接纳我，在我所有的患难中做我的安慰者、避难所、帮助和力量。他如此恩待我，并不记念我的恶。要不是他借着向我们说话的方式，用人的语言明确地告诉我，他要做我的神，我这可悲、瞎眼、必死的人将必然去跟随各式各样的假神。主这样的大恩岂是我能说尽的吗？第三，我要因自己的罪和对神恩典的轻忽而认罪痛悔，因为神如此美好的教导和他所赐下的至宝，竟常常遭到我的轻视和侮辱，我心中那无数的偶像已经大大地激动了他的愤怒。我要为此悔改，祈求神的赦罪。最后，我要向神求告说："噢，我的主，我的神，求你以你的恩典来帮助我，让我每天都能对你的诫命有更深的认识，也让我能够以更加敬虔的心时刻按照你的话语来行。求你察验我心，不要让我再轻忽你的作为，免得失去了对你感恩的心，并去依靠别神或世上其他的帮助，而不去单单依靠你这位独一的真神。阿们。我亲爱的主，亲爱的天父。阿们。"……①

以上便是我如何应用神的十诫进行祷告的例子。我将每条诫命分作四个方面，即将其看作一部关于教义的书，一部赞美诗，一部认罪书以及一部祈祷书。当我们使用神的十诫来如此祷告时，我们当思路清晰、内心火热地来到神面前，同时我们也要注意，不必将它们全部都放在一次祷告之中，免得我们的心力无法支撑而陷于疲惫。合神心意的祷告并非一定要长篇大论，那带着火热之心常常来到主面前的祷告，必然是讨主

---

① 　此处删去了路德关于如何使用其他九条诫命祷告的教导。

喜悦的。如果在神的诫命中你能找到一部分（哪怕很短），是可以鼓励你的心向神仰望寻求的，这便足够。圣灵必然能成就这样的工作，这也是他乐意赐给我们的恩典，特别是当我们的心能够从各种自己的思虑烦扰中脱离出来，真正降服在主话语之下时，圣灵便会赐给我们更深的看见。

在这里我就不再对《使徒信经》和其他的经文作讲解了，因为若是一一分享的话，也许我永远都无法结束这封信。所有按此方式操练祷告的人，可以每天轮流使用"十诫"、《诗篇》或是圣经中的某章经文，愿这样的燧石能够点燃你向主祷告的热火。①

安东尼·劳特巴赫记录的桌边谈话② 1539 年 6 月

路德也谈了一些神对人的拣选有所不同的原因。为什么神会拣选此人而非别人呢？

"之所以会出现这种差异是由于人造成的，而非出于神的旨意。"路德回答道，"因为神的应许是赐给世人的，他愿意人人都得救。"③因此若有人没有蒙拣选，这并不是我们神的错。他已赐下了救恩，然而如果我们不愿去相信，这便是我们的错了。"

约翰·马泰修斯（John Mathesius）记录的桌边谈话④
1540 年 6 月

路德说："我曾很长一段时间陷于对预定论的不解和苦恼中，不知道神到底向我有着怎样的旨意，然而现在我已经将这些忧虑抛至一旁，而去专心致志地看重那些神已经向我启示出的心意。除此之外，神并没 131 有让我们去揣测他其他的旨意。那些神向我们隐藏起来的旨意是我们

---

① 在此公开信之后的版本中，路德又加上了一段关于如何使用《使徒信经》祷告的内容。
② 原文由德文和拉丁文混合写成；见 *WA*,*TR*,IV,No. 4665。
③ 参《提摩太前书》2:4。
④ 原文由德文和拉丁文混合写成；见 *WA*,*TR*,IV,No. 5070。

无法明白的，神这样做的目的，显然是为了要败坏魔鬼的诡计，因为魔鬼知道如何洞悉人的意图，然而神却可以将自己的旨意完全隐藏起来，是任何受造物所无法看明的。借着基督的人性，我们能够对父神有足够的认识，然而我们却是如此骄傲，时常轻看神在基督里已向我们启示的话语和神的心意，与此同时，却对我们本应崇敬的那些神所隐藏起来的事情充满了好奇。正因如此，才会有那么多人在这些事情上殚精竭虑。"

卡斯帕·海登赖希记录的桌边谈话①　　1542 年 2 月 18 日

关于预定论的种种揣测，由于享乐主义者的言论，现在已经传遍了四方。这些人说："我并不知道自己是否被神预定要蒙受他的救恩。因此，如果我是被他所拣选进入永生的，那么无论我今生做什么，将来也一定能够进入永生。然而，如果我不是神所拣选的，那么我无论做什么，都要承受永死的咒诅。"这样的观点尽管是正确的，然而，基督的死和他所设立的圣餐礼，却很有可能因此被看作虚无，因为人们很可能通过这种观点得到结论认为，要么神非常愚蠢，竟然差遣自己的儿子到这世上来；要么我们必然是癫狂的。我们的始祖正是因为这样的臆测而被撒旦的谎言所蒙骗，当撒旦对亚当、夏娃说"你们便能如神"②时，他们原本可以宣告说，自己唯有靠着神的旨意才能得蒙救赎，以此来胜过撒旦的诱惑，然而他们最终却没有这么做。

对于那些人，我的回答是：难道你们可以升到天上去弄清楚这些问题吗？你真的有能力考察明白这些事情吗？如果神的心意是要让我们对于他的救恩充满怀疑与不解，那么他向我们赐下自己的儿子、圣经和众先知的行为就是极其愚蠢的，只有魔鬼才会努力做工，让我们对救恩心

---

① 原文由德文和拉丁文混合写成；见 *WA, TR*, V, No. 5658 a。在另外的版本中这篇桌边谈话标题为："马丁·路德博士关于预定论的认识，由他口中的话记录而成。1542 年 2 月 18 日。"
② 《创世记》3:5。

存疑虑和不信。那些怀揣"如果我是主所拯救的，那么我无论做什么，他都会赐我救恩"想法的人，要么会对救恩大加轻视，要么就是对救恩不抱任何希望。事实上，对于那些神并未清楚言明的事，我们都不应去随意揣测其中神所隐藏的奥秘，也不应自以为是地假想神实际上没有成全他向我们所应许之事的能力。神是信实的，他借着圣经已经赐给我们足够的确据，好让我们对他大有盼望。如果不是这样，所有的圣经和圣礼对我们而言都毫无意义了，我们也将像土耳其人一样宣告说："让我随意而为吧，因为明天我就要死了。"这样的思想只能带来对神的轻蔑或绝望。我也曾一度陷于这种观念的辖制中，然而施陶比茨①让我因真理得着了自由，要是没有他的帮助，此时我可能早被地狱的烈焰所吞灭了。

132

　　然而对我们而言，救恩的确据却是一个不可或缺的真理。认识神与对神绝望之间，绝对是有区别的，我们必须一方面看到神赐给我们的启示，与此同时，在另一方面，看到神的有些旨意是向我们隐藏的。对于后者，我们一无所知，然而我要因此宣告说，那些超越我们理解的事物，绝不应成为我们信仰的拦阻和搅扰，只有撒旦才会利用这些无法被测透的奥秘来激动我们。离开了神的话，没有人能知道自己是否被神所预定拣选的，可我们的理性偏要如此来寻求神，这必然是徒劳无益的。就算我们绞尽脑汁，我们也不能靠自己获得这样的确据。摩西曾被主所责备，因为他向主要求说："主啊，求你让我得见你的面。"②然而主却回答说："你只得见我的背！"③神禁止我们去探寻那些他向我们隐藏起来的旨意。正如基督所言："除了子没有人知道神或父。"④可见离开了

---

① 当路德在维滕贝格奥古斯丁修道院时，约翰·施陶比茨作为院长曾给予他很多属灵方面的教导，帮助他胜过了许多人生的险阻。

② 参《出埃及记》33:18。

③ 参《出埃及记》33:23。

④ 参《马太福音》11:27。

神的道，就不会有信心和知识，在这些方面，神是向我们隐藏的。当年使徒们询问基督何时才会复兴以色列国，他们得到的也是同样的答案，基督对他们说："这不是你们可以知道的。"①在这些方面神超越我们的知识，向我们显明他是那位不能被测透的神。

主正是如此向我们宣告说："我所在的隐秘处是你无法涉足的，你如果试探我必会令你堕入深渊之中，正如经上说：'那探寻神奇异伟大之事的必被石头碾碎。'②因此神说，那些我向你隐藏的奥秘之事，你当远离，不要染指。那属血肉的智慧是无力触及这奥秘的，并且我的心意就是要将这些启示封起来。对于你是否被拣选，我会用其他的方式向你启示，借此那隐藏的神将向你显现。我儿子的道成肉身正是要成就这样的启示，我也会赐下一位保惠师让你能够确信自己是否真的蒙受了救恩。因此你要照我所说的去做：放下你各种人意的揣测，这些都并非出于神的话语，你要将这些思虑、搅扰从你的心中完全拔除，让它们与魔鬼一同堕入地狱。'这是我的爱子，你们要听他。'③你们要仰望基督的死，他的十架和他为罪所受的刑罚，仰望那圣母怀中的婴孩和那被钉于十架的人子。对于他的应许和他所成就的大工，你应大有信心。主耶稣说：'若不借着我，没有人能到父那里去。'④并且对腓力他如此说：'人看见了我，就是看见了父。'⑤只有在耶稣里你才能得着我，并且看到我。"

任何人只要接受了圣子，因他的名受洗并真心相信他的话，这人就必将蒙恩得救。对于救恩的确据，我里面的人的意思更愿去选择其他的方式，但神却定意要如此行。从一开始他就让我们面对那道成肉身的圣子和我们生命中那彻底败坏的原罪。如果你想从对救恩的绝望和对神的

133

仇恨中走出来，唯有打消自己对神的一切揣测。除了相信神所启示的真理以外，我们再没有其他的方法可以获得救恩的确据，那些不按此行的人注定一生要活在各种怀疑之中。神降世来到我们中间，并不是要让我们对他的预定充满疑虑，或是让我们去轻看圣礼。他设立这圣礼就是让你更加确信他的救恩，并且让我们对神的一切臆断得以完全击碎。对神所明确启示出的心意持怀疑的人，无论他是谁，都必将归于消亡，因为神的救恩与人的怀疑是水火不容的。

你还要让神为你做什么呢？他将自己启示给你，让你不光可以在思想中触摸、仰望他，也让你能亲身经历到他。正如基督所说："人看见了我，就是看见了父。"基督会领你认识那隐藏的神，那曾经躺卧在马槽的圣婴是我们不可或缺的至宝。你如果真心爱他，完全信靠他，你就会确定无疑地看到自己是他所预定要拣选的。然而我们要特别小心魔鬼的诡计，他就是要在那些我们原本最为确定的事上动摇我们，让神借着圣子向我们的启示变得模糊，从而要让我们怀疑神对我们的预定和拣选。

曾有一位在信仰上饱受魔鬼搅扰的姊妹找到我，对我说："我实在无法确定自己是否为神所预定拣选的。"

我对她说："亲爱的姊妹，你已经接受了洗礼。你是否相信那所传于你的神的圣言？你是否接受这真理呢？"

"是的，"她回答道，"神的话语是真理，这我从未怀疑过，然而我却无法真正信靠他。"

我对她说："信靠神就是要将这些话视作真理，不存丝毫怀疑。神已经向你启示了自己，若你如此相信，你便是他选民中的一员。你要信心坚定地持守这一点，并且你要知道，你如果真的接受了那位借着道成肉身向你启示的神，那么，那位隐藏的神也要同时向你显现。'人看见了我，就是看见了父。' 因此你当全心投靠这位向我们显明的神，不要容许任何事物将你与那位曾降生马槽的耶稣隔绝。紧紧地依靠他，你便不会在恩典中失落。天父喜悦你来到他面前，圣子愿意拯救你脱离罪和死的辖制，神正是借着这位和平、仁爱的人子，拯救我们脱离许多的危险试探，离开他，我们就失去了那确定的盼望和对神预定的把握。那些心存恐惧疑惑的人，不会接受这样的救法，那些心地刚硬的人，对耶稣的道成肉身充满了鄙夷和轻视。然而基督说：'你们不要大家议论。若不是差我来的父吸引人，就没有能到我这里来的。'①《便西拉智训》中也说：'不要做力所不能及的事，也不要探究超过你能力的事。'②因此，照着我从一开始向你所说的去行，接受那道成肉身的圣子吧！"

当年我也曾遭遇过魔鬼类似的搅扰，然而施陶比茨正是用这样的话语让我得着了安慰，他对我说："为什么你要陷在自己的这些疑虑中呢？接受基督为你所受的鞭伤吧，你要思想那从他至圣的身体中为我们流出的赦罪宝血。他为我而死，为你而死，为世人中间所有属他的人而死。他说：'我的羊听我的声音。'③"

众教父的教导为我们作了那美好的见证，在他们的著作中，我们看到有一个叫尼欧菲尔的年轻人升到天上，并且一只脚都踏进了天堂，可是正当他要踏进另一只脚的时候，他却一头栽入了地狱。因此那些不认识基督却想双脚踏入天堂的人，最终的结局就是堕入地狱。我们应该全心接受圣子耶稣，以他为我们的保障，因为父借着子将自己彰显出来，并且有子才有父，这是我们得救的唯一道路，依靠其他的方法无异于自寻死路。从此我们看到神不能背乎自己。④如果我们真心地投靠他，他会保守我们十分平安，救我们脱离罪和死的辖制，让我们永不失脚。而我们那些关于神是否预定拯救我们的猜测都是出于魔鬼，当你受其困扰时，你要宣告说："神已收纳我做他儿子，我已经受洗归入了他，我信靠耶稣基督，他是为我而死。离我去吧，魔鬼！"这样你便能胜过这些思

① 《约翰福音》6：43,44。
② 《便西拉智训》3：21。
③ 《约翰福音》10：27。
④ 参《提摩太后书》2：13。

虑的搅扰。

　　曾有这样一位修女，她也常常被魔鬼搅扰，心中对神的救恩充满了不确定。当魔鬼的试探如火箭般[1]临到她时，她除了不断地宣告"我是主的信徒"之外，无话可说。魔鬼非常了解她这句话的意思，实际上她就是在说，"我信靠神的独生爱子，他被钉死在十字架上，然而现在他却复活升天，坐在父的右手边，他顾念我的一切，并常常在父的面前为我代求。离我去吧，你这被咒诅的魔鬼！神借着自己深不可测的作为已在我身上打下了他的印记，这便是我得救的确据。"在这样祷告之后，魔鬼的攻击很快就止息了，而且这位姊妹心中立刻充满了平安和对神的爱。神希望我们能够更加确定他所预定赐给我们的救恩。他赐下自己的独生爱子，成为人的样式，他为我们设立了圣餐，赐下了他的圣言，这一切都是实实在在、不容置疑的。在我们遇到试探时，也要如此来祷告，因为如果我们不以基督为我们唯一的避难所，我们要么就会对自己的救恩彻底绝望，要么便会以神的预定为借口，大行亵渎之事，沦落到那些享乐主义者的地步。这些让人离开主的意念，实在是极其邪恶败坏的。

　　经上所记载以撒的怀疑不应作为反例来看待，这是因为以撒怀疑的对象是人，而非神，当时以撒并不确定自己是否能够得着他人和平的接待。[2]这种对人的怀疑是神所许可的，因为神甚至命令我们不要去投靠那些世上的君王。[3]当我们想去依靠这些人的时候，他们可能会令我们的希望落空。他们可能会给我们帮助，然而在我们看来，这一切都是出于偶然或运气。然而神的帮助绝非如此。我们得了极多的印证，内心深知他是一位永不失信的神，并且他必终结所有人对他的怀疑。借着圣子的道成肉身，并借着他所设立的圣礼，神让我们得着了有形及无形的明证，让我们确知这些都是从神而来。通过外在圣礼的施行，让我们借着

---

①　参《以弗所书》6:16。
②　参《创世记》26 章。——译者注
③　参《诗篇》146:3。

135

肉眼所见得以明了。以这样的外在记号，神向我们彰显了自己，并赐给我们诸般的益处。因此对于人，我们可以说："这人是敌是友我说不清楚。"然而对神却不是如此。神的信实是绝对的，对于信靠他的人，他们的罪必蒙赦免。然而我们的本性却是如此败坏，宁愿将信心建立在人的身上，也不愿将其建立在神的应许上。

亚当便是如此。当初神将他安置于伊甸园，吩咐他说："园中各样树上的果子，你可以随意吃，只是分别善恶树上的果子，你不可吃。"①然而亚当却违背了神的命令。你认为他当时所存的是怎样的动机呢？他必然一心想要知道神吩咐他不要吃那树上果子的命令背后，有何奥秘的旨意，并且亚当以为神必然赋予了那棵树某种超乎寻常的不同之处。可见亚当已经认为可以在脱离神话语的情况下，明白神的心意了。就在此时魔鬼出现了，他催促亚当（和夏娃）说："你们吃的日子便将如神一样，你们的眼睛会因此明亮起来，你们便如神能知万事。"②他们接受了魔鬼这样的诱惑，为了要与神同等，便吃了神禁止他们去吃的果子。神当初对他们说："你们不可吃这树上的果子，也不要妄自揣测我对这树有着怎样的心意。"③对此亚当却说："不，我一定要弄个清楚！"他吃了那果子，当下他就看到了自己所做的一切，也发现自己原是赤身露体的，这便是他眼睛明亮的结果。

我们也在神面前做了同样的事，我们一心要去探知那些神没有吩咐我们去了解的事物。神赐给我们园中各样树上的果子，随我们享用，它们也本当成为我们欢喜承受的福分，然而我们视这一切都不及神所禁止我们去染指的果子，因此神向我们封闭了伊甸园和天家。我们今日除了神向我们所启示的话语以外，对神一无所知。如果你想去了解神那隐藏的旨意，你只有借着他宝贵的独生子才能认识。神必然是向我们隐藏

---

① 《创世记》2:16,17。

② 参《创世记》3:5。

③ 参《创世记》3:3。

的，然而这并不意味着我们要靠自己的能力去认识他，那样做只能让我们徒劳受损。神的心意是让我们信靠他的独生爱子，好让我们因此也一同成为他所悦纳的儿子。对于那接受圣子的人，神的愤怒便向他止息了，所有人都应该为此大有满足和安慰。

致乔治·斯帕拉廷　　1544 年 2 月 12 日

多年来路德一直对经济民生的问题非常关注，并试图从伦理的角度对此加以探讨。早在 1520 年路德就曾写过一篇有关重利盘剥的论文。①1524 年他又写了一篇关于贸易与重利盘剥的论文。②相关的话题屡次在路德的桌边谈话和信件中提及（见第八章）。以下这封信仅针对粮食的合理定价问题，是路德对乔治·斯帕拉廷（1484－1545）信中所提问题的回复。[原文为拉丁文；$WA, Br, X, 532.$]

致主里尊敬的绅士，乔治·斯帕拉廷先生，阿滕贝格与迈森的监督和牧师，我亲爱的弟兄：愿恩惠、平安从主归与你。

我亲爱的斯帕拉廷：

我能肯定之前我曾回答过你关于高利贷的问题，对于这类问题的思考和解答，我向来都比较留心。尽管我每天都有很多繁杂的事务要处理，　137但仍会遇到许多这种问题。

然而，对于你所提出粮食高利贷的问题，在我看来无法通过某种特定的规范而加以解决，因为这个问题随诸多因素的影响而充满了变数。时间、地点、人物、环境以及其他各种情况都有可能对此造成影响，因此这个问题只能诉诸个人的良心。所有在心中受自然律监督的人都要扪心自问：自己向他人所做的一切，是否也愿意他人以同样的方式做在自

---

① 　$WA, VI, 33-60$；英文版见 *Works of Martin Luther*, Philadelphia ed., IV, 37-69。

② 　$WA, VI, 279-322$；英文版见 *Works of Martin Luther*, Philadelphia ed., IV, 7-36。

己身上。基督说，"这就是律法和先知的道理。"①与此同时，平安的良心也意味着看重《箴言》中的教导："屯粮不卖的，民必咒诅他，情愿出卖的，人必为他祝福。"②阿摩司责备贪恋世俗者"卖出用小升斗，收银用大戥子"③，这样贪婪的行为也是我们需要禁戒远离的。然而这里所说的仍然没有涉及你的问题，因为你问的是如何来处理关于正直人的问题，而非贪婪者。对于前者而言，在那些律法无法规范的复杂处境中，需要他们自己来定夺是非。

在主里向你道别。

你的，

马丁·路德

圣思嘉日之后的周二，1544 年

致无名人士　1545 年 8 月 8 日

以下这封信受信人的身份现已无从得知，然而，从信中我们可以明显地看出此人正为有关神永生拣选的问题所困扰。[原文为德文，*WA*，*Br*，XI，165，166.]

我从好友 N 那里得知你常为神永生拣选的问题备感困扰，应他的请求，我写了以下这封短信，希望能够回答你的问题。

首先，你要明确自己目前的这种思虑烦扰存在着严重的问题。因为神禁止我们为永生拣选的问题而挂虑不安，对于那些神定意向我们隐藏的事，我们本应当甘心乐意地顺服神，远离它们就像远离神所命定的禁果。亚当、夏娃和他们的后裔就是因为想要探究那些他们本不应当知道

---

① 《马太福音》7：12。

② 《箴言》11：26。

③ 参《阿摩司书》8：5。

的而遭遇了被败坏的结局。一个人为着永生的问题而思虑烦扰是很大的罪，其性质一点不亚于杀人、偷盗、诅咒他人，并且它与所有其他的罪一样，都是出于魔鬼的作为。

为了帮助我们胜过这样的试探，神赐下了自己的儿子耶稣基督，让我们每日来思想、跟随他。在他里面我们会对神的拯救满有确据和喜乐。我们若是离开基督，便会时刻遭遇危险、死亡和魔鬼的作为，然而在基督里我们却有完全的平安和喜乐。如果我们一直陷于对神永生拣选的困惑不解中，最终我们只会被各样的忧愁所湮没。因此你要远离、逃避这样的忧虑，就像逃避那古蛇在伊甸园中的试探一样，单单定睛于耶稣。

愿神保守你！

马丁·路德博士

1545 年 8 月 8 日

第五章　致灰心失意者的鼓舞

致萨克森选侯腓特烈　　1522 年 2 月 24 日

  在沃尔姆斯会议之后，因为安全的缘故路德被送往瓦尔特堡城堡，在那里翻译德文版的新约圣经。在路德离开维滕贝格期间，他行事莽撞的同工安德鲁·卡尔斯塔特（Carlstadt）与三个来自茨维考邻近乡村自封的先知发起了教会改革，然而他们的做法在持保守态度的路德友人看来却是过分激进，不合时宜的。教会改革导致了社会的动乱，这自然令萨克森的选侯忧心忡忡。见此，路德一面向外公布了自己近期将回到维滕贝格的计划，一面也特别致信选侯，以此来坚固选侯的信心，消除他的恐惧。［原文为德文；*WA*, *Br*, II, 448, 449. ］

  致我仁慈的殿下，腓特烈公爵，萨克森的选侯，在你搜寻新"圣物"的事上，愿父神的恩惠、喜乐归与您！

  我仁慈的殿下：

  我如此向您问安是出于对您发自内心的尊敬。因我知道，多年以来殿下一直在天下各处搜寻圣物，①如今神垂听了殿下的祷告，让您在不

---

① 因为在此之前，萨克森的选侯一直极其热衷于搜集圣物，路德在信中便将维滕贝格近期发生的动乱比作一个新的十字架（是整个的十字架，而非其中的一部分），是选侯必须去承担的。

费任何气力的情况下，就得到了一整副十字架，并且将钉子、长矛与鞭子一同赐与殿下。因此我要再说，在您搜寻圣物的事上，愿父神的恩惠、喜乐归与您！

唯愿殿下不要因此恐惧，而是满有信心地张开双臂，迎接这十字架，让那钉子深深地刺入您的手。您当喜乐，心中感恩，因为这才是那些渴慕神话语之人当有的样式。要知道不光亚那和该亚法会发起疯狂的攻击，犹大也曾进入使徒之列，并且魔鬼也在神的众子之间。所以您当有智慧谨慎的心，不要凭着理性和他人外表的行为轻下判断，也不要失望灰心，魔鬼的计谋远未得逞。

请殿下对我稍抱信心，尽管我很愚昧，然而对于撒旦的诡计我尚知一二。我对他毫无惧怕，因我知道存这样无惧的心必能令其退后失利。目前的一切只是一个开始，任这个世界在沸腾的喧嚷中来作出宣判吧，让那些要经历失败的人绊跌仆倒吧，即使他是圣彼得或使徒式的人物也没关系，因为在三日后，当基督从死里复活之时，他们的信心又会再次被主所复兴。《哥林多后书》6章中的话必然会在我们中间应验："让我们在各样的扰乱上证明自己是神的用人。"①

盼望殿下能够欣然接受这封信。我在繁忙之间，匆匆写成此信，时间已不允许我写得更长。神若许可，我将回来，然而殿下切忌不要代我履行任何责任。

殿下谦卑的仆人，

马丁·路德

致萨克森选侯约翰　　1530年5月20日

帝国的皇帝查理五世于1530年1月21日在奥格斯堡召集了帝国会议，期望"理清对神圣信仰认识的对立与偏差，弥合教会的分

---

① 参《哥林多后书》6:4,5。

裂，消除彼此的仇视，让各方的观点都能得到陈明与聆听，从而使众人能一同认信高举那独一真正的信仰"。①为了准备会议上的发言，萨克森的选侯约翰让维滕贝格的神学家为其准备一份声明，进而陈述萨克森教会所采取的改革立场。选侯的队伍携此声明以及其他的发言材料前往奥格斯堡。路德因为受帝国禁令的限制，只能陪同选侯的队伍到达科堡（Coburg），并在会议期间一直停留在那里，新教神学家由菲利普·梅兰希顿带领继续前往奥格斯堡，并于 5 月 2 日最终到达。此时的选侯约翰肩负着改教运动未来走向的艰巨责任，路德为了坚固选侯的信心，写了以下这封书信。〔原文为德文；*WA*,*Br*,Ⅴ,324 - 328.〕

141　致尊贵的王子约翰，萨克森的公爵，神圣罗马帝国的选侯。图林根的伯爵，迈森的侯爵，我仁慈的殿下：愿恩惠、平安从基督我们的主和救主归与您。阿们。

尊贵的王子，仁慈的殿下：

我耽延了一些时日，没有及时回复殿下从奥格斯堡写给我的第一封信。②感谢仁慈的殿下将那些会议的进展和属灵的劝慰致信与我，想必您是顾念我在此处逗留已久，度日沉闷，希望以此来激励我。殿下原本不必为我如此担忧挂虑，事实上我们才应该常常记念殿下，为您祷告，并且我们也确实在主里忠心地如此行。我在此处并非无所事事，我正与您一样在奋力争战，因此近来这几周在我看来过得是如此之快，仿佛我们才来这里不到三天。③

我知道殿下现在正肩负着沉重的责任，面对着诸多艰难。愿在天上

---

① M. Reu, *The Augsburg Confession* (Chicago,1930), 69 - 72.
② 选侯约翰的这封信是在 5 月 11 日写给路德的（*WA*,*Br*,Ⅴ,310 - 312）。
③ 在这之前，路德已经在科堡停留了四周左右，因此选侯在信中表达了自己不愿看到路德在等候中度日如年的希望。

的我们亲爱的主以他的丰盛恩典来帮助您，使殿下在忍耐中信心得着坚固。此行殿下单单为着主的缘故费财费力，忍受了诸多艰险和枯燥，这是众所周知、显而易见的。因为那些愤怒的王子和福音的仇敌即使无法寻得任何攻击殿下的借口，也要出于自己对神纯洁、柔和、又真又活话语的抵挡，肆意地毁谤殿下，而他们心中深知殿下您是无可指摘、和平、敬虔并向主忠心的。这一点无疑可以视为殿下大蒙神所眷爱的标记，因为他是如此丰盛地将自己的圣言赐与殿下，并看中您配为这圣言承受一切的羞辱和仇视。思想神如此的拣选应成为我们极大的安慰，因为我们与主之间那美好的关系超过这世上的一切。另一方面，我们看到神并不看那些愤恨暴怒的王子配得他的话语。他们定意让自己瞎眼并活在麻木不仁之中，一味地羞辱、逼迫这真道，他们的这种无知与狂妄正是神愤怒、咒诅的标记。这些王子的良心实在应为此大有惊慌，忧伤绝望，因为神的审判最终会临到他们，绝不延迟。

除此以外，那满有怜恤的神还赐下了其他恩典的记号，就是神让他的圣言在殿下所治的境内大有能力和果效。无疑在殿下的领土中，那大有恩赐的牧者和传道人远远超过这世界上任何其他的地方，他们忠心、纯正的教导，保守了此地的平安。这也让您领土中的那些年轻人，无论是男孩、女孩，都在《教理问答》和圣经真理方面大得长进。与过去甚至今天那些在修道院、慈善所、宗教学校的年轻人相比，这些男孩、女孩在对神与基督的祷告、信心和言谈上，都远远超过了前者。[①]每当我看到这样的景象，心中都大有感动。

殿下所治之处实实在在是这些年轻人的乐园，这世上再没有一处能与之相比。神在殿下境内将这乐园兴起，就是要以此为记号，来显明他

---

① 在其1530年的《有关使孩子们留在学校里的讲道》（WA, Br, xxxii, 546, 547；英译本见 Works of Martin Luther, IV, 154）中，路德写道："现在，甚至妇女和孩子都能从德文书籍和讲道中学到很多有关上帝和基督的真理（这千真万确），多于过去所有大学、培训中心、修道院、教皇一党以及整个世界所知道的。"

对您的恩典和眷爱，仿佛他要借此向您说："亲爱的约翰公爵，我已将自己最珍视的宝物，即我那极美的乐园，托付与你，你要如父亲一样来管理这园。我将它置于你的保护和治理之下。作为它的修理看护者，你必大得荣耀。"主我们的神已设立殿下成为一国之父，并您国民恩惠的帮助者，这里所有的人民都因着殿下的治理和服侍得以饱食，从殿下的餐桌上得享所需。殿下如此尊崇神的圣言，并看顾神的儿女，让他们成了您每日的座上客和蒙恩者，您所行这一切恩惠，在神看来就仿佛是行在他身上一样。

看哪，其他的王子是如何在他们的暴怒中摧残着那些宝贵的年轻人啊！他们将神的乐园变成了充满魔鬼罪恶、败坏和各种毁灭之事的泥沼，所有美好之事都败落在他们手上，魔鬼是他们每日唯一的座上客。尽管他们有万贯家财，但是在神眼中他们没有丝毫的尊荣，因他们连一杯凉水也不愿给神的选民。①不光如此，当救主被钉在十字架上时，他们更是变本加厉地用醋、没药和苦胆调的酒加增主的苦楚。②然而在他们的境内仍有许多敬虔的信徒藏身在隐秘之处，他们苦苦寻求的正是像殿下治理下的那种乐园和蒙福之地。③

各种不争的事实已显明，神满有祝福的同在是何等丰丰富富地充满在殿下所治理的四境：神大大施恩让他的圣言在殿下的境内得以自由地传扬；殿下为了服侍神的缘故，让国家所有的官员和财富都为主所用；为了尊荣神的圣言，殿下在凡事上都殷勤地奉献，甘心成为那蒙神悦纳的馨香祭物；殿下有着那从神而来的和平的性情，不喜好流血，远离残忍之事，这样的生命是那些恨恶殿下的人所不可能拥有的。因此，殿下有充足的理由去靠神喜乐，一一数算这些神恩典的记号，殿下便可以从中大得安慰。我们能蒙神拣选，被他分别为圣，并被主看为是那合意的

---

① 参《马太福音》10:42。
② 参《马太福音》27:34。
③ 见第七章，1532年10月4日路德写给莱比锡新教徒的信。

器皿，配为他献上自己的生命和财产，土地和人民，以及自己所有的一切来服侍他，从而让神的圣言在这世上不仅不遭遇逼迫，更是因我们得以保守和兴旺，这原是何等大的荣耀和尊贵啊！我们当中有些人也许给殿下带来了问题和难处，尽管如此，殿下为主的服侍和争战仍将大有果效，使神的真道得以保全和持守。

此外，所有的基督徒也都在为殿下切切地代祷，那些您境内的人民更是如此，而且我们深知这样正直的祷告是大有功效的，因此我们相信神必然喜悦并垂听这些祷告。那些年轻人都视您为他们亲爱的父亲，他们以圣洁的呼求向主扬声，将您交托在那满有怜悯之神的保守之中。相比之下，我们的仇敌却不是这样。我们深知他们的动机充满了不义，因此他们无法寻求神的恩典，而为了让自己的目的得逞，他们必然会使用很多不法的手段，这便显明他们所依靠的是自己的诡诈和能力。然而他们的所作所为无疑是建立在沙土之上的。①

愿殿下能够欣然接受这信中所言，因为我所说的是出于诚实，并无任何假冒伪装，这是神知道的。魔鬼此时正在尝试以各样的手段来搅扰殿下，这实在是一件令人苦恼的事情。我非常了解他的诡计，看出他也正一心要将我拖入其中。撒旦本性就是如此充满了苦毒和嫉恨，无法忍受任何人活在喜乐与和平之中，对神旨意的成全更是如此。他深知我们对殿下深深的依赖，因此极不愿看到您的信心在神面前大得坚固。事实上不光我们依赖您，整个世界甚至天国都寄希望于您，因为基督的国度现在差不多大部分都有赖于您所治境内神圣言的传讲，而这是魔鬼所深知并痛恨的。因此我们有义务尽自身一切所能，忠心地以祷告、辅助、爱心，以及一切可能的方式来支持殿下。因我们确信殿下若喜悦，我们就大有活力；殿下若忧伤，我们便会陷于失落。

那满有怜悯的父神已经丰丰富富地借着启示将耶稣基督赐给了我

---

① 参《马太福音》7:26。

144　们，他是我们亲爱的主和信实的救主。愿他将他的圣灵，就是那位真实永在的安慰者，大大地赏赐给殿下，超过我一切所求所想。让殿下靠着他的作为得蒙坚固、保守，胜过那恶者魔鬼一切的诡计、毒害和无数的火箭。①阿们，亲爱的主求你垂听，阿们。

殿下顺服的仆人，

马丁·路德

1530 年 5 月 20 日

　　阿佩尔博士②也请我此时就他离任并前往普鲁士一事征求殿下的同意。很久以前他就有意向殿下提及此事，然而因为殿下始终忙于其他事务，他便怯于烦扰我仁慈的殿下。关于此事我相信阿佩尔博士将会更为详细地向殿下陈明，深信您到时必能以恩慈之心来处理此事。在此我将殿下交托在神的保守之中。

写给儿子约翰·路德的信　　1530 年 6 月 19 日

　　约翰·路德（或汉斯·路德）是改教家的长子，他刚刚度过了自己四岁的生日。在此之前他已经开始在家中接受教育，他的家庭教师耶罗梅·维勒将他学业进步的消息写信告诉了路德（当时路德正在科堡）。以下这封充满稚趣的书信，正是路德为了激励汉斯更加勤奋、敬虔爱主所写的，我们从这封信中也会发现，路德使用了孩子的语言来与他们交流。更令我们感到惊讶的是，这封轻松诙谐的信，竟是路德在焦急地等待奥格斯堡会议的结果时写成的。［原文为德文；*WA*，*Br*，V，379，380.］

---

① 参《以弗所书》6:16。
② 约翰·阿佩尔（John Apel）曾是选侯约翰和路德之间的信差。在路德的推荐下，普鲁士公爵阿尔贝特向他发出邀请，希望他能成为自己的大臣。阿佩尔有意前往，然而鉴于五个月前，选侯约翰已提拔他作为自己的近臣，他因此难以向选侯约翰提及此事。

写给我亲爱的儿子，维滕贝格的汉斯·路德：愿恩惠、平安从基督归与你。

我亲爱的儿子：

听到你在学习上很有进步，也愿常常祷告的消息，我心中非常高兴。我的儿子，你要继续努力，你要是做得好，我就会从集市上给你买一件礼物，回家的时候送给你。

爸爸听说有一座极其美丽的花园，那里有很多穿着金色长袍的小孩子。他们常会从树上采下许多又漂亮又好吃的苹果、梨、樱桃和杏子，并在一起开心地唱歌、跳舞。此外他们还有非常漂亮的小马驹，马驹都配着金色的缰绳和银色的鞍子。我曾问过这花园的主人，这些孩子都是从哪来的。他对我说："他们都是爱祷告、爱学习的好孩子。"之后我又说："亲爱的先生，我也有一个儿子，他的名字叫汉斯·路德，他是否能够进入这美丽的园子，吃到这香甜的苹果和梨，骑在这些漂亮的小马驹上，并和这里所有其他的孩子一起玩耍呢？"那位先生回答我说："如果他愿意祷告、学习，并做一个好孩子，他就能够进这园子，对于利普斯和约斯特也是这样。①他们要是能一起来这里，就会发现这里有很多笛子、鼓、琴和其他的乐器，那时他们就能在一起跳舞，一起用他们的小弓玩射箭的游戏。"说着他便将园中一块美丽的大草坪指给我看，那真是个跳舞的好地方，有很多金色的笛子、鼓，还有漂亮的小银弓就放在草地上。可惜的是，那会儿时间还很早，孩子们都没有吃完早饭，而我已没有时间等着看他们跳舞了。于是，我就对那个人说："亲爱的先生，我需要赶快回去写信给我亲爱的儿子汉斯，叫他专心祷告、学习，做个顺服的好孩子，好让他也能进到这园子里来。他还有一个姑姑叫莱娜，②到时他一定也会把她带来的。""快去，"那人对我说，"把这些事

145

---

① 利普斯是梅兰希顿的儿子，约斯特是约纳斯的儿子，两人都与路德的儿子年龄相当。

② 莱娜是路德妻子的姑姑，有关她的死，见第一章。

都写信告诉他。"

　　因此，亲爱的汉斯你要继续努力，好好学习，常常祷告，并告诉利普斯和约斯特也要如此，这样你们三人就能一起进入那园子了。

　　我将你交在我们亲爱之主的保守之中。问莱娜姑姑安，请代我吻她。

爱你的父亲，

马丁·路德

致菲利普·梅兰希顿　　1530 年 6 月 27 日

　　菲利普·梅兰希顿刚到达奥格斯堡不久，便读到了天主教神学家约翰·埃克（1486－1543）的文章《404 条论纲》（Four Hundred and Four Theses）。当时这部作品正在奥格斯堡出售。这篇长文将路德宗与重洗派以及其他的一些宗派归为同类，并试图证明所有这些新教宗派都是古代异端的死灰复燃，因此都当予以咒诅、谴责。原本身负调停使命的梅兰希顿，因为这篇文章以及之后几周内所遇到的敌意而变得谨小慎微起来。在这种氛围中，参考选侯带至奥格斯堡的文件材料，梅兰希顿致力于起草一份关于新教信仰与生活实践的温和性声明。此时的路德，因为在科堡久未收到任何有关会议进展的消息而大为不满。他察觉到了性格柔弱的梅兰希顿正陷于恐惧与怀疑的攻击之中，因此他便试图通过以下这封信，挖掘梅兰希顿恐慌的根源，盼望借此能让他重新振作起来。[原文为德文；*WA*, *Br*,V,398－400.]

　　致菲利普·梅兰希顿，带有基督记号的蒙爱门徒①：愿恩惠、平安从基督归与你。我再说，这恩惠平安是从基督而非从世界而来的。阿们。

---

① 即名字 *Christophoro* 之意。

　　我亲爱的菲利普：

　　我要再次提到他人为你沉默而提供的理由。①这次信差来得很突然，并且很快就要离开往你那里去。他不打算在这里等候收取那些从维滕贝格顺道寄至纽伦堡的信件，而我还有未尽的话要写给你，只有等到信差下次来的时候才能寄出。

　　我无法容忍你因那些事而有的惴惴不安，它们已经操纵了你的心，然而这却不是出于你使命的艰巨，而是出于你的小信。同样艰巨的使命，约翰·胡斯②以及很多圣徒在他们的时代也曾经历过，并且他们所面对的处境比我们的更加困难。尽管我们也面对着极大的困境，然而掌管、成就这使命的那一位是更大的，并且我们要记得这使命是出于他，而非出于我们。明白这一切的你为何仍旧陷于忧愁软弱中呢？如果我们的使命是虚假的，就让我们当众承认吧。但如果它是真实的，我们又怎能将那位赐下极大应许，又命令我们不要丧胆、专心信靠他的神视作说谎者呢？"你要把你的重担卸给耶和华。"③神如此说。他又说："凡求告耶和华的，他便与他们相近。"④难道神这样的话是对空气所说，或是对野兽所言的吗？

　　有时我也会灰心丧胆，但我并不总是如此。令你忧虑灰心的是你的哲学，而非你的神学，你的朋友约阿希姆⑤似乎也陷在了同样的忧虑之中。难道你对这样的忧虑抱有什么期望吗？魔鬼除了能杀死我们的身体以外，他还有多大的能力呢？⑥是的，他还能怎样呢？你在凡事上都显出争战的勇气，因此我请求你这次向自己开战吧，你的老我才是你最大　147

---

① 6月12日约纳斯在写给路德的信中（见 *WA*, *Br*, V, 355 – 361）暗示，梅兰希顿没有什么消息，很可能是信差没有寄出他的信件所致。
② 关于约翰·胡斯，见 Matthew Spinka, ed., *Advocates of Reform from Wyclif to Erasmus*（Philadelphia, 1953），收于 The Library of Christian Classics。
③ 《诗篇》55:22。
④ 《诗篇》145:18。
⑤ 约阿希姆·卡梅拉留斯（Joachim Camerarius）。
⑥ 原文中这句话是德文。

的仇敌。基督曾为我们的罪而死，他不会再为真理和公义赴死，而是要活着作王，直到永远。如果你相信这是事实，并且相信基督真的已经作王，为什么你还会如此惧怕真理？也许你担心神的愤怒将毁灭一切，然而即便我们当被主毁灭，我们也不要去阻挡真理。就算我们丧命，我们在天上的父也必然会眷顾我们的儿女，作他们的父。

我为你切切地祷告，然而令我心痛的是，你竟像蚂蟥吸血一般无止境地吮吸着各种忧虑，这令我的祷告全都归于徒然。基督知道这些忧虑到底是出于人的愚蠢，还是出于他的圣灵。在我看来，我实在并不担忧我们的使命能否达成，事实上对此我是大有盼望。能够让人从死里复活的神，也必然能保守他旨意的成就，即使我们的处境极其不利，甚至我们遭遇完全的失败，神依然能够重新复兴他的工作，让自己的心意最终成全。若我们被主看为是无用的器皿，不配去成就他的旨意，那么他必然能找到那些合他心意的人。若连我们都不能从主的应许中让信心得以坚固，那这世上还有什么人能够承受这应许？事实上若是那样，主必会兴起更多的人来为他大发热心，可见我现在所写的这些劝勉之言，相比主的工作而言不及万分之一。

你需要明白，昨天我已经将你在皇帝到来①之前和之后的两封信都转送往维滕贝格了。家乡的人也为你的沉默而担忧，这一切你都可以从波美拉尼亚人②的信中看明，这些人没有从你那里得到任何消息的原因，并不像约纳斯所说的那样是信差的问题，而是你的问题，所以你要为这一切负责。

愿基督借着他的圣灵安慰你们所有的人，并且在那当行的事上坚固并教导你们。阿们。如果有一天我看到你们已陷入到艰难的处境之中，或是所肩负的使命正面临失败的威胁，我会毫不犹豫地赶往奥格斯堡，

① 皇帝是 6 月 15 日到达奥格斯堡的。
② 波美拉尼亚人约翰·布根哈根（John Bugenhagen）。

好见识一下什么是圣经所说的撒旦那"四围可畏的牙齿"。①我会很快再给你写一封信，请代我向所有的朋友问安。

你的，

马丁·路德

圣约翰日之后的周一，1530 年

致菲利普·梅兰希顿　　1530 年 6 月 29 日

菲利普·梅兰希顿一直以来致力于撰写的《奥格斯堡信条》，最终在 1530 年 6 月 25 日的奥格斯堡会议上得到正式宣读。在写此信之前路德也收到了一份该信条的副本，其内容与所宣读的信条内容完全一致。从总体上而言，路德对这个信条颇为满意，然而与此同时，他也非常担心梅兰希顿进一步妥协的可能，因此在这封信中，路德希望尽量去澄清自己的友人对梅兰希顿的误解和猜忌，并表达了他对梅兰希顿立场的认同和支持。[原文为拉丁文；$WA,Br,$ V,405 - 408.]

愿恩惠、平安从基督归与你。

我亲爱的菲利普：

我已经读过你对自己沉默的有力辩护。②与此同时我也给你寄出了两封信，以此向你解释我当初沉默的原因，尤其是第二封信更是为此而写。我们的税官③向选侯所派出的信差正带着这封信。今天才收到你最近的来信，其中写到近期事情的发展和你的辩解，这一切让我看到了你的劳苦、危难和眼泪，后悔自己当初的沉默令你徒然地忧上加忧，④而

---

① 参《约伯记》41:14。
② 是指 1530 年 6 月 25 日梅兰希顿写给路德的信，见 $WA,Br,$V,386 -388。
③ 很可能是维滕贝格的瓦伦丁·福斯特（Valentine Förster）。
④ 参《腓立比书》2:27。

我那时对此却浑然不觉，在安逸中对你的忧愁一无所知。我真是巴不得自己当初对你也能那样流泪地思念和关心。① 我敢向你发誓，如果你之前关于汇报皇帝到来的那些信② 没有在那天晚上送达给我的话，我已下定决心第二天自己请一名信差到你那里去，好让自己不再为你的生死而挂虑难安。法伊特先生③ 可以为我作证。那些报道皇帝到达的几封信件是之后一段时间差不多同时收到的，而在这之前我以为自己已经收到了你全部的来信。④ 也许这些误会都是出于阿忒⑤ 或其他的魔鬼的所为，他们必将为此遭受神公义的刑罚。

149　　我已经看到了你的护教文。⑥ 你询问我能在哪些方面向天主教作出让步，以及如何让步。我不太清楚在问我的同时，你自己对此问题作何见解。因为此事关乎选侯，而若要问他可以在哪些可能危及他的方面作出让步，你必然会得到完全不同的回答。然而就我个人而言，这份信条所作出的让步已经有些过了。如果对方仍要反对，我认为到时我们已没有任何让步的空间。除非他们反驳的论证能够让我从理性和圣经中认识到那些我现在尚未认识到的真理。我每日每夜都在思考着这些真理，并从整本圣经反复地考量、权衡。我们所教导的一切都是出于真理，对于这一点我越来越确信无疑。⑦ 因此我也越来越心意坚定：如果这一切是合神心意的，我将绝不会再作出任何让步，无论结果如何。

　　按照你的请求，我曾给王子⑧ 写过一封信，然而事后我又销毁了此信，因为我担心此信会令王子生出过多的思虑，并最终让他形成一些我

---

① 梅兰希顿在6月25日写给路德的信中以及其他的地方，曾多次提到自己的眼泪。

② 6月13日梅兰希顿写给路德的信，以及6月12日和13日约纳斯写给路德的信，见 *WA*,*Br*,*V*,355 – 366。

③ 法伊特·迪特里希（Veit Dietrich）当时与路德同在科堡。

④ 尤斯图斯·约纳斯从在6月13日写给路德的信中猜测说，可能有一些奥格斯堡的来信佚失在途中了。

⑤ 阿忒（Ate）是古代希腊神话或希腊悲剧的一个复仇精灵。

⑥ 即奥格斯堡信条，请注意，它与之后的《奥格斯堡信条》辩护文是不同的两份文件。

⑦ "确信无疑"在原文中与路德用的一个希腊文名词 *plerophoria* 相对应。

⑧ 即萨克森选侯之子，约翰·腓特烈。

日后不希望听到的说辞。

　　我一切都好，之前搅扰我的邪灵①似乎已经因着你和其他弟兄的祷告而被击退了。然而，我怀疑可能又有一个魔鬼取代了前者的位置，来影响我身体的健康。事实上，我宁愿这种攻击身体的邪灵来搅扰我，也不愿被那些搅扰灵魂的邪灵所试探。并且我深信，那位在我里面胜过了谎言之父的神，也一样能胜过这个残害我身体的凶手。②我清楚地知道，魔鬼已定意要杀我，并且在吞下我之前是绝不会罢手的。但就算他的诡计得逞，他将会发现自己所吞下的是一剂猛药，神若许可，他必能借此让魔鬼肠崩腹裂。③我如此受死又有何妨呢？有谁能让基督的荣耀受损呢？我们若想去博取这世上的尊荣，无疑借着否认基督、羞辱他的名，我们就能走上那成功的坦途。"必须经历许多艰难"④不是简简单单的一句话，而是千真万确的事实，因此我们要顺服在这样的真理之下。然而我们可以放心，那位在信徒的患难中仍然掌管一切的神，是与我们同在的。⑤

　　你信中说你要遵循我的意见和权威来推动这使命，这样的说法令我不悦，因为我从未有意成为这使命的发起者。即使有人能够对此作出恰当的诠释，我也不喜欢被冠以这样的称谓。如果你没有将这个使命看成是你自己的，我也不愿意称它为我的使命，那样说好像是有人硬要将这使命强加于你一样。如果是我个人承担某项使命，我绝不会让别人来替我申辩。

　　我以为你通过约纳斯博士的信差所寄的信是你的全部来信。之前除了那些你报道皇帝到达情况的信件之外，你最近发出的信件我们都没有

150

---

① 参《哥林多后书》12:7。
② 参《约翰福音》8:44。
③ 原文中与词句相连的前后两句话都是用德文写成的。
④ 《使徒行传》14:22。
⑤ 参《哥林多后书》10:13。

收到，因此你可以知道我收到了那些含有维也纳风景画①的信。然而从约纳斯的信差到达我们这里，到你汇报皇帝到达的这段时间里，你应知道你的沉默已足以令我们"被钉十字架"。

我上次写信给你，希望尽量安慰你。我祷告主，盼望这封信能更多地让你得生，而非受死。除此以外，我还能做什么呢？你因为无法看明这次使命最终的结果而备感自责。然而如果你可以看明、把握这一切，我便绝不会参与其中，更不用说被称为这使命的发起者了。神早已按他不变的方式定规了这事的结局，②这是你无法通过自己的口才和哲学所能把握的。信心的真义便是在此，只有在信心里我们才能够看明所有那些神所隐藏起来、我们眼所不能见的事物。③如果有人像你那样以为可以凭自己认识这些事情，那么他们所做的一切努力都将化为忧愁和眼泪，正如你所经历到的一样，这是因为对于那些神所隐藏的奥秘，我们一切人意的寻求都将归于徒然。主曾说，"他必住在幽暗之处"，④又说，"他以黑暗为藏身之处"。⑤所以任凭那些以为自己能看明神心意的人自食其果吧！如果摩西在脱离法老追兵的时候，也要一味地看明自己将会迎来怎样的结局，以色列人也许今天还在埃及呢！

愿主坚固你和我们所有人的信心。如果我们的信心是真实的，就算撒旦能够聚集世上一切的势力，他也将一无所成。然而就算我们没有信心，我们仍然可以靠着他人的信心得着坚固。因为只要这世界上还有教会，并且只要在世界末了之前，基督仍与我们同行，⑥这世上就必然会有信心坚固的圣徒帮助我们站立得稳。如果基督不与我们同在，那么他还能在何处？如果我们不是主的教会，或这教会的一部分，那么谁又会

---

① 维也纳的风景版画，由纽伦堡的尼古拉斯·梅尔德曼所作，梅兰希顿在5月22日寄出此信。
② 原文中字面的意思是说，神早已在"备忘札记"（commonplace）中阐明这使命的一切。
③ 参希腊文圣经《希伯来书》11:1,3。
④ 《列王纪上》8:12。
⑤ 《诗篇》18:11。
⑥ 参《马太福音》28:20。

是主的教会呢？难道教会是巴伐利亚的众公爵、费迪南①、教皇、土耳
其人或是与他们类似之人所组成的吗？如果神的话语不在我们中间，又 151
在哪里呢？神若帮助我们，谁能敌挡我们呢？②我们都是忘恩负义的罪
人，但这却不能让神背乎他自己。就算我们犯下罪恶和败坏的行为，但
因着这属神的使命，我们也不会被他看作是罪人。然而魔鬼的搅扰却令
你如此软弱，无法听进我的话。我切切地为你祷告，求主基督来医治、
坚固你。阿们。

　　我希望能有机会来亲自看望你，虽然我没有得到人的允准和召唤，
但我仍然愿如此行。这封信原本应该与上一封信一起寄往布伦茨③和卡
斯帕医生④那里，但是信差却没有将它一并带走。代我向所有人问安，
原谅我无法一一地给他们写信。愿主的恩与你和我们所有其他的朋友同
在。阿们。

马丁·路德

圣彼得和圣保罗日，1530 年

　　在结束此信之后，我又想起也许在你看来我没有充分回答你的问
题：对那些反对我们的人，可以作出多大程度的让步？ 依我看，你
的问题仍不够明确，你没有提具体在哪些或哪一类问题上，你认为
对方会要求我们让步。正如我之前所言，只要福音的真理能够在我们中
间自由传播，任何让步都是我乐意作出的。然而若对方提出的要求对福音
有任何的损害，我便绝不会退让半步。除此之外，我还能回复你什么呢？

---

① 费迪南是匈牙利和波希米亚的国王，与巴伐利亚的众贵族一样，他也是极力反对新教运动人物中的
　一员。
② 《罗马书》8:31。
③ 约翰·布伦茨（John Brenz, 1499 – 1570）在 6 月 25 日梅兰希顿写给路德的信中，转达了他对路德的
　问候。
④ 医生卡斯帕·林德曼（Caspar Lindemann）。

致萨克森选侯约翰　　1530 年 6 月 30 日

1530 年 6 月 25 日《奥格斯堡信条》公开宣读之后，奥格斯堡的福音派基督徒发现他们的信仰告白对于天主教而言是过于极端、无法接受的。路德也获悉阿尔贝廷萨克森的乔治公爵正因此异常活跃地扬言要使用暴力并进行分裂。因此在以下这封写给选侯的信中，路德劝勉他坚定信心，安静等候。〔原文为德文；*WA*，*Br*，Ⅴ，421，422.〕

致尊贵的王子和殿下，萨克森的约翰公爵，图林根的选侯和领主，迈森的侯爵，我仁慈的殿下：愿恩惠、平安从耶稣基督归与您。

152　　宁静、高贵的王子，仁慈的殿下：

殿下如今可以清楚地看到魔鬼有着何等的作为，他能够令许多大有能力见识的人成为自己的附庸，借着各样的诡计在转瞬之间让自己的图谋得逞。虽然我知道殿下因着主的恩典早已对魔鬼的攻击有足够的防备，并且能够看明魔鬼一切的欺骗和诡计，然而我仍愿尽自己的心意，谦卑地提醒殿下：此时不要为来自血亲之人①邪恶、疯狂的攻击而忧虑。要知道当撒旦已毫无能力再来攻击我们的时候，它仍会想尽办法用令人难以忍受的伎俩来搅扰我们。

在这样的试探中，《诗篇》37 篇可以极大地坚固我们。从这首诗中，我们看明撒旦的差役有何等险恶的用心。　他们不止息地在试图激怒我们，一心要让我们发出那些急躁的言语、行动和态度，好借着这些将我们定为那不顺服的暴徒。然而经上却有话说，"神若帮助我们，谁能敌挡我们呢？"②对于那些恶人无耻的行为，我们必须学习忍耐。正如保罗在《罗马书》12 章中所言，我们不可为恶所胜，反要以善胜恶。③

---

① 指阿尔贝廷萨克森的乔治公爵。
② 《罗马书》8:31。
③ 《罗马书》12:21。

无疑皇帝有着敬虔之心，配得我们的尊崇，但与此同时，我们也不要将他看得过高。在这个世界上，若离开了神大能的帮助，没有人能胜过那诸多的恶魔。因着殿下亲人如此鲁莽、骄傲的行为，我的心也大有忧伤，但同时我必须忍耐，否则我反而会逞其所愿。我完全能够想象他的所作所为令殿下有何等的伤痛。然而殿下当为神的缘故存心忍耐，与我们一同祷告，求主怜悯那些可悲的灵魂。他们的倒行逆施将永远不会达成所愿。如果殿下并没有像我所以为的那样，一直在为您亲人的险恶用心而大为伤悲，那实为我的喜乐。请原谅我那样的猜测，因我的用意原是好的。我身在此处自然地想到有些事情会给这人或那人带来忧虑和不快，因我知道这一切都是出于撒旦的恶谋。

在此我将殿下交托在神的保守之中。阿们。

殿下谦卑的仆人，

马丁·路德博士

1530 年 6 月的最后一天

致尤斯图斯·约纳斯　　1530 年 6 月 13 日

在路德写此信之时，维滕贝格大学神学院院长尤斯图斯·约纳斯（1493 – 1555）作为萨克森选侯的顾问组中的一员，正身处奥格斯堡。在那里，他一方面协助菲利普·梅兰希顿起草《奥格斯堡信条》，另一方面还要参加之后同天主教代表的谈判。在谈判中，天主教一方竟提出要恢复他们之前所提出的条件，以此来解决信仰方面的争端，就此路德在信中向尤斯图斯指出，当如何面对这样的挑战。［原文为拉丁文；*WA*，*Br*，V，471，472.］

致在基督里尊贵的绅士，尤斯图斯·约纳斯，基督在奥格斯堡的见证，在主里先于我的弟兄：愿恩惠、平安从基督归与你。

我亲爱的约纳斯：

　　此时我心中充满了对你的思念和挂虑。我相信我们的使命已经进入一个关键的阶段，我盼望着能够迎来一个满意的结果。你当鼓起勇气。对方越是咄咄逼人，你便越要信心坚定，不退让半步。在我看来，他们以为自己向皇帝提交了一些建议和要求就可以吓住我们，从而让我们在方方面面作出让步。皇帝在奥格斯堡并没有自己的主见，他只是依着他人的影响而行事，这是谁都可以看出来的。因此你只要心意坚定、毫不退缩，就可以令他们改弦更张，另做打算。对方若是作出这种改变，我们的使命将更有可能遭遇到逼迫和威胁，然而这也比让魔鬼的诡计得逞要强，后者才是我到目前为止最为担心的。

　　他们无疑会要求恢复他们之前所言的种种条件。①如果他们真要这么做，我们便要提出恢复莱昂纳德·克泽尔②所提的各种条件的要求，恢复许多被他们残酷杀害的人所提出的条件，恢复那许多因着他们不敬虔的教导而失落的灵魂，恢复那许多在他们错谬的自以为是与各样欺骗中被旷废的生命，恢复那因着他们种种亵渎的行径而被损害的神的荣耀，并且恢复那被他们的人员和行为所大为玷污的教会的圣洁。这种种恢复的要求岂能胜数呢？若他们提出恢复的要求，我们更要如此说。

　　然而，令我信心振奋的是，神许可了他们如此疯狂的举动，他们竟能够毫不羞耻地提出这种要求和辩解。神让他们瞎眼无知到这等地步，令他们以愚昧为智慧，以妄言为夸口，然而除此之外，神还要行更大的事。唯愿这能成为神开始动工的记号和兆头，让我们借此看到神一直是那位愿意帮助我们的神，这实在是我的安慰。到那时一切的建议都将成为过去，神将会让你知道如何去行。

　　盼望我的这些信件能够成功地寄出，我之前已经写了五次，也多次地写给菲利普。③愿主耶稣，我们的生命和拯救，我们的爱和盼望，与你同

---

① 1530 年 6 月 6 日，路德以类似的口吻写信给美因茨的主教阿尔贝特；见 *WA*, XXX",410。
② 见第七章 1527 年 5 月 20 日路德写给莱昂纳德·克泽尔（Leonard Käser）的信。
③ 菲利普·梅兰希顿。

在，我为此切切地祷告。阿们。请代我向艾斯莱本的先生①和众人问安。

你的，

马丁·路德

致菲利普·梅兰希顿　　1530 年 6 月 31 日

在路德写此信时，菲利普·梅兰希顿几乎每天都在与天主教的神学家进行讨论。《奥格斯堡信条》要求在 1530 年 8 月 3 日前在大会中宣读，天主教方面此时正在修改他们对信条的反驳书。以下是路德在平静的心态中致梅兰希顿的一封激励的书信。〔原文为拉丁文；*WA*,*Br*,Ⅴ,516,517.〕

致菲利普·梅兰希顿先生，基督的见证者，真正的殉道士，我亲爱的弟兄：愿恩惠、平安从我们的主归与你。

我亲爱的菲利普：

尽管我没有什么特别的事情要在信中与你交流，然而我还是不希望信差，或说那携战果之人，从我们这里不带任何消息地空手而去。

我相信，在过去的一周里，你必然经历了极大的属灵争战，税官②的信差和维勒③很可能正是因此没有从你那里回来。一直以来，我都迫切地在信心中记念着你，然而我深信，那看似软弱的基督与你的同在是更加真实的。因此，我借着他所命令，也是赐给我们的叹息和话语向神祷告。④愿神让你向着这使命心意坚定，不要沦落到与那些人的相互指责之中。因为在我看来，我们的敌人很可能对自己的主张并无把握，所以期望着混乱的发生。然而如果你也开始在神与国家面前遮盖教皇的那

---

① 艾斯莱本的约翰·阿格里科拉（John Agricola）。
② 很可能是维滕贝格的瓦伦丁·福斯特。
③ 彼得·维勒（Peter Weller）。
④ 参《马太福音》18:19,20；28:20。

些可憎之事，事态最终又将如何呢？不用担忧，靠着神的恩典，你必然会知道如何才能最好地避免此事。

你不用为我的健康忧虑。我并不清楚是何原因导致了我的不适，但因着我能确定，我的患病并非是自然因素所致，我便能越发坦然地面对自己目前的情况，并嗤笑那搅扰我身体的撒旦的使者。[①]如果我无法再阅读或写作，我仍然可以借着默想和祷告与撒旦争战，并且就算那时我也会一样地睡觉、休闲、嬉戏、歌唱。

155

亲爱的菲利普，你只要记住一点，就是不要为那原没有交给你的使命忧虑。要知道掌管这使命的那位远超过这世上的王子，并且谁也无法把我们从他手中夺去。[②]经上说："当他们还在安睡之中，他就将他们交在自己所亲爱的手中。"[③]唯愿我们不要让他的话徒然发出。你要将自己的重担交托给神，[④]他是那位使人从死里复活，让灵里悲伤的人得安慰，并让内心受伤的人得医治的神。在此我将你们全然交托在那位赐各样安慰的神[⑤]的怀抱之中，正是这位神呼召你进入他的荣耀，并让你为着见证这荣耀而活。从那充满魔鬼的城堡中，我写此信与你，然而我深知即使在此，基督也仍然在他的仇敌之上掌权。

> 你的，
>
> 马丁·路德
>
> 1530 年 7 月的最后一天

致格雷戈里·布吕克　　1530 年 8 月 5 日

格雷戈里·布吕克（Gregory Brück）是萨克森选侯的大臣，正

---

① 参《哥林多后书》12：7。

② 参《约翰福音》10：29。

③ 路德所翻译的《诗篇》126：1。

④ 《诗篇》55：22。

⑤ 《哥林多后书》1：3。

是他在大会上公开宣读了《奥格斯堡信条》。然而根据菲利普·梅兰希顿向路德所作的报告，①布吕克在奥格斯堡期间也遭遇了信心的动摇和怀疑。以下这封坚固布吕克信心的书信，在奥格斯堡得到了改教家们的极力推荐，在同年9月2日约翰·布伦茨写给安东尼·霍夫迈斯特（Anthony Hofmeister）的信中，也推荐了此信："在此我将路德写给萨克森选侯和他大臣的一封书信的几份副本寄给你。盼望你能从这封信中受益，并请你悉心保留，以免佚失。"②[原文为德文；WA, Br, V, 530-532.]

致尊敬而博学的绅士，格雷戈里·布吕克，法律博士，萨克森选侯的大臣和顾问，我仁慈的阁下和挚友：愿恩惠、平安从基督归与你。

尊敬、博学、亲爱的阁下和挚友：

我已屡次致信给我仁慈的阁下和我们的朋友，③在我看来这已显得有些多余，甚至让人觉得，我这样做，是因为我担忧选侯殿下从神那里得到的激励和帮助要比从我这里得到的少。然而事实上，我这样做是出于好友的催促，他们当中总是有人担心神是否已经忘记了我们。其实神是不会忘记我们的，正如他不会背乎自己一样。只要我们所承担的使命合他的心意，我们所持守的话语是他的圣言，神就不会忘记我们。我们如果确信这一切都是为着他和他圣言的缘故，就应该满有把握地相信神必垂听我们的祷告。神已经定意要帮助我们，我们随时都可以从他那里得着坚固，因神的帮助必不落空。正如主说："妇人焉能忘记她吃奶的婴孩，不怜恤她所生的儿子？即或有忘记的，我却不忘记你。"④

我最近见到了两个神迹。第一个神迹是当我从窗户仰望星空时，

---

① 见1530年6月27日梅兰希顿写给路德的信；见 WA, Br, V, 402, 403。

② 见 Theodor Pressel, *Anecdota Bnntiana* (Tübingen, 1868), 96。

③ 5月20日，6月30日和7月9日，路德曾写信给选侯约翰。

④ 《以赛亚书》49:15。

我看到闪耀的群星和美丽的穹苍，却没有看到造物主创造了任何一根支撑这一切天体的柱子，然而天空竟没有塌陷，穹苍也依然稳固。可是总有人寻找着这样的柱子，一心盼望自己有朝一日能亲眼见到它们。只要这样的愿望一日尚未实现，这些人便忧心忡忡，担心头顶的天空会塌下来。

第二个神迹是，我看到天空中的厚云从头顶翻滚而过，它们是那么厚实庞大，仿佛海中的巨浪一般。然而我却没有看到有任何根基支撑它们，也没有看到有什么容器盛装着它们。尽管如此，这些厚云却没有掉下来砸在我们身上，而只是悬在空中，随风飘过，令我们心存畏惧。当这些厚云行过之后，我看到了一道彩虹，它正是那厚云的屋顶和地基。然而这是何等细弱微小的屋顶和地基啊！在浓密的厚云中我们甚至看不到它，这彩虹就好像是从彩色玻璃后射出的光芒一般，因此很难有人将它和结实的地基联系起来，也很难有人相信它能悬起那庞大的厚云，仿佛他们因为常常看不到这彩虹，便以为它不存在一样。然而这看似微弱的光芒却擎起了空中大水的重量，因而也保守了我们的性命。有些人只被空中厚云的浓密和大水的沉重所震慑，而忽略了彩虹那微弱隐约的光芒，所以他们感到惊恐。他们期望着能够感受到彩虹的能力，然而当他们始终无法看到它时，他们便活在极大的恐惧之中，担心哪一天自己会被那乌云所降下的洪水所吞噬。

请恕我冒昧与阁下开了这样的玩笑，其实我内心的意思并非仅仅为了说笑。为阁下我心中有特别的喜乐，因为我看到您在当前这样的试探中，仍有着过人的勇气和信心。虽然我也期望我们至少能够在政治上争取到和平的环境，[①]然而神的意念永远高过我们的意念。[②]这本是理所当然的，正如圣保罗所说，神垂听我们的祷告，为我们成就大事，远超过

---

① 政治上的和平（*Pax Politica*）。
② 参《以赛亚书》55:9。

我们一切所求所想。①《罗马书》8 章也让我们看到，我们本不晓得当怎样祷告。②假如神按着我们的意思来为我们成就一切所求的，即让皇帝能够允准我们平安无事度日的愿望，其结果很可能到头来反而要比我们想象的更差，并且最终会让荣耀归与皇帝，而非归与神。

如今神的意思是要为我们赐下和平，让我们将荣耀全然归给他，这本是合宜的。然而这并不意味着我们可以轻看皇帝的权柄，因为我们衷心地祷告，盼望皇帝能够在凡事上按着神的心意行事，执政不违背国家的法律。然而若皇帝最终行了神所禁止的事情，我们也当在信心中看到这样的事并非皇帝亲自所为，而是出于他身边小人的诡计，后者假借皇帝之名专横地施行种种暴政。因此我们必须学会分辨哪些是皇帝陛下的所为，哪些又是那些恶臣贼子的诡计，这正如我们需要清楚分辨哪些是神的作为，哪些又是那些异端和说谎者对神之名的妄称，从而好让我们能够真正尊崇神的名，并远离一切谎言。无论在何种处境下，我们都不应、也不能认同那些施行暴政者的计谋。虽然他们打着皇帝之名的旗号，但真正保守护卫这名却是我们义不容辞的责任，我们绝不允许，更不会认同他们那种惹神愤怒、破坏国家法律的倒行逆施，从而保守自己远离这败坏的恶行，免得在悖逆的罪中滥用了在上的权柄，让皇帝尊贵的名因着我们良心的堕落而蒙羞受辱。可见对于那在上治理我们的掌权者，我们理当尊重他们，而非让他们的名因我们而受到羞辱。

神必会借着他的圣灵大大施恩祝福我们所做之事，因这本是神赐给我们的工作。并且他也会按照自己的美意在合宜的时间、地点，并以合宜的方式让我们得着帮助。他永远不会忘记我们，也不会撇下我们。那些按着血气行事的人到今天仍未成就他们的事业，也远未进入那稳妥的境地，或是实现那种他们所期望的状态。我们的彩虹虽然看似隐约、微

---

① 《以弗所书》3:20。

② 《罗马书》8:26。

弱，并且被那许多浓密的厚云所包围，然而最终这彩虹必将显现，而且我们要伴随着最后的乐曲欢然起舞。①

　　愿阁下能够从我这些冗长赘语中得着益处，并以此来鼓励菲利普先生和其他弟兄。愿基督保守并坚固我们仁慈的阁下。②愿一切的颂赞、感恩归与神，直到永远。阿们！在此我也将阁下衷心交托在主的保守之中。

马丁·路德博士
1530 年 8 月 5 日

致菲利普·梅兰希顿　　1530 年 9 月 15 日

　　在奥格斯堡的谈判已临近尾声。在等待菲利普·梅兰希顿回归期间，路德以极其平静的笔触最后一次致以他鼓励和安慰的书信。
［原文为拉丁文；*WA*，*Br*，V，621，622.］

　　致基督里尊贵的弟兄，菲利普·梅兰希顿先生，我在主里亲爱的朋友：愿恩惠、平安从基督归与你。

　　今天王子③与阿尔贝特伯爵④竟来到我们这里，这是我们之前从未想到的。我为他们能脱身于那纷扰的人群而大有喜乐，巴不得你也能速速地出现在我们中间。哪怕你没有得着离开的许可，逃回来也好。现在是向主交托、归回安息的时候了，他将成就这工作。你所要做的就是刚强壮胆，向主心存盼望。

　　埃克和他的同党竟会极力反对饼和杯缺一不可的圣餐礼，妄言我们这样说令全体教会和皇帝都蒙羞受辱。他们如此吹毛求疵，让我义愤填膺，然而我也立时因主得了安慰。只要皇帝还在那里一刻，这些

---

① *In fine videbitur cuius toni.*
② 萨克森的选侯。
③ 萨克森选侯之子，约翰·腓特烈。
④ 曼斯费尔德伯爵。

无耻小人便要编造出类似的借口来鼓动煽惑。我们要祷告，求主任凭他们在接触皇帝期间去制造事端、惹是生非，他们这样做，实在是为自己在神面前积蓄愤怒，神已在天上张弓搭箭，预备好了杀他们的器械。①他们的说辞明显与土耳其人如出一辙，后者也认为自己的势力强盛，永不败亡。如果我们能够认同这样的论证逻辑，即信条的确定取决于多数人的意见，那么这世上就再也没有任何真理的信条是我们可以宣告、持守的了。

我写给你这封信，正是为要提醒你是那被称为"所多玛中的罗得"的一员，这样的人天天都要为这世上的种种不法之事而心中忧伤。然而圣经又告诉我们说："主知道搭救敬虔的人脱离试探。"②你已经认信了基督，你已经在凡事上持守了和平，你已经顺服了皇帝，你已经为义而受苦，你已经成为敌人毁谤的中心，然而你从未去以恶制恶。总而言之，你已按着圣徒当有的样式做成了神所交托给你的圣工。因此，你当"靠耶和华欢喜快乐，你们心里正直的人都当欢呼"。③你在这世上已经饱受了患难。因此"你就当挺身昂首，因为得赎的日子近了"。④在我眼中，你已身在基督忠心的圣徒之列，这世上再也没有比这更大的荣耀值得我们去羡慕。你在对主的服侍和忠心上都已尽心竭力，并且我深信，你从这些事上经历到的主恩之深，必已令你感佩不已，然而当我们重逢时，主的恩典还将更加增添。

最近几天我的头疼已有了明显的好转，我怀疑那股曾让我头痛难忍的邪风如今已离开我的身体，转而去吹袭我所在的城堡。它有时在城堡外呼啸，有时又钻入我的身体，引发我的头疼。在我看来，魔鬼正在我身体内外轮番地展开攻击。

---

① 参《诗篇》7:12,13。

② 参《彼得后书》2:7-10。

③ 《诗篇》32:11。

④ 《路加福音》21:28。

王子赐给我一枚金戒指。但也许是因为神要借此显明我生来就不适于佩戴黄金，在我刚一将这戒指戴在拇指上时，它就滑落到了地上。于是我便对自己说："你是虫不是人。①王子应该把这戒指给法布里或者埃克，②而我只适合佩戴铅制的东西，或是捆绑囚徒的绳索。"王子也愿意我与他一同启程回家，然而我却婉拒了他的邀请，并请求他准许我在此等候你的归回，好让我与你一起回维滕贝格，以此帮助你在经过这争战之后，精力得以复原。

我祷告盼望神能让你心里的力量刚强起来，不因眼前事物的表象而忧愁挫败。无疑你知道万物都在神的掌管之中，他能在顷刻之间让厚云覆盖诸天，又在刹那之间恢复晴空万里。事实上神不光有能力成就这样的奇事，他也乐意为他的儿女施展如此的大能。

因着神的爱，身为罪人的我要将同为罪人的你交托在他的恩手之中，因你已向神承认了自己的众罪，不愿顽梗地活在其中。代我向所有主里的弟兄问安，愿主快快将你从那里带来。阿们。

你的，

马丁·路德

不要相信任何维滕贝格瘟疫流行的谣言。正如我上封信告诉你的一样，那里一切平安。

秋分之后的第五天，1530 年

致约翰·里德泽尔　　1532 年 9 月 7 日

1532 年 8 月 16 日，萨克森选侯坚定者约翰死于中风。作为他的心腹大臣，约翰·里德泽尔（John Riedesel）有幸在选侯的葬礼上为其扶枢送灵。然而很快他与新任选侯约翰·腓特烈之间的关系出

160

---

① 参《诗篇》22:6。
② 奥格斯堡会议期间，约翰·法布里（John Fabri）和约翰·埃克（John Eck）是来自天主教的神学家。

现了裂痕，他因此为自己前途命运的突变而忧心忡忡。[原文为拉丁文；*WA*，*Br*，Ⅵ，353，354.]

致尊敬、仁慈的约翰·里德泽尔，新任萨克森选侯的大臣，我仁慈的阁下和挚友：愿恩惠、平安从基督归与你。

我亲爱的阁下和挚友：

看到你在我们仁慈的殿下逝世之后愈加陷入消沉和悲痛，我的心为此大为担忧。此外还令我担忧的是，从你的信中我看到了，你目前在对选侯忠心的服侍中所遭遇的不公和遗憾。然而，现在我要为着神的缘故，鼓励你胜过这样的软弱，不要让这样的事情占据你的心。我实在同情你的境遇，因你似乎遭遇了自己力不能胜的愁苦，然而你当记得我们所度过的日子并不永远是黑夜。[①] 总会有 12 个小时的白日，即便我们还可能遇到乌云和暴雨，但终归有放晴的时候。因此我们要学着在苦难中忍耐、等候。因为我们若在今生就全部得着了神对我们忠心服侍的奖赏，这可能在神看来并非是件美事。我们若在地上就得着了那一切从神而来的赏赐，在天上神还能赐我们什么呢？[②]

我要为你感谢神，因为事态还没有发展到不得不提说，并令人忧心忡忡的地步。此外你要留意，不要让你的敌人因看到你的消沉忧虑而幸灾乐祸。神正在让你经受着一个小小的试炼，因此你当心意坚定，因为到了时候，你必然会看到神是怎样的一位神，以及他如何掌管万有。

我坦言，如果我知道如何可以减轻你的忧伤，我极其乐意那样去行，因为你曾经以朋友待我的那一切情分，我难以忘怀并心存感恩，因此我深信神也喜悦我为你排忧解难。虽然现在我好像除了不配的代祷和安慰话语之外，无法再为你做些什么。然而，若你看为合用，鄙人一切

---

① 参《约翰福音》11:9。

② 参《马太福音》6:1,2。

微弱的能力和粗浅的知识都愿意为你效力。在此我将你和你所爱之人都
交托在主恩惠、良善的保守之中。阿们。

也请代我向沃尔夫·卡利斯特斯①问安。

乐意为您效劳的博士，

马丁·路德

1532 年 9 月 7 日

161　　**致安德鲁·奥西安德　　1532 年 9 月 19 日**

安德鲁·奥西安德好斗的个性令他始终很难与其他新教牧师相
处。我们不清楚在路德写这封信时，奥西安德具体因何事而大有不
满。然而在几个月前，奥西安德与他在纽伦堡的同工就有条件洗礼
（Conditional Baptism）②的问题，曾发生过争执。③一年之后，奥西
安德又就私下认罪的问题与其同工陷入到另一场更为激烈的论战之
中。［原文为拉丁文；*WA*，*Br*，VI，364，365.］

愿恩惠、平安从基督归与你。

我亲爱的安德鲁：

"不要在灾难面前屈服，鼓起更大的勇气来。"④对于你信中所言那
些令你深恶痛绝的尼尼微人，⑤这就是我的答案。虽然我也常常陷于软
弱之中，但我们仍要如此持守。我在了解到你那里的情况之后，心中也
非常反感，然而我祷告神，盼望基督不要因此而厌弃他们。要知道白日

---

① 沃尔夫·卡利斯特斯（Wolfgang Callistus，或称查理库斯［Chalikus］）是一名新教牧师。
② 当怀疑洗礼的有效性时（在不知是否已接受或能否接受洗礼的情况下），为慎重起见所举行的有条
　件（第二次）的洗礼。 ——译者注
③ 参 1532 年 1 月 3 日路德写给文策尔·林克的信；见 *WA*，*Br*，VI，245 – 247。
④ Vergil，*Aeneid*，VI，95.
⑤ 参《约拿书》4∶1，这里特指奥西安德在纽伦堡所遇到的艰难，也泛指整个世界。

有 12 个小时，①而我们也并不能看明未来，可见神正是以此来试炼你的信心。并且就算所有的事情都偏离了正路，当前这样的局面也持续不过三年。因为所有的事情都会走向某个顶点，要么更好，要么更坏。若局势是朝着更坏的方向发展，我们的逃跑只会让我们一无所获。然而若时局朝着更好的方向发展，我们的坚守将会让我们拥有一切。我能清楚地看到如果有一天和平能够到来，智慧人将会大受尊崇，正如以赛亚所说，他们将会比精金更为宝贵。②每一天人们都在寻找传道人，然而他们却一无所得。如果你的尼尼微人始终不愿意听从你，神将会呼召驱使你往那些他们始料未及的地方去。那时他们将到你面前求你指尖的恩惠却一无所获。③

同伴们，我们不是没有经历过痛苦，我们忍受过比这更大的痛苦。神会结束这些痛苦的。忍耐吧，为了未来的好时光保全自己吧！④

没有任何事物可以一成不变。⑤世上诸恶反要促成良善的律法。⑥狐狸说："眼前的光景总会过去，鸟儿迟早会换上那美丽的羽毛。"⑦

我所写给你的这些内容，你要用坚定的信心来持守。这些话都是我此刻的心声，你所说的那些烦恼之事，我也常常遇到。而此刻我安慰你的那些话语，也是我常常用来安慰自己的。请代我向所有我们的朋友问安。此刻我头疼虚弱，已无法再写下去了。亲爱的弟兄，愿主与你和你的家人同在。请为我祷告，无论我是生是死，唯愿我们的事工都能蒙神喜悦。

你的，

马丁·路德

圣朗贝尔日之后的周五，1532 年

---

① 参《约翰福音》11:9。

② 参《以赛亚书》13:12。

③ 参《路加福音》16:24。

④ 这三句话均摘自 Vergil, *Aeneid*, I, 199, 207。

⑤ 原文中的这句话是德文。

⑥ 参 Macrobius, *Satires*, III, 17, 10。

⑦ 原文中的这句话是德文。

致安哈尔特王子乔治　　1533 年 3 月 28 日

1516 年安哈尔特的王公埃内斯特逝世，他的妻子玛格丽特王后随即代她三个儿子掌权。与她一同摄政的公侯还包括勃兰登堡的选侯约阿希姆，马格德堡的大主教阿尔贝特，以及萨克森的公爵乔治。这些天主教的王侯竭力阻止三位王子接受新教信仰，并拦阻他们在领土内开展宗教改革。1532 年 12 月，天主教的神学家约翰·科赫洛伊斯写信给乔治王子，警告他不要接近路德宗信仰，①正是这封信引起了路德的关注，促使他与这位王子有了以下这样的通信。[原文为拉丁文；*WA*，*Br*，Ⅵ，440，441.]

致基督里尊敬的殿下以及那声名远扬的王子乔治殿下，马格德堡教会的监督，安哈尔特的王子，阿斯坎尼亚的伯爵，贝恩堡的领主，以及远在这一切之上，我仁慈的殿下：愿恩惠、平安从基督归与您。

卓然尊贵的殿下：

我应以合宜之分既称您为尊敬的主教（更不用提监督一职），又称您为杰出的王子。我如此称呼您是因为纵观整个帝国，特别是在那些与您有同样地位权势的人中，我发现您对基督话语的爱是那样的真实，并且主的话语正因您忠心的见证而得以大大传开。我常常思想您的榜样，视其为主奇妙的作为，并且发自内心地承认您身上有着主超乎寻常的恩赐，就是您能够心意坚定地向所治理的民众教导并推广主的话语。神可以鉴察我此言绝非出于对您的阿谀奉承，而是出于对主那荣耀恩典的赞美，这恩典此时正在您身上得以奇妙地彰显。

163　　与此同时，我愿尽心竭力地祷告主，求那位在您心中大大动了善工

---

① 参 Otto Clemen，*Briefe von Hieronymus Emser，Johann Cochläus，Johann Mensing und Petrus Rauch... an die Fürsten von Anhalt*（Münster i. W.，1907），47–50。

的神，成全这工。①即使这善工有时也会暴露出人的软弱，并且魔鬼、世界和肉体的情欲也总是千方百计地要来拦阻破坏这工作，然而这一切终将被主胜过。因基督说："你们可以放心，我已经胜了世界。"②如果这世界已经被主胜过，那么这世上所有的王子也必然已被主胜过了，这正如我们若征服了某个王国，就必然征服了其国王一样。因为这世上的王子已被主胜过，于是这世上一切强壮之人③所依赖的武器，如纷乱、怒潮、罪、良心的控诉、死亡、地狱，等等，就都已经被主胜过了。因此，我们要感谢神，因他已将这样的得胜赐给了我们。④我切切地在父神面前祷告祈求，盼望殿下能一直活在这得胜的荣耀之中，直到主再来。在此我全心将您交托在主的保守之中。

我深信殿下必不会以我在信中所表现出的鲁莽为可责备的，因我在这封简短的信中所言都是出于对神的感恩，并且我也为着神所加给您的恩典而大有喜乐。这恩典已在您这位杰出的王子心中深深扎根，这是我所确知并深信的。

殿下忠诚的，

马丁·路德博士

大斋期第四个主日之后的周五，1533 年

致安哈尔特王子约翰　　1533 年 3 月 28 日

和他的兄弟乔治（见上）一样，安哈尔特王子约翰也受到了萨克森公爵乔治、勃兰登堡选侯约阿希姆，以及马格德堡主教阿尔贝特的警告，不允许他对新教信仰给予任何支持。信奉天主教的乔治公爵极力反对约翰任命"路德宗最早的信徒之一"尼古拉斯·豪斯

---

① 参《腓立比书》1:6。
② 《约翰福音》16:33。
③ 参《马可福音》3:27。
④ 参《哥林多前书》15:57。

曼作为其私人牧师。约翰·科赫洛伊斯也写信给约翰，提醒他"要为着自己治下许多灵魂的缘故向神交账"。①在以下这封信中路德直面王子，提醒他正面临作出立场抉择的关键时刻。[原文为德文；*WA*,*Br*,Ⅵ,441,442.]

致高贵的主公约翰，安哈尔特的王子，阿斯坎尼亚的伯爵，伯恩堡的领主，我仁慈的殿下：愿恩惠、平安从基督归与您。

最高贵的王子殿下：

我从殿下的牧师，尼古拉斯·豪斯曼先生那里得知殿下对福音有着真实的信靠，然而与此同时，殿下在兴旺福音的事上却表现出了迟疑。之所以会如此，我认为不仅是因为殿下已习惯于长久流传的谬误，也因为若干强权王子在与殿下的通信中对您的拦阻。

长期流传的错谬和强势人物的拦阻，无疑正是这两件事，甚至让许多比殿下更加坚定的信徒信心动摇。然而基督已经胜过了那些阻力，并且天父愿意我们听从基督的心意超过其他所有。②对此即使我们没有立时、完全的认同，但随着生命的成熟，我们终将会高举这真理。某个宗教大会或教皇也许可以借着圣灵的启示成就一些工作，然而基督绝不是鬼附着的，③事实上那降在他身上的圣灵是无可限量的。④相比之下，一切的使徒、先知、教会和宗教大会所有的，不过是在圣灵有限的工作下所初结的果子。⑤因此那位赐下圣灵给他们，⑥并无可限量地拥有着圣灵的基督，更配得我们的跟从，他远超过所有的圣徒，后者并不能赐下圣灵，而只能接受圣灵有限的祝福。

---

① Otto Clemen,*op. cit.*,44-46.
② 参《马太福音》17:5。
③ 参《约翰福音》8:49。
④ 《约翰福音》1:32。
⑤ 参《罗马书》8:23，《哥林多前书》12:4-13。
⑥ 参《约翰福音》20:22。

因此，我祷告那赐各样安慰的神，①愿他能亲自教导殿下晓得此事：与无数的圣教父、宗教会议、教会、教皇相比，基督和他的话语是更丰富、超越、伟大和可信的，因为圣经告诉我们，无论那些人多么伟大，他们也都是罪人和迷羊。②因此你当刚强壮胆，不要惧怕这世上的掌权者。与一切魔鬼的权势和世上的王子相比，基督是我们更当惧怕的。

在此我将殿下交托在满有恩典和怜悯的主手中。

> 殿下顺服的仆人，
> 马丁·路德

致安东尼·劳特巴赫　　1542 年 3 月 10 日

安东尼·劳特巴赫（1502－1569）是路德早期在维滕贝格餐桌旁交谈的友人之一。1539 年，他被按立为皮尔纳［位于德累斯顿附近］的监督（或称主教），此后一直担任此职直至离世归主。在皮尔纳期间，劳特巴赫遇到了很多困难和阻力，而更令他失意的是曾经与自己同住的母亲乌尔苏拉因为丈夫的离世而回到了天主教城镇施托尔佩（Stolpe），并且归回了天主教。［原文为拉丁文；*WA*,*Br*,X, 165 2－4.］

致在主里尊敬的绅士、安东尼·劳特巴赫，皮尔纳教会的牧师和当地的主教，我在主里亲爱的弟兄：愿恩惠、平安归与你。

我亲爱的劳特巴赫：

要等候耶和华。当壮胆，坚固你的心。③若基督徒的信心不曾经历

---

① 参《哥林多后书》1:3。
② 参《诗篇》119:176。
③ 《诗篇》27:14。

任何患难的试炼，很难想象我们的生命将会是怎样的好逸恶劳、放纵自恃。无疑这样的败坏正发生在教皇一党之人的身上！正如大黄、没药、芦荟或解毒剂必须作用在我们这取死的身体之上来对抗虫咬、毒药、腐烂和粪便一样，今世的患难也以同样的方式作用在我们属灵的生命之上，因此它有着不容我们轻视的意义。在生活中我们绝不会自找苦吃，然而我们需要去接受那一切已降临在我们身上、在神看来合宜的患难。因为神知道怎样的患难是对我们适宜、有益的，他也知道降临于我们的患难数量会有多少，程度将有多重。

因此你当信心坚定！如果我们注定要去承受这一切患难，那么就让我们心甘乐意地接受这一切从神而来的试炼吧，免得我们抱着以为可以侥幸逃脱的心理，最终却遭遇了更为可怕的灾祸。就让那些王子①和天主教一党之人的诡计临到我们吧。然而与此同时，我们绝不应停止向支持我们的王子呼吁、致信、求告。不要放弃任何有意义的尝试，没有人知道神的帮助何时会临到我们！在仇敌和魔鬼无止息的攻击面前，我们不可表现出任何的疲倦和灰心。要知道，如若我们软弱退后，到了神施拯救的时候，我们所有的切齿后悔都将为时晚矣。

不要因为你母亲离开皮尔纳去寻求天主教的教导而灰心失意——这其实体现了福音那绊倒人的地方。你所有的义务就是恒切地为她祷告。要知道，如果所有的事情都能按我们的愿望立时得以成就，这远不是我们的益处。神对我们的保守和眷顾是更美善的，因为他本知道我们在当下所切慕达成的一切，是多么的短视和愚蠢。

我们再没有听说过任何有关土耳其人以及我方远征军（出征土耳其）的消息。皇帝在比利时发布了一条禁止逼迫路德宗信徒的命令。法国在经历了两年的和平时期之后，福音已通过书籍的传入渐渐地渗透到

---

① *Centauri.*

这个国家之中。在修士、诡辩者和议会意识到这一点的时候，他们便怒不可遏，竟用火刑处死了50人。人民因此义愤填膺。国王因为担忧巴黎可能会出现暴乱，被迫对迫害的暴行进行了干预和抑制。科隆的主教此时正在纠正他教区内的各种妄行。赞美主，是主在荣耀他自己的福音！当我们的国人像伯赛大人、哥拉汛人和拿撒勒人一样，将先知从他们的城中赶走的时候，①他们实在是自取羞辱，因为这先知被撒马利亚人、迦南的妇女，以及外邦人所接待。因此让我们继续传道、祷告，并忍受患难吧！我们所做的一切必然会从主得着奖赏。我们的劳苦绝不会归于徒然。②

寥寥数语之后，便要在主里向你道别。

也请为我祷告，唯愿我在某个合主喜悦的时间能够归入安息。我已按着主加给我的能力打完了那美好的仗，跑尽了那当跑的路，守住了那所信的道。③

代我向你的艾格尼丝和伊丽莎白④问安，我的妻子卡蒂和所有的家人都问你们安。

你的，

马丁·路德

大斋期第二个主日之后的周五，1541年

写给儿子约翰·路德的信　　1542年12月27日

改教家16岁的儿子约翰（或称汉斯）在此之前被送往托尔高（Torgau）接受语法和音乐的教育，在外期间他非常想家。⑤此外，

---

① 参《马太福音》13:57。
② 参《以赛亚书》49:4。
③ 参《提摩太后书》4:7。
④ 劳德巴赫的两个女儿。
⑤ 1542年8月26日和12月26日路德写给马可·克罗德尔（Mark Crodel）的信，见 *WA*,*Br*,X,132 - 135,228。

三个月前妹妹的死，也可能令他心中充满忧伤。此时此刻这个孩子需要的不仅仅是来自他人的同情，他更需要的是那能令自己振作起来并承担责任的激励。要完成这样的任务，作为父亲的路德显然比孩子的母亲更加适合。[原文为拉丁文；$WA, Br, X, 229.$]

写给我亲爱的儿子，在托尔高的约翰·路德：愿恩惠、平安从主归与你。

亲爱的儿子约翰：

你母亲和我以及所有的家人都好，因此你要像个大丈夫一样忍住悲伤和眼泪，免得令你母亲徒增挂虑。你知道她是多么容易朝坏处想，并因此陷在忧愁之中。[1]你当顺服神，他正是借着我们命令你在所在之处认真学习，你若有这样顺服的心，就必能速速地胜过自己的软弱。你母亲不会写信，她也不认为此刻有必要这样做。她希望向你解释之前她对你说的（即如果在外遇到不顺利的事情你就可以回来）只针对你生病的情况。因此你一旦生病，要尽快通知我们。除此之外，她希望你止住忧伤，好让自己平安喜乐地投入到学业当中。

想念你，在主里向你道别。

你的父亲，

马丁·路德

传福音者约翰[2]日，1542 年

致尼古拉斯·阿姆斯多夫　　1543 年 6 月 14 日

路德曾经多次答应要探访他的老朋友瑙姆堡（Naumburg）的新教主教尼古拉斯·阿姆斯多夫（Nicholas Amsdorf, 1483 - 1565），

---

① 关于凯瑟琳·路德的忧虑，见第三章 1546 年 2 月 7 日和 10 日路德写的信。
② 《约翰福音》的作者。——译者注

然而之后路德又反复在信中向阿姆斯多夫解释自己因为身体不适和事工的压力，不得不推迟探访。阿姆斯多夫常常就信仰在信中询问路德意见，并向路德表达自己在服侍中所遇到的失意和阻力。在以下这封信中，路德提醒阿姆斯多夫要记得他是在为着神的心意而服侍。[原文为拉丁文，*WA*, *Br*, X, 344, 345.]

致主里可敬的牧师尼古拉斯·阿姆斯多夫，那真正的主教，我在基督里德高望重的弟兄：愿恩惠、平安从主归与你。

我亲爱、可敬的主教：

直到今日，我仍然念念不忘要找一个时间来看望你。上个冬天对我来说是不可能的，五旬节之后我曾下定决心来看你，也做好了出发的一切准备。然而我的健康状况非常不稳定，令我不敢轻举妄动。事实上今天和昨天我都几乎陷入昏迷，我知道自己于地上生命的终结已在旦夕之间。唯愿神速速接我离开这个充满魔鬼作为的世界。

无须你对我说什么，我也能够想象目前主教的职分对你而言有多么沉重。但我们都知道，神是按着自己的心意设立了这职分，而我们对此唯一的本分就是盼望"你的旨意行在地上，如同行在天上"。①按着神的心意，无论有怎样的患难临到我们，我们都必须以喜乐、坚忍的心来面对。即使我们的忍耐在所有人看来都是毫无意义的，然而若神喜悦我们如此忍耐，我们就当以此为满足。神那满有恩惠的旨意，也许是我们无法看透辨明的，然而如果我们愿意甘心顺服，到了时候，神就必会赏赐我们。你虽活在诸般的患难之中，然而因着你对神旨意甘心地摆上和舍己，你所受的患难已与神那永远的荣耀和美善的喜乐联系在了一起。与此同时，神也借着你大大地拦阻了魔鬼及其仆役各样败坏的作为。

---

① 《马太福音》6:10。

你与那些专为服侍肚腹，寻求今生安慰，不惧来生审判的主教截然不同。后者不愿有分于我们的患难，也不像其他人那样遭遇灾祸。①然而主却说，"哀恸的人有福了，因为他们必得安慰。"②主所赐的这福分正是你与众圣徒所同享的，因此你当大有安慰，在主里信心坚定。

请为我祷告，让我要么在主里早日归入安息，要么身体得以康复，好快快来探望你。阿们！

你的，

马丁·路德博士

圣玛格丽特日之后的周六，1543 年

致安东尼·劳特巴赫　　1543 年 9 月 30 日

安东尼·劳特巴赫在皮尔纳所面对的局势仍然未见改观（见之前路德在 1542 年 3 月 10 日写给他的书信），于是路德又再次致信激励他。[原文为拉丁文；*WA*,*Br*,X,401,402.]

致声名远扬的绅士，安东尼·劳特巴赫先生，皮尔纳教会忠信的主教，在主里我亲爱的弟兄：愿恩惠、平安从基督归与你。

我亲爱的安东尼：

愿你的信心得坚固，愿你壮胆等候耶和华。③任凭那些不敬虔的人在自夸中欢呼吧，他们以自己的羞辱为荣耀，④常常自高自大，如同装满羊水的胎膜⑤鼓起肿胀，然而所怀的是毒害，所生的是虚假。⑥正如《诗篇》7 篇和《以赛亚书》中所说："你们要怀的是糠秕，要生的是碎

---

① 参《诗篇》73:5。
② 《马太福音》5:4。
③ 参《诗篇》27:14。
④ 参《腓立比书》3:19。
⑤ *Bullae et vesicae aquatiles.*
⑥ 参《诗篇》7:14。

秸。"①总有一日诸天都要倾覆，那时天地都要一同被火焚烧，然而即使到那时，我们也不会被主所弃而遭遇败坏。

你身边的美因茨人②让我见识到他们的真面目，这早已不是第一次。长期以来我就对他们的为人心存警惕，因我知道每当遇到考验的时候，这些人便会露出自己伪善的嘴脸，这是他们所无法伪饰的。因此我们唯一需要看重的就是对神的话语存实在的信心，并殷勤地以此教导众人。我们要将一切的忧虑卸给神，因他必顾念我们。③正如经上所说："你要把你的重担卸给耶和华！"④

我听到了许多关于土耳其人的消息，极其令人惊恐。那些教皇一党 169 之人所吹嘘的前景，至今仍未成就在皇帝面前。皇帝当初因为急于求成，过于相信那些人了。⑤唯愿我们专心教导、信靠、祈祷、作工，并按着神的旨意来承受患难。任凭死人去埋葬他们的死人吧。⑥那些主外的人与我们有何相干呢？⑦

在主里向你道别，并请你为我代祷。我的妻子卡蒂也向你和你的家人致以真诚的问候。

你的，

马丁·路德

1543 年 9 月的最后一天

致康拉德·科达图斯　　1544 年 12 月 3 日

从 1540 年开始，康拉德·科达图斯（1475－1546）一直任勃兰

---

① 《以赛亚书》33:11。
② 指那些美因茨主教的跟随者。
③ 参《彼得前书》5:7。
④ 《诗篇》55:22。
⑤ 原文引用了一句德国谚语，直译为"他的嘴一次吞下了太多的东西"。
⑥ 《路加福音》9:60。
⑦ 参《哥林多前书》5:12。

登堡施滕达尔以及周边地区的主任牧师，他在那里处境非常艰难。在他之下的一些神职人员仍然倾向于天主教，此外施滕达尔的圣尼古拉斯修道院中的部分修士也过着放纵淫乱的生活。科达图斯的患病很可能就是因为这些问题所致，而他病情的加重无疑也与此相关。在路德写这封信的时候，科达图斯正陷于近乎绝望的境地。〔原文为拉丁文；*WA*，*Br*，X，644，645.〕

愿恩惠、平安从主归与你。

我亲爱的科达图斯：

想到你我几乎无法动笔。在我最好的朋友中你与我有着格外的交情，并且在我们坚守的真道上，即对那位受孕于童女，道成了肉身住在我们中间的神子，你也一样有着真实而忠贞的爱，想到这些，我便愿在满足的喜乐中与你交通。这位神的独生爱子是你所忠心见证的，你为他受了极多的毁谤和敌意，你的信心也因此显为纯全，这实在是神赐给我们今生宝贵的奖赏。正如基督所说，"你们要为我的名被众人恨恶。"① 同时这位出于神的圣道又说："应当欢喜快乐，因为你们在天上的赏赐是大的。"② 可见这神所赐下的果子、奖赏和荣耀在我们一切的患难缺乏上都是绰绰有余的。我们今生为主那微不足道的摆上，却让我们得着了神极其丰富的赏赐。与之相比，这世界算什么呢？这世界向我们卷动的狂风怒潮又算什么呢？是的，就算这世上的王子和主人与其相比也算不了什么，因为在那位与我们同在，受我们服侍，且在我们里面运行大能大力的神面前，③ 他们不过像露水般短暂，如气泡般易逝。这些真理难道不是你比我更为熟知的吗？

对你此时的受挫我亦深表同情。因此我祷告主，愿他的大能坚固你

① 《路加福音》21：17。

② 《马太福音》5：12。

③ 参《腓立比书》2：13。

的信心。

　　我深知勃兰登堡所发生的一切都在试炼着你的忍耐，因你对那地怀有极大的热忱，愿尽一切可能来服侍那里的人（然而他们的意向决定着事态的发展），即令为此损失自己的健康和生命也在所不惜。然而无论结果如何，我们都当在诸般患难中大有喜乐，因为我们所持守的信仰已如刺破乌云的太阳，照耀在这对神毫无感恩和敬虔的世代之上，正如我们的父神让太阳照着义人，也照着恶人一般。①这原是我们的荣耀，也是你的荣耀。因我们一切的教导都本是从神而来，所以无怪乎那些恨恶家主的人，也一样会恨恶我们的教导。②

　　我们的外体生活在这魔鬼的国度中，因此在今生我们本无任何属肉体的益处值得期盼。③然而我们里面那属灵的生命却活在基督的国度中，在那里我们可以时刻仰望主那无比丰富的荣耀和恩典，这便让经上的话"你要在你仇敌中掌权"④得着了应验。我们因着活在神的国度中，所以大有荣耀；而与此同时，我们在今生仍处在仇敌的重重包围中，因此总会目睹那诸般犯罪之事。然而在经历了荣耀与羞耻、捷报与丑闻、⑤爱与恨、朋友与仇敌之后，我们终将进入父神的国度，在那里我们将与众圣徒永永远远活在他的恩光爱谊之中。阿们。

　　在主里向你道别。

你的，

马丁·路德

1544 年 12 月 3 日

----

① 参《马太福音》5:45。

② 参《马太福音》10:25。

③ 原文中这句话主要由德文写成。

④ 参《诗篇》110:2。

⑤ 参《哥林多后书》6:8。

第六章　为急迫落难者的代求

致乔治·斯帕拉廷　　1522 年 6 月 7 日

　　1525 年萨克森选侯智者腓特烈去世以前，乔治·斯帕拉廷一直是他的秘书和心腹近臣。在宗教改革早年间，斯帕拉廷在选侯廷前是路德重要的协调人。在以下这封信中，我们看到有一位渔民有意无意间进入了选侯所划定的水域禁区，路德正因此事致信斯帕拉廷，希望他能为这位渔民求得选侯的饶恕。[原文为德文；*WA,Br,*Ⅱ,556.]

致杰出的绅士，乔治·斯帕拉廷先生，选侯的牧师，对我最有仁爱、体恤之情的挚友：愿恩惠、平安从基督归与你。　耶稣。　①

我亲爱的斯帕拉廷先生：

有位可怜的渔夫在一次捕鱼时过于靠近我仁慈主公所禁入的水域，虽然只此一次，然而他却难脱罪责。之前我曾与税官一同为他求情，现在我刚获知税官已将处置此案的责任完全交给了恩慈的选侯。因此我请你务必代我向选侯求情，使处罚的决议能得以更改。我获知此人已被判缴纳罚金 120 基尔德，我不求他能全免罪责，因所有人都必须敬重那在上掌权者的权柄，然而我实在不希望看到此人在受罚之后再无力谋生。因此请恕我冒昧建议能否改判此人数日的监禁，或命他在一周内仅以面

---

① 一种传统的祈愿句式，将耶稣之名放在信件或其他文本的开始。

包和水为生，以此来向众人昭示：处罚的目的是为要使人重新得到建
172 立，而非被拆毁。在我看来，对这穷困的渔夫如此量刑是恰当的。若犯事
的是有钱人，理应另当别论，让他们去承受高额的处罚。盼望你能多多关
照此事。

在此我将你交托在主的保守之中。

M.路德

五旬节前夕，1522 年

致乔治·斯帕拉廷　　1523 年 4 月 10 日

1523 年 4 月 5 日凌晨，12 名修女逃离了萨克森尼姆布申的西多
会修道院。与尼姆布申相邻的格里马（Grimma）在此之先接受了新
教信仰，路德的教导正是从此地传入了那所修道院。其中一些修女
正是受到了新教的影响，决意放弃与世隔绝的修道生活。在求助遭
到亲友拒绝后，这些修女便转向马丁·路德，后者与托尔高的莱昂纳
德·科佩一同为她们的逃跑提供了许多协助。最终，逃跑计划悄无声
息地顺利完成。逃出的 12 名修女中有 3 人即刻被家人接回家，剩下
的 9 名被转移到维滕贝格，在那里接受路德的保护。在以下这封信
中路德希望他的好友能够向选侯求援，用以支持这些修女。[原文
为拉丁文，*WA*,*Br*,Ⅲ,54 – 57.]

愿恩惠、平安归与你。

9 位出逃的修女，一群受尽患难的人，来到我这里。护送他们至此
的是几位托尔高诚实的公民（他们是莱昂纳德·科佩以及他的侄子和沃
尔夫·多米奇），①对此我实在没有理由怀疑他们是出于什么恶意。我

---

① 莱昂纳德·科佩曾是托尔高的一名商人，为当地修道院提供鱼和啤酒等物资。他有一个名为伊拉兹
马斯的侄子或表弟，后来成为了托尔高的市长。他还有一名身为裁缝的表兄弟。沃尔夫·冯·多米
奇很可能也是他的一个表弟。

非常同情这些修女，然而更引发我同情的是，四处那极多的修女仍在那可咒诅、不洁净的独身誓愿中遭受着生命的旷废和消亡。身为女性，她们原是极其软弱的，本应按照天性或者按着神的心意与异性结合，然而却因这人为的隔绝而被残害了。哦，那些妄自尊大的人，那些德国残忍的父母和亲友，那些与教皇一党的主教，将有何等的咒诅临到你们啊！是谁如此邪恶，竟令你们这样瞎眼和疯狂，干出如此残忍的暴行？然而此地再不容你们妄行。

你来信问我对这些修女将作何安排。首先我会通知她们的亲属，请他们将这些女子接回家中。如果她们的家人不愿意如此行，那我将会为她们想办法提供生活所需。有几个家庭已答应我可以接纳她们，若可行的话，我也会为当中的几位姊妹寻找丈夫。这些姊妹的名字是：玛格达莱妮·冯·施陶比茨①、埃尔莎·冯·卡尼茨②、阿瓦·格罗斯③、阿瓦·冯·舍恩菲尔德和她的姐妹玛格丽特④、拉内塔·冯·戈尔茨⑤、玛格丽特和凯瑟琳·策绍，以及凯瑟琳·冯·博拉。⑥这些姊妹是多么值得同情啊！人若能帮助她们，就是在服侍基督。当初正是神以奇妙的大能帮助她们从修道院中逃了出来。

我祷告神，盼望你也能行这慈惠之事，从你周围那些富裕的侍臣中间筹集一些款项，帮助我接济这些姊妹一两周，好让我在适宜的时候，将她们送至她们的亲友或那些答应为她们提供所需的人那里。我的迦百农人因着每日圣言丰富的传讲已大有长进，以致就在不久之前，我无法

---

① 是出逃修女中最年长的一位，她很可能是约翰·冯·施陶比茨的姐姐。相关请见 1545 年 3 月 27 日路德写给萨克森选侯约翰·腓特烈的信。
② 请见第三章 1527 年 8 月 22 日路德写给伊丽莎白·冯·卡尼茨的信。
③ 之后嫁给了约翰·马克思。
④ 前一位后来嫁给了巴西尔·阿克斯特医生，而后一位（是维罗妮卡而非玛格丽特）后来嫁给了布伦瑞克的一位弟兄。
⑤ 后来嫁给了神职人员亨利·金德。
⑥ 在 1525 年 6 月 13 日与马丁·路德结婚。

为某个穷人从他们那里借得 10 基尔德。①穷人们乐意奉献，却一无所有；富人们要么不肯相助，要么奉献得极其勉强，因此错失了在神面前蒙恩的机会，也浪费了我的时间。然而这却是世上常有的事，一切属肉体的人都如此行。我每年的薪俸不过 540 基尔德，②除此以外，市府再没有多给过我或我兄弟一分钱。然而我却对他们一无所求，好让我能像保罗对哥林多人所说那样，夸口自己是亏负了别的教会，而让他们白白地得着福音。③

还有一事我总想致信与你却常常忘记。我始终不明白为什么我们的殿下明明知道他的兄弟约翰公爵④的近臣是如此无能，令国力日渐衰败，却仍不愿邀请在治理方面极有才干的塞巴斯蒂安·冯·克特里奇希⑤出任要职。我当然希望克特里奇希能够为国家效力，然而我更为关心的是选侯与其大臣对国家的治理，尤其是我们未来卓越的执政者约翰·腓特烈⑥身边能有贤达能臣的帮助，使国力得以巩固，也能对人心的诡诈有更深的看见。我这样说是因我为目前一些大权在握的人心中不安，在我看来，他们是在浪费殿下的资财，用以肥己。我请求你以我的名义向殿下言明此事，因我切望那些国家的官员既能敬虔爱主，又有极强的才干。向你道别，请在祷告中记念我。

马丁·路德

复活节之后的周五，1523 年

致美因茨大主教阿尔贝特　　1525 年 6 月 21 日

从 1524 年到 1525 年，欧洲中部的农民进行了反对其领主的武

---

① 在此路德讽刺了维滕贝格的市民，参《马太福音》11:23。

② 9 *antiguas sexagenas*. 见 Jacob and Wilhelm Grimm, *Deutsches Wörterbuch*, IX（Leipzig, 1899）, 1433。

③ 参《哥林多后书》11:7。

④ 选侯腓特烈的兄弟及其继任者（1525 - 1532）。

⑤ 克特里奇希当时并未为选侯效力，之后他参与对萨克森各教区的巡视（1528 - 1530），并随同选侯一起出席了奥格斯堡会议（1530 年）。

⑥ 在其父 1532 年去世之后，约翰·腓特烈成为萨克森的选侯。

装暴动。《12 条款》可以看成是他们种种诉求的最集中体现，并且这份文本总体上得到了路德的支持。但是当农民为了急于改变现状而放弃和平的请愿方式，开始诉诸武力时，路德立刻全盘拒绝了他们的要求，并动员众领主对暴乱进行镇压。然而领主们之后镇压的血腥、残忍的程度却令人发指。以下这封信就是关于一名在镇压暴乱中被抓捕的农民，路德将此信致与一位负责当地教会事务的王子，特为此人请求宽恕。① [原文为德文；*WA*, *Br*, III, 547, 548.]

致尊贵的王子和殿下，美因茨和马格德堡等地的主教，勃兰登堡等地的选侯和总督，我仁慈的殿下：愿恩惠、平安从基督耶稣归与您。

尊敬的神父，尊贵的王子，我仁慈的殿下：

我获知一位艾斯莱本公民的儿子阿斯姆斯·京特尔，因协助他人攻击防栅而被殿下拘捕。他的父亲为此极其忧伤，他告诉我，他儿子当时绝没有参与暴行，只是凑巧在那里吃东西而已。这位老父一再恳求我向殿下求情，赦他儿子不死，我不得不向您呈上此信。我真诚地恳求殿下，记念暴乱的平息不是借着人的能力和计谋，而是出于神的恩典。这位神是如此的怜悯众人，尤其对掌权者，他更是显出了怜悯，愿殿下也能向那些可怜的民众显出怜悯和仁爱，使他们看到您属灵领袖的身份是在那属地暂时的权柄之上。深信此举必能让民众看到神恩典的信实而向神感恩，也向全世界显明殿下的所作所为并非旨在个人的益处。

今日的不幸在于有太多的人对神毫不感恩，以极其残忍的手段对付民众，毫不在乎自己这种暴虐的行径将激起神的义怒和民众再次暴乱的狂潮。那时的光景必将更加不堪，因神已命定那无怜悯的必要受无怜悯的审判。②

---

① 有关《12 条款》和路德针对农民战争发行的小册子，见 *Works of Martin Luther*, Philadelphia ed. , IV。

② 参《雅各书》2:13。

若有王子有意激起臣民的不悦、苦毒和敌视，他的所行实在极为愚蠢，终必自食其果。如果民众在自己当行的义务上行事顽梗、不服约束，四处煽动作乱，治理他们的王子当对其采取强硬措施。然而此时民众反叛的气焰已被打消，所以对于这群经历管教愿意回转的人，王子们应施以怜悯。要知道口袋塞得太满必会破裂。无论何时谦逊都有益处。此外，正如圣雅各所言："怜悯原是向审判夸胜。"①

我盼望殿下能以基督门徒的样式处理此事。在此我将您交托在神的保守之中。阿们。

殿下顺服的仆人，

马丁·路德

圣布希德日之后的周五，1525 年

致萨克森选侯约翰　　1526 年 2 月 21 日

很多修士因为宗教改革纷纷离弃了修道院，方济各会在维滕贝格的灰衣修道院（Gray Clister of the Franciscans）也是如此。1526 年初这所修道院只剩下五名修士，这些人均年事已高，早已丧失了适应世俗生活的能力。路德因此向王子致信，请求他向这些修士施以援手。［原文为德文；WA,Br,IV,34,35.］

特将此信呈与我仁慈殿下的手中，选侯和公爵约翰：愿恩惠、平安从基督归与您。

尊贵的王子，仁慈的殿下：

赤足修道院几位可怜修士的请愿，相信很快就会呈与殿下。的确，将有人从这些人的修道院获利，正如某些人已经从中获得了可观的资财

---

① 《雅各书》2:13。

一样，然而这却不能成为将这余下的几位修士驱逐出修道院的理由。这 176
几位修士年事已高，且身无分文，如果就此强迫他们无依无靠地还俗，
将会给殿下您、我们所有人以及福音本身的名誉带来极大的损害，深信
这也绝非殿下的本意。这些可怜的修士已无法自食其力，而他们周围的
人也不会照着当有的样式以基督爱人如己的心来善待他们，对此深信殿
下已有充分的了解。因此我恳请殿下颁布命令，许可这些年迈的修士能
够无限期地依靠修道院的产业为生。谁知道这些修士在世还有多少光
阴，又有谁知道他们当中将有哪一位将在末日坐在主旁审判我们众人。
在此我将殿下交托在主的保守之中。阿们。

马丁·路德

大斋期第一个主日之后的周三,1526 年

致文策尔·林克　　1529 年 5 月 21 日

以下这封信很可能是路德为马格努斯·佩尔松（Magnus Per-
son）而写，后者死于 1561 年，生前曾是维滕贝格的一名商人和议
员。在他死的时候，人们称他年少时因对拜偶像深恶痛绝而毅然离
开了家乡苏格兰(很可能是爱丁堡)。他在维滕贝格生活了近 33 年之
久。［原文为拉丁文；*WA,Br*,V,74,75.］

致尊敬的绅士，文策尔·林克（Wenzel Link）先生，纽伦堡的传道
者，我敬重的朋友：愿恩惠、平安从基督归与你。

我亲爱的文策尔：

在此我要将此信的持信人推荐给你，他因持守真理从家乡苏格兰被
驱逐至此。他有意与你会面，因此请我写下此信，希望你见信后能为他
提供必要的帮助。在我看来，此人曾在他的同族中备受尊敬，在经院神
学方面也有着颇深的造诣。若有朝一日他能说我们的语言，我们便能很
好地利用他的恩赐。我们理应按着当尽之本分来待这位弟兄，虽然我们

也处在穷乏之中，我们仍须收留他，相信假以时日他必于我们有益。

　　虽然这段时间菲利普不在我身边，我也生了病，但为了不让自己闲散，我还是完成了《智慧书》①的翻译。现翻译的文字已排版完毕，菲利普也帮助我作了校对。此外，苏黎世人莱奥·尤德的翻译②似乎受了茨温利的影响，读过之后我十分诧异，它竟是如此糟糕。在主里向你道别，也请你为我代祷。

你的，

马丁·路德

1529 年 5 月 21 日

致丹麦国王腓特烈　　1532 年 9 月 28 日

　　在丹麦国王腓特烈一世统治期间（1524－1533），之前因独裁统治而被推翻的国王克里斯蒂安二世曾密谋复辟，最终失败，沦为腓特烈的阶下囚。路德不仅曾致信安慰在狱中的克里斯蒂安二世（见第七章），同时也致信其继任者及表兄腓特烈一世，请求他能够对自己政治上的敌人予以恩待。路德的请求最终无果，克里斯蒂安在监狱中度过了余生（直到 1559 年），但免于被处死。［原文为德文，*WA*,*Br*,Ⅵ,368－370.］

　　致大有能力而极其尊贵的陛下腓特烈，瑞典和丹麦的国王，荷尔斯泰因的公爵，我仁慈的陛下：愿恩惠、平安从基督我们的主归与您，他为我们的罪而死，又为赐与我们生命而从死里复活。

　　尊贵而大有能力的国王，我仁慈的陛下：

　　陛下向来愿与您的表兄克里斯蒂安亲王和平相处，而神也将那荣耀

---

① 《所罗门智训》。
② 名为"苏黎世传道人"的莱奥·尤德（Leo Jud，1482－1542）于 1529 年在苏黎世出版了由他翻译的先知书和次经。

的得胜赐与您，这一切都让我相信陛下必然深知那审判万事的神是何等的公义和仁爱。尽管我能看出陛下是如此的深明大义，能出于对神的感恩和敬畏，谦卑地按着基督门徒的样式使用您得胜者的权柄，来对待我之前提到的您那位表兄。然而我仍要怀着心中的苦情和忧伤为我仁慈的殿下，亲王克里斯蒂安，向您表达我深深的关切。我始终担忧陛下会在小人的煽惑下最终失去对神的敬畏之心，而对那狱中之人行不义之举。

鉴于此，我斗胆将这封不配且无用的书信呈于殿下面前，并以我完全的谦卑恳求、奉劝陛下对您被囚的表兄施以怜悯。唯愿陛下能够效法耶稣的榜样：我们原是他的仇敌，他却甘心为我们而死。这并非是说我们也要为那些仇敌而死，然而我们却需要以怜悯为怀，善待他们。如果 178 您的这位表兄不是作为陛下的朋友，而是以锁链中仇敌的身份来到陛下面前，陛下尚且能以兄弟情分恩待他，那么，若此人放弃了一切非分之想（这是我确曾听说的），全心地降服在陛下面前，有如那浪子降服在慈父面前的话，陛下又将以何等的恩慈善待他呢？　鉴于这是何等大的自卑和悔改，同时也鉴于我们同样也切望蒙恩，从而能够站立在主面前，深望陛下能对那可怜的囚徒显出慈父般的恩惠和信实，从而以您崇高的舍己向神献上那荣耀的服侍。此外，我深信这善举必将在陛下临终之时带来极大的安慰。它不光会成为您在天上欢呼喜乐的源泉，也将使陛下在地上尊名远扬，为人称颂。这出于极大的爱心，做在名人身上的伟大善举，必将永远流传在您强盛的众民之中。这善举必将如同明光照耀，不仅在地上成为列国效仿的榜样，也将在天上为众圣徒和天使所称道、喜悦，神也必大大悦纳这善举。

因此，我仁慈的陛下，唯愿您能如此施恩，使之成为您信心的明证，对神荣耀作为的感恩。也愿那被囚之人能因此得着快慰，我们众人也将因此大有喜乐。这善举至终会成为陛下的喜乐，那时您也必将对那些建议您如此行的人心存感谢。然而如果您不以此善举为是，终有一日陛下会为此抱憾不已。

　　愿我们的主和帮助者基督赐陛下您充足的圣灵，好使神的旨意在诸般的境遇中都得以成就。阿们。

　　愿陛下宽恕我的冒昧之言，并能以仁慈之心予以采纳，因我所做这一切是神吩咐你我都当去行的，就是去关爱自己的同仁和兄弟。

乐意为陛下效劳的仆人，

马丁·路德

圣米迦勒日前夕，1532 年

致萨克森选侯约翰·腓特烈　　1532 年 10 月 17 日

　　十分令人遗憾，以下这封信中涉事者的名字和他们所犯的罪行，我们都已无从得知。乔治·斯帕拉廷在做阿尔滕堡牧师期间，曾关注过一起判决严厉，甚至在他看来有失公允的案件。一个年轻的女子和她的父母、亲友在这起案件中均遭受了刑罚。从路德 1533 年 6 月 10 日写给乔治·斯帕拉廷的信中①我们可以清楚看到，路德请求从宽处罚此事的努力也未见成效。在那封信中路德这样说："那个被流放的女孩到我这里倾吐苦情，恳求我能够给她一些帮助和建议，而她的父母已在她阿尔滕堡的家中被逮捕。在这起如此被判定的事件中，唯有神知道能借着我成就些什么。"［原文为德文；*WA*，*Br*，Ⅵ，377，378.］

　　愿恩惠、平安从基督归与您。

　　尊贵的王子，仁慈的殿下：

　　我从斯帕拉廷先生的信中获知阿尔滕堡有一位年轻的女子以及她的父母、亲戚被处以极重的刑罚，他为此大有忧伤。看到殿下在执政之

179

---

　　①　*WA*，*Br*，Ⅵ，501.

初①就如此仓促地对那些久居此地的尊贵人士施以重罚，让他们遭遇放逐、家产充公、投入监狱的命运，这一切实在令我难以置信。我不禁想到如此的判决结果是 D. C. ② 所促成的，或完全是出自他的意思。尽管如此，我仍要与对此仓促的判决充满不解的斯帕拉廷先生一同，将我们卑微的请求呈于殿下，恳求您能够从轻量刑。案件本身的性质并非恶劣至此，目前如此的重刑恐怕过于严厉，令民众尤感失望。此外，D. C. 案头书中的法律，或他心中的法律，并不是唯一的法律，更谈不上是神永恒的律法。D. C. 自己眼中的梁木已经足够粗了，因此实在不应将他如此严厉的法令（如果我能够如此形容的话）强加在那些如微尘般可怜的人身上。③

深信殿下知道当如何在恩典中处理此案。愿神时刻与您同在。阿们。

殿下谦卑的仆人，

马丁·路德

圣加鲁斯日之后的周四，1532 年

致萨克森选侯约翰·腓特烈　　1533 年 8 月 27 日

在阿尔贝廷萨克森的天主教公爵乔治从奥沙茨驱逐的新教信徒中（见本书第七章 1533 年 1 月 20 日路德的书信），有一对名叫弗兰西斯·冯·德·达梅和安娜的夫妻。在 1533 年 6 月 15 日，路德曾向他的主公约翰·腓特烈求援，希望他能够为这对夫妻提供帮助，然而却一无所获。也许是出于路德的多次请求，冯·德·达 180 梅最终在圣诞节前被任命为某修道院农场的管理者。这个职位很可能与他以前在奥沙茨所从事的职务非常类似。〔原文为德文；*WA*，*Br*，Ⅵ，515.〕

---

① 约翰·腓特烈在 1532 年继其父之后成为选侯。

② 很可能是选侯的大臣，克里斯蒂安·拜尔博士。

③ 参《马太福音》7:1-5。

致尊贵的王子和殿下，约翰·腓特烈，萨克森的选侯和公爵，图林根的领主，迈森的侯爵，我仁慈的殿下：愿恩惠、平安归与您。

尊贵的王子，仁慈的殿下：

我要冒昧地将两位敬虔之人，冯·德·达梅夫妇，谦卑地介绍给殿下。我曾在维滕贝格为此二人向殿下求助，殿下当时也恩待了这两位流放者，为他们题写一个字条，以此让他们能够在茨维考获得一个适宜的职分。尽管冯·德·达梅之后也得到了各种承诺，然而时至今日没有任何承诺兑现。我不在其位，也无从得知具体是什么原因造成了阻碍，然而有一件事我很清楚，冬季将至，这两位可怜人却因无家可归而忧心忡忡。因此我恳求殿下为这两位可怜的流放者施以援手，按着当初的承诺，让他们至今所盼望的得以成就。深信殿下将会在他们的患难和盼望中赐下恩惠。阿们。

殿下谦卑的仆人，

马丁·路德博士

圣巴多罗买日之后的周三，1533 年

致多萝蒂·乔尔格　　1534 年 4 月 27 日

多萝蒂·乔尔格（Dorothy Jörger）是与路德合作，为穷困的学生提供资助的一名寡妇，她曾为维滕贝格的神学生捐助过 500 基尔德。路德建议将一部分钱款用以投资获利，所取得的利润可用来资助两名学生每年的花销。在以下这封信中路德说明了到当时为止，这笔钱的使用情况。①[原文为德文；*WA*,*Br*,Ⅶ,60,61.]

愿恩惠、平安从基督归与您。

尊敬而贤德的妇人：

---

① 参 *WA*,*Br*,Ⅵ,273－275,407－410,461,462,546,547。

我盼望您能知道您慈善的捐献因蒙主恩已得到妥善使用，许多贫困的学生因此得到了帮助，深信这帮助也会延续到未来。我深信那位激励您行善的神，已向众人显明他何等悦纳您这感恩的奉献。神已借着他宝贵的儿子耶稣基督向您显明自己的诸般恩典，这恩典正是您所认信和赞美的。唯愿神让您在信心上大得坚固，愿那位在您心里动了善工的，成全这工，直到耶稣基督的日子。①阿们。

我自己以前并不知道，也无法相信在维滕贝格这个小镇和这座条件简陋的大学中，会有如此众多敬虔且满有恩赐的学生。他们为了学习圣经和神的话语，常年仅以面包和水充饥，忍受着苦寒霜冻。您慈惠的奉献对他们而言，实在是极大的祝福和喜乐。您所奉献的款项到目前为止，已由我捐出了一半，并且我也收集了受益人的信件和盖章作为收据，以此让您确信得到捐助的均是行为正直的年轻人，而非骗子或恶棍。我希望您能对奉献的使用有清楚的了解。在受益人中，安德鲁②从中获得了相对多的帮助，我曾给过他 10 基尔德，之后又给了他 10 基尔德。其他学生，有的得到了 2 基尔德，有的得到了 3 或 4 基尔德。我的很多好友在资助的分配上提供了建议，所有人都心怀感恩和喜乐。为了表达对您善举的赞许，受助的学生借迈克尔·斯蒂费尔（Michael Stiefel）③之手随信献上这本线装书。这位斯蒂费尔因为目前没有获得任何教区的接纳，我便给了他 10 基尔德。他也向您致以最真诚的问候。

愿基督与您和您家人同在。阿们。

马丁·路德博士

复活节第三个主日之后的周一，1534 年

---

① 参《腓立比书》1:6。
② 很可能是萨尔茨堡的安德鲁·许格尔（Andrew Hügel）。
③ 见第十章 1533 年 6 月 24 日路德写给迈克尔·斯蒂费尔的信。斯蒂费尔因为自己所持基督复临主义的观点，而没有得到任何教区的接纳。

致萨克森选侯腓特烈　　1534 年 6 月 5 日

　　为了限制宗教改革的扩散和影响，美因茨的枢机主教阿尔贝特在 1533 年禁止哈雷的居民前往附近的城镇参加任何新教的敬拜活动，然而谕令却毫无作用。1534 年的复活节期间，哈雷的新教信徒以及 17 名镇议会的成员拒绝了罗马天主教只领一种圣餐的做法。他们执意坚持新教的观念，结果遭到当局的逼迫，因此他们不得不在五旬节之前变卖所有的个人财产，接受被放逐的命运。流放者当中有很多人定居在德绍附近的克滕。在路德探访安哈尔特患病的王子约阿希姆期间，①这些人请求路德说服萨克森的选侯在他们与主教之间进行斡旋。[原文为德文；WA, Br, VII, 68 - 70.]

182

　　致尊敬的王子和殿下，约翰·腓特烈，萨克森的公爵，神圣罗马帝国的选侯和元帅，图林根的领主，迈森的侯爵，我仁慈的殿下：愿恩惠、平安从基督归与您。

　　尊贵的王子，极仁慈的殿下：

　　从哈雷遭到流放的那群敬虔信徒向我请愿，情词迫切使我难以拒绝，特此致信殿下。从他们的请求中殿下可以得知，这群信仰虔诚的人遭受了那一贯背信弃义之人的苦害。主教所流无辜之人乔治先生②的鲜血已从地里发出声音，而他所极力扬言的审判必要临到自己身上。若殿下能以自己的地位帮助那些敬虔的人，以口头或书面的形式将这流人血的罪公之于众，这实在是一件合乎圣徒体统的恩惠且有益的作为。此外，我也愿因神的缘故，谦卑地恳请殿下尽可能为那些受逼迫的人施以援手，不要因他们反复的求助而心生厌弃。

---

①　见第三章 1534 年 5 月 23 日和 6 月 26 日路德写给安哈尔特的王子约阿希姆的信件。

②　从 1523 年起乔治·温克勒就任哈雷的新教牧师，1527 年 4 月 23 日遭人谋杀。"Tröstung an die Christen zu Halle"；见 WA, XXIII, 390 - 434。

愿神让那怯懦软弱之人因认识到自己罪行的深重再一次恐惧不安，①好让他收敛一切恶毒的诡计。愿基督快快在他身边赐下一个敌人。阿们。

在此我将殿下交托在主的保守之中。阿们。

殿下顺服的［仆人］，

马丁·路德

圣三一日之后的周五，1534 年

致弗朗西斯·布克哈德　　1536 年 8 月 22 日

关于这封信中提到的那位患精神病的女性，除了信中提供的信息之外，我们对她的具体情况一无所知。这位妇女很可能是在疾病发作时犯事被捕的。在以下这封信中，路德为这位妇女向有权处罚她的官员求情。他特别提到了这位妇女的女儿，她因自己母亲的病情承受了许多不幸。［原文为拉丁文，*WA*,*Br*,Ⅶ,508,509.］

致尊贵的绅士，弗朗西斯·布克哈德（Francis Burkhard）大人，萨克 183 森的代理大法官，我在主里亲密的挚友：愿恩惠、平安从基督归与你。

我亲爱的代理大法官弗朗西斯：

我请求你察验我为那位年老且精神失常的妇人克罗伊茨宾德代为求情是否有益。她的女儿一直向我流泪哀求。这样的事情发生在这位老妇人身上已不是第一次了。她向来易于动怒，这是她的邻居律师布兰克②可以作证的。现在我们常常拿他的一次经历说笑：有一次他隔着两家的围墙与这位妇人争吵，双方都因此动怒，最后他在那位手握长矛的妇人面前落荒而逃。

---

① 1521 年 12 月 1 日路德所写的信；见 *WA*,*Br*,Ⅱ,405。

② 律师克里斯托弗·布兰克。

相信王子并不愿意对这位精神失常的老妇人处罚过重，尤其是因为她是一名寡妇，并且全镇的人都知道她精神不正常。你可以完全按我的话——即这妇人是患精神病的——将这件事禀于殿下。因此在她接受了相应的处罚之后，我仁慈的殿下完全有理由将她释放。毕竟惩罚对她而言已起不到任何作用，也不能令她更为理性。①

除此以外，我还必须为她未出嫁的女儿着想，这孩子因母亲的精神病已经承受了太多的不幸。她现在已成年，通晓事理，因此我很盼望她能嫁给一位值得托付终身的人。然而这些厄运加上她母亲的状况，却令那些有意娶她的人越来越疏远她。从中我们看到苦难如同锁链将活在世上的人捆在了一起，然而怜悯却能打破这一切的锁链。

因此，请告诉我此时是否适合为这位母亲求情。如果可以，我非常乐意。我感到难过，不只在主里向你道别。是为着这位母亲或她将来的女婿，更是为着这可怜的女儿。

在主里向你道别。

马丁·路德博士

圣亚加比多日之后的周二，1536 年

致乔治·斯帕拉廷　　1536 年 9 月 28 日

1533 年 3 月 29 日，路德曾写信给乔治·斯帕拉廷，希望他为一位曾作过修女的伊丽莎白·冯·赖因斯贝格提供帮助。当时这位姊妹失去了阿尔滕堡女子学校的教师职位，而且也没有必要的谋生手段。从以下这封信中我们可以看出，三年后这位姊妹仍处于缺乏之中。[原文为拉丁文；*WA*,*Br*,Ⅶ,551.]

184

致尊贵的绅士，乔治·斯帕拉廷先生，阿尔滕堡教会的牧师和主

---

① 本段最后三句话是由德语写成。

教，我在主里的挚友：愿恩惠、平安从基督归与你。

我亲爱的斯帕拉廷：

我请求你只要布利斯格先生①一回到阿尔滕堡，你便要尽己所能与他配合，为那可怜的姊妹埃尔希·冯·瑞恩斯伯格提供帮助。无论如何都要让她在你们那里不为饮食担忧，也要保护她不受任何人的伤害。谁能知道我们在哪位可怜的行乞者身上所做的善工，可以让我们因此得着服侍基督的荣耀呢？

当前我所见到的一切都令我心中不安，我担心很快神的恩言将会从我们中间收回，这都是因为那些忘恩负义之举和我们对神话语的轻视。几乎所有的教会都认为可以将穷人送到维滕贝格来，好让自己的重担得脱。我们每天都会遇到这样的事情。没有人再愿意去行善帮助穷人。②与此同时，所有人都在为着追逐私利而如痴如狂。任凭③这世界朝着它的结局狂奔而去吧。在主里向你道别，也请为我们祷告。

你的，

马丁·路德博士

圣马太日之后的主日，1536 年

致萨克森选侯约翰·腓特烈　　1537 年 5 月 29 日

沃尔夫·沙尔罗伊特尔是一名茨维考的羊毛商人，1535 年他被控伪造货币。有一些假波希米亚硬币被认定是通过他流入了市场。虽然他宣称自己并非蓄意从事假币欺诈的行为，但他仍遭受了拘捕，并被判处终身监禁。之后在其亲属的请求下（此人有一位兄弟是茨维考教会诗班的指挥），路德为此人在萨克森选侯面前求情。最终沙尔罗伊特尔在被囚四年之后获释。［原文为德文；*WA*, *Br*, VIII,

---

① 布利斯格是阿尔滕堡的一名牧师。
② 这句话的原文是德文。
③ 这个词的原文是德文。

85 – 87.]

致尊贵的王子和殿下，约翰·腓特烈，萨克森的公爵，神圣罗马帝
185 国的元帅和选侯，图林根的伯爵，迈森的侯爵，我仁慈的殿下：愿神因着
我不配的祷告将恩惠、平安赐与您。

尊贵的王子，仁慈的殿下：

被囚之人沃尔夫·沙尔罗伊特尔敬虔的亲属请求我致信殿下（之前
他们也以万分急迫的心情致信我的殿下约翰公爵），①愿殿下能仁慈地对
沙尔罗伊特尔的终身监禁予以减刑。之所以如此请求，是因为正如他们
信中所言，之前的判决对那犯人而言存在极大的危险。②我深信良善的
殿下必会考察、权衡这些因素，并采取相应的措施。如果事情确实如他
们所言那样危险，那么这种特殊情况确实值得我们再作考虑。

虽然对于这类刑事案件我个人的经验不允许我轻易地为他人代求，
然而对于那些穷苦的人，若是情况许可，我仍然不愿拒绝他们的请求。

我将这件事交托在殿下满有怜悯的考察之中。愿神的恩典和同在掌
管并保守殿下直到那救赎的日子。阿们。

殿下谦卑的臣民，

马丁·路德博士

圣三一日之后的周二，1537 年

致所有敬虔的基督徒和朋友　　1538 年 5 月 24 日

许多学生、访问者和乞丐从远近各处慕名来到维滕贝格。以下
这封信所谈及的主角正是许多从异国赶至维滕贝格难民中的一员。
在早先路德书信的版本中，隐约地提到此人名为摩尔。虽然如此，

---

① An m. gnedigen herrn Hertzog Johans Ernsten gethan.
② 所说的这封信现在已经佚失，因此我们不清楚沙尔罗伊特尔亲属所提到的危害具体是什么。

后来人们发现这人很有可能是一位名叫弗朗西斯·墨伽拉（Francis Megara）的希腊人。此人在同时期菲利普·梅兰希顿和其他人的著作中均有提及。[原文为德文；*WA*，*Br*，VIII，228，229.]

致所有在基督里敬虔的信徒和朋友：愿恩惠、平安从主归与你们。

我向你们介绍这位敬虔的弟兄，弗朗西斯先生，他从远离德国的异乡而来。无论他来到谁的舍下，我都希望你们能够为他提供帮助。有很多敬虔的人因为逃难或求学的缘故来到维滕贝格，人数之多和负荷之重已令在穷乏中的我们无力承受。维滕贝格声名在外，这些人因此来到这 186 里，盼望我们能够为他们提供必要的帮助，然而他们实际所能获得的却远远少于他们的期望。鉴于此，那些没有像维滕贝格一样天天背负如此重担的邻近城镇，实在应该向这些人施以援手。谁能知道神不是借着这些人来试验我们爱心的实在而亲自来到我们中间呢？又有谁能知道神对这些人有着怎样的心意呢？

有些外邦人在以色列人中间也找到了避难所，并且最终显出比以色列人更加有义，比如《路加福音》中第十个长大麻风的病人，[①]以及迦百农的百夫长。[②]从这里我们认识到我们应该为着基督的缘故帮助这样的人。在如此行的时候，尽管有时我们可能会将神的恩赐用在邪恶之子身上，但我们还是要坚持，因为我们不应当让那些敬虔的人因为恶者而受苦。

愿众人都能照着自己良心的感动行事。

在此我将你们所有的人交托在主的保守之中。阿们。

马丁·路德博士
复活节第四个主日之后的周五，1538 年

---

① 《路加福音》17：15。
② 《路加福音》7：9。

致萨克森公爵莫里斯　　1541 年 9 月 17 日

大约在 1520 年，一位叫路加·皮蒂希的年轻人成为萨克森德累斯顿奥古斯丁修道院的一名修士，并且将自己的祖业也转交给了这所修道院。在 1539 年之前，他离开了修道院，而他的产业也被阿尔贝廷萨克森的公爵所没收。路德在此请求莫里斯（Duke Maurice）公爵能够全部或至少部分地将皮蒂希的产业归还给他，从而使此人得以维生。[原文为德文；*WA*, *Br*, IX, 516, 517.]

致高贵的王子和殿下，莫里斯，萨克森的公爵，图林根的伯爵，迈森的侯爵，我仁慈的殿下：愿恩惠、平安从基督归与您。

尊贵的王子，仁慈的殿下：

路加·皮蒂希现在是一所乡村教会的杂役，生活非常窘迫，他曾经是德累斯顿奥古斯丁修道院的修士。他在少不更事时听信了他人的劝说，成为一名修士。那时正值福音得以自由传播的初期，①之后很快他又将其父的产业转移到了修道院。如殿下所知，乔治公爵②曾极其强烈地反对福音，在此期间皮蒂希被迫秘密逃离了修道院，而他父辈传下的地产和其他产业均未能收回。因为他没有任何积蓄，现在正忍受着贫寒，所以他谦卑地请求殿下鉴于当年他是在他人诡诈的唆使下才放弃了父辈的产业而以怜悯恩慈为念，按照合宜的比例将修道院的产业归还给他，好使他在穷困中得以维持生计。

深信殿下必能看明这要求是正当的，并且此人是出于贫困才求您施以怜悯，因此我盼望殿下能够恩准我为此人代求。我知道如此的善举对殿下而言并不会带来什么负担，因对于这样的请求，殿下只需同意一次

---

① 即在宗教改革运动的初期。
② 阿尔贝廷萨克森的公爵乔治死于 1539 年，他生前曾强烈反对宗教改革。

便可,无须反复地考察请求,频繁地予以资助。如果这慈惠之事会令殿
下受累,我更情愿让殿下免受烦扰。然而对于目前的情况,我却愿意为
此人代求,因我能了解殿下日理万机的忙碌,[1]那些有关永生和今生、
又大又难的事已足以让殿下挂虑劳心。

在此我将殿下交托在主的保守中。阿们。

乐意为殿下效劳的仆人,

马丁·路德

圣兰伯特日,周六,1541 年

致耶罗梅·鲍姆格特纳　　1541 年 10 月 3 日

一名身份不明的英国人,带着安德鲁·奥西安德的荐信,自称是
英格兰主教托马斯·克兰默(Thomas Cranmer)的亲戚,来到了维滕
贝格。与他同来的还有一个孩子,估计很可能是他的儿子。此人有一
天突然不辞而别,将那个孩子留在了路德家中。在这封信中,路德
希望纽伦堡有孤儿院能够收留这个孩子。此事最终得以成就。[2][原
文为德文;*WA*,*Br*,IX,527 – 529.]

致尊贵的绅士,耶罗梅·鲍姆格特纳(Jerome Baumgaertner)博士,
纽伦堡的贵族和议员,我在主里的挚友:愿神垂听我不配的祷告,将恩
惠、平安赐与你。

尊敬、卓越、亲爱的先生和挚友:

有人使用诡诈的伎俩将一个来自英格兰的孩子遗留在我家中,你是
我值得信赖的人,因此我特将这个孩子送到你这里。当初有人带着奥西
安德博士的荐信将这孩子带给我,奥西安德博士很可能也被那人所骗。

---

① 莫里斯公爵在 8 月 18 日刚刚继位。
② 关于此事更多的细节,请见菲利普·梅兰希顿的信件,*C. R.* ,IV,661,662,696。

188 你知道我们这里已经有太多的乞丐，而这个孩子尚需要专人照顾，来给他洗浴和喂食（这是我无法负担的）。因此我祷告主，盼望你能帮助我说服纽伦堡的某位绅士，从你们那里收养这名弃儿。 维滕贝格，尤其是我，所负的担子已经过重了，我们所承受的实在超过了我们的力量。

愿神保守我不要再遇上类似的骗局。①也唯愿你能尽力帮我减轻这出于他人的诡诈而强加给我的重担。

你曾经喜欢的那女子，②现在更是因为你那为人称道的美德而对你萌生了新的敬慕。她由衷地向你致敬，并祝愿你一切安好。在主里向你道别。

你的，

马丁·路德

1541 年 10 月 3 日

致萨克森选侯约翰·腓特烈   1545 年 3 月 27 日

1545 年 3 月 26 日，约翰·施陶比茨的一位寡居的亲友致信路德（即以下路德提到那封内附的信）。 信中陈述了她目前生活的艰辛，同时也向路德倾诉了自己被亲友剥夺了子女继承权的可悲境遇。因着路德为她的代求和进言，选侯派专人调查了相关的情况。然而从现存的书信中我们无从得知事情最终的解决是否有利于这名寡妇。以下这封信的价值在于，它让我们看到路德对施陶比茨的感恩之心，之前路德正是在他的帮助下才对福音有了真正的认识。

[原文为德文；*WA*,*Br*,XI,63 - 67.]

致尊贵的王子和殿下，约翰·腓特烈，萨克森的公爵，帝国的元帅

---

① 路德在这里由德文转为拉丁文。

② 这里所说的是路德的妻子。在她刚从修道院逃跑出来的时候，路德曾有意将她许配给鲍姆格特纳。

和选侯，图林根的领主，迈森的侯爵，马格德堡的司令，我仁慈的殿下：愿神因着我不配的代祷将恩惠、平安赐与您。阿们。

尊贵的王子，仁慈的殿下：

年老、敬虔的妇人玛格丽特·冯·施陶比茨给我写了一封信，内附于此信之中。从这封信中殿下将会获知这位年迈寡居的妇人遭遇了怎样的厄运。她是通过施陶比茨博士急切地求助于我，而（如果我不想成为一名受咒诅、毫无感恩的教皇党徒的话，就必须承认）后者是我在基督里属灵的父亲，我现在所坚守的信仰起初正是他引导我认识的，因此施陶比茨博士若是到今日仍活着，任何他希望我给予帮助的人，我都绝不会推辞。所以我谦卑地恳求殿下能够因着我和施陶比茨博士的缘故施恩与这位妇人。她亲属待她的所作所为若真是按着她所言的那样，实为不善，因为那些贫穷寡妇的需要不应被他人所忽视。

在此我将此事交托在我们亲爱的主手中。阿们。

殿下顺服的仆人，

马丁·路德博士

1545 年 3 月 27 日，主复活的日子

第七章　给被囚者和受逼迫者的鼓励

致约翰·施万豪森　　1523 年 3 月 7 日

　　约翰·施万豪森（John Schwanhausen）是维滕贝格大学早期的毕业生，曾被任命为巴伐利亚州班贝格市圣冈高夫（St. Gangolf）的传道人。早在 1520 年，施万豪森就已经开始认同许多新教的观点，在 1523 年春天他的天主教主教对他进行了严厉的谴责。一年以后，被撤销圣职的施万豪森逃至纽伦堡。施万豪森死于 1528 年 9 月 1 日。路德很有可能是通过约阿希姆·卡梅拉留斯了解到施万豪森的观点和行为，后者在路德写此信的几个月之前，曾因为母亲的去世而回到家乡班贝格。[原文为拉丁文，*WA*, *Br*, III, 40, 41.]

　　致班贝格市圣冈高夫的传道人，杰出而博学的绅士：愿恩惠、平安从主基督归与你。

　　亲爱的先生：

　　虽然我们彼此互不相识，然而因着神的恩典，你所传讲的那位主①（正如班贝格市的居民所见证的）却是你我所共同认识的。正是为此我内心大有感动，至少也要通过书信与你相识，并向你致以问候。通过这书

---

① 耶稣基督，参《哥林多前书》1:23。

信的联系，正如保罗所言，我们就可以因着彼此的信心同得安慰。①亲
爱的弟兄，要鼓起勇气，奋勇向前，当坚固你的心，等候耶和华。②因
主说："'仆人不能大于主人。'他们若逼迫了我，也要逼迫你们。在世上
你们有苦难，但你们可以放心，我已经胜了世界。"③然而为什么我要在
此安慰一个比我信心更坚固的人呢？唯愿你为着我们的信心向神扬声，
并在神的面前为我代祷。在主里祝你一切平安。阿们。

马丁·路德

致三位宫廷侍女　　1523 年 6 月 18 日 191

阿尔贝廷萨克森信奉天主教的乔治公爵，因发现弗赖贝格宫中
妻子的三位侍女正在读一些路德的著作而将她们赶逐出宫。路德认
为这样的结果是公爵的大臣沃尔夫冈·施特林一手造成的。路德的
朋友尼古拉斯·冯·阿姆斯多夫请求路德给这几位年轻姑娘写一封
安慰的书信，于是便有了此信。［原文为德文；*WA*,*Br*,Ⅲ,92－94.］

致尊敬而有贤德的年轻女士，汉娜希·冯·德拉施维茨（Hannach
von Draschwitz），米莉亚·冯·厄尔斯尼茨（Milia von Oelsnitz），以及乌
尔苏拉·冯·法伊利奇（Ursula von Feilitzsch），我在主里特别的朋友：
愿恩惠、平安从基督归与你们。

尊敬而有贤德的年轻女士们：

尼古拉斯·冯·阿姆斯多夫将你们因我的书在弗赖贝格宫中所遭受
的伤害和羞辱告诉了我，同时他也请我给你们写一封安慰的书信。虽然
我深信你们并不需要人的安慰，而且我也不习惯于给不相识的人写信，

---

① 参《罗马书》1：12。
② 参《诗篇》27：14。
③ 《约翰福音》15：20，16：33。

但我实在没有理由拒绝尼古拉斯这样的请求。

首先我要对你们提一个恳切而友好的请求：我希望你们能够心态平和地看待此事，对于那陷害你们的人不要以恶报恶，也不要心存怨恨。此时你们更应该顺服圣保罗的教导，他说："被人咒骂，我们就祝福。"①在《马太福音》6章中基督也说："只是我告诉你们：要爱你们的仇敌，为那逼迫你们的祷告。"②你们也要如此行，好显明你们是被神的恩典所光照的，而迫害你们的人却是瞎眼无知、冥顽不灵的，并且那些人给自己的灵魂所带来的伤害，超过了整个世界所能加害于他们的。要知道，若只让那些以不公待你们、疯狂抵挡神的恶人足足地受尽报应，仍是令人遗憾的。可见你们对他们施以怜悯本是合宜的，因你们已经看到他们是何等的疯狂、无知，竟在自己要定意伤害你们的时候，无法意识到自己已陷入何等可怕的境地。所以你们当等候神，让他来施行报应，神会因着你们所受的迫害大大赏赐你们，让你们得以被高举，超过你们的所求所想，所以唯愿我们不要自己申冤，而将所有的事都交托给神。

192　　如果你们凭着良心的感动而觉察到自己是因为某些原因才遭遇了这样不公的对待，也不要为此担忧，事实上这正是你们蒙恩的记号，显明基督借此正在呼召你们悔改。要知道你们若定意报复那逼迫你们的人，最终只会一无所成，因为神的心意就是让你们受苦，并且神并不允许除他以外的任何人来施行审判和报应，这正如他借着先知所言："摸你们的，就是摸他眼中的瞳人。"③那个瞎眼的恶者沃尔夫·施特林就是那挑唆者，对此我深信不疑。然而神的审判却超过他的眼界，将来他所承受的痛苦是何等可怕啊！

我亲爱的姊妹，你们要如此行，让你们的朋友也如此，这样神的恩

---

① 《哥林多前书》4:12。
② 《马太福音》5:44。
③ 《撒迦利亚书》2:8。

典和平安就必与你们同在。阿们。唯愿你们能欣然接受我的话。

马丁·路德

圣维塔日之后的周四，1523 年

致尼德兰的基督徒　　1523 年 8 月

1522 年 10 月 6 日，皇帝查理五世在低地国家的摄政王玛格丽特，以同情新教的罪名，拘捕了安特卫普的奥古斯丁修道院的所有人员。其中大多数被无罪开释，其他人成功逃脱，然而最后仍剩下三名修士被囚于狱中。他们是亨利·福斯（Henry Vos）、约翰·范·登·艾申（John van den Esschen），以及兰伯特·托恩（Lambert Thorn）。他们被要求公开放弃新教信仰，并被押往布鲁塞尔，在那里被控为异端。前两位奥古斯丁会修士因为坚持自己的信仰而被定罪，在移交给政府之后，于 1523 年 6 月 1 日被处以火刑。对于第三位修士兰伯特·桑恩，逼迫者给他更多的时间要他反省。福斯和艾申因此成为最早的新教殉道士，他们的死在当时也引起了轩然大波。因此路德以传单的形式写了以下这封信，致尼德兰的新教信徒。［原文为德文，*WA*，XII，73 – 80.］

致荷兰、布拉班特以及弗兰德斯所有在基督里我所亲爱的弟兄，以及所有信奉基督的信徒：愿恩惠、平安从神我们的父，以及我主耶稣基督归与你。

愿颂赞、荣耀归与那赐诸般怜悯的父，他让我们得以见到他那奇妙的真光。之前我们被迫降服在那可怕的黑暗权柄之下，服侍那敌基督者的种种可耻谬行。因这样的罪，神的真光向我们隐藏。然而现在神施展救恩的时候已经来到，地上百花开放，斑鸠的声音在我们境内也听见了。①

---

① 《雅歌》2:12。

193 　　我亲爱的弟兄，你们并非是唯一享受这福音的人，然而在那些将这极大的喜乐带给我们的人中你们却居于前列。因为在列国的众民中你们不光得着了那听闻福音的特权，更拥有那首先为基督的缘故，忍受羞辱和伤害、忧虑和苦楚、监禁和死亡的特权。如今你们是如此的信心坚定，多结善果，竟能以自己的鲜血来浇奠、彰显这福音的使命。在你们中间的亨利和约翰，如同基督的珍宝，在布鲁塞尔显出了自己生命的无可指责，并以此大大地荣耀了基督和他的圣言。他们的灵魂所承受的苦楚是多么的至暂至轻啊，然而当他们与再临的基督一起公义地审判那些以不公的手段杀害他们的人时，将会彰显出何等的荣耀和永恒的喜乐啊！对于那些如《诗篇》所言，知道自己的血在耶稣看来有多么宝贵，自己的死在神眼中是多么无价的信徒而言，[①]这世界对他们的羞辱和残杀是何等的微不足道啊！与神相比，这世界算得了什么呢？可以想见众天使如今是怀着何等的喜乐在看着那两位弟兄的灵魂啊！那将他们从这罪恶败坏的世界带至那永远生命的彼岸，从这丑陋羞耻的世代带至那永恒光辉之荣耀的火焰，是多么乐意为他们而燃烧啊！赞美、感谢主直到永远！他让我们这向来跪拜惯了假圣徒的人，能够在有生之年得听那真圣徒和殉道者的事迹。在我们这些德国人中，虽有很多现在也正遭受着逼迫，并且未来也将如此，但与这两位弟兄宝贵的见证和向基督所献上的馨香之祭相比，却是极为不配的。

　　因此我亲爱的弟兄们，你们要在基督里大有喜乐，为他在我们中间开始成就的这些神迹奇事而献上感恩。他用那又新又奇的作为将自己的生命活画在我们面前，让我们看到现在就是那神的国不在乎言语、只在乎权能的时代。[②]借此我们也明白了什么是"在患难中要喜乐"[③]，什

---

① 参《诗篇》9：13，116：15。

② 参《哥林多前书》4：20。

③ 参《罗马书》12：12。

么是以赛亚所说的"我离弃你不过片时，却要施大恩将你收回"①，以及什么是《诗篇》90 篇中神所说的"他在急难中，我要与他同在。我要搭救他，使他尊贵，因为他知道我的名"。②因此让我们因着这眼前的患难以及那所应许的极大安慰，心意更新而变化，大有信心和喜乐地将自己交托在主的手上，仿佛那将宰的羔羊一般。主曾说（在他毫无谎言），"就是你们的头发，也都被数过了"。③任凭我们的仇敌咆哮叫嚷说这些 194 圣徒是胡斯派，是威克里夫派，是路德派吧，我们无须为此惊讶，反要更加信心坚定，因为总有人会嘲笑主的十字架。然而那位审判者并未远远站着，他的作为远超过仇敌的眼界，这是我们所确信的。

亲爱的弟兄，请为我们祷告，你们也要彼此代祷，好让我们在信心中彼此坚固，我们众人也能在灵里合一，连于那元首耶稣基督。愿颂赞、感恩从你们和所有受造物归与他，直到永永远远。阿们。④

马丁·路德，维滕贝格的传道人⑤

致里加、塔林和塔尔图的基督徒　　1523 年 8 月

因为路德著作的广为传播，利窝尼亚（今天的拉脱维亚和爱沙尼亚）早在 1521 年就逐渐呈现出倾向于改教的趋势。当地许多贵族和骑士都支持新教，同时还有效地阻止了当地高级教士反改教运动的措施。在 1522 年 8 月，里加市议长约翰·勒米勒致信路德，告知他当地有两名新教牧师，并请求路德致他们一封问候和激励的信。⑥以下这封信便是路德的回复，他不光将此信致里加（位于拉脱维亚）的

---

① 《以赛亚书》54∶7。
② 参《诗篇》91∶14,15。
③ 《马太福音》10∶30。
④ 在印发的传单中，此信之后还附有一篇名为《两名奥古斯丁修道院的基督徒被焚于布鲁塞尔之原因》的文章。
⑤ E. W. , i. e. , Ecclesiastes Witebergensis.
⑥ 1522 年 8 月 20 日的信件；见 WA, Br, II, 590 – 593。

新教信徒，同时也将其致塔林和塔尔图（均位于爱沙尼亚）的新教
信徒。这封信对于新教与天主教之间教导的差异作了一个总结。
［原文为德文；*WA*,XII,143 - 150.］

致亲爱的朋友和神的选民，致利窝尼亚的里加、塔林以及塔尔图所
有的基督徒，在基督里我亲爱的先生和弟兄：愿恩惠、平安从主归与你
们。

我亲爱的先生和弟兄：

我通过信件和各种流传的消息获知，神 —— 就是我们主耶稣基督的
父 —— 也在你们中间兴起了那奇妙的工作，借着他真理荣耀的真光照耀
了你们的心，并且大大祝福了你们，让你们满心喜乐地接受了真理，就
是神那真实无伪的话语。我们这里的大多数人既不愿意听这真理，也不
愿看到它的广传。然而我们这里的王子、主教和所有凶猛的巨兽越是攻
击、毁谤、咒诅、迫害这真理，神赐给我们的恩典就越丰富、奇妙。那
些仇敌已将很多人下入监中，就在最近他们刚刚烧死了两名圣徒，①因
此在我们的时代又有新的殉道者归入天家了。我为你们这显在这末世中
的信徒有何等的喜乐，因你们正如《使徒行传》14 章中的外邦人，满心
喜乐地接受了这能拯救你们的圣言。②对此我们这个时代那些活在耶路
撒冷 —— 哦，不，更应当说是巴比伦 —— 的"犹太人"不光轻视这道，
还拦阻这福音传给他人。对这样的人圣保罗说："神的愤怒临在他们身
上，已经到了极处。"③与之不同，你们却活在恩典的统治中。

因此，我亲爱的弟兄，你们要感谢神的恩典，并且要深信有一天你
们要显现在神面前，这样你们就不会徒受神的恩典。④最重要的是，你

---

① 关于亨利·福斯和约翰·范·登·艾申的殉道，见上述信件《致尼德兰的基督徒》。
② 参《使徒行传》14:27。
③ 《帖撒罗尼迦前书》2:16。
④ 参《哥林多后书》6:1。

们要小心，不要变成加拉太人的样式。他们有着极其荣耀的开始，有了敬虔、纯正、良善的圣徒样式，然而没多久就被骗子带到靠行为称义的错误道路上，从此误入歧途。①毫无疑问，豺狼也会进入你们中间，特别是当那些神现在所差派给你们的良善牧者走错了路，毁谤正道，并要带你们回头去往埃及时，你们将会遇到极大的危机。因为在那里你们所服侍的将会是魔鬼，而非神，你们的敬拜也将沦为错谬和虚空。神从高天之上赐下真光照亮你，正是要救你脱离这样的罪。不仅如此，神还继续做这拯救的工作，好让你真知道他，并且能够确信在我们一切的罪孽过犯中，无论是在死时、在急难之中，还是在任何所需上，也无论是今生的事，还是永生的事，唯有他从亘古到永远才是我们的主、祭司、教师、主教、父亲、拯救者、帮助者、安慰者和保护者。

你们已经知道，任何人只要相信耶稣基督是借着他的血，而非我们丝毫的功德，并且按着父神的心意和怜悯，成为我们的救主和灵魂的监督，那么单凭这信心，无须丝毫功德，这人就已完全地得着基督，他一切所信也从此得以成全。因为基督的血无疑不像我的血或你的血，所以我们不能借着禁食，或参加弥撒，来亲近他，而只能借着信心，正如保 196罗在《罗马书》4章中所说："所以我们看定了，人称义是因着信，不在乎遵行律法。"②这样的信心必然会让我们满心欢喜，与神和好，并且也必然让我们能够爱神，从此我们看明正是神的旨意和他向我们乐意施恩的仁爱，我们才得以来到神面前，借着耶稣基督与神和好，并可以不惧任何生死患难，欢欢喜喜地等候神。何处缺少了这样的信心，何处就充满了瞎眼和不信，在那里我们甚至看不到神任何的工作和眷顾。

以前你们也落在这样的光景中，听到的所有教导都是要让我们靠着自己来称义，就是靠着我们的行为、靠着我们对罪的离弃，并靠着我们

---

① 参《加拉太书》3:1。
② 《罗马书》3:28。

的苦修（就如所指定的许多禁食、祷告、朝圣、弥撒、守夜、男士修道、女士修道和祭祀）①来得救。事实上所有这些教导都是出于魔鬼，是亵渎真神的，因为它们都在假冒那些唯有借着耶稣所流宝血才可以成就的事情，这些错谬的教导将那唯有神的圣言和他的作为可以成就的事情，归结为人的说教和功德。然而那出于真信心的光照却显明了所有这些错误教导的虚妄、幽暗和恐怖，它们是远离基督毫无神恩的，因此也弃绝了那在神里面基督所成就的大功。事实上，唯有基督的作为才是我们进入神家的保障，因此也是我们作为基督徒在世所最当看重的事。

在领受了这真理之后，你们又听到说那真信徒已不欠任何功德的债，唯要去爱他的邻舍，正如圣保罗在《罗马书》13章，以及基督在《约翰福音》16章中所说的："这是我的命令，你们要彼此相爱。"②这是因为基督的门徒无法为自己，为他们的罪，或为他们的救恩做任何事情。唯有基督的宝血才能为他们成就一切，并且因为基督已经爱了他们，他们便不需要再去爱自己，或是盼望着为自己实现什么益处，而是转而将那些自己所想望获得的益处做在邻舍的身上。因为那属基督的人已不再需要为自己求什么好处，所以他所要做的就是一心为他人去做那美善的事，将基督为自己所做的也做在周围邻舍的身上，正如基督是为我们，而非他自己，倾尽了自己的血。同时这也是分辨真基督徒的标志，正如基督所说："你们若有彼此相爱的心，众人因此就认出你们是我的门徒了。"③而这是基督徒生命中第二件最重要的事。

我亲爱的弟兄，唯愿你们在这样的教训上谦卑受教，不被其他的异教之风所摇动，④无论它是吹自罗马，还是吹自耶路撒冷。凡事都仰赖我们在基督里的信心以及对邻舍的爱。你们要逃避诸如赎罪券、崇拜圣

197

---

① 最后三个词的德语分别是 *Moncherey, nonnerey, pfafferey*。
② 参《罗马书》13:9；《约翰福音》15:12。
③ 《约翰福音》13:35。
④ 参《以弗所书》4:14。

徒以及其他那些罪人自认为可以保全自己灵魂的功德。这些事你们要远离，如同远离那致命的毒药。你若是持定那真理的教训，并一心照此而行，就不会躲避那十字架和人的逼迫。魔鬼绝不会允许他的威势因你而遭到羞辱并归于无有，这威势是魔鬼借着那些天主教的神父所鼓吹的人的功德而盘踞在全地之上的。因此你要信心坚定，时刻记住，除了敬畏基督以外，你当一无所惧。他是你们的主和监督，然而他也一样因这真理而承受了苦难，就是为责备法利赛人靠行为称义而受的苦难。可见十字架是不可或缺且与你有益的，借着它，你便有了坚定而确实的盼望，并使你能够轻看今生，欢欢喜喜地盼望那来世的生命。这十字架要在信、望、爱这三件事上将你预备得完全。①

深信你们的传道人会将那些关于圣礼和外在行为的事情（就是那些关乎圣徒吃喝、穿着和举止的事）明明白白地告诉你们。如果你们真正拥有之前所提到的信、望、爱，你们便能在基督徒的自由中将这一切的外在之事行得合宜。愿我们的主耶稣基督借着他一切的智慧、知识，为着他永恒国度的缘故，亲自成全你们，坚固你们，赐力量给你们。②愿颂赞、感恩归与他，直到永远。阿们。

亲爱的弟兄，我盼望你们能够接受我的这些劝勉和激励。这些教导是你们已经知道的，也不必听我来指教你们。尽管如此，我仍然需要来关怀、服侍你们。在此我将你们举荐给你们的传道人。也请为我们祷告，愿神的恩典与你同在。阿们。

马丁·路德，维滕贝格的传道人

致兰伯特·托恩　　1524 年 1 月 19 日

奥古斯丁修道院的两位修士亨利·福斯和约翰·范·登·艾申，

---

① 参《哥林多前书》13:13。
② 参《彼得前书》5:10。

因为坚持新教信仰而在布鲁塞尔被处以火刑。与此同时，奥古斯丁修
道院的另外一名修士兰伯特·托恩也因为同样的原因遭受监禁。1528
年，在被囚五年之后，托恩死于狱中，至死没有公开抛弃信仰。以下
这封信就是路德写给这位为主被囚之人的。［原文为拉丁文；*WA*，*Br*，
III，237－239.］

198　　　致弟兄兰伯特·托恩，基督的门徒，为福音的缘故而身负锁链的，
在基督里我亲爱的朋友：愿恩惠、平安从主归与你。

亲爱的弟兄兰伯特：

那住在你里面的基督，已经借着极多的见证让我确知你并不需要我
的劝慰，因为你所承受的痛苦，主都亲身为你担当，他也因此在你里面
得了荣耀。主与你一起身陷囹圄，也在你里面完全掌权；他与你一起忍
受逼迫，也在你里面大大夸胜。他将那关乎自己的神圣知识赐给了你，
这知识原是向这个世界隐藏的。①不仅如此，在这些外在的患难中，他
还借着圣灵坚固了你的信心，并用约翰和亨利②这双重的见证安慰了
你。于是他们和你一同成为我极大的安慰和激励，成为这世界的馨香之
祭，③也成为基督福音的荣耀见证。可见你无须受累再听我的安慰之
言。有谁能知道为什么我们的主没有让你与另两位圣徒一起为他殉道？
也许他要使用另一个神迹来拯救你。

因此我要与你一同喜乐，真心地为你欢呼，并向我们信实的主耶稣
基督为你献上感恩。他不光让我认识了他的真理和圣灵，还让我在你身
上看到了他的作为是何等的荣美、丰富，而且恩上加恩。噢，尽管是我
先教导了这些真理，但我在分担你们的锁链和重担上却排在最末，并且
很有可能我永远都不配去承受这样的荣耀。然而我要在这样的忧伤中坚

---

① 参《马太福音》11：25。

② 约翰·范·登·艾申和亨利·斯。

③ 参《出埃及记》29：18。

固自己，并安慰自己说，你们的锁链、监禁和火刑都是与我有分的。只要我一天还认信、宣讲这真理，同情你们的患难，并因你们喜乐，你们所承受的一切就都在我生命中生发。唯愿借着你们开始彰显这荣耀的主耶稣，成全这工，直到他的日子。①

因此，我亲爱的弟兄，请为我祷告，正如我也为你祷告一样。要记得你并非一人在承受这患难，因那位与你同在的神如此说："他在急难中，我要与他同在。因为他专心爱我，我就要搭救他；因为他知道我的名，我要把他安置在高处。"②除此以外，我们所有人也与你同在，正如主与你同在一样，并且无论是主还是我们都不会撇下你。当壮胆，他必坚固你的心，要等候主。③主告诉我们说："在世上你们有苦难，但你们可以放心，我已经胜了世界。"④切记不要与撒旦辩论，而要定睛在主身上。要信心单纯地依靠他，因为我们的得救唯独是依靠他的宝血。正如 199 人的行为和人所定的律法无法成为基督的宝血一样，它们也无法洗净我们的罪或使我们称义，同样，这些人的工作也不能定我们的罪或控告我们。

我们公爵的领地四境都很平安，然而巴伐利亚的公爵⑤和特雷维斯的主教却正在杀害、赶逐并逼迫许多信徒。⑥其他主教和王子的双手虽然没有沾上鲜血，但他们却在施暴和威胁圣徒的事上有分，可见基督又一次在各处被众人所咒骂和轻视。⑦你已因着天父的呼召而成为基督身上的肢体。愿他在你里面成全这呼召，让他的圣名和真理得着荣耀。阿们。

---

① 参《腓立比书》1:6。
② 《诗篇》91:14,15。
③ 参《诗篇》27:14。
④ 《约翰福音》16:33。
⑤ 巴伐利亚的威廉公爵。
⑥ 在慕尼黑有一人因嘲笑圣母马利亚而被控并被斩首，在英戈尔施塔特有两人因散发有关布鲁塞尔殉道士的传单而被施以火刑。
⑦ 《诗篇》22:6。

在基督里向你道别，我亲爱的弟兄。我们所有的朋友和教会的众肢体都问你安。

马丁·路德

圣安东尼日之后的周二，1524 年

致米尔滕贝格的基督徒　　1524 年 2 月 14 日

在 1522 年春，美因茨选侯治下的小镇米尔滕贝格出现了第一位新教牧师约翰·德拉赫（John Drach）。德拉赫的讲道大受欢迎，因此他很快便赢得了很多民众和市议会成员的支持。与此同时，他也受到了当地许多神职人员的反对。他们控告德拉赫在禁食、独身、圣日、私下忏悔、平信徒只领一种圣餐等方面接受了异端的教导。在出席了教会高层的听讯之后，德拉赫在 1523 年秋天被逐出教会，随后他逃离了米尔滕贝格。他的一些跟随者被斩首，当地的改教运动就此遭受了严酷的镇压，这一切激起了当地民众极大的不满。正是在这样的背景下，路德写了以下这封书信，并广泛印发。路德在另一封写给美因茨选侯阿尔贝特大主教的信中解释了这样做的原因："因为穷人被禁止不得接收信件，我就不得不公开地发表一封安慰的书信，因我惧怕基督在末日审判中责备我说：'我在监里，你没有来看我。' ①"［原文为德文，*WA*,XV,54 – 78.］

200　　致所有米尔滕贝格在基督里的朋友：愿恩惠、平安从神我们的父并主耶稣基督归与你们。

使徒圣保罗在安慰哥林多的信徒时，以如此的话作为开始："愿颂赞归与我们的主耶稣基督的父神，就是发慈悲的父，赐各样安慰的神。我们在一切患难中，他就安慰我们，叫我们能用神所赐的安慰去安慰那

---

①　《马太福音》25:35 – 39。1524 年 2 月 14 日路德致美因茨阿尔贝特的信；见 *WA*,*Br*,Ⅲ,244。

遭各样患难的人。"①在这样的教训中他以自己为例，提醒我们要去安慰那些在患难中的人，然而我们要注意这安慰不是出于人的安慰，而是出于神的安慰。保罗有意在这里强调，就是要让我们逃避那从世界、肉体和魔鬼而来的虚假无益并引致羞耻的安慰，因为这样的安慰只会大大地妨碍信徒的成圣，令他们所受的苦难全无功效。

保罗在《罗马书》15 章中让我们看到了什么是从神而来的安慰："从前所写的圣经都是为教训我们写的，叫我们因圣经所生的忍耐和安慰，可以得着盼望。"②他在这里说"得着盼望"，然而盼望所指向的是那些我们无法看到、也无法触摸的事物。③这世上的安慰是要让那些被伤害的人看到或摸到他们所渴望的事物，因此也就与忍耐没有丝毫的关系。然而圣经却告诉我们，那真安慰包含着内心的忍耐，并且在乎盼望，事实上这正是保罗对哥林多人所做的。因为当他告诉他们什么是神的安慰时，他的目的是为了称赞他们，告诉这些哥林多人他们借着所听见的福音已经明显成为基督的一封信 —— 写这信的就是圣灵。保罗紧接着开始以诗歌颂赞福音。当一个属肉体的人读到这里时，他很可能会问：这人是不是喝醉了？他想要安慰哥林多人，但实际上，他只是在称赞自己和他所传的道，竭力地以福音夸口。然而那属灵的人能明白，保罗所做的是在将圣经中神真实且丰富的安慰汲引出来，以此来坚固哥林多信徒，让他们能够因着福音的大能而大有喜乐。

因此我也要借着那从神而来的安慰，来安慰在患难中的你们。我从你们流亡的牧师约翰·卡尔斯塔特（德拉赫）博士，以及其他人那里也了解到，那些福音的仇敌和杀害圣徒的凶手是如何因着神的道而逼迫你们的。尽管如此，他们却称所逼迫的是路德宗的教导，于是他们一切狂妄的亵渎之举就能以服侍神的面貌出现，因为他们可以说自己是在为拆

201

---

① 《哥林多后书》1:3,4。

② 《罗马书》15:4。

③ 参《罗马书》8:24,25。

毁人的发明而大发热心。犹太人当年也是如此逼迫使徒，正如基督所预
言的一样。①

对于这些亵渎者的残忍和邪恶，如果我们通过仇恨、责骂的方式予
以报复，以期让自己得着安慰，那这样的安慰不过是一种世俗的安慰。
这对于我们的灵魂和目的而言毫无益处，更可以说极其有害。就算我们
可以将他们全部杀死，或将他们全部赶逐出去，甚至有人可以为我们鸣
冤而严惩他们，让我们得以快慰，这一切也都毫无益处。因为这都是这
世界让人得安慰的方式，是一种属世的报复手段，因此与圣徒的生命完
全不相配。我们的仇敌倒是与这些做法极其相称，因为他们的所作所为
就是要将自己对你们的愤恨倾泻在你们身上，以此来满足那寻仇的欲
望，从中得到满足和快慰。然而这究竟是怎样的安慰呢？在其中有任何
盼望吗？有任何忍耐吗？有任何圣经的话语吗？他们用暴力的行动取代
了神，用仇恨的怒火取代了忍耐，用简单粗暴的泄愤来得偿所愿，并以
此来取代盼望。这样的安慰是从何处而来的呢？它绝非从神而来，因此
它必然是属乎魔鬼的。那魔鬼的安慰又将结出怎样的果子呢？保罗告诉
我们："他们的荣耀将变为羞辱。"②

现在你们要来看，在这样的患难中你们能够得到怎样丰富而宝贵的
安慰。你们是为神的道的缘故才遭受了如此的暴政和羞辱，这是你们确
信无疑的。因此那些逼迫你们的人称其为异端又有何妨？你们极其清楚
这是神的道，而他们心中却不能确定自己所攻击的确实就是异端，因他
们根本就不愿去听这真理，所以他们从未验证过，也无法验证这是否异
端的道理。然而在这种不确定中，他们竟一味地亵渎并逼迫那些他们所
不认识的，这正应了圣保罗所说的。③可见在这样的事上，他们不可能
有清洁的良心，相比你却是为着神的缘故而遭受迫害，这是你们能确信

---

① 参《约翰福音》16:2。
② 《腓立比书》3:19。
③ 参《彼得后书》2:12。

无疑的。

　　当有人能够确定自己是在为着神的缘故而受苦时，谁能想象他所得到的是怎样宝贵而有福的安慰呢？让我们想一想到底是谁在受苦？谁会看重这样的受苦？谁又会为这样因神所遭受的逼迫而申冤报应？彼得说："你们若是为义受苦便是有福的。"①若有人能作王统治全世界，他不仅会甘心情愿地抛弃整个世界来承受这为义而遭受的患难，甚至他更会因为这患难中有如此宝贵的安慰而将这世界看作粪土。

　　因此，我亲爱的朋友，你们没有任何理由去渴望复仇，或是期盼有 202 灾祸降临到你们的仇敌身上，反而你们应该发自内心地怜悯他们。因为他们今生因逼迫你们所承受的报应 —— 先不用提那末后要临到他们的审判 —— 已经是极为沉重了。然而他们对你们所做的最终却要成为你们极大的益处，因为神的安慰因他们的愤怒而临到了你们，但他们给自己带来的伤害，对他们当中的大多数人来说，是永远不可能恢复的。

　　即使这些人暂时对你们的身体和财产造成了伤害，又有何妨呢？要知道这些事终会走向终结；这些人或许在他们专横的暴政中得到一时的愉悦，这又怎样呢？要知道这终必不能长久。不如用你们的得救和他们的痛苦作比较吧！你们的良心是正直而平安的，你们的动机和目的是公义的，而他们却不知道神看你们是正直的。你们因着圣经所言的忍耐和盼望，在神面前大得安慰。而他们却在仇恨和专横中与撒旦的安慰为伍。如果你们能够在他们的命运和你们的命运之间作出选择，难道你们不会像逃避魔鬼一样，逃避他们的境地吗？就算他们的所在犹如天堂，而你们的所在好比地狱，你们也会毫不犹豫地去选择自己所在的境地。因为在魔鬼所统治的领域，即使是天堂也毫无快乐，而在神所掌权之处，即使是地狱也没有悲伤。

　　因此，亲爱的朋友，如果你们想从主得着安慰，并让他以大能为你

---

① 《彼得前书》3∶14。

们彻底申冤，不光报应在那些逼迫你们的人身上，更是报应在那驱使他们的魔鬼身上，你就当这样行：你要喜乐、感恩，因神以你为配得听他的话语，为此受苦；你还要确实知道所遭遇的一切是为着神的道的缘故，神也为此赐下极大的安慰，因此你大有满足。要怜悯你的仇敌，因为他们在自己的所作所为上并没有平安的良心，有的只是魔鬼的可悲而丑陋的安慰，借着他们的狂暴怒气、焦躁不安、满腔仇恨，以及短暂易逝的专横暴政而体现出来。要知道，靠着这灵魂的喜乐、赞美和感恩，你们必会击退那逼迫你们之人的神，就是那魔鬼，其功效要远远强于杀死成百上千的仇敌。因为魔鬼兴起这样的逼迫，并不是要让那逼迫你们的人从中得到快慰，也并非要去伤害你们的身体，而是要让你因此心中大有忧伤，仿佛那些认为神毫无作为的人一样。因此你们在逼迫中反而要有更多的喜乐，轻看魔鬼的作为，这样便叫他一切的诡计毫无胜算，令他因这样的失败而无比懊恼。

　　我还要告诉你一个应对魔鬼的方法，这是他最为惧怕的。他很清楚《诗篇》中有一节很短的经文说道："（你）从婴孩和吃奶的口中建立了能力，使仇敌和报仇的闭口无言。"[1]这节经文不单会令魔鬼恐惧忧愁，更会令它遭遇毁灭。然而这样的毁灭并不是出于某种强有力的大能，而是借着那软弱无能的吃奶婴孩，令那骄傲而极有能力的恶者备感受挫。因他所有的大能，恐怖的威势和疯狂的报复，都将在无处可施中遭到废弃。这婴儿般的软弱竟是他无法防范的，因此让我们竭尽全力，将神这样的道活出来吧！如果我们甘愿软弱，并让我们的仇敌向我们大张威势，任其为所欲为地逞凶行恶，我们便是那婴孩和吃奶的。我们要对自己受苦的缘由沉默不言，仿佛我们不能说也不能做任何事情，而仇敌们却表现得如同大能的勇士耀武扬威。就在此时神会借着我们口中的话发出他的道，称颂他的恩典。这才是我们的磐石和真正的根基，阴间的大门不

---

[1]　《诗篇》8：2。

能胜过他。①如果神的道能够被我们持守，并自由传开，总有一天在我们的仇敌中都会有人悔改归主。这些人仿佛是撒旦身上的鳞甲，当这些鳞甲纷纷脱落之后，魔鬼将在神的道面前显露出他的赤身与软弱。这样便成就了这节经文所说的：神的道将让那仇敌和报仇的闭口无言。这是何等喜乐的得胜和征服啊！它并非靠刀剑的能力所赐，却让魔鬼无比痛苦。因为魔鬼的喜乐就是驱使自己的仆役来激动我们，让我们因此充满愤怒、仇恨、不安和悲伤，但如果我们生出的是喜乐和对神以及他的道的尊崇与赞美，那么魔鬼就要遭遇到他最大的失败。

"但是，"有人也许会说，"我们忍受了亲人死亡和家业被夺，但他们从不允许我们提说神的道。"是的，然而我要说，如果有人信心足够刚强，他就当轻看这命令，因为没有人有权发出这样的禁令。神的道是不会、不应也永远无法被捆绑的。然而对那些胆怯、软弱的人，我会给他们另外一个建议：在隐秘处向神献上感恩，赞美主的圣言，并大有喜乐，正如我在前面所说的那样。同时这样的人也要祷告，求主坚固他的信心，在公开的地方也能传扬主的道，败坏那仇敌和报仇者的权势。为此我将会把《诗篇》119篇的德文翻译呈现在你们面前，并且简要地为你们做一些解释，唯愿你能够明白神是如何借着他的圣经来安慰你的，以及你当如何借着祷告来抵挡那些伪善的亵渎者和那些疯狂的逼迫者。

以下是《诗篇》119篇（即《诗篇》120篇）和我的解经②：

"我在急难中求告耶和华,他就应允我。

耶和华啊,求你救我脱离说谎的嘴唇和诡诈的舌头。

诡诈的舌头啊,要给你什么呢?要拿什么加给你呢?

就是勇士的利箭和罗腾木的炭火。

204

---

① 参《马太福音》16:18。
② 七十士译本的119篇。——译者注

> 我寄居在米设,住在基达帐棚之中有祸了。
>
> 我与那恨恶和睦的人许久同住。
>
> 我愿和睦,但我发言,他们就要争战。"

这首诗的第一节教导我们在遭遇危难时当转向谁。不是皇帝,不是刀剑,不是我们自己的手段和智慧,而是转向主,唯有他才是我们在患难中最真实的帮助。诗人说:"我在急难中求告耶和华。"我们也当在信心与喜乐中如此行。诗人的求告从未落空,因他说,"他就应允我"。他说这话仿佛是在说:"神喜悦我们在患难中转向他,他乐意垂听我们的祷告,并向我们伸出援手。"

诗人在第二节发出呼求,向神陈明自己的苦情。他这样祷告并不是因为神在此之前并不知道这一切,而是要让自己在感动中更加迫切地向神祷告。我们看到,诗人所遭遇的患难和你们在米尔滕贝格以及德国各处许多圣徒所遭遇的患难非常相似,即那些撒谎的嘴唇和诡诈的舌头极其恨恶神的道,他们一心想要高举那人的发明和欺骗的诡计。因此,他们命令我们沉默不语,好拦阻真理的传讲,让他们邪恶、虚妄、恶毒的教训四处横行。

第三节经文权衡了如何处置这背道的光景。因为那胆怯的人盼望从这个世界寻获帮助,他们当中的多数人随时准备好了妥协。这节经文让我们看到这些人向这个世界提出的条件,然而圣灵却拒绝了所有这些属世的帮助,这一点我们将在下面的经文中看到。

第四节经文让我们看到那真实的帮助,即"勇士的箭"。这意味着从神而来的帮助就是神所赐下的刚强的传道人,他们放胆传扬神的道。他们正如神的利箭,一经射出,绝不后退,要败坏一切人所编织的诡计。正是靠着他们,那谎言的嘴唇才被制伏,成为基督徒忠信的嘴唇。

"罗腾木的炭火"是那些真正的基督徒,他们以生命为神的道作见证（这道正是那如利箭般的传道人所带来的）,在自己所行的一切事上显出了那真实的信心，他们用自己热诚的爱点燃了福音之火（据说罗腾木的炭可以让火焰持续燃烧）。因此这节经文在呼吁那些刚强的传道人，当在信心中大能地去宣讲神的道。只有这样的传道人，才能击退魔鬼的诡计，才能火热地以爱心来服侍，让他们对主的信心如明光照耀。今天传道人的数量不少，然而他们当中多数都很软弱，无法为主奋勇刚强地争战。即使他们为主摆上，他们也没有让福音的大能刺入这个世界。他们放过了那些不应被放过的人，就是那些显赫的权贵。此外，他们的爱心是如此冷淡，他们生命的见证是如此糟糕，这一切让他们所绊跌的远远超过了他们所归正的。因此这样的传道人只会让神的箭钝而无用。

第五节经文让我们看到那些对福音没有信心、对空气说话的传道人将会遭遇怎样的可悲结局。圣灵愿意所有的人都能因接受神的道而大有喜乐，而这些传道人的所作所为实在得罪了这位圣灵。因此诗人说："我有祸了！我后悔自己在此地居住了如此之久，然而仍像陌生人一般，因我在他们当中并没有发现神的国，这些人也故意远离神。那些传道人长篇大论地宣讲，但没有人能从他们那里得着益处。人们毫无改观，而我不得不活在他们中间，就像住在基达（Kedar）帐棚中一样。""*Kedar*"是希伯来语，意指阿拉伯，而在德语中，这个词有"忧愁"或"黑暗"的意思，因此经常用来指那些活在困境中的人。阿拉伯人是一个野蛮、粗鲁的民族，诗人正是用"*Kedar*"这个词来形容那些拒绝福音的人。

从第六节经文中我们看到诗人在这样的处境中，不仅遭受着众人的轻视，更是为真理承受着逼迫，然而他却必须活在这性如烈火的世人中间。诗人告诉我们这些人恨恶和睦，就是那从神而来的和平。在神面前那清洁的良心就是内在的和平，而外在的和平是与众人和睦相处。圣徒不加害于任何人，善待所有人。然而他周围的人却恨恶和平，因为他们要逼迫神的真理，而和平正是这真理所结的果子，是这真理所教导宣扬的。然而因为这些人以自己的教导为是，依靠那些不信的作为，便让自己的良心在神面前败坏了，并在他们的社会中制造了各样的结党纷争。

第七节经文是诗人对仇敌虚假指控的辩护和回答。仇敌攻击真基督徒，说他们所宣扬的教义煽惑遍地，并让四处充满纷争。对此诗人的回答是："导致这纷争的不是我的错。我一向爱慕和平，不做加害于人的事。但是当我教导那真和平时，我的仇敌却丝毫不能忍受它，而开始挑206 起争端，逼迫圣徒。"以利亚也是这样被亚哈王所控告，说他扰乱了以色列，然而从以利亚的回答中我们看到，那真正让以色列遭灾的不是以利亚，而是亚哈王。①

亲爱的朋友，你们看到这首诗篇所描述的正是你们的处境，你们现在所经历的都已经写在其中了。虽然除了接受并宣扬神的道之外，你没有做任何别的事情，但你却被污以那煽惑天下者的恶名。那些美因茨的殿中仆役和灵魂贩卖者②正是借此来逼迫你们，恨恶你们所教导的和平。但你却必须为着神的缘故继续生活在这些仇敌之中，在基达的帐棚中仍然作那不受欢迎的陌生人。

那么你该如何应对呢？你不要为自己申冤，因即使你这样做了，也不会给自己带来任何的帮助，并且盼望你的仇敌遇到灾祸也不会让你的心得着平安，因为基督说："只是我告诉你们：要爱你们的仇敌，为那逼迫你们的祷告。"③这样看来你们该做什么呢？你不如将自己的眼目从那些伤害你们的人身上转开，注目在那掌管、驱使他们的恶者身上，向他来寻仇。然而这恶者并没有血肉之体，他原是个灵。因此，正如圣保罗所说，我们不是与属血气的争战，而是与那些空中属灵气的恶魔争战，与这黑暗、瞎眼世界的统治者争战。④那些美因茨恶劣的淫棍和食客能做什么呢？他们所做的都是出于他们的神，就是魔鬼的驱使，在所有的

---

① 参《列王纪上》18∶17，18。

② 那些在美因茨主教阿尔贝特手下米尔滕贝格的神职人员。

③ 《马太福音》5∶44。

④ 参《以弗所书》6∶12。

事情上他们都无法自己做主。正因此他们实在是一群可悲之人。他们嘴上说自己所高举的是基督的真理，然而他们的所作所为却比妓女和骗子更加可耻。仿佛圣灵能借这些魔鬼的工具为神的荣耀成就什么事！然而神确实要如此行。他的作为超越这些罪人的所思所想，正如他可以借着犹大、该亚法和彼拉多让自己的荣耀得着彰显一样。

因此只剩下一件事你们可以去做。正如《诗篇》120 篇所言，你要在自己遭遇患难时转向神，为这些撒谎的嘴唇向神呼求，切切地祷告，求神差遣那大能的神箭手将利箭射入那王敌之心；也要祷告求神让你在爱心和见证上如同那罗腾木的炭火，一方面温暖那些被引离真道的人，另一方面用你好行为的见证照亮他们当走的路，从而让荣耀、颂赞归于 207 神。如果你如此行，很快你就会发现你已经足足地报复了魔鬼和他的仆役，这会令你的心大有喜乐。你是因为神的道而被逼迫，因此你只要信心坚定地祷告神，神必会垂听你的祷告，多多地发出他的利箭和炭火，在所有类似米尔滕贝格这样阻挡神的道的地方，让神的道反而能越发广传，让福音在一切人的攻击面前仿佛炭火一般越煽越旺。

神的道的传播尚未达到它当有的规模，也和我们所盼望的相去甚远（虽然在我们的仇敌看来，神的道已经蔓延得过远了），这一切都要归咎于我们在祷告上的懒惰，没有切切地求神赐下那利箭和火炭。神命令我们为他的国和他的名扬声祷告，让世人能尊他为圣。①也就是说，神要我们看重他的道的广传和那信主之人的加添。然而因为我们随从世界和疏于祷告，神国的拓展受到了延迟。如今我们的箭是如此钝而软弱，我们的炭火是这般冷漠不纯，正因如此，魔鬼不再惧怕我们。所以让我们重新振作起来吧！我们所面对的局势是如此严峻，魔鬼四处横行，施行他的诡计。我们需要奋力挫败他，在他身上雪恨。换句话说，让我们恒切地祷告神，直到他为我们赐下足够的武器、神箭手、利箭和炭火。

———————————

① 参《马太福音》6:9,10。

　　亲爱的朋友们，你们看到虽然有人能够以更崇高的名义写给你们一封更美好的信，但因为在你们的患难中我也被牵入其中，而且那迫害你们的人也称你们为路德宗，所以我不得不承担起那当尽的义务，致你们这封安慰的书信。需要言明的是，我并不喜欢这关于真理的教义和那相信的人被称为是属路德宗的，因那些仇敌正是借此以我的名字来诋毁神的道。尽管如此，他们也永远无法胜过路德、路德宗的信条和路德宗的信徒。无论怎样，仇敌都无法阻止我们在主里面得着荣耀。与此同时，他们和他们的教义却必将败亡而蒙羞，哪怕全世界都为之叹息，魔鬼也因此而暴怒，也无济于事。我们在世活着一天，他们就不得安宁，若我们死了，他们将更加苦不堪言。总而言之，他们将永远无法摆脱我们，除非他们发自真心地降服于我们，此外他们一切的愤怒和狂暴都不能带给他们任何的益处，因我们知道我们所传讲的是谁的道，这道是他们无法从我们这里夺去的。这就是我的预言，它永不会落空。愿神怜悯我们。

208　　亲爱的朋友，愿神以他的恩惠和怜悯保守你们。唯愿你们为我这不配的罪人祷告。我将你们举荐给你们的传道人，就是那只传基督，不传教皇或美因茨殿中的神父。神的恩惠与你同在。阿们。

马丁·路德，维滕贝格的传道人

致不来梅的基督徒　　1525 年 3 月

　　荷兰人聚特芬（Zutphen）的亨利（Dutchman Henry, 1488 - 1524）曾是维滕贝格大学早期的毕业生，同时也是路德在奥古斯丁修道院的同伴。在作为安特卫普奥古斯丁修道院院长期间，亨利因为宣扬新教教义而为人所称道。1522 年他被指控为异端，为了躲避宗教法庭的逼迫，他逃至不来梅(Brenmen)。在那里他接受了当地的请求，在市议会的保护下成为一名传道人。1524 年 11 月，亨利被召前往丹麦南部迪特马申（Dithmarschen）的梅尔多夫（Meldorf），然

而一到那里他就遭到多明我会和方济各会修士的逼迫，并于 12 月
10 日在火刑柱上殉道。路德是从詹姆斯·普罗布斯特（James
Probst）那里获知了亨利的死讯。普罗布斯特本人是亨利在不来梅传
道的同工，也遭到逼迫，因此普罗布斯特请求路德致信不来梅信
徒。路德便以《诗篇》第 10 篇的简要解经和殉道士亨利在世和受死
时的见证为内容，写了以下这封信。此信有多种印本，广为流传。
［原文为德文；*WA*，XVIII，215 – 229.］

致我在基督里亲爱的朋友以及神在不来梅的选民：愿恩惠、平安从
神我们的父和我们的主耶稣基督归与你们。

在基督里蒙爱的圣徒：

我极不情愿看到那圣洁的弟兄聚特芬的亨利、你们的传道人及殉道
士，其生平的事迹被隐藏或被淡忘。我了解他，部分是因为我与他个人
的关系，部分是通过敬虔的肢体关于他忠实见证的汇总。我认为这些见
证应该被公之于众，以此让神的恩典得着称赞和尊荣。尽管我们作为受
造物如此不配、沉沦、活在罪恶败坏之中，然而那从神而来的恩典却丰
丰富富地赐给了我们。因着这恩典，我们不光拥有、听到并读到了神那
纯净的道，看到这道如同阳光普照四方，还感受到了那与道同在之圣灵
的作为，经历到了圣灵所做的奇妙大工。神的道从起初就是借着这些圣
灵所兴起的神迹奇事而被广传、彰显并验明的。尤其是因为神所呼召的
那些坚忍无惧的信徒，这道更加被推崇。神每天都在各处加增着他的圣
徒，其中既有传道人，也有那听到福音愿意相信的人。他们有些人付出 209
了流血舍命的代价，有些因真理而身陷囹圄，有些人不得不承受被流放
的命运，而所有的信主之人都为着主的十架承受了世人的轻视和辱骂。
基督徒生命的实质正因此得以复原，而世人将会从此常常目睹那些残
害、逼迫圣徒的事例。然而这一切在神眼中却被看为极其宝贵，正如

《诗篇》所说，"在耶和华眼中，看圣民之死极为宝贵。"①又说，"他们的血在他眼中看为宝贵。"②

　　在这些人中，最如明光照耀的，就是你们的传道人聚特芬人亨利。为了圣道的缘故，他在迪特马申承受了残忍的死刑，然而他所流出的血却大大地见证了福音。最初为主在布鲁塞尔殉道的约翰和亨利③也成了那不灭的明光，他们极美的舍命成为为主摆上的馨香祭物。在这些殉道者当中，还有在维也纳遭受火刑的卡斯帕·陶伯（Caspar Tauber）④，以及在匈牙利被处死的乔治·布赫菲雷尔（George Buchfü hrer）。⑤最近我听说有一个人因放弃了圣品阶级所要求的那不洁的守贞，进入了神在婚姻中所设立的圣洁身份，而在波希米亚的布拉格被处以火刑。所有这些以及其他殉道士的血，必将完全淹没教皇的统治和他背后的魔鬼。同时这些圣徒的死也将保守圣道的纯洁，抵挡那些不洁的亵渎者和新的假先知，⑥后者正四处丛生，到处蔓延。无疑，神以他的恩典许可了这些人的离世，与此同时借着他们的血让众多的错谬和分党显明出来。以此让我们受警戒，并借着他们让我们看到，他们所信所传、为之受苦和殉道210 的信条正是那真理，圣灵的工作也时刻与之同在。那些古时圣洁的殉道者也是为这道而死，他们的血正是它真道的印记和明证。

　　满有怜悯的神在极大的恩典中如此眷顾了你们这些不来梅的信徒，他与你们亲近，并将自己的圣灵和大能借着亨利彰显在你们中间。我一直愿意将他受迫害的经过告诉你们，以此在基督里提醒你们不要忧

---

① 《诗篇》116:15。

② 《诗篇》72:14。

③ 1523 年 6 月 1 日约翰·范·登·艾申和亨利·福斯在布鲁塞尔遭受火刑。相关请见本章前文路德致荷兰信徒的信。

④ 1524 年 9 月 17 日卡斯帕·陶贝尔在维也纳被斩首，之后他的尸体也遭到了焚烧。

⑤ *WA*, *Br*, III, 374.

⑥ 当时有一些激进极端的预言家出现在德国北部和低地国家。在一篇题为 "Sendschreiben an die Christen zu Antwerpen"（1525）的文章中，路德提到这些人："这个人丝毫不在意洗礼，那个人完全抛弃了圣餐，还有人教导说，在今世和末日审判之间存在着另一个世界，另有人说基督不是神，等等。"

伤，也不要咒骂怨恨那些迪特马申行凶的人，而要因着神让你们经历他如此奇妙的作为而大有喜乐，并感谢赞美主。要知道那些杀害亨利的人，因为双手沾满了无辜者的鲜血，已大大地惹动了神的愤怒，他们遭受的刑罚已超过他们应受的，他们所承受的痛苦，远远胜于圣徒亨利所承受的，所以他们更有理由为自己将受的刑罚悲哀。可见我们需要为这些人祷告，让他们得以回转认识神的真理，不仅是他们，整个迪特马申都需要来到神面前。我们应该满有信心地盼望亨利的死能够促成这场景的出现，尤其是看到在那里已经有极多的人渴望听到福音，他们正为着亨利的殉道而悔恨不已。那位许可圣亨利在那里被害的神，不仅会刑罚迪特马申那些没有悔改的不敬虔之辈，更要借着亨利的被杀让那里的众人得着永生的祝福。因此我提议，在这样的处境中，你们要常常歌唱、诵读《诗篇》第 10 篇，这原是极其合宜的，这样你们就不会因着殉道者的死而灰心、忧伤，反而会得着喜乐，为着神借着殉道士在地上所结出的义果而大大地赞美他。我的心时刻与你们同在，因此我也会毫不推辞地与你们同唱这首诗篇，并要在这里向你们简要地解释这首诗篇的含义。①

　　我亲爱的朋友们，你们看到这首诗篇带给我们何等的安慰。它要求我们注目仰望神，所以你们要盼望神借着亨利宝贵的殉道来成就那极大的祝福。你们要因着这从神而来的应许大得安慰，并因着这首诗篇中的激励向神祷告，愿他的名被人尊为圣，他的国度在地上延向地极。阿们。

　　我恳求你们为着神的缘故，从内心接纳迪特马申的人，安慰帮助他们如同待自己的朋友一样，好让他们也进到我们中间。因我听说他们当中有很多人为当地那些教皇的修士所行的残害，感到非常忧伤遗憾。这种从神而发出的星星之火是极有益的，如果你能以友善和睦的心来对待

---

① 紧随其后的是路德的文章"关于基督的殉道士就《诗篇》10 篇的简要释经"。

他们，这宝贵的火星不但不会燃尽，反而会燎起那熊熊的大火。你们要听从你们的传道人詹姆斯·普罗斯特，此外你们也须跟随效法其他主内传道人。①愿神坚固他们，也坚固你们众人，加给你们恩典，让你们能持守亨利的血所见证的道。无论主在何方，都盼望你们能够欢欢喜喜地跟随他。阿们。我们所有的弟兄在基督里问你们安。为我们祷告，神的恩典与你同在。阿们。②

马丁·路德，维滕贝格的传道人

致康拉德·科达图斯　　1526年11月28日

康拉德·科达图斯（1475－1546）生于奥地利，曾求学于维也纳和费拉拉，后来到维滕贝格进修（1523－1525）。在跟随路德认识了新教信仰之后，科达图斯便来到匈牙利传讲福音。很快他就因为自己的新教观点而遭到拘捕，并被投入黑暗的地牢。九个月之后，他被一名同情他的狱卒释放，并回到了维滕贝格。在1526年9月他又被差往西里西亚的利格尼茨，在那里他遭遇了来自施文克费尔德（Schwenckfeld）派和天主教会的攻击。在路德给他写这封信的时候，科达图斯正陷入完全的灰心与失望之中。［原文为拉丁文，*WA*，*Br*，Ⅳ，138－140.］

愿恩惠、平安从主归与你。

我亲爱的科达图斯：

你信中谈到利格尼茨有一些令人奇怪的现象，就是在同一时间、同一地点那属灵和属世的势力都异常强大。有些人③只是夸夸其谈地说那

---

① 阿姆斯特丹的约翰·蒂曼（John Timanm），也是不来梅的一个福音传道人。
② 原文之后还有一篇文章，题为"主内弟兄聚特芬人亨利的生平"。
③ 利格尼茨本地人卡斯帕·施文克费尔德（1490－1561）的跟随者。

些属灵的事，而有些人①却一心只为肉体而活。事实上这是整个世界的普遍灾难，就是对神的道的轻慢，所以你要在各种患难中为主坚忍。谁知道神会不会在你所处的人群中兴起那奇妙的工作，就是让那因着福音传入，起初火热，后来却转入荒凉的光景，在你那里能够被翻转，从荒凉走向火热呢？神若许可，他们必能像那个起初不愿去园子中服侍，后来又后悔而去服侍的大儿子一样。因此，与那些起初答应要去服侍，后来却没有去的人相比，像那位大儿子一样的人反而更得神的喜悦。②

因此你要信心坚定地继续为主站立，主必与你同在。不要惧怕那些 212 在属灵的事上自称最属灵的人，他们那些虚妄的幻想在神眼中实在是极其愚蠢的。唯愿基督与你同在。请尽可能多地与我们通信，你的来信让我们大有喜乐，一方面是因为它们见证了你的信心（这对你那里的人而言意义非凡，对我们这里的人来说也是如此），另一方面是因为你信中详述了各种事情的发展（我们一直渴望读到这些令人重新得力的文字）。③在主里向你道别。

你的，

马丁·路德

1526 年 11 月 28 日

致克罗森市议会　　1527 年 4 月 13 日

1524 年至 1527 年间，新教的教牧人员出现在了小公国克罗森（Crossen），该公国处在勃兰登堡选侯约阿希姆一世的统治之下。1527 年，选侯下令将这些新教人员作为异端驱逐出境，有些人不得不因此逃亡。此举导致两个问题，一是当地那些已经习惯在圣餐礼中领饼又领杯的信众是否应回到天主教圣餐礼的传统，另外

---

① 罗马天主教徒。

② 参《马太福音》21:28 - 31。

③ "令人重新得力"（recreant）这一读法的可能性大于"令人惧怕"（terreant）。

就是克罗森的市长和市议会是否应该在宗教事务上与选侯对抗。〔原文为德文；WA,Br,IV,192 – 194.〕

　　致克罗森尊敬而智慧的市长和市议会，我仁慈的先生和好友：愿恩惠、平安从基督我们的主归与你们。

　　尊敬、智慧、亲爱的先生们：

　　你们的市长弗朗西斯·诺依曼，曾以你们和他自己的名义秘密写信给我，询问当如何应对你们的王子要求你们恢复旧有弥撒的命令。对于这个问题，我负责任的回答是：贵议会应当告知你们的王子，向他言明规定信仰的圣礼不是市议会的职责，而是牧师当做之事。后者应该对这些事情负责，而贵议会作为世俗的权柄不应牵涉到属灵事务中。

　　议员们必须学会忍受那些神职人员不敬虔的作为，然而他们内心却不应对此予以认同，在外在的行动上也绝不应参与。如果这样做仍被视为不合要求，并且如果贵议会仍受强迫要去协助恢复那属灵的败坏之事的话，那么在如此极端的情况下，你们除了作出一个大胆的宣告之外，别无213　他法。每个议员或是整个议会（然而若每个人都能以自己的名义表达则是更好的，因为所有的人都将依照自己的信心作出判断，这便让最终所采取的行动更为明确）都应该声明这种做法是不公义的，并拒绝履行那在上掌权者的要求，并且随时准备为此付出代价——承受患难或流亡。

　　《列王纪下》5 章可以在这方面作为你们的指导。先知以利沙许可元帅乃缦进入假神的殿，站在殿中并观看，但并不允许他敬拜偶像。① 保罗在《哥林多前书》10 章中也说，一个基督徒进到外邦人的家中吃喝，并不是一件有碍于良心的事。②可见，与之相仿，我们若身处于某

---

①　参《列王纪下》5:18,19。

②　参《哥林多前书》10:27 – 31。

个不敬畏神的处境中，或某个不信神的群体中，这也并非是一件可怕的事，只要我们不去有分于那恶行，便是合宜的。然而，若是那犯罪的试探开始引诱我们，或强迫我们置身于其中，我们就要明言拒绝，这时我们就不当再继续沉默或隐藏下去。

在忏悔、圣礼、禁食、守圣日这样的事情上也是一样。你们可以像往常一样不公开地反对这些做法，只要不参与其中就没有得罪神的危险。但是，如果你们被公开问及对于这些事的态度，你们就必须明确地站出来承认你们的信仰，坚决地按着基督的教导行事，不计任何代价。对此我在给市长的信中有更为全面的回复。①

愿呼召你们、带领你们认识真理的神，坚固并保守你们，从而让他的荣耀得着称赞。在此我将你们交托在他和他的恩典之中。阿们。

马丁·路德

大斋期第五个主日之后的周六，1527 年

致莱昂纳德·克泽尔　　1527 年 5 月 20 日

莱昂纳德·克泽尔（Leonard Käser）的家乡位于巴伐利亚的拉布（Raab），他在靠近自己出生地的乡间教区服侍时，因接受了新教的观点而遭到指控。1524 年秋天，当局要求他公开放弃新教信仰。然而最终他却逃亡到维滕贝格求学，并在那里向巴伐利亚发出了许多"极具煽惑性的信件和书籍"，这一切都加剧了家乡当局对他的仇视。在接到父亲因患重病临终的消息后，克泽尔匆忙赶回了家乡，与家人一同埋葬了父亲。之后他在拉布与母亲待了五周多的时间，在此期间克泽尔公开宣扬他所认信的新教教义。结果他于 1527 年被当局拘捕、调查、审讯，并最终在同年 8 月被处以火刑。此后路德出版了一个关于

214

---

① 这封信已经佚失。

克泽尔殉道的文字记录。①以下这封信是克泽尔在入狱被囚期间，路德为安慰坚固他所写。[原文为拉丁文；$WA,Br,$ IV, 204 - 206.]

致主里尊贵的弟兄，莱昂纳德·克泽尔，基督忠心的仆人和那蒙爱的被囚之人，我在主里的朋友：愿恩惠、能力和平安从基督归与你。

我亲爱的莱昂纳德：

按着基督你救主的心意和呼召，你的旧人②如今被囚于监中。但这位救主却为你和你的罪将自己的新人③交在那不信之人的手中，从而借着自己的宝血将你从罪中赎回，并使你成为他的弟兄，与他一同继承那永生的基业。④

我们因你所遭遇的一切而大有忧伤，与此同时，我们也在采取各种营救的措施，⑤并为你切切祷告。我们做这一切并非仅仅是为你的缘故，同时也是为着众人的益处和神的荣耀。然而，如果你的被囚正是神的旨意，那么你当知道你的灵魂无论如何都是无法被监禁的。你只要信心坚定，不断胜过那肉体的软弱，因神必不将难担的担子加给你。靠着主所加的力量，你必然能够忍受得住那些你必须要面对的试探。那与你同被囚的主必在你一切的患难上与你同在，正如他曾信实而喜乐地应许说："他在急难中，我要与他同在。"⑥

因此你要在信心中向主呼求祷告，在撒旦如潮般凶猛的攻势中因着《诗篇》中的话而得着喜乐和盼望。你要靠着从主来的力量，在那巨兽的钢牙锯齿面前也不露丝毫惧色，⑦让魔鬼知道你不会因为他的

---

① $WA,$ XXIII, 452ff.

② 参《罗马书》6:6。

③ 参《以弗所书》4:24,《罗马书》5:15。

④ 参《罗马书》8:17。

⑤ 为了营救克泽尔，路德求助于萨克森的选侯和勃兰登堡的侯爵卡西米，通过他们请求巴伐利亚当局释放克泽尔。

⑥ 《诗篇》91:15。

⑦ 参《约伯记》40章。

威势和骄傲而退缩半步。呼求那位与我们随时同在又大有能力的基督吧，轻看并嘲笑那魔鬼一切的怒潮和攻势，因他并无权势伤你分毫，这是你所当确信无疑的。并且魔鬼越是穷凶极恶，他所做的就越是有限。正如保罗所言，"神若帮助我们，谁能敌挡我们呢？"①万物都服在主的脚下。②他自己既然在凡事中受过试探，就能搭救那些被试探 215 的人。③

因此我亲爱的弟兄，你要靠着主，倚赖他的大能大力，作刚强的人。④这样，无论你最终能否获释，你都将满心喜乐地认识、承受、爱慕、赞美天父的旨意。愿我们主耶稣基督的父，就是发慈悲的父，赐各样安慰的神，⑤照着他恩典和荣耀的丰富⑥使你成为他的见证，高举他的福音。阿们。在主里向你道别，也请你为我们祷告。

马丁·路德

复活节第四个主日之后的周一，1527 年

致卡斯帕·勒纳和尼古拉斯·梅德勒　　1531 年 6 月 7 日

卡斯帕·勒纳（Caspar Loener）是一名在赞美诗写作和教会仪式改革方面表现突出的新教牧师。在 1527 年或 1528 年中，勒纳成为勃兰登堡霍夫市的副牧师，他和尼古拉斯·梅德勒（Nicholas Medler）有着密切的联系。后者是霍夫市学校的校长，同时也与自己的上级一同尝试将新教崇拜形式引入当地。他们因为所从事的改教事业而遭到当地人的反对，于是，就是否离开霍夫一事询问路德的意见。最终这个问题很快得到了解决。倾向于天主教的侯爵代

---

① 《罗马书》8:31。

② 参《诗篇》8:6。

③ 参《希伯来书》2:18,4:15。

④ 《以弗所书》6:10。

⑤ 《哥林多后书》1:3。

⑥ 参《腓立比书》4:19。

表克里斯托夫·冯·博伊尔维茨于 1531 年 6 月 13 日将他们逐出了霍夫。[原文为拉丁文；*WA*，*Br*，VI，118，119.]

致主里尊敬的弟兄卡斯帕·勒纳，神话语的管家，以及尼古拉斯·梅德勒校长，霍夫市忠心的同工：愿恩惠、平安从基督归与你们。

亲爱的弟兄：

你们的来信我已阅读。你们就能否向那些福音的诡诈仇敌作出让步一事询问我的意见，这些人在你们身旁装作是你们的朋友，然而事实上却一心要加害你们。

我的意见是，无论你们在何种处境中都不应退缩，免得被人看为遇事就抛下群羊的雇工。①因此你们两人都要持守自己的职分，这职分已因着教会的按手而托付了你们。所以，从此而来的一切患难都是你们要去承受的，除非你们被撤职，或因着王子②的命令被强行逐出霍夫。除216 此以外，你们不可在撒旦的威势面前退缩半步。

并非只是你们才遭遇了这样的患难，假弟兄的迫害是我们所有人都会遭受的，哪怕我们在最敬虔王子的统治下也是如此。我们这里现在虽然没有遭受到外部的逼迫，但就福音的本质而言，如果离开了仇敌的逼迫，它就不可能存在，福音的拓展更是如此。因此，我们理应甘心乐意地承受这样的逼迫，视其为出于我们家人所为。所以无论这患难是加诸我们外体还是内心，我们都要甘心乐意地承受。③

因此，你要信心坚定，在跟随主的道路上背起自己的十字架，这样你的心就必会在主里得着安息。④愿我们的主和安慰者基督借着赐给你

---

① 参《约翰福音》10：12，13。
② 勃兰登堡的侯爵乔治。
③ 原文的前半句话用的是德语。
④ 参《马太福音》11：29。

们那乐意的灵来保守你们，坚固你们。①阿们。

马丁·路德

1531 年 6 月 7 日

致丹麦国王克里斯蒂安二世　　1532 年 9 月 28 日

在克里斯蒂安二世（Christian II）执政期间，丹麦首先尝试性地引入了宗教改革。然而这位国王却因自己的专制统治而引发了国内的抗议，最终遭到罢黜。在流亡萨克森期间，克里斯蒂安二世受到了新教教义的影响。其继任者腓特烈一世统治期间（1524 – 1533），宗教改革运动在丹麦继续得以拓展，特别是在汉斯·陶森（Hans Tausen）的领导下发展尤为明显，然而天主教会的主教和当地贵族对路德宗的教导大加抵制。在这种局势紧张的时期，逃亡在外的克里斯蒂安二世（他于 1530 年又回归了天主教会）的支持者开始着力尝试复辟，然而这一切的努力在 1532 年遭受了失败，克里斯蒂安也因此被囚禁在阿尔森岛的森讷堡（Sonderburg）的城堡之中。
［原文为德文，*WA*，*Br*，VI，366 – 368.］

愿恩惠、平安在我们亲爱的主和救主耶稣基督的安慰中临到您。

尊贵而威武的国王、仁慈的陛下：

应陛下的姊妹，我仁慈侯爵及选侯妻子②的请求，也是因着主内爱心的催促和感动，我致信与您。我迫不及待地写信安慰陛下，为着我仁 217 慈的陛下和国王如今陷于此等患难之中，我心中大有悲伤，对所有人而言这都是一件可悲可叹之事。然而我恳请陛下，在这样的处境中靠着信心来忍耐等候，并切切地寻求主的心意，因我深信那永不改变的仁慈的

---

① 参《诗篇》51：12。
② 勃兰登堡选侯的妻子伊丽莎白。

神，正是借着如此的管教让陛下晓得他以前从未，将来也永不撇弃陛下。正如经上所说，"主鞭打凡所收纳的儿子"。① 又说，"凡我所疼爱的，我就责备管教他"。②

在神眼中，陛下远比绝大多数其他的王子和君王更为蒙福。因为对于后者，神已经在自己的愤怒中放弃了管教他们，任他们生活在对神的亵渎和各种骄傲、瞎眼的妄行之中，并最终死在自己的罪里。这些人对神毫无信心，就像是那从未接受过教导和纠正的弃童一般。然而陛下因着现今这样的降卑和管教，已经脱离了那骄傲的罪，并在神如此的训诲下转向了他。深信陛下必定愿意（如果这愿望能够实现的话）千万次地成为被神管教的君王，也不愿做那享受了一切的荣耀，却仍旧活在自己罪的咒诅中，远离神管教和训诲的君王。

毕竟这地上的生命不过是转眼之间，而我们都盼望着来世那更好的生命。所有的王，无论他们或善或恶都要将自己的王位留给后人。那些未经神管教而死的恶王不可能拥有像陛下那样确实的盼望，这盼望原是陛下因着主的杖打在忍耐和信心中所确知和领受的。神绝不会背乎自己，他被称为是那受患难者的神，他这名号在圣经各处都有显明。③ 神向来就是要叫那有权柄的失位，让卑贱者升高。④ 因此，我仁慈的陛下和国王，你当从父神那满有恩典的旨意中来审视自己目前的处境。神让陛下在地上承受这暂时的卑微，原是要让陛下在天上得着那永远的荣耀。唯愿我们能确知深信神如此的作为，若是与在天上我们所能得着和确定的福分相比，我们今生在地上一切的损失是何等的微不足道啊！

愿基督，就是我们唯一的安慰和宝藏，借着他的话语和圣灵坚固安慰陛下，并按着他一切丰富的安慰和大能，让这所有鞭打的苦楚都能成

① 《希伯来书》12:6。

② 《启示录》3:19。

③ 如《马太福音》11:28。

④ 参《路加福音》1:52。

为陛下的喜悦和感恩。深信那位从无造出万有的神必能将这患难化为陛 218
下的安慰，将这鞭打化为陛下的喜乐，将这苦难化为陛下的福分。若在
陛下看来，我这不配的代祷能为您成就什么益处，我便愿尽一切所能为
陛下摆上自己的服侍。

神命令我们要彼此安慰，所以唯愿陛下以仁厚之心接受我如此的安
慰，并将此看作是神亲自从天上赐给您的。我们按着神的命令所做的一
切安慰都是神的安慰，这是确信无疑的。阿们。

乐意为陛下效忠的仆人和博士，

马丁·路德

圣迈克尔日前夕，1532 年

致莱比锡的新教信徒　　1532 年 10 月 4 日

有一段时期，莱比锡城中接受新教信仰的人越境进入萨克森，
前来参加新教的崇拜，并领受圣餐。阿尔贝廷萨克森的乔治公爵因
此下令莱比锡的市长在边境上设立巡逻者，记录下那些在主日和其
他圣日越境参加新教礼拜的人员名单。在 1532 年 8 月底和 9 月初，
那些在名单上的人均接受了议会的审讯。乔治公爵下令将那些坚守
新教教导的人驱逐出境。之后这些遭受流放的人请求他人为他们提
供回到莱比锡的保荐信，市议会考虑到这些新教信徒虽然离弃了天
主教信仰，然而仍是良善守法且受人尊敬的公民，所以愿意支持他
们的请愿，但乔治公爵却拒绝了这样的请愿。[原文为德文；*WA*，
Br，Ⅵ，370 – 372.]

致我在基督里亲爱的先生和朋友们，N 和 N，①就是那些为基督的缘
故，从莱比锡被驱逐出来的人：愿恩惠、平安从基督归与你们。

---

① 名字的简写，现在已不知所代指的是谁。

我在基督里亲爱的先生和朋友们：

只要主一天未将那和平的仇敌践踏在脚下，这地上就一天没有和平。

沃尔夫·布罗因莱因①给我看了你们致你们仁慈的大人的请愿书。
我为之大有喜乐，因我看到你们借此向魔鬼点燃了两把火炬。一方面这
219 请愿书为你们争取到了很大的优势，同时它也将那刚愎之人②置于极大
的困惑与不利的局面之中。

就算你们始终都无法说服那固执之人，也无法获得一份保证你们在
此人面前合理权益的文件，你们也要深信自己不会有任何缺乏。因为神
和这世界，甚至那些乔治公爵的亲信都见证你们是在单单为基督的缘故
而受苦。整个世界都知道你们正为义遭受乔治公爵的逼迫，在此时这逼
迫的邪恶尤为明显，因为皇帝已经允准了路德宗的信徒可以平安度
日，③可见你们实在是承受了极大的冤屈。然而你们当信心坚定，基督
已经开始施展他的权柄，这事的结局终将由他定规。

在我们的公国中不会出现这样的事。④在这里没有任何人会谴责你
们，或是妨碍你们的生活，这是因为我们仁慈的殿下遵从那已公之于众
的信条。⑤因此我祷告求主让你们向那愚顽之人只说温柔的话，但在立
场上却不向他作出任何让步。在请愿的事上你们已经很好地做到了这一
点。如果这样做，最终起到了效果，这实在是我们所期望看到的；但如
果它没有带来任何成果，我们也没有任何损失，倒是借此不单让你们在
神的眼中显明了自己动机的正直，也让魔鬼及其差役的工作速速地走向
完结。这正如经上所言，"主看顾低微的人，却从远处看出骄傲的人。"⑥

因此，我亲爱的朋友，你们当有喜乐的心。你们这受苦的经历终究

---

① 一位书商，之前在莱比锡，现在奥格斯堡。
② 萨克森的乔治公爵。
③ 这是指《纽伦堡信仰宽容合约》（the Religious Peace of Nuremberg），这份合约于 1532 年 8 月 2 日
  在雷根斯堡由查理五世签署。
④ 路德暗示那些被流放的人在选侯萨克森那里得到了妥善的安置，在那里他们无须为逼迫而担忧。
⑤ 是指 1530 年 6 月 25 日奥格斯堡会议上所宣布的《奥格斯堡信条》。
⑥ 《诗篇》138:6。

会成为你们的益处。只有那些品尝过苦涩的人，才知道什么是真正的甘甜。在享受尊荣以前，人心必因主而谦卑。①

愿父神借着他圣灵丰富的恩典让你们在耶稣基督里，而非在乔治公爵里得着坚固。因为乔治公爵死去以后，基督仍将长存。这是确定无疑的，并且很快就会被证实。阿们。

马丁·路德博士

圣方济各日，1532 年

致埃伯哈德·布利斯格　　1532 年 12 月 12 日

阿尔滕堡人埃伯哈德·布利斯格（Eberhard Brisger）接受了新教信仰，然而他住在科布伦茨附近米尔海姆的父母却一直信奉天主教。以下这封信的写作是因布利斯格的父亲去世之后，他的母亲不 220 允许布利斯格继承遗产，除非他愿归回天主教。[原文为拉丁文；WA, Br, VI, 394, 395.]

愿恩惠、平安从主归与你。

我亲爱的埃伯哈德：

我很少给你写信，不光是因为来自他人络绎不绝的写作要求已让我再无暇分心，还因为你一向都很顺利，所以并不需要我写信给你。然而现今我既从你的信中了解到你因父亲离世的忧伤、你母亲对你的所作所为，以及你在遗产继承上遭遇的不公，便要劝你应像约伯一样，②将自己的患难与你从神所受的祝福相比，从而看到前者算不得什么。你所面对的情况，并非是你为要讨父母的喜悦，就忘记了基督对你的心意（这也绝非是你的愿望），而是你母亲内心对基督充满了抵挡和愤恨。因此你

---

① 参《箴言》18:12，原文中这句话和之前的句子由拉丁文写成。

② 参《约伯记》2:10。

要将你的父母交在神的审判之下，并与约瑟一同向主称颂道，"神使我忘了一切的困苦和我父的全家"。①

对于你父亲离世的意义，以及神对他的心意，你又如何能知道呢？② 对于你的母亲而言，她仍然有白日 12 个小时，③有谁能知道福音能够在极短的时间内成就怎样的作为？教皇一党的人此时正痛苦叹息，甚至连皇帝也成了路德宗信徒，因为皇帝不愿再逞自己的威势来高举他们的邪恶。然而就算所有的事都不及我们的期望，你也要因着自己如同炭火中抽出的一根柴④，又如同狼口中夺回的半只耳朵⑤而欢呼喜乐。罗得不得不在所多玛与他的妻子分离，大卫与他的爱子押沙龙最终阴阳两隔，基督被人们从会堂中赶出来，而保罗也失去了他以色列的骨肉同胞。可见你不是那唯一忍受患难的人，所有其他的圣徒都曾承受过，此时也正承受着那比你更大更苦的患难。"因为我来是叫人与父亲生疏"—— 圣经上的这句话在一些处境下是必须应验的，⑥而圣经中另有很多话可以安慰你。即使失去了一切，我们有基督已经足够了。

愿主与你和你的家人同在。

你的，

马丁·路德

1532 年 12 月 12 日

致在奥沙茨遭流放的新教徒　　1533 年 1 月 20 日

在萨克森，那些认同宗教改革的奥沙茨（Oschatz）人会时不时

---

① 参《创世记》41:51。

② 路德在此暗示这位父亲的死，很可能是神借用来试验其儿子的信心，或者很可能这位父亲在自己临终之时皈依了新教信仰。

③ 参《约翰福音》11:9。

④ 参《阿摩司书》4:11；《撒迦利亚书》3:2。

⑤ 参《阿摩司书》3:12。

⑥ 《马太福音》10:35。

越境进入附近的村庄参加新教崇拜，并且领受饼和杯的圣餐。信奉 221
天主教的公爵乔治听闻此讯，下令所有在信仰上持异议的人都从他
所治境内离开，而有些人在 1532 年圣诞节期间就遭到流放。以下这
封路德安慰激励的书信中提到了冯·德·达梅（von der Dahme）一
家人，他们也是逃亡到选侯萨克森的人士。［原文为德文；*WA,Br*,
VI,421 - 423.］

致为基督的缘故忍受流放，可敬而明智的奥沙茨公民①，在基督里
我亲爱的先生和朋友们：愿恩惠、安慰和平安从基督归与你们。

我可敬、明智、亲爱的友人：

冯·德·达梅女士②已经将乔治公爵是如何加害于你们，以及你们
不得不从奥沙茨逃亡的情况告知于我。深信你们已经受了极大的患难，
并为主成就了大事。愿我们的主基督，就是你们为之受苦的那位神，安
慰、坚固你们，并保守你们的心，让你们能平安地度过这患难，不至疲乏
灰心。要知道魔鬼的攻击不会止于此。你们因为站在他的对立面，将会受
到他持续不断的攻击，并且就算他无法亲自加害于你们，也会激动我们这
里的人③来攻击、恨恶你们。因这世界都握在魔鬼手中，并且世人也都
接纳了他。因此那敬畏神的往哪里去，魔鬼的攻击也必将出现在哪里。

因此你们要靠着主的能力大有信心。你们当深信自己的受苦和逃亡
在神眼中都是极宝贵的。即使你们的经历是人所轻看的，甚至连你们自
己都觉得这些不值得夸耀，然而你们仍要心意坚定地相信在神和他的众
天使眼中，你们所承受的是那极重无比的荣耀。因我深知你们所做的一
切，并不是要赢得他人的夸奖和赞叹，而是单单为着荣耀、赞美主的缘
故。人的称赞或责备原无关紧要，而神和他的众天使对你们的称赞才是

---

① 德文为 *Den. . . Bürgern und Bürgerin*，包括男性和女性。

② 冯·德·达梅夫妇（法兰西斯和安娜）似乎此时已经身在维滕贝格。

③ 即萨克森的人。

222 你们真正看重的，因主的喜悦才是你们的满足。

因此你们要与那位也曾陷入患难的大卫王一起用《诗篇》56 篇唱诗歌颂神，"我几次流离，你都记数。求你把我眼泪装在你的皮袋里。这不都记在你册子上吗？"①大卫用这样的诗歌似乎在说："即使没有人关心我的愁苦，然而你，我的主，却深深眷顾我，我逃亡的每一步你都数算。无论我逃到海角还是天涯，你都从未轻看过我悲伤的眼泪。你将它们记录在你的册子上，永不忽略它们，这是我深知道的。"

看啊，这位君王是如何借着对主的信心而让自己得着安慰的。神从未轻看过他的逃亡，他所有的眼泪都被神所数算，他每一步艰辛的跋涉都被主所记念，并且他所有的眼泪都被神装在自己的袋子中，没有一滴会随意洒落或被主忘记。基督在《马太福音》10 章中也说，"就是你们的头发也都被数过了"②，所以一根也不会失落。基督将他的话语赐给我们，就是要让我们的心从中得着力量和坚固，确信他话语的信实，毫不怀疑，就像我们当全心信靠基督自己，对他毫不怀疑一样。

无论乔治公爵如何处置他的臣民，他终有一天要面对审判和刑罚。也许他现在还没有意识到这一点，然而很快他就会亲身体验到。《便西拉智训》35 章上的话要应验在他身上："当她（受逼迫之人）的眼泪从双颊流下，她不是在控诉那使她哭泣的人吗？"③阿们，阿们。

我匆匆写成的这封信对于你们目前的情况而言应是足够了。让我们一起祷告，彼此代求，因神必垂听我们的祷告。就算有时我们的祷告没有立时得以成就，然而时候到了神必会应允，因他绝不说谎，他的应许也永不落空。愿一切荣耀、感恩借着我们亲爱的主耶稣基督归与他，直到永远。阿们。

马丁·路德博士

---

① 《诗篇》56:8。

② 参《马太福音》10:30。

③ 《便西拉智训》35:15。

1533 年 1 月 20 日

康拉德·科达图斯记录的桌边谈话①　　约写于 1533 年

奥沙茨某位公民②信主的妻子，因为共领饼和杯的圣餐并承认自己的信仰而遭到了驱逐。她可以接受自己敬虔而良善的丈夫不与她一同离开。现在的问题是，"在这样的处境下，这位丈夫该怎样做？" 223

路德回答道："夫妻二人原是一体，因此他们应该一起来背负十架。尽管如此，在这样的情况下我会如此建议这位丈夫：他可以让他的妻子投奔她在我们公国的亲戚，③在这里待半年，与此同时盼望那些专制残暴之人止息自己的恶行。④所以这位丈夫应让他的妻子按着神的心意出去。"

致莱比锡的新教徒　　1533 年 4 月 11 日

身兼金匠和石匠的斯蒂芬·施泰因贝尔从纽伦堡迁至莱比锡。他应另一名莱比锡的金匠霍尔茨的请求，写信给维滕贝格的金匠克里斯蒂安·杜朗，托他向路德询问莱比锡的新教徒是否可以良心清洁地领受单有饼的圣餐礼，从而免受来自信奉天主教的市议会以及阿尔贝廷萨克森公爵乔治的逼迫。以下便是路德回复的内容。不到两周的时间，市议会就发现这封信已有多个副本在民间流传。[原文为德文；WA，Br，Ⅵ，448 – 450.]

致尊敬的先生，我在莱比锡的好友，正遭受那福音仇敌乔治公爵流放的信徒：愿平安、恩惠从基督归与你。他在你们中间受害被杀，⑤之

---

① 由德文和拉丁文写成。见 WA，TR，Ⅲ，No. 3464。

② 即弗朗西斯·柯尼希。

③ 萨克森选民。

④ 乔治公爵和他的官员。

⑤ 因为这封信写于耶稣受难日，路德在此便提到了耶稣的受死以及他复活带给信徒的盼望。

后却又复活，将来必要掌权。

亲爱的朋友：

我了解到，你们当中有些人希望明确能否良心平安地接受仅有饼的圣餐礼，然而从表面上看却是领饼又领杯，①从而满足当局的要求。

虽然我与你们素未谋面，也不了解你们内心的所思所想，然而我仍可以给你们一个我认为最好的建议：一个人若信服神的话语和神对圣礼的吩咐，即圣餐当既有饼又有杯，那么无论在任何处境下，他都应该按照自己的良心行事，否则他便违背了神自己。鉴于乔治公爵当前仿佛魔鬼的差役一般，一心要去查明人良心的隐情，他被蒙骗也就成了理所应当的。因为他本没有权力去揭开这些隐情，所以他所做的实在是一件抵挡神和圣灵的事情。对于其他的恶者，无论他们是杀人犯还是劫匪，我们都绝不会按他们的意思行，而是按我们看为合宜的方式采取行动或保留行动。在面对杀人或抢劫的凶徒时，我们最好的方式莫过于当面告诉他："我绝不会照你的意思行。如果你要因此取我的性命或财物，你要知道这恶行不光是做在我身上，更是做在另一人的身上，而他会让你付出极重的代价。正如彼得所说，'耶稣基督已经预备好了审判活人死人。'②因此，亲爱的强盗，尽管来吧。我绝不会顺着你的愿望行。然而我所愿的，也是主的心意，你在有生之年会很快明白。"由此我们可见，当面对恶者时，我们一定要用主的十架给予他迎头痛击，而不是对他阿谀奉承，唯命是从。要让他知道他是在攻击谁。

愿基督我们的主坚固你，并与你同在。阿们。

马丁·路德博士亲笔

受难日③，1533 年

---

① 这句话是说在形式上领饼又领杯，而非只领饼。"从表面看起来"（*unter dem schein*）这句话具体的意思并不是很明确。 有人说（Enders, IX, 291）莱比锡的新教徒当时被许可除了领饼之外，也可以领受那洗杯所用的酒。

② 参《使徒行传》10:42。在原文中路德是用拉丁文写的这句话。

③ 这封信是由路德口述，法伊特·迪特里希记录而成，在末尾处路德用拉丁文签上了自己的名字。

致安东尼·劳特巴赫　　1535 年 6 月 27 日

在 1535 年复活节期间，阿尔贝廷萨克森的米特韦达镇有 217 人拒绝接受天主教的圣餐礼，其中有 130 人坚持领受有饼又有杯的圣餐礼。对此乔治公爵命令这些新教徒在五旬节之前离开他的领地。这些人于 5 月 9 日请求公爵延迟驱逐的时间，并最终获得了准许。在此之前劳特巴赫曾写信给路德，请求他写一封公开信安慰、激励这些被逼迫的人，然而路德却不愿这样做，以下这封信解释了其中的原因。[原文为德文；*WA*，*Br*，Ⅶ，200 – 202.]

致尊敬的安东尼·劳特巴赫先生，莱比锡的传道人，我良善、仁慈的好友，亲爱的弟兄：愿恩惠、平安从基督归与你。

我亲爱的安东尼：

225

看到我的信让那些莱比锡被流放者遭受了更多的伤害而非帮助，我还能如何安慰米特韦达那些敬虔的人呢？①我若给他们写信，这事一旦传开，相信这些米特韦达的信徒会遭受同样的伤害，况且致众人的信又是极易流传开来的。

所以你要在言语上尽可能地去安慰他们，同时让他们知道这也是我的愿望，为这些无辜的人所遭受的迫害我深表同情。愿我亲爱的主耶稣基督，就是那位他们为之受苦的，以他的荣耀和救恩安慰坚固他们。那认信基督之人所承受的患难与专制者所加给他们的迫害，正是他们救恩的明证。②这样的患难虽然会让我们在今生暂受苦楚，但这苦楚若与我们确实的信心和盼望相比，实在算不得什么。我们的盼望原是那

---

① 见 1532 年 10 月 4 日路德写给莱比锡新教徒的信。

② 参《帖撒罗尼迦后书》1:5,6。

永生，为这缘故我们愿甘心承受一切的患难，并深深同情那些加害于我们的人。

你已见识了那位主教在哈雷的所作所为。①是神让他和他的同道之人顽梗刚愎，在自己妄行的道路上越走越远。与此同时，我们应当在盼望中欢喜快乐，因神必将速速显明这事的结局。阿们。

告诉那些敬虔的信徒，我时刻都在为他们祷告，并向他们致以我由衷的同情。然而切勿让这封信在民中流传，免得这些良善的信徒为此遭受许多折磨，也让其他的人因此受牵连。若是以我个人的名义，我会毫不留情地指责乔治公爵的恶行，他清楚我从未惧怕过他，并且如果他想要找我寻事，他也知道在哪里可以找到我。

在此我将你交托在主的保守之中。阿们。

马丁·路德

施洗约翰日之后的主日，1535 年

致西比尔·鲍姆格特纳　　1544 年 7 月 8 日

1524 年，鲍姆格特纳（Sibyl Baumgärtner）女士的父亲伯纳德·提彻尔曾因倾向于路德宗而在慕尼黑遭到关押。在公开宣布离弃新教信仰，并缴纳了 2000 基尔德罚金之后，他才获得释放。在路德写此信时，她的丈夫耶罗梅·鲍姆格特纳也遭遇了不公正的囚禁。1544 年 5 月 31 日在从斯拜尔会议返程途中，鲍姆格特纳被一名弗兰克尼亚骑士袭击并绑架，后者当时正深陷于当地一场积怨之中。在 1545 年 8 月 21 日以前，鲍姆格特纳一直被关押在一处秘密地点。以下这封信是路德为了安慰被囚之人忧虑不安的妻子而作。[原文为德文；*WA*,*Br*,Ⅹ,604 - 607.]

---

① 在 1535 年的圣周（复活节前一周。——译者注），美因茨的大主教阿尔贝特要求所有的哈雷市民忏悔，以此来预备领受天主教的圣餐。同时，他以严刑作为威胁，恐吓那些不愿听从此命令的人。

致尊敬而有贤德的夫人，纽伦堡的西比尔，耶罗梅·鲍姆格特纳先生的妻子，我仁慈的好友：愿恩惠、平安从我们亲爱的救主和主耶稣基督归与你。

尊敬而有贤德的夫人：

那位垂听我叹息之声的神，知道我为你所遭遇的忧伤和不幸此时有怎样的悲伤。所有人都发自内心地为你虔诚而可敬的丈夫遭遇了仇敌如此的攻击而深表同情。愿神垂听我们和所有敬虔之人的祷告。无疑各地那些敬虔的人此时都在为你的丈夫切切祷告，深信这样的祷告将会蒙神悦纳。

与此同时，我们也要在神的应许中得着安慰。神说他不会撇下我们，也不会忘记那属他的人，整卷《诗篇》都在向我们见证这样的真理。你的丈夫是一位正直的人，他对基督有真实的信心，他坚定的认信和美好的见证都成了这信心的明证。因此，你当确信神从未撇下过他，正如神曾借着他的圣言，让你丈夫进入自己恩慈的怀抱一样，神也会永远如此将他抱在怀中。在你丈夫遭受此厄运之前，神就视他为自己宝贵的信徒、亲爱的儿女，并因此悉心地看顾。如今虽然看起来神的保守仿佛中断，然而这不过只是片时，为的是要试验我们的信心并教导我们忍耐。因为神是永不改变的神，他对你丈夫的爱也从未改变。他曾在经上说："你们将要痛哭、哀号，然而你们的忧愁要变为喜乐。这喜乐没有人能夺去。"①这应许永不会废去。

此外，我们所受的痛苦永远不会比神的爱子和他亲爱的母亲所受的更加沉重。想到这一点也会让我们的忧愁得到安慰，信心得以坚固，正如彼得所教导我们的，"基督也曾一次为罪受苦，就是义的代替不义的。"②在我们身处患难时，魔鬼和他的仆役无疑会幸灾乐祸，然而这不过是暂时的，最终等待他们的将是那极大的悲号，而我们所处的地位却是极

---

① 《约翰福音》16:20,22。

② 《彼得前书》3:18。

227 荣耀的。因神以百般的怜悯恩待我们，让我们与他的众天使和受造物同
蒙眷顾。因此今生的患难永远无法伤及我们的灵魂，而我们在地上所受
的苦难反倒会成为我们的益处，因保罗说，"我们晓得万事都互相效力，
叫爱神的人得益处。"①可见我们的肉身需要承受这样的患难，因我们若
不能与基督同受苦难，不曾体会过那许多受苦之人的悲哀，我们就无法
成为一名真正的基督徒。

　　因此，我亲爱的女士，你要在患难中忍耐。你并非一人在受苦，有
许多敬虔、忠心的信徒与你一同承受着悲痛。他们不曾忘记主的话，就
是"我在监里，你们来看我"。②是的，我们这里有极多的人对敬虔而亲
爱的鲍姆格特纳弟兄充满了关怀，因为他的被囚对我们而言，正如耶稣
基督亲自被囚一样。并且我们也切切地恳求主让我们的弟兄早日得释
放，好让你的心和我们的心都大得快慰。

　　愿那永不改变的主耶稣，就是那让我们彼此安慰，也用他的圣言来
安慰我们的神，借着他的圣灵来安慰、坚固你的心，一直忍耐等候，直
到苦尽甘来。愿荣耀和颂赞永永远远归给那位与圣父、圣灵同在的主基
督。阿们。

马丁·路德博士

马利亚显现日之后的周二，1544 年

---

① 《罗马书》8:28。

② 《马太福音》25:36。

第八章　给身处瘟疫饥荒者的建议

致乔治·斯帕拉廷　　1527 年 8 月 19 日

　　尽管路德尽量淡化疫情的危害程度，然而 1527 年的维滕贝格的确遭遇了极严重的瘟疫，甚至一度导致大学被迫迁至耶拿。8 月 2 日，路德曾写信给菲利普·梅兰希顿，告知对方自己已经康复。路德在信中还说道："我们不得不相信此地确实爆发了瘟疫，我们希望疫情能够逐渐缓解减弱……汉斯·勒夫特已经病了九天，昨天他似乎神志不清，然而我们仍盼望着他能够好转起来……请为我们这些一息尚存的将死之人切切祷告神。"①［原文为拉丁文；*WA*，*Br*，Ⅳ，232，233.］

　　愿恩惠、平安从基督耶稣归与你。

　　得知你身体康复，我非常高兴。感谢基督我主，也请求你为我祷告，求神我们的救主，按着他的旨意让我能够完全康复。②唯愿你不要受有关探访的流言所搅扰，昨天选侯才将探访的条文发给了我，让我来

---

① 　*WA*，*Br*，Ⅳ，227.

② 　关于斯帕拉廷和路德的病情，请见第一章 1527 年 7 月 10 日路德写给斯帕拉廷的信。

评判这些规定是否值得公布。①在我看来，如果此文件最终确定可以公之于众，实在是极有价值的，到时相信你也会非常认同。任凭我们的仇敌以谎言为荣耀吧，②这原是他们习以为常的，因为他们从来就不知道如何可以从真理中得安慰。

　　我们这里出现了瘟疫，但疫情不是很严重，然而人们因此在四散奔逃中表现出的恐惧却令我大为吃惊。在这之前，我从未见过撒旦如此败坏的作为，不知道他竟然可以让人恐惧到这种地步。此时的光景必是魔鬼所希望看到的，他要做的就是要借着人们的恐惧和四散来击垮这所大学。③他对此大学深恶痛绝，所以这样的攻击绝非偶然。尽管如此，到目前为止，加上死去的小女孩和婴儿，瘟疫总共只让全市 18 人丧生。在渔民区④瘟疫爆发得最为严重，而在我们区，尽管所有死去的人都埋在我们这里，但到现在为止还没有一人身亡。今天我们埋葬了蒂洛·德尼⑤的妻子，就在昨天，她几乎是在我的怀抱中离世的，这是市中心第一个死于这场瘟疫的人。18 位死者都是在我附近的埃尔斯特门⑥下葬的。他们当中有芭芭拉，她是你同事埃伯哈德妻子的妹妹，⑦请你将此转告埃伯哈德先生。约翰·格鲁嫩贝格（John Grunenberg）⑧的女儿也去世了。汉斯·卢夫特（Hans Luft）⑨又上我们这里来了，他从瘟疫中康复了过来。很多人通过用药得以痊愈，然而也有很多人非常疏忽大意，他们拒绝用药，结果白白死去。尤斯图斯·约纳斯的小儿子约翰也被瘟

---

① 这些规定都是用来指导那些计划来萨克森各教区进行巡视和考察的牧师和律师；见 *WA*,XXVI,173－240。
② 比如当时伊拉斯谟就提出新教徒正在放弃他们的改革；见 *WA*,XXVI,183。
③ 瘟疫导致大学一度迁至耶拿。
④ 在维滕贝格城外以南。
⑤ 德尼（Dene，或称 Dhene），他多年以来任维滕贝格的市长。
⑥ 这个短语使用的是德文。
⑦ 埃伯哈德·布利斯格妻子的妹妹当时是斯帕拉廷在阿尔滕堡的同事。
⑧ 格鲁嫩贝格是一名印刷商。
⑨ 他负责印刷了很多路德的著作。

疫夺去了性命，现在贾斯特斯和他的家人都回到了他的老家。①我仍留在维滕贝格，人们目前活在恐惧的气氛之中，所以我必须在这里。约翰·布根哈根和执事们②也因此和我在一起。当然与我们同在的还有基督，因他的同在我们便不是凭着自己的能力去面对这一切。虽然他的脚跟③被魔鬼所伤，然而他却仍要在我们里面胜过那古蛇、④杀人者和罪的权势。⑤请为我们祷告，在主里向你道别。

向埃伯哈德先生以及所有我们的朋友问安，请将我们介绍给他们。那些狂热派的人又在写文章攻击我，⑥现在我手上还没有他们的书。之前我想把茨温利写给我的第二封信⑦发给你，这封信比之前的信更加出言不逊，然而眼下它却不在我手边。

你的，

马丁·路德

马利亚升天节之后的周一，1527 年

致约翰·赫斯　　1527 年 11 月

1527 年的夏末和秋季，西里西亚的布雷斯劳遭遇了严重的瘟疫，那里的新教神职人员通过约翰·赫斯（John Hess）询问路德，在这种危机面前基督徒选择逃离是否合宜。屡次被询问之后，路德作出了回复。因为当时维滕贝格也爆发了瘟疫，路德便决定将他的回复作为公开信发表出来。这封信在其他地区爆发瘟疫时被多次重

---

① 北豪森（Nordhausen）。

② 约翰·曼特尔和乔治·勒雷尔。

③ 参《创世记》3:15。

④ 参《启示录》12:9,20:2。

⑤ 参《约翰福音》8:44。

⑥ 是指 Huldreich Zwingli's *Das dise wort Jesu Christi, Das ist win Lychnam der fürüch hinggeben wirt, ewigklich den alten eynigen sinn haben werded*（1527），以及 John Oecolampadius's *Das der missuerstand D. Martin Luthers, vff die ewigbstendige wort, Das ist mein leib, nit beston meg*（1527）。

⑦ 这封信已经佚失。

印。约翰·赫斯（1490－1547）作为将宗教改革引入西里西亚（Silesia）的属灵领袖，被人们称为西里西亚的改教家。［原文为德文；*WA*, XXIII, 323－386.］

致尊敬的约翰·赫斯博士，布雷斯劳的牧师，以及他在基督福音里的众同工：愿恩惠、平安从神我们的父，并从主耶稣基督归与你们。

你们发至维滕贝格询问我的书信（询问关于基督徒在面对死亡的威胁时，是否应该逃跑的问题）我已收到很久了，若不是全能的神所施加沉重的鞭打和管教临到我，以至于我无法稍作阅读、写作，①我必早已回复你们了。尽管如此，在我看来，父神已经丰丰富富地在基督里给你们赐下了各样悟性和真理，因此无需我的帮助，你们也能够在圣灵的引导下对这样的问题——甚至比这更难的问题——作出判断。

你们以谦卑的心一直坚持要了解我对此事的看法，盼望能够与我一道按照保罗所反复教导的，有一样的心思和意念。②所以，在此我便将神让我所认识和领会的分享出来。我愿以完全谦卑的态度提出我的见解，并接受你们以及所有敬虔信徒的权衡和判断，这样做原是合宜的。

231　鉴于关于致命疾病的流言在我们中间和其他地方四起，我决定将这封信公开印发出来，期望其他有需要的人能够从中受益。

有些人坚持认为，一个人在遇到危险时不应该选择逃跑。他们说，死亡是神因我们的罪而降下的刑罚，因此，我们在遇到死亡的威胁时，应该在真实而坚固的信心中忍耐等候。在这些人看来，逃跑无异于对神不信，因此是一种错误的行为。尽管如此，也有人认为可以选择逃跑，特别是当一个人在没有责任约束时，更有权利这样做。

对于第一种观点，我无法提出批评，因为他们所看重的是那坚定的

———————————————

① 有关维滕贝格的瘟疫见前一封信。

② 参《腓立比书》2:2；《哥林多前书》1:10；《哥林多后书》13:11。

信心，这原是可羡慕、可称赞的，我唯愿所有的基督徒都能有这样的信心。一个在灵命上如同吃奶婴孩的信徒①是不可能坦然面对死亡的，要知道，死亡对于所有圣徒而言曾经是那么可怕，未来也必如此。因此对于那些心意坚定、轻看死亡、甘心承受神管教的信徒，有谁会不称赞他们的信心？只要他们如此行背后的动机不是出于试探神，就如我下面所讨论的一样，我们就应该推崇这样的信心。

然而，鉴于信心刚强的基督徒极其少见，而多数是软弱的肢体，所以我们不能期望所有的信徒都有一样刚强的信心。正如我们在《马可福音》最后一章中所读到的，那信心刚强的人若喝了什么毒物，也必不受害；②而对于那信心软弱的，这定然会让他们毒发身亡。彼得信心刚强的时候可以在水面上行走，而当小信怀疑时，便立刻掉入水中，险些被淹死。③因此当一个信心刚强的人与一个信心软弱的人同行时，前者必须留意不要竭力地奔跑，免得那软弱者因为跟不上而消耗致死。基督并不愿意他所有软弱的肢体都遭到抛弃，正如圣保罗在《罗马书》15 章和《哥林多前书》12 章中所教导的。④

因此，让我简明扼要地做一个总结：对于是迎接死亡还是选择逃生这个问题，我们需要通过两方面来考察。首先是对于那将违背神话语和命令的，比如有人因为神话语的缘故而被囚入狱，后来却为了能够获释而公开否认了神的话语。在这样的处境下，基督对所有人的命令原是非常清楚的，他绝没有让我们逃生，而是让我们宁可付出生命的代价，也要持守他的真理。因主说："凡在人面前不认我的，我在我天上的父面前也必不认他。"⑤此外，在《路加福音》12 章中，主也这样说："那杀身

---

① 参《哥林多前书》3：2。

② 《马可福音》16：18。

③ 《马太福音》14：29，30

④ 《罗马书》15：1；《哥林多前书》12：22。

⑤ 《马太福音》10：33。

体以后不能再做什么的，不要怕他们。"①

　　同理，对于那些教牧人员，如传道人和牧师，他们在危险和死亡到

232 来时也有义务守住自己的职分，因为基督有明确的命令说，"我是好牧
人，好牧人为羊舍命。若是雇工，不是牧人，他看见狼来，就撇下羊逃
走。"②人们在临近死亡时尤其需要牧师的服侍，神的话语和圣餐此时可
以让一个人的良心得着坚固和安慰，从而以信心胜过死亡。然而在传道
人人手足够的情况下，这些教牧人员考虑到没有必要在如此的险境中，
让所有的教牧人员都待在一处，因而达成共识，让其中一部分传道人离
开。对于这种做法，我不会称其为犯罪，因为这些人已经保证了足够的
服侍能力，并且如果一旦有需要，他们都会甘心乐意地选择留下来。因
此我们看到阿塔那修为了保全性命而离开他的教会。他的出离之所以不
被看为犯罪，是因为在他走后，还有很多其他的教牧人员可以尽职地行
使他的职分。③在大马士革，圣保罗的门徒用筐子将他从城墙上缒下去
逃生，④并且在《使徒行传》19 章，我们看到保罗的门徒不允许他去直
面集市上的危险，因为那样做并不是必要的。⑤

　　与之类似，所有掌管世俗权柄的官长，比如市长、法官之类的人，
都有义务留守在自己的岗位上。世俗政府也同样是出于神的话语而被设
立和任命来治理保护城市和土地。圣保罗正是在《罗马书》13 章如此
说："政府是神的差役，特为保守和平。"⑥因此若之前被任命保护某个
群体的人，在危机关头（如火灾、凶杀、动乱，以及其他魔鬼所预谋的
灾难）首先选择自己逃生，而让整个群体落入无领导治理的混乱状态
下，这实在是极大的罪，因为他的逃生让整个群体失去了秩序。圣保罗

---

① 《路加福音》12:4。

② 《约翰福音》10:11,12。

③ 在米涅的奥古斯丁（Augustine in Migne），*P. L.* XXX,1017。

④ 《使徒行传》9:25。

⑤ 《使徒行传》19:30。

⑥ 参《罗马书》13:6。

说：“人若不看顾亲属，就是背了真道，比不信的人还不好。”①这些官员如果出于自己极大的软弱不得不去逃生，他们之前就必须（如我之前所说）要保证有足够数量的官长能够站在他们的位置上，从而让神托付他的群体能够得到照顾和保护。此外，他们也需要殷勤地视察、询问，以保证所有的担忧都能够得到妥善解决。

我对属灵和属世职分的观点，也需要延伸到那些对他人负有义务和责任的人身上。因此在危险到来时，一名仆人不应该离开他的主人，除非主人准许他离开；而另一方面，主人也不应该离弃他的仆人，除非他能够充分地满足仆人独自生活的一切所需。在这些处境中，神都命令仆 233
人有义务效忠、顺服他的主人，而主人也必须去体恤他们的仆人。与之相似，父母也因着主的命令，有义务去照顾、帮助自己的儿女，而儿女也必须要去看顾他们的父母。那些受雇的普通人（比如城里的医生、市政官员、雇佣兵等诸如此类）也不应该擅自逃生，除非他们能在自己的职位上找到其他有能力胜任的人顶替，并得到上级的认同。

对于那失去双亲的孩子，他们的监护人和亲属有义务将他们带在身边照管，或至少要保证有其他人来替代他们照顾这些患病的亲属。事实上，所有人都不应该在危险面前撇下邻舍，自己逃生，除非有其他人能够完全替代他们来服侍陪护那些病人。在所有这样的处境中，基督的话都应该成为我们的提醒 —— 他说，“我病了，你们不来看顾我”，②基督的这句话将所有的人都彼此联系了起来，对于那落难的邻舍，他身边所有的人都有义务去帮助他。每一个人都应该以自己希望得到帮助的方式，去帮助、支持自己身边的邻舍。③

如果身边的邻舍不需要帮助，又或有足够的人手（这些人或许是出于自愿或个人的义务，或是受那信心软弱之人的委托）来照顾他们，又

---

① 《提摩太前书》5：8。
② 《马太福音》25：43。
③ 参《马太福音》7：12。

或那患病的人不想让他的亲友留下来，不愿接受他们的帮助，对于这种情况，我认为人们有自由在逃生和留下来之间作选择。让那些信心刚强的人奉主的名留守在自己的职分上吧！他这样做并不是犯罪；与此同时，那些软弱胆怯的人也可以奉主的名逃命，因为他这样做并不是出于对邻舍责任的轻看，他原是做出了充分的补救行动之后才逃生的。逃生求救的本能是神植根在所有人心中的，因此只要这种本能不与神的原则以及邻舍的益处相冲突，就不应加以禁止。这正如圣保罗在《以弗所书》4 章中所说的，"从来没有人恨恶自己的身子，总是保养顾惜。"①我们原是受了神的命令来尽可能保养爱惜自己的身体和生命。对此圣保罗在《哥林多前书》12 章中也说，神让我们身体的各个肢体彼此相连，这样每一个肢体随时都在服务着其他的肢体，为它们效劳。②

234 神没有禁止，反倒命令我们要汗流满面才能得着日用的饮食、衣着和各样的生活所需，③以免我们的身体遭遇伤害和损失。只要我们不轻视、妨碍自己分内的爱心和义务，我们的所作所为便是合宜的。一个人在为保全自己性命而逃生时，如果能完全避免这种行动给邻舍带来损害，那么他的所作所为是多么合宜啊！因为我们看到身体和生命要比那食物和衣服贵重许多，这正如基督在《马太福音》5 章所说的。④如果一个人有刚强的信心，能在不试探神、又不求自救的情况下，忍受赤身、饥饿和穷乏，让他如此行便好，但不要因此去责备那些无力效仿的人。

圣经中有极多的例子可以证明，为了躲避危险而逃生本身并非是犯罪。亚伯拉罕是一位伟大的圣徒，然而他却因为担心遭遇杀身之祸

---

① 《以弗所书》5:29。
② 参《哥林多前书》12:21 - 26。
③ 参《创世记》3:19。
④ 参《马太福音》6:25。

而将自己的妻子说成是妹妹，交与外人。①尽管如此，因为他这样做并没有给自己的邻舍造成任何伤害，所以这也不算是他的罪。他的儿子以撒也做了类似的事情。②雅各为了避免遭到他兄长以扫的杀害，也选择了逃生。③大卫也曾逃避扫罗和押沙龙的追杀，④先知乌利亚也因为惧怕约雅敬的刀剑而逃到了埃及。⑤先知以利亚在以大能除灭巴力的众先知之后，受到王后耶洗别的死亡威胁，因此一路逃亡，又饥又渴地进入旷野。⑥而在他之前的摩西也因为担心法老的缉捕而逃至米甸人的境内。⑦除此之外，圣经中还有很多例子。这些人在灾祸面前都选择了竭力逃生，然而他们逃跑的选择却是在首先履行了自己的义务，并且没有对邻舍造成任何损害的情况下作出的。

也许你会说："是的，这些人逃跑不是犯罪。然而他们所遭遇的威胁并不是瘟疫，而是不信者的逼迫。"对此我的回答是：无论导致死亡的原因是什么，死始终是死。神在圣经中让我们看到有四种灾祸或刑罚：瘟疫、饥荒、刀剑和恶兽。⑧如果一个人能够在神的许可和自己平安的良心中逃避其中的一种或几种灾祸，为什么他就不能逃避所有这四种灾祸呢？以下例子让我们看到，那些属灵的父辈如何逃避了人的刀剑，而我们也在圣经中清楚地目睹了亚伯拉罕、以撒、雅各和他们的众子如何逃避了第二种灾祸，即饥荒。当初他们逃往埃及正是为了躲避这灾祸。⑨那么，为什么我们不可以逃避那些恶兽呢？难道我的意思是说，让人们 235 在土耳其人战火临近时，不要从自己所在的城市或乡村中逃出来，而

---

① 参《创世记》12：13。

② 参《创世记》26：7。

③ 参《创世记》27：43 – 45。

④ 参《撒母耳记上》19：10 – 17；《撒母耳记下》15：14。

⑤ 《耶利米书》26：21。

⑥ 参《列王纪上》19：3。

⑦ 参《出埃及记》2：15。

⑧ 《以西结书》14：21。

⑨ 参《创世记》40 – 47 章。

是要在原地等待那出于神刀剑的刑罚吗？是的，如果有人信心刚强，就让他持守在自己的本位上，然而如此行的人却不应责备那些逃跑求生的人。

难道我的意思是说，如果一栋房子失火，而我们都知道火灾是出于神的刑罚，那么失火房中的人绝不应跑出来，而房子外的人也不能去营救其中的人吗？或者有人失足落入湖中，他就应该因着神的管教，绝不重新浮出水面而淹死在其中吗？是的，如果你认为必须如此行，那么你就可以这样做，只要你不是在试探神便可。然而与此同时，也请你许可其他人有不同的反应。又比如，有人摔伤了自己的一条腿，或是受了其他的伤，是不是他就应该在此时明确地拒绝任何医药的救治，并宣告说"这是出于神的刑罚，因此我要忍受这样的伤痛，直到它自行恢复"呢？寒冷和霜冻也是出于神的刑罚，同样也可以夺人性命，那么为什么在寒冷的季节你还要生火取暖，在屋中避寒呢？不如信心坚定地在户外忍受严寒，直到天气变暖吧。如果按照这种观点，这世上也不需要有任何药店、药物和医生了，因为所有的疾病都是出于神的刑罚。饥饿和口渴也是从神而来极大的刑罚，因此人们也应该一味地忍受它们而殉道了。然而为什么你还在继续吃喝，而不让自己被主管教忍饥挨饿，直到这刑罚自行结束呢？可见这种观点会让我们严重地偏离真道，最终连主祷文都要废弃，不再祷告说："救我们脱离凶恶，阿们。"① 由于在今生所有的患难中都有神的刑罚，我们便可以不再求主救我们脱离地狱，任自己落入其中，因为这也是神的刑罚。这种错谬将会导致何等结局？

从以上的讨论中我们可以得出这样的结论：无论我们遇到何种患难，我们都可以祷告主救我们脱离，同时我们也应该在自己有能力的时候，尽可能自助保护自己，只要我们的行为不与神的原则相冲突，便是合宜的。正如我之前所说，如果神的心意是要让我们受苦，那么

---

① 《路加福音》11:4。

我们一切的自我保护都将无法奏效，因此所有的人都应该在遇到危难时照此而行。如果在死亡的危急关头，有人因着对邻舍负有义不容辞的责任而不得不选择留守，那么他就当将自己交托在神的保守之中，并宣告说："主啊，我在你的手中，你将服侍这里的义务加在我身上，愿你的旨意成就，①因我不过是你卑微的受造物。为了履行自己的责任，无论是遇到水火饥渴之灾，还是其他的患难，我都深信自己的生死均在你的手中。"另一方面，如果某人对于服侍其邻舍并没有必然的责任，并做好了逃生的准备，他也当将自己交托在神的手中，如此宣告说："亲爱的 236 神，我既软弱又害怕，因此我决定逃避这样的灾祸，并竭尽所能地保护自己不受其害。然而，无论是遇到目前这样的患难，还是其他的危机，我都知道自己是在你的手中，愿你的旨意成就。我今天的逃生原不能救我自己，因我无论往哪里去都有摆脱不尽的患难和厄运，而那从起初就是杀人者的魔鬼，正竭尽所能地在四处行那杀害暴虐之事，他从不睡觉，也不休假。"

我们有责任按照这种方式，在各样的患难和危险中去救助我们的邻舍。如果他的房子失火了，我就应该在爱心的催促下赶赴火场，帮助他灭火。如果现场已经有很多人在帮助他，我便可以选择回家做自己的事。如果邻舍落入水中，我就一定不能视而不见地走开，而应该立即赶到他身旁，尽力帮助他。然而，如果已经有人下水去救他了，我便可以选择离开。如果我看到邻舍忍饥挨饿，我便不能抛下他不管，而是应当为他提供食物和水，不计较这样做是否会让自己陷于贫穷。如果我们只是在自己的身体和财物不受损害的情况下，才肯向邻舍伸出援手，那么我们便永远不会去服侍邻舍。因为凡是帮助邻舍的事，都会给我们带来打扰、危险、伤害和权益的损失，但为了救邻舍于危难，我们宁可忍受火灾或其他从邻舍那里蔓延到我们这里的灾难，它们会伤及我们的身

---

① 《路加福音》11:2。

体、财物、家人以及我们拥有的一切。

那些拒绝为邻舍提供帮助的人，就是那些远远地避开邻舍，并任凭他们在缺乏中无依无靠的人，在神的眼中实在是犯了杀人的罪。正如圣约翰在他的书信中所言："那没有爱心的，仍住在死中，就是杀人的。"又说，"凡有世上财物的，看见弟兄穷乏，却塞住怜恤的心，爱神的心怎能存在他里面呢？"①神将这样的罪与所多玛人所犯的罪归作同类，正如他曾借着先知以西结说："看哪，你妹妹所多玛的罪孽是这样：她和她的众女都心骄气傲，粮食饱足，大享安逸，并没有扶助困苦和穷乏人的手。"②在末日审判的时候，神将定这些人杀人的罪，并对他们说："我病了，你们不来看顾我。"③如果这些人因为不走近穷人和患病者，为他们提供帮助，而遭到了如此的审判，那些远远地避开穷人，任他们如猪狗一般死去的人，又将面对怎样的结局呢？更有甚者，那竟伸手抢夺穷人，加增他们苦难的人，神又将如何审判呢？现今那些专横的君王正是如此对那接受福音的穷人下毒手。④任凭他们如此妄为作恶吧，神必会足足地报应他们。⑤

有一件善行是值得称赞、合主心意的，就是那些有条件的城市和地区为其社区服务中心和医院提供了修缮和维护，也为在其中服侍的人员提供所需，以此让各家各户患病的人，都能够集中到这些地方得到护理和照料。这正是我们父辈的愿望。他们曾经建立了许多基金会、医院、养老院，正是为此目的，市民也因此不必把自己的家变作医院。有这些慈善机构的地方，当地的人应该倾力为其提供支持，政府更是如此。然而在那些没有设立这些机构的地方，我们所有人都应该在自己周围邻舍

---

① 参《约翰一书》3：14，15，17。
② 《以西结书》16：49。
③ 参《马太福音》25：43。
④ 参第七章中的内容。
⑤ 参《马太福音》6：2。

有需要的时候，成为他们的护士和医生，以此彰显神为我们成就的救恩和他对我们的眷顾。在这方面，我们有神明确的话语和命令，他说"要爱人如己"。①以及主在《马太福音》7 章中的话："所以，无论何事，你们愿意人怎样待你们，你们也要怎样待人。"②

当人群中开始出现死亡时（在瘟疫流行的时刻），我们应该与那些受灾的人同在，以积极的准备来应对疾病的蔓延。并且我们，尤其是那些对他人负有责任的人（正如我之前所提到的），当专心认定自己绝不应该擅自逃生。我们应确信神让我们遭受这样的刑罚，不光是为着对付我们的罪，同时也是为着试验我们的信心和爱心：他试验我们的信心，好让我们看到自己对神到底存有怎样的意念；他试验我们的爱心，是要让我们看到自己对邻舍是否有真实的关怀。认识到神如此的心意，的确可以让我们在瘟疫中大得安慰。尽管我相信，所有的瘟疫和灾难在人群中传播都是出于魔鬼的工作，是他将那杀人的毒气释放入空气，并将那致命的毒药注入了人的身体，然而这瘟疫也是出于神的心意和刑罚。因此，我们应该以忍耐的心降服在主的管教之下，并且冒着生命危险去帮助我们的邻舍。正如圣约翰所教导的："主为我们舍命，我们也当为弟兄舍命。"③

如果那患病之人让某些人心中感到极其不安和恐惧，那么有这种感受的人应该鼓起勇气，信心坚定地让自己确信这恐惧惊慌的背后必然是魔鬼的作为。魔鬼非常邪恶，一直以来，他不光想尽一切办法要来残害、谋杀我们，同时也时刻用他愤怒的威势来恐吓我们，以此让我们心寒胆战，对死亡充满担忧，将死亡看成是这世界上最可怕的事。于是，我们一切在世的稳妥和平安都因此消失殆尽，我们也陷入到对今生深深的绝望之中。魔鬼正是以此让我们对神不抱希望，面对死亡也失去了那坦然、得胜的心，并将我们深锁在那恐惧忧虑的重重疑云之中。在这样

238

---

① 《马太福音》22:39。
② 《马太福音》7:12。
③ 《约翰一书》3:16。

的光景下，我们必然无法以基督的心为心，结果湮没了自己生命的亮光，抛弃了我们在患难中的邻舍，并因此得罪了神，也得罪了人。魔鬼的愿望和目的就是要让我们如此堕落，然而当我们认识到魔鬼借着这种恐惧和忧虑所要施展的诡计之后，我们就应该加倍注意，不为他的诡计所动，并鼓起勇气来抵挡他，让他一切的计谋在我们这里遭遇挫败，彻底地摆脱他向我们施加的恐惧，将这一切统统地抛还给魔鬼。我们应该用以下这样的宣告作为武器来保护自己，对魔鬼说：

"魔鬼，带着你恐吓的权势离我而去吧！我要轻看你这样的权柄，并回到我患病的邻舍那里去帮助他，以此挫败你的诡计。我不会再去关注你对我的试探，而要以两种方式转而攻击你。首先，我要确信，帮助邻舍的善行是神和众天使所喜悦的，我若在对神的顺服中去如此行，便是在服侍神。此外，这善行特别因为是令你恨恶和反对的，而更加蒙主喜悦。如果只有一个天使察验到我对邻舍的关爱，并为此喜乐，我也愿意怀着极大的热情和喜乐来如此摆上。然而事实上，这善行是我主耶稣基督和天上的众天使都极为喜悦的。与此同时，这善行也让父神的旨意和命令得以成全。鉴于此，我为什么还要因你的威胁而惊恐呢？我为什么还会许可你拦阻那天使天军的喜悦，妨碍我主心意的成全，并让你和你地狱的仆役待着机会嘲笑、愚弄我呢？不，我绝不会让你得逞！如果基督为我流出了他的宝血，且死在十字架上，为什么我就不能为了他的缘故，稍稍地承担一点危险，去面对这必将退去的瘟疫呢？魔鬼啊，你若能够威胁，我主基督就必能坚固；你若能使人丧命，我主基督就必能赐人生命；你若能呼出毒气，我主基督就必能兴起全然的医治。我亲爱的基督以他的命令、恩惠和他全部的安慰来坚固我，然而若这一切都不能让我的心胜过你这被咒诅的魔鬼对我软弱肉体所施加的恐惧，这必会令神不悦。撒旦，远远地退去吧！①这里是基督的所在，而我是他的仆

---

① 参《马太福音》16:23。

人，为要做成这善工，主必得胜。阿们。"

神对那看顾贫弱之人所赐下的安慰和应许，是击退魔鬼的第二种兵器。《诗篇》41 篇中说："眷顾贫穷的有福了，他遭难的日子，耶和华必 239 搭救他；耶和华必保全他，使他存活；他必在地上享福。求你不要把他交给仇敌，遂其所愿。他病重在榻，耶和华必扶持他。他在病中，你必给他铺床。"①神的这些美好且荣耀的应许难道不是丰丰富富地赐给了那些舍己助人者了吗？还有什么能够恐吓我们，让我们不照着神如此宝贵的安慰而行呢？与神的这些应许和奖赏相比，我们为那些身陷危难的人所做的实在是微不足道的。圣保罗对提摩太说的一句话非常好："操练身体，益处还少；唯独敬虔，凡事都有益处，因有今生和来生的应许。"②敬虔就是服侍神，③而一个人若能服侍自己的邻舍，就是服侍神了。我们的亲身经历也告诉我们，那些在爱心、舍己和殷勤之中来服侍患病之人的人，大多数都有主的保守与他们同在。尽管他们也有可能感染上疾病，但这并不妨碍他们的摆上，因为之前的那首诗篇中说："他在病中，你必给他铺床。"可见神对那些因顺服而患病的儿女，必要赐下医治，祝福他们康复。同时，当我们看到那些一心为了得财或骗取遗产而服侍患者的人，最终却在他们获得产业之前染病而死，也不当惊讶。

那些信靠神的应许和安慰去服侍患病之人的信徒，还可以得着一个极大的安慰（即使在危难的时刻，他们已经得到了与自己所付出代价相匹配的高额佣金），④即他们将要得到服侍，神将要亲自看护他们，也要做他们的医生。神是何等伟大的医护者啊！这世上一切的医生、药师和护士与神相比，能算得了什么呢？难道这一切还不能让一个人鼓起勇

---

① 《诗篇》41:1 - 3。

② 《提摩太前书》4:8。

③ 德文为 *Gotts dienst*。

④ 《路加福音》10:7。

气，去服侍那些在瘟疫中患病的人吗？即使这些患者周身的脓疮如同汗毛一样密集，并且他们咳出的毒气可以感染成百上千的人，靠着主的大能，我们也能得胜有余。就算将所有的魔鬼和瘟疫相加，它们与神的医治相比，又算得了什么呢？何等羞愧，我再说，何等羞愧，你们这些可悲的小信之人，竟轻看神那许多的安慰，在一个小小的脓疮和不能确定的危险面前惊慌失措，似乎神那一切诚信真实的应许无法让任何人得着
240 坚固一般。如果神不与你同在，就算这世界上所有的医生、所有的帮助者都在场，他们又能做什么呢？从另一个方面而言，就算全世界都抛弃了你，你身边也没有任何医生，然而神却陪伴在你身边，他的应许也属于你，你又有什么可畏惧的？难道你不曾意识到在你身旁有千万天使环绕，他们将助你把一切的瘟疫都踏在脚下？《诗篇》91 篇中说："因他要为你吩咐他的使者，在你行的一切道路上保护你。他们要用手托着你，免得你的脚碰在石头上。你要踹在狮子和虺蛇的身上，践踏少壮狮子和大蛇。"①

因此，我亲爱的朋友，唯愿我们不要那样恐惧担忧，以至于抛下那些我们义不容辞要去帮助的人，满怀羞愧地在魔鬼的恐吓下苟且逃生。我们若是那样做，便给了仇敌嗤笑我们的机会，而神和众天使也必将因此愤怒，转脸不顾我们。毫无疑问，无论何人轻看了神的这些应许和命令，让自己的邻舍无依无靠地独自处在危难之中，他这样做实在是违背了神所有的诫命，并与那杀害邻舍之人所犯的罪没有区别。因此，我为这样的人深深地感到恐惧，因为神的应许对他们而言，将会变成极可怕的咒诅，正如《诗篇》中所发出的警告："不眷顾贫穷的，反倒逃避、撇下他们的人有祸了。他遭难的日子，耶和华必不会搭救他，而会像那人所做过的一样，逃避、撇下他。耶和华必不保全他，使他存活。也必不会让他在地上享福，而是要将他交给仇敌，遂其所愿。他病重在榻，耶

---

① 《诗篇》91:11 - 13。

和华必不扶持他。他在病中，也必不给他铺床。"①"你们用什么量器量
给人，也必用什么量器量给你们。"②神的话必会如此应验。这信息听来
让人觉得恐惧，想来让人不寒而栗，若是落在神如此的审判中，真是万
劫不复。如果神从你那里收回他的援手并弃你而去，除了那完全的败坏
沉沦和不尽的苦难之外，你还能期望得到什么呢？对于那抛下邻舍，不
遵从神话语和命令的人，这无疑将是他的结局。所有的人都该为自己的
这罪真诚地悔改，免得落在神那可怕的审判之下。

　　我深信，若是基督或是他的母亲此刻卧病在床，所有的人都会倾其
一切来服侍他们，不去顾虑自己可能会有被疾病感染的危险。深信不会
有人选择远远地躲避他们，相反所有的人都会奔赴前来。然而他们却毫
不在意主亲自所说的话："这些事你们既做在我这弟兄中一个最小的身
上，就是做在我身上了。"③此外，当主提出那最大的诫命之后，他又接
着说："其次也相仿，就是要爱人如己。"④从此我们看到神让我们爱邻 241
舍的命令原是与那最大的诫命相仿的。因此，你做或者没有做在自己邻
舍身上的一切，都与你将这些事情是否行在神身上效果一致。你若愿意
服侍主，听他的差遣，神便会指示你说，看啊，你面前就有一个患病之
人，到他那里去服侍他，你就必然会在他身上看到我。虽然你服侍的不
是主本人，然而在你如此行的过程中，你却会在真理中与主相遇。然而
如果你不愿意去服侍你的邻舍，那么即使患病的是基督，你也会对他做
出同样的事，见死不救，自己逃生。此时你一切愿意服侍主的心志都变
成了自欺欺人的空谈（你实际是陷在那无知无识的瞎眼之中），它们不过
都是谎言，因为一个人若有服侍那可见之基督的心，他必然也会向他落
难的邻舍伸出援手。唯愿这训诫和警告能提醒我们抵挡那逃跑和胆怯的

---

① 　参《诗篇》41:1 – 3。
② 　《马太福音》7:2。
③ 　《马太福音》25:40。
④ 　《马太福音》22:39。

可耻念头，魔鬼正是以这样的试探引诱我们背弃神的话语和命令，就是忽略神要我们去关爱那些患难中邻舍的命令。我们若软弱退缩，便是以左手大大得罪了主。

　　然而，有些人却是以右手极大地惹动了神的愤怒，他们所行的过于狂妄、愚蠢。与前一种不遵行神的话语和命令的人不同，这些人是在试探神，轻忽那一切他们本当用来保护自己免于瘟疫的防范措施，蔑视药物的作用，并且毫不回避那些瘟疫盛行的区域和人群，反倒与那些患病的人一起吃喝嬉戏。他们以这种方式来表现自己的无畏和乐观，并且宣告说："这一切是出于神的刑罚。如果他定意要保护我不受这灾难所害，必能不借助任何医药或我自己的努力来保守我的平安。"而事实上，这绝非是信靠神，而是在试探神，因为各种药物都是神所创造的，神也赋予我们理性，让我们有能力照管好自己的身体，健康地在地上生活。任何人在有现成的药物且不伤害邻舍的前提下，却不使用这些药物来防范瘟疫，实在是轻忽了自己的身体，并且在神眼中也落在了自杀取死的危险之中。如果有人认同这类人的做法，他也应该以同样的方式轻看食物、衣服和房舍，在自己一意孤行的盲目信心中宣告说："如果神定意要保守我不受饥饿和严寒，他便一定可以不借助食物和衣服来保守我。"若是这样的话，他所做的无异于自杀了。而事实上，这忽视自己身体，在有能力防范瘟疫的时候不采取任何防范措施的人，所行的比自杀还要可怕，因为别人很可能会因他而被感染上瘟疫。要知道，当初那人能按照当行的本分照顾好自己，那因他被瘟疫感染的人原本可以健康地活着。因此他要为自己邻舍的死亡负责，并且在神看来他就像一个杀了多人的凶手。无疑，这样的人就像一个看着城中一处房子着火，却无动于衷地任其燃烧，直到整个城市都陷入火海的人一样，然而他却宣告说："如果神愿意，他一定能够不借助水和灭火的措施而保全整个城市。"

　　我亲爱的朋友，绝不可如此。这绝不是值得称赞的行为。要使用药物，在瘟疫面前尽可能使用一切有益的防范措施，将你所在的房屋、院落和街道统统烟熏消毒。避免一切不必要的会面和走访，也不要到刚刚从病中恢复的人家里去。在瘟疫中，一个人应像在市区帮助救火一样挺身而出，因为瘟疫的本质跟火灾非常类似，后者烧毁的是木料和建材，而前者吞噬的是身体和健康。在抵挡瘟疫的同时，你当持定这样的信念："魔鬼仇敌将这致命的毒气散布在我们中间是神所许可的，因此我要祷告求主施恩保守我们。在此之上我要来消毒洁净空气，服用药物，避免一切不必要的会面和走访，从而让自己不致作出那种自戕的行为，也让他人不要因为我的疏忽而遭到感染，以致死亡。如果神的意思是要取去我的性命，他知道在哪里可以找到我。那时我也至少可以向主交账说，自己做了他所指示的一切，并且无论是自己的死还是他人的死，都不是由于自己的疏漏或妄行所致。然而当邻舍需要我的帮助时，我便不会再去回避会面或出行，而将无所顾虑地去他那里帮助他。"正如我在之前所指出的。看哪，这才是真正敬畏神的信心，其中没有愚蠢和莽撞，也从不试探神。

对于那些曾感染了瘟疫，之后又得以康复的人，同样也要避免与他人接触，如非紧急情况，他也不当让他人靠近他。虽然对于这样的人我们也应像之前所说的那样，在他需要帮助的时候施以援手，而非抛弃他，然而这人在康复之后，仍须避免与周围所有人接触，以此保证没有人会因他落入不必要的危险之中，甚至葬送性命。一位智者说过，"爱好危险的人终死于危险之中。"[1]对于那些住在城市里的人，唯愿他们能在邻舍陷于危难之时，有无畏的信心；在没有必要采取行动时，有审慎的智慧；在彼此协作防范瘟疫时，有互助的意愿。在这样的人群中，瘟疫所能造成的伤亡必定是轻微的。然而事实上，当瘟疫到来时，有些人表现得过度惊慌，在邻舍需要他们帮助的时候早已逃之夭夭。还有一些人

---

① 《便西拉智训》3:26。

243 行事愚蠢鲁莽，在防范疾病方面，他们提供不了任何帮助，反倒推波助澜，这一切都为魔鬼的攻击提供了极好的机会，令他拍手称快。这两类人却是人神共愤的，前者的胆怯与后者对神的试探，都造成了极大的损害。正是因为他们，魔鬼可以追击那一切逃散的，捆绑那所有留守的，从而让所有人都落入他的网罗。

还有人所做更甚。他们感染了瘟疫，却默不作声，反而到人群聚集的地方四处走动，以为只要自己能够感染其他的人，就可以摆脱瘟疫，获得康复。在这种观念的驱使下，他们常常上街入户，盼望能让他人或他们的孩子、仆人感染上瘟疫，以求自保。我相信，这种观念的出现和传播背后一定是魔鬼的煽惑。我还获知，有一些人竟邪恶到如此无以复加的地步：他们携带着瘟疫走遍人群和住户，不是为着别的，仅仅是因为他们不愿意看到别人没有像他们一样身患疾病，于是就像搞恶作剧一般四处传播瘟疫，仿佛自己所做的是在偷偷地将虱子藏入某人的衣服，又像把蚊虫放入某人的房间。我不知道自己是否应该相信这样的传言。如果这是真实的，我实在不敢确定，今天我们这些德国人是算为人类还是属于魔鬼。我能够确定的是，总有些人极其卑鄙、邪恶，而魔鬼也在一刻不停地攻击圣徒。如果抓住这样的人，我的建议就是让法官定这些人与凶杀、毁谤之人同罪，好揪起他们的头发交与刽子手①行刑。这些人就像是施行暗杀的刺客，悄悄地抽出刀来置人于死地，让他人无从察觉行凶者是谁。他们在这里感染一个孩子，在那里感染一个妇女，没有任何人知道这疾病是从何而来。而他们见此状便在一旁偷笑，仿佛他们有什么可称赞的善行。我们宁可与野地的走兽同居，也不愿活在这些杀人者中间。对于这样的人，我不知还可以劝诫他们什么，因为他们也从不会在意别人的提醒。我将这些人交在政府的手中，在那里他们得到的劝告和关照将不会是从医生而来的，而是从刽子手而来的。在旧约中，神亲自

---

① *Uberantwortet sie Meister Hansen.*

命令将那些患麻风的人从人群中隔离出来，安置在城外，从而防范疾病的传播。①在面对当前如此严重的瘟疫之时，我们更有理由如此行。那些患病的人应当立刻主动或被他人强制远离其他人，并速速地寻求药物治疗。正如我之前所明确指出的，这样的人需要得到他人的帮助，而非遭致抛弃，以使疾病的传播及时得到抑止。我们所着眼的不光是个人的益处，更是整个人群的益处，所以我们必须要尽快制止疾病的蔓延，免得瘟疫在人群中间爆发。

我们目前在维滕贝格所面对的瘟疫正是由于这种传染所导致的。感谢神，这里的空气仍然清新，未遭受污染，有几个人只是因为自己的愚妄和疏忽而被传染了疾病。但魔鬼已经借着惊恐的蔓延和人们的逃窜开始兴风作浪了。愿神拦阻他的作为。阿们。

以上就是我关于在危难之时能否逃生这个问题的认识和观点。如果你们有其他的看法，愿神能向你们显明他的心意。阿们。②

马丁·路德

致尼古拉斯·豪斯曼　　1529 年 8 月 27 日

1529 年夏天，一种被称为英国汗热病的流行病在德国的部分地区爆发。8 月中旬，马格德堡也出现了这种疫病。有人称茨维考在一夜之间就有上百人感染了此病，并有 19 人在一天之内（8 月 14 日）被夺去生命。在以下这封信中，路德指出人们因疾病产生的恐慌往往比疾病本身更加可怕。从这封信中，我们也可以看到，路德明确提出了思想对于身体的影响。［原文为拉丁文；WA,Br,V,138 - 140.］

---

① 参《利末记》13 和 14 章。
② 路德还附加了一篇关于预备临终和葬礼的教导，本书删去了这篇内容；见 WA,XXIII,371 - 379。

愿恩惠、平安从基督归与你。

我亲爱的尼古拉斯：

虽然我没有什么重要的事要写给你，然而我不愿意信差到茨维考的时候手里没有一封我写给你的信。英国的流行病据说已经在你们那里和泽尔布斯特蔓延开来，很多人认为我们这里的疫情也是这种疾病所引起的，但我并不相信这种说法。我们的行政长官①已经因自己的臆想而一病不起了，然而除了自己的臆想之外，他身上并没有表现出什么明显的症状。如果这就意味着那流行病已经爆发在我们中间的话，那么我在最近三年或者更长的一段时间内已经频患此病了。就在昨天晚上，245 我还又一次从大汗中惊醒，心里极其烦乱。一旦我容让这种消极的思想继续发展下去，我早晚也将卧病在床，与那些让自己成为殉道者的人别无二致。

我将这些写与你，是希望你能够与我一同告诉人们不要惊慌，不要在想象中把那些尚未患上的疾病强加给自己。我们几乎是用强制的手段，唤起了很多之前以为自己真的患上了汗热病而卧病在床的人，其中包括奥罗迦鲁②、布莱卡尔德③、布吕克博士④以及克里斯蒂安先生。⑤这些人现在都将自己那时的患病作为笑谈，并承认说，如果当初自己不离开病床的话，他们现在仍可能未见康复。我的意思不是说我们应该对疫情轻描淡写，我只想指出我们始终都应有敏锐的分辨，因为我们已经看到很多人是因为自己的想象和恐惧而陷入病中，但事实上他们并未真的感染了疾病。要知道想象也能让我们身体遭受伤害，因为一个人的心思意念必然会影响他的身体。

---

① 约翰·梅奇（John Metzsch），见第九章。
② 马太·奥罗迦鲁（1490–1543），希伯来文教授。
③ 布莱卡尔德·辛德林格，法律教授。
④ 萨克森大臣，格雷戈里·布吕克。
⑤ 此人的身份现已不明，无从核实。

请为我这个罪人代祷。此外如果你的客人①仍在你那里，请代我向他问安。

你的，

马丁·路德

1529 年 8 月 27 日

致选侯约翰·腓特烈　　1535 年 7 月 9 日

鉴于初夏的时候已经有种种迹象表明疫情开始加重，选侯通过大臣乔治·布吕克，建议路德在瘟疫期间离开维滕贝格。以下这封信便是路德的回复。两天之后选侯和学校的官员又一次确定了要将学校暂时从维滕贝格迁至耶拿的计划。一周后学生们获知了这个计划，到了月底大学已经在耶拿的修道院中开始授课。在路德写这封信的时候，他认定关于维滕贝格疫情的报告有夸大的成分。当他的同事均搬至耶拿的时候，路德仍居住在维滕贝格。［原文为德文；WA, Br, VII, 200 – 208.］

致尊贵的王子和殿下，约翰·腓特烈，萨克森的公爵，神圣罗马帝国的选侯和元帅，图林根的伯爵，迈森的侯爵，我仁慈的殿下：愿恩惠、平安因我不配的祷告从基督归与您。

尊贵的王子，最仁慈的殿下：

殿下的大臣布吕克博士已将殿下鉴于近期死亡人数的加增而对我善意的建议告知与我。殿下对我如此的眷爱令我感激之至，如情况需要我必将遵从殿下的建议。然而一直以来，我都是根据我可靠的风向标——约翰·梅奇长官②——来决策行事。他有着极其敏锐的嗅觉，甚至可以 246

---

① 约翰·策拉留斯（1490 – 1542）。

② 参第 278 页注①。

分辨出埋于地下五肘深的东西。他的鼻子也可以对瘟疫作出极其准确的预测，因此只要他在维滕贝格一日，我便不会相信这里会爆发瘟疫。我承认有一两处房屋已经被传染，然而这里的空气尚属清洁。而且自上周二以来，人群中再也没有患病和死亡的情况出现。

然而因着三伏天即将到来，并且那些年轻的学生都非常恐慌，我便许了他们的假，让他们四处走走，好让他们到了情况好转的时候，紧张情绪能够得到疏解。与此同时，我也注意到，在年轻的学生中有很多人对于瘟疫的谣言庆幸不已，这是因为那书包的沉重早已让他们肩酸背痛。有些人因为读书患上了腹绞痛，有些人因为写字，手指磨出了老茧，还有人因为撰写论文而患上了痛风。多数学生都已越来越难以适应墨水的霉臭，而此时他们对于母亲的家书却表现出如饥似渴。这一切都让他们归心似箭，这种思绪与我所知道的相比，还能引发出更多的不适。

总之，我们正处在危险之中。如果父母和官长再不采取有力措施，通过各种治疗手段来防范这种疾病，①疫情很快便会在全国蔓延。到那时我们再也无法找到任何的传道人、牧师或教师，整个国家的产业也将只剩下饲养猪狗，而这正是教皇一党的人所最希望看到的。

愿基督我主继续向我们施慈爱、发怜悯，正如他向来对殿下和一切敬虔的治理者所行的那样。也愿主赐下有效的救治手段和药物来抑制这疾病，以此让神得着尊崇和赞美，让那知识和秩序的仇敌——撒旦——蒙羞退后。阿们。

在此我将殿下交托在主的保守之中。阿们。

殿下谦卑的仆人，

马丁·路德

马利亚显现日之后的周五，1535 年

---

① 即对瘟疫的恐惧，这导致人们纷纷抛弃工作，学生放弃学业，陷入到思乡之苦当中。

安东尼·劳特巴赫记录的讲道① 　　1538 年 12 月 1 日 　　

尽管半年以来瘟疫一直在我们周边地区肆虐，但我们这里却因神奇妙的作为而得蒙保守。目前已进入冬季，在这个严寒时刻，瘟疫最终还是袭击了我们中间的两户人家。城中因此谣言四起，人们陷入无比的恐慌，于是路德作了一次公开讲道来坚固众人的信心，以下是这篇讲道的简要内容。

首先他尖锐地批评了那些散布瘟疫谣言的人，事实上在神恩典的保守之下，目前瘟疫尚未成爆发之势。在指出住在这里的人有当尽的义务之后，他劝说众人不要四处逃散。路德宣告说，离弃自己弟兄的行为是最不敬虔的，并且这样做将会使人们更多地死于饥馑，而非死于瘟疫本身。因此他劝众人在目前这样的时刻应该去忍受神的责打："如果我们现在不愿去接受这些极轻的鞭打（在所有的灾难中瘟疫不过是最轻的），我们又如何忍受战乱和饥荒的摧残呢？更何况瘟疫不过是对这个世界的一种洁净[并不会给我们的外体带来什么不人道的伤害]，②那些敬虔的人会因此安然入睡，③痛苦不过是眨眼之间。

"在听到瘟疫进入某家的传言后，你不要因此惊慌。甚至当瘟疫已进入你的房屋，附着在你家的床榻、摇篮和餐桌时，你也当抵挡魔鬼的恐吓，绝不逃跑。我们可以靠着对主那真实的信心胜过魔鬼，因基督已从死里复活，此时正在神的右手边为我们代求。④想到有基督做我们的中保，并且此时他正以自己的生命之道来教导我们，为什么我们还要如此惊慌失措，甚至连曾经活在教皇手下的光景都不如呢？因此在面对这样的黑暗时，我们也应该鼓起勇气。魔鬼除了能用这瘟疫毒害一些人之

---

① 原文由德文和拉丁文写成；见 *WA*，*TR*，IV，No. 4798。还有一个类似讲道内容的简要记录，所标日期是 1538 年 10 月 21 日，见 *WA*，*TR*，IV，No. 4313。

② 中括号里的文字出现在这篇文章的另一个版本中；见 *EA*，XLIV，314 – 316，下同。

③ *Obdormiscunt*，i. e. ，die.

④ 参《罗马书》8：34。

外，他还能做什么呢？任他如此行吧。

"我劝勉那些市议会的成员，此时一定要保证城中有足够的政府人员、医生、理发师和护士。你们当命令那些有能力胜任这些工作的人为城中贫弱的人提供服务，不然的话，就将他们逐出这座城市。对于这城中其余那些打算要抛下自己的弟兄而逃亡的人，我要对你们说，我不会抛下那些贫寒人而见死不救。到时我会将你家中那以前从林场中拉来的房梁橡木拆下来，作为燃料使用。我也会把你所有的粮食[啤酒以及所有能够维持生命的物品]统统收来，散发给那些穷人。在此我要宣布这样的警告。要知道你所做的并非只是逃跑那么简单，而是基督在《马太福音》25 章中所责备的——'我饿了，我病了，你们不来看顾我。'①

"除此以外，你应该知道我在瘟疫流行的时候从未逃跑过，而是留在家中与家人在一起。虽然我也像你们一样有显要的身份，并且即使选择逃跑我也能不受良心的责备——因为连选侯都命令我如此行，然而我仍选择留下。

"因此所有对自己的妻子、兄弟、孩子以及邻舍负有义务的人，都应该在灾难中留下服侍他人。我们所有的人都有义务随时为邻舍舍己。作为你们的牧师和代理传道人，②我已定意绝不抛下主的讲台，就算爆发一百次瘟疫也不会让我退缩。除此以外，我和我的同工已经准备好去探望那些患病的人，如果因为做这些合主心意的工作而导致我们丧生，我们也觉得死得其所，深信在死时我们心中的甜美将远远超过在这地上享受千百岁的寿数。而对于那些宁可良心不安都要逃跑的人，终有一天他会渴望死上千百回，也不愿承受神那公义的刑罚。

"因此你要大有喜乐，不要恐惧担忧，也不要逃避这样的试炼，再过不多的时候主便要挪去这患难。人人都终有一死，在如此险恶的时代，

---

① 《马太福音》25:42,43。
② 代理约翰·布根哈根，此时他不在维滕贝格。

面对着各样悲惨的人祸（无论是农民、市民还是贵族所造成的），谁都不应该指望自己可以在世足享长寿。瘟疫对于这个世界而言，是一种极好的清洁，我甚至不愿求主让我们脱离这样的灾祸。如果不是瘟疫的话，没有人有能力或是有意愿去惩罚那些作恶的。愿神借着这样的刑罚向他们显现，倒空他们的钱袋，让那些贪婪的人知道自己所赚取的到底是出于诚信还是出于诡诈，并因此来到神的面前悔改。

"因此让我们这些肩负义务的人不要再去惹动神的愤怒，免得他在我们身上降下那更大的刑罚。让我们顺服地来承受他的管教和鞭打，在患难中彼此承担对方的重担。如果神现在取去我们的性命，我们便不必再去担心未来将要面对怎样的死亡。[当神的管教临到时，我们最好是对死亡做好充分的准备，而非对其充满恐惧。当神向我们发出呼召的时候，谁都不愿意前往，但我们却必须如此行，因为这是神的心意。因此若是 249 出于神的心意，就让我们心甘情愿地赴死吧，不要去随从自己的意思苟活于世。但与此同时，我不愿看到所有人都无所顾忌地试探神，在没有正当理由、也非出于自身义务的情况下无谓地接触危险。]我这样说是为了避免有人因着轻看医生的作用而轻看了神，将自己置于危险的境地。与此同时，那些肩负义务的人也应当不惧怕任何危险，一心持守那爱的原则和自己的职分。这职分原是神所喜悦并命定我们去持守的，因此即使我们为此丧生，也当深信这是一件无比蒙福的事。

"[我曾经历过两次瘟疫的试炼，然而我却从未选择逃生。虽然魔鬼在瘟疫横行时大有威势，然而我深信若不是出于神的许可，就没有任何危险会临到那敬虔的信徒。在瘟疫中我按着自己的职分忠心地传讲神的话语，事后我和我的全家都因主的保守一切平安。虽然我有条件逃生，但我从未逃避过自己对教会的责任。我知道自己若不能胜过那瘟疫的威胁，便会遭遇到更大的试探，而后者是我竭力要去避免的。]

"这些话我并不是说给那些从外地到这里来上学的学生的。这些人的父母将他们送到此地，原是叫他们学习知识。因此在这里他们在政治和当地事务上并不负有义务。他们是我们的客人，所以我们不能将他们也锁在城门之内。〔但对于那些在此地负有义务的学生而言，情况就完全不同了。试想在城市健康、和平、繁荣的时期，他们在其中有权享受种种自由；然而到了城市陷入危难的时刻，他们却抛弃了自己的邻舍，就是那些曾在方方面面为他们提供所需的人。你认为这样做合理吗？〕

"尽管如此，鉴于目前神恩典的保守，我们中间瘟疫尚未四处流行，我劝学生们不要出逃，免得我们这所大学因为你们不合时宜的逃生而被解散了。"

安东尼·劳特巴赫记录的桌边谈话①　　1538 年 12 月 6 日

12 月 6 日，在瘟疫传染两户人家②之后，众执事询问路德他们当如何面对这种局面，是不是应该采取一些特殊的措施。他们这样询问特别是因为之前彼得·赫斯③探访过那些病故者，而执事们因此不愿意再让他与公众接触。路德对此的回答是："唯愿这是我唯一需要烦恼的事，那样我就不必被忧患所困了。彼得不应该受到禁止，不光如此，如果有需要，我们也应该去服侍那些患病的人，并将结果交托在主手上。对于教导神话语的仆人，神必会保守他们。神将他那关乎生命的真理托付了我们，因此我们去听他人的忏悔是没有问题的，只要我们不照着天主教的方式在忏悔室和病人临终前如此行，便是合神心意的。"

路德对福音自由传播之后人们仍然对瘟疫如此惊恐而大惑不解，因为这样的恐惧甚至在天主教的辖制之下都未曾有过。路德认为造成这种情况的原因是："当我们被天主教所辖制时，我们是将信心寄托在那些修

---

① 原文由拉丁文和德文写成，见 *WA*, *TR*, Ⅳ, No. 4179。

② 在 1538 年 11 月底，有人称 "这几天维滕贝格有来自两户人家的三个人死于疾病"；见 *WA*, *TR*, Ⅳ, No. 4157。

③ 彼得·赫斯是维滕贝格的一位助理牧师。

士或其他神职人员的功德上；而现在人人都只是关注自己所行的，按着
自己以为正确的方式来碰运气。"

致维滕贝格市议会 　　1539 年 3 月①

　　1539 年春，维滕贝格因为粮食短缺而出现了危机，并且有消息
称莱比锡、托尔高和其他地方也出现了类似的食品危机。面包价格
飙升，穷人已无力承担，大学里的学生不得不因此离校回家。在这
种情况下，路德所做的事情之一，就是帮助那些忍饥挨饿的人寻求
他人的救助。以下的这张字条就是路德为一位不知名的逃荒学生而
写的。[原文为德文；WA, Br, VIII, 399.]

亲爱的先生们：

　　这位可怜的人②不得不因为饥饿的原因离开这里。和其他人一样，
他也没有食物，此外他还要走很远的路程。鉴于他的虔诚和博学，他是
值得你施与恩惠的。

　　你知道有很多人到我这里来求助，而我所给出的已经超过了我的能
力。因此我请求你给这位学生 30 基尔德。如果你无力承担这么多，就请
你给他 20 基尔德，另外的 10 基尔德由我来支援。如果这仍不可行，就
请你付他一半，即 15 基尔德，另外一半由我来承担。愿神按着你所付出
的恩待你。

马丁·路德

安东尼·劳特巴赫记录的桌边谈话 　　1539 年 4 月 7 日 　　251

　　除了帮助那些忍受饥饿的人求助外，路德也对导致饥荒的原因

---

① 并不明确这封信具体写于何时，然而仍可以推断出它大致应写于 3 月底或 4 月初。
② 很可能那位穷乏的学生就是这便条的持信人。

进行了问询。他相信有些贵族在购买了农民手上的粮食之后，将其囤积起来不向市场出售，人为地制造了粮食短缺。因此他呼吁市议会制定有力的赈灾措施，并威胁对此问题他要亲自介入调查。[原文由拉丁文和德文写成；*WA*, *TR*, IV, No. 4472.]

晚上路德写给克鲁齐格①博士一张纸条，借此提醒市议会为了防止有人饿死，一定要让面包店主给穷人提供食物，因为近来粮食短缺问题极其严重，已出现穷人无力购买面粉和面包的情况。路德也以这种方式间接地指责了市议会对此问题的疏忽。

当天晚上，一位称为卢卡斯·克拉纳希（Lucas Cranach）的议员前来向路德解释议会所遇到的难题：大批的粮食在边境上遭到了拦截。

马丁·路德博士回答道："唯愿我们的王子此刻仍在国中！②那些贵族是何等的背信弃义啊！目前的饥荒并不是出于神的心意，③那些贵族从农民手上买尽了所有的粮食，将其拉走储藏起来，蓄意地制造粮食短缺。目前的局势需要有一位王子站出来，提醒这些贵族他们是否有屯粮不卖的权力，后者的所作所为完全是出于他们内心的邪恶。若神真的以饥荒来刑罚这地，到时又将如何？亲爱的主，我的神，如果这世界真的邪恶至此，我宁愿死于饥荒而脱离这败坏之地。"

但这之后，路德又对这位议员说："现在的问题是执行长官④所造成的，他将我们各地砂质土壤所产的粮食出口了几货轮。他曾说城里的人如果无法制造出质优价廉的啤酒，他将会立即提高粮食的价格。他的这252 种说法让我对他产生了特别的怀疑。神是如此奇妙地祝福了我们这里的砂质土壤，⑤甚至超过了图林根肥沃的土壤所产的粮食。让我们为自己

---

① 卡斯帕·克鲁齐格（Caspar Cruciger, 1504–1548）。

② 萨克森的选侯此刻正在法兰克福。

③ 一年前老鼠毁坏了大量庄稼，也预示了饥荒，见 *WA*, *TR*, IV, Nos. 4046, 4079。

④ 约翰·梅奇就是这位执行长官，之前路德对他不道德的行为提出过批评。

⑤ H. Boehmer, *Road to Reformation* (Philadelphia, 1946), 47–49.

日用的饮食祷告感谢主吧。"

"我曾努力尝试说服税官给我几蒲式耳的粮食，让我可以去赈济穷人。当瘟疫流行的时候，①我曾向选侯指出，城里粮食的短缺是因为没有进口任何粮食所造成的，这导致我们遭受了三重的灾祸：瘟疫、饥饿和寒冷。我写信告诉他，'我将亲自帮助城里的人把您的粮食和木料分光。'之后选侯以恩慈的心回信道：'请你尽全力来帮助我如此行。'就凭选侯的这句话，此刻我将不惜冒险，为那些穷人争取所需。"

致选侯约翰·腓特烈　　　1539 年 4 月 9 日

> 粮食危机仍然困扰着维滕贝格，此时的路德彻底被激怒了。他认为仅仅采取赈灾的措施是不够的，必须对那些操纵粮食价格的人加以制裁。然而若要推动此举仅依靠市议会无济于事，必须诉诸更高的权柄，因此路德致信选侯腓特烈，要求政府针对时局有所作为。[原文为德文；WA,Br,VIII,403 - 405.]

愿基督的恩惠、平安因着我不配的祷告而归与您。

尊贵的王子，仁慈的殿下：

我们最近深陷于一场突如其来的饥荒之中，我们唯有向您求助，因您是我们的殿下和父亲，在此危急的时刻，我们需要您的帮助和建议。殿下身处高位，必然对维滕贝格目前有多少粮食非常清楚。肯贝格和施米德贝格的村庄现在正享受着从维滕贝格所供应的面包，这导致（按照市议会告知我的消息②）维滕贝格出口的粮食远远地高于自身的消费。与此同时，有些人相信食物短缺并不是自然原因所致，而是那些富有的

---

① 这里路德很可能是指 1527 年一直持续到冬天的那场瘟疫。
② 卢卡斯·克拉纳希将市议会的观点告知了路德；见 WA,TR,IV,No.4472。

253　贵族出于自己的贪婪和邪恶而造成的。现在各种离奇的传言不胫而走，我也不知对其该作出怎样的回应。比如有消息称 N. N.① 明言在粮食价格没有涨到每蒲式耳一基尔德，或连翻几倍之前，他是连一粒麦子也不会出售。此外易北河的洪水也导致磨坊无法运转，碾磨麦子和烘焙面包的工序不得不因此停滞。

如果殿下此时不为我们提供援助，目前的危机将变得更加不可收拾。我们所有人都盼望殿下不光只是在紧急的时刻向我们发放赈灾物资，还应主导政府的力量介入，阻止那些追逐暴利的贵族购尽所有粮食并将其出口的贪婪举动。他们的所作所为正摧残着殿下所治理的这地和众民。这些贵族已经足够富有了，然而他们仍以令穷人饥饿致死的代价来填充自己的贪欲。对于这类事情政府将会采取何种有力措施，深信殿下定会作出明断。

在此我将殿下交托在我们亲爱的主基督耶稣的手中。阿们。

[马丁·路德]

复活节之后的周三，1539 年

安东尼·劳特巴赫记录的讲道　　1539 年 4 月 13 日

关于食物危机的问题，路德不光与朋友在餐桌上讨论，也致信市议会和萨克森的选侯，与此同时路德还在讲坛上指出了这个问题。[原文由拉丁文和德文写成；*WA*, *TR*, IV, No. 4496.]

4 月 13 日他（马丁·路德）在证道中严厉谴责了那些对暴利贪得无厌的人。他宣称那些人已经成为这个国家最邪恶的仇敌，应受到众人的咒诅，他们竟不惜牺牲他人的性命来满足自己的贪欲。他劝勉众人去渴

---

① 路德在此很可能是在说估价员弗雷德里克·勃兰特，见 *WA*, *TR*, IV, No. 4749。

慕效法《箴言》中的那节经文：“怜悯贫穷的，就是借给耶和华。”①

安东尼·劳特巴赫记录的桌边谈话② 1542 年 6 月 14 日

254

6 月 14 日，詹姆斯·普罗布斯特先生，③不来梅的牧师，路德[曾经在修道院]④的同门，杰出的司各脱派学者，⑤同时也是一位博学、敬虔、正直的弟兄，前来探访他的前辈[路德]。他们两人针对很多问题展开了极有意义的讨论。首先他们提到了在弗兰德斯等地普遍存在的高利贷现象。路德回答说，高利贷在整个地区泛滥成灾。他说：“那些放债取利的人是如此肆无忌惮，不放过任何可以到手的东西。因此，实在应该将那些放高利贷的人定罪，并处以刑罚。”

他接着又说：“我们能够接受 5% 到 6% 的利率，只要有抵押物，并且借贷双方信守协议，限制贷方收回本金。比方说，有人为了取利而借出了 100 弗罗林，他便不能随意收回本金，唯有等到借方偿还借款。我们之所以能够接受 6% 的利息，是因为物价一直在上涨，利息便因此成为一种必要的补偿。尽管如此，贷方仍需要来承担相应的风险，比如房屋焚毁或土地被淹，一旦出现这类情况，便不再要求借方偿还本金，这才是公平的借贷协议。如果能说服所有人都如此行，我们将会多么高兴啊！然而，现在魔鬼所操纵的高利贷和速借速还的做法，就快要将所有的财富搜刮净尽了。皇帝本人竟在自己的公国内许可 12% 的利息，这是多么可悲啊！”

路德被问道：“如果一个穷人需要用钱，但是他却没有任何可以抵押的物品，难道他就不能以自己的信誉和工作能力作为担保，向他人借钱吗？”

---

① 《箴言》19：17。
② 原文由德文和拉丁文写成，见 *WA*，*TR*，IV，No.4805。
③ 詹姆斯·普罗布斯特（James Probst，1486－1562），不来梅的监督。
④ 方括号里的文字出现在此文的另一个版本中。
⑤ 经院主义学者邓斯·司各脱（Duns Scotus，卒于 1308 年）的跟随者。

对此路德回答道："宁可让这个穷人继续忍受贫穷，也不要让他陷入罪中。因为钱是不会生钱的。①我们不应该以个人工作和生存的能力作为担保去借钱，因为这种担保的对象是不确定的。我们应鼓励民众自己亲手劳力工作，并且劝勉那些有钱的人多施善行。我们并不反对那些从事商业贸易的人，只要他们杜绝贪婪和欺诈，公平地与人订立合约便是合宜的。然而可悲的是，我们看到这个世界根本无法进行自我改良，世人反而以自己的邪恶为夸口和荣耀。莱比锡正是这样的实例，这座城市

255 已完全陷入在贪婪的泥沼中不可自拔。要不了多久，这个世界将成为魔鬼的所在，它也将被魔鬼的众仆役所辖制。②让我们祷告。"

卡斯帕·海登赖希记录的桌边谈话③　　1542 年 10 月

当两名传道人死于纽伦堡瘟疫的消息传来之时，有人提出了这样的问题：在瘟疫流行期间，那些被聘专门做讲台传道的牧师，是否可以拒绝服侍那些患病的人呢？

他（路德）如此回到道："不，绝不可以！传道人绝不应该计划去如何逃生，免得他们使众人陷入恐慌。有时我们会听到有人这样说：在瘟疫流行期间，那些教区的牧师和传道人应该得到保护，不要让他们承受过重的压力。其实这话的意思是说，如果瘟疫令某些牧师丧生的话，④其他的教牧人员就应该站出来去探访那些患病者。这句话也意味着人们在瘟疫期间不应该躲避牧师，好像现在没有人愿意来找牧师，随时躲避他们一样。最好是不要让所有的牧师都冒风险，⑤而是让一两位去承担探访的危险。

"如果这样的事情临到我，我是不会害怕的。我已经亲身经历过三次

---

① 一句在中世纪经院主义学者中非常流行的表述：Money is a sterile thing。
② 参本书第一章，1534 年 6 月 29 日路德写给约翰·吕黑尔的信。
③ 原文由德文和拉丁文写成，见 *WA*，*TR*，V，No. 5503。
④ 执事或助理牧师。
⑤ 即在瘟疫中探访患病之人的责任。

瘟疫了，①我也探访过一些感染了瘟疫的人，比如沙德瓦尔德，②他先后两次感染过瘟疫。我非常了解其中的危险，然而感谢神，我并没有遭受过瘟疫的侵袭。在完成探访之后，我回到家中怀抱了女儿玛格丽特，她那时还是个婴儿，③我没有洗手就触摸了她的嘴唇。我当时完全忘记了可能出现的危险，若是我有所意识，我便不会那样做，因那实在是试探神的行为。

"犹太人用《诗篇》91 篇（*Qui habitat*）④来教导人们如何面对瘟疫，在我看来这是非常好的。我也希望以瘟疫的情景作为参照来诠释这首诗篇，但我很担心，在此之后会有迷信的人将这首诗篇作为自己在瘟疫中的护身符，就好像有些人把《约翰福音》作为保护自己不遭雷劈的护身符 256 一样。在弥撒接近尾声的时候，那些天主教神父通常都会大声地朗读《约翰福音》，而听到朗读的人便自以为可以蒙神保守了。久而久之，那些神父就在讲台上编造出了一个故事来强化这种谎言：有三个人正在骑马，突然间风雨大作，这时有一个声音传来，说道：'击打！'一个人便立刻应声倒地，随后这声音又一次响起：'击打！'第二个人也随之落下马来。当这"击打"的声音第三次传来时，又有一个声音传出，说道：'不要击打，因为这个人今天听了《约翰福音》。'于是这人才幸免于难。那些人在讲台上教导这种瞎话，无非是要来高举他们的偶像崇拜。

"还有一件事发生在离我们不远的地方。⑤当年曾有一个男子有意娶画家卢卡斯⑥的妻子，他在自己的城堡中和一位裁缝坐在一起，准备婚礼上穿的精美礼服。忽然窗外风云突变，那位裁缝意识到暴雨将至，说道：'我要去拿些诗篇投入火中，因为我今天没有听到神父诵读《约翰福

---

① 1527 年、1535 年和 1539 年维滕贝格经历过三次瘟疫。
② 维滕贝格的市议员巴特洛梅夫·沙德瓦尔德。
③ 玛格丽特于 1534 年出生，1535 年维滕贝格爆发了瘟疫。
④ 《诗篇》91 篇在开篇如此说："住在至高者隐密处的，必住在全能者的荫下。"
⑤ 依照另一异文，这个地方是哥达（Gotha）。
⑥ 画家卢卡斯·克拉纳希（Lucas Cranach）长老娶了芭芭拉·布伦格比尔为妻，后者是哥达市长的女儿。

音》。'说完他就要出去照做，而这位年轻人却说道：'你这是干什么？难道你认为只有神父会读福音书吗？我读得可一点不比他差。'于是他便打开窗户开始读道：'太初有道……'①正在此时，一个闪电劈了进来，将这英俊富有的年轻人腿上的贴身短裤齐刷刷地击打下来，没过多久他就瘫倒死了。那个裁缝也被闪电击中了脚底，然而他却活了下来。我可以保证确有其事。

　　"还有更有意思的事，有一个农民遇到了电闪雷鸣的大雨天，他连续四次画了十字架，并说道：'四位福音书的作者马太、马可、彼拉多、希律，求你们救我！'这个故事在天主教时期为人熟知，今天的年轻人大概没有几个人知道了。"

　　之后有人说在离纽伦堡不远的某处，有一位教区的牧师死于瘟疫，还有校长等人也在瘟疫中丧生。现在那里的人没有领圣礼，就仿佛牲畜一般纷纷死去。而在瘟疫开始流行之前，当地人甚至不愿意支持一名执事。对此路德博士评论道："他们有如此的下场是该当的，他257 们自以为即使没有传道人和牧师也可以活得很好。察纳（Zahna）人②曾表示不愿意支持任何牧师，于是我对那里的法官说：'你们养羊都知道要雇牧人看守，可是轮到自己怎么不愿意奉养一位牧师？你们必须要为你们牧者提供一切所需。'对此这位法官回答道：'是的，亲爱的博士，要是离了牧师我们就过不安生。'你看看他们所关心的到底是什么啊？唯有他们的肚腹！他们爱的只是那些能满足自己肚腹的事物，除此以外，他们一无所求。"

---

① 《约翰福音》1:1，原书此处为拉丁文 *In principio*（起初）。
② 维滕贝格附近的一个村子。

第九章　对婚姻与性方面的解惑

致约翰·路德　　1521 年 11 月 21 日　　

在路德 1521 年 11 月 1 日给友人尼古拉斯·格贝尔（Nicholas Gerbel）写信时，他越来越为天主教强制独身制度所引发的恶果表示担忧。①当维滕贝格开始有修士离开修道院之时，路德就决定写一本书为那些抛弃自己独身誓言的人辩护，并且对隐修和圣职独身的制度进行笔伐。正是在这样的处境中，路德投入到《论隐修誓愿》（*On Monastic Vows*）一书的写作中，这本书大致是在 1522 年 2 月出版的。在出版前几个月，路德给新书写了一篇致父亲的献辞。在这篇文章中，路德讲述了自己的亲身经历。路德是用拉丁文写成这篇文章的，可以想见他撰写此文更多是为着那些可能会读到此文的修士、修女、神父，而非他的父亲。[原文为拉丁文，*WA*，VIII，564 – 576.]

致约翰·路德，我的父亲：在基督里问您安。

亲爱的父亲：

我决定将这本书献给您，并非是要让您因此闻名于世，也不是为着

---

① 　*WA*，*Br*，II，397.

让我们赚取那属世界的荣耀，谁都知道那是与保罗的教导相对立的。①
我将它献给您是要借我们的父子关系这合宜的例子作一篇简短的序言，
让那些敬虔之人了解此书的目的和内容。

在此文开始的时候，我盼望您能知道您的儿子可以完全确信，再也
没有任何事情会比神的命令更圣洁、更重要，或更值得我们去谨守。然
而我这话也许会让您不解地问道："你什么时候可悲到开始怀疑这真理
259 了？还是你直到现在才看明这真理？"我的确十分可悲，因我不光怀疑
过这真理，甚至曾经对此一无所知。如果您允许的话，我会让您看到对
这真理的无知曾经是您和我的通病。

当年我在没有通知您、违抗您意志的情况下去做了一名修士，到现
在算来已有 16 年了。②在这之前，充满父爱的您曾为我这样的软弱深感
忧虑，因为刚刚进入 22 岁的我是那样年轻气盛，用奥古斯丁的话来形容
我，就是"以火烈的青春为衣"③，而当时的您已从无数的例子中看到
修行的生活对某些人来说结出的只是苦果。因此您下定决心要让我走进
您为我预备的尊荣而富足的婚姻当中，您对我的选择充满了担忧，甚至
有一段时间您因此气愤至极。您的朋友来劝说您，鼓励您若有愿意奉献
的心，就要将自己最宝贵的献给神，然而最终他们的努力也归于徒然。
那时，神也借着《诗篇》上的话"耶和华知道人的意念是虚妄的"④来
反复不断地提醒您，然而对这些，您却掩耳不听。可到最后您还是不得
不放弃自己的想法，听凭神的带领，但是您对我的担忧却从未减弱。您
一定仍然记得那难忘的一幕，那是当我们和解之后，您与我交心，我向
您坦承那从天而来的愤怒让我极其恐惧。因此我进入修道院不是出于自
己的意志和心愿，更不是要去寻求什么肉体上的满足，而是受迫于对神

---

① 参《加拉太书》6:13。
② 1505 年 7 月 12 日路德成为爱尔福特奥古斯丁修道院的一名修士。
③ 奥古斯丁，《忏悔录》，II，iii。
④ 《诗篇》94:11。

的愤怒以及自己猝死的恐惧，勉强自己立下的誓言。之后您对我说："让我们把这一切看成是一场虚幻的骗局吧！"尽管那时我仍然竭力抵触您和您所说的话，您的这句话仍然刺入我的内心深处，让我无法忘怀，仿佛这句话是神借着您的嘴唇向我说的一样。您还说了其他的话。当我按着自己儿女的位分指出您不当如此气愤时，您突然用一句发人深省的话反驳我，这话令我无比震撼，终生难忘，是我穷尽一生的经历都很难从别人那里能体验得到的。当时您说："你难道没有听过儿女也需要顺服父母吗？"可那时的我对自己的义过于自信，其他人的话对我来说就像是耳旁风，其实在内心深处我从来不敢轻视您的话。

现在看来，那时的您是否也没有看重当将神的命令放在万事之先呢？因为当时您若能意识到我处在您的权柄之下，难道您还会不使用父母的权柄，强制我脱去那修士的长袍吗？此外，如果我当时真的明白真理，我也绝不会在不通知您，也不经您同意的情况下去成为一名修士，哪怕我将为此死上千百次，我都不愿公然违背您的权柄。可见若我的誓愿让自己违背了父亲的权柄，又与神的命令背道而驰，那么这样的誓愿真是一文不值，毫无效力。事实上，这样的誓愿更是邪恶犯罪的，因为它一方面抵挡了您的权柄，另一方面它也不是我甘心情愿的选择。总而言之，这样的誓愿是出于人的教导和愚妄虚伪的迷信，而非神的命令。然而，看啊，神（他的恩慈无法数算，他的智慧无法测度）①如今借着这样的错谬和妄行成就了何等善工！深信当时如果您能看到神如此的作为，就算让您为此失去一百个儿子，您也必甘心乐意。

我相信撒旦必是从我幼时就已经发现了一些他所不容的迹象，这些方面到现在已令他深恶痛绝，为此他向我掀起了不可思议的攻势，要将我毁灭，或至少令我不能再妨碍他。所以，我常常会想自己是不是这世界上魔鬼唯一要与之为仇的人。然而那时神的心意（在我现在看来）就

260

---

① 参《诗篇》147：5。

是要让我去认识那些经院哲学家的智慧以及修道院的戒律，让这一切都成为我的亲身经历（其中有着无数的犯罪和不信），以此让那些败坏的人在我成为他们仇敌的时候，得不着机会诽谤、控告我在谴责一些自己都一无所知的事情。因此，我的修道生活虽然必定充满了罪污，但却是无可指责的，因为在教皇的眼中，那些不信和亵渎都堂而皇之地成了最大的敬虔，所以就绝无可能成为人们指责的对象了。

父亲，您现在作何感想呢？您是否还愿让我脱离修道院的生活呢？到如今您仍然是我的父亲，我也仍然是您的儿子，而我所有的誓愿都已经毫无价值了。在您那里有神的权柄，而我曾有的只是人的僭越。那些人厚颜无耻所夸口的禁欲全无半点对神命令的顺服，因此都是虚妄无益的。禁欲并不是出于神的命令，神向我们所要的就是对他话语的顺服。然而那些疯狂而愚蠢的教皇党徒无法忍受将任何事情与禁欲和守贞相提并论。在漫无边际的谎言中，他们终日所谈论的都是这样的话题。对谎言的极度热衷以及那可怕的无知，已经令这些人一切的所思所行都陷在毫无信心的怀疑之中。

261　　智者说："贞洁的灵魂，实尊贵无比。"[1]然而是怎样的理性使这些人把这句话曲解成在神眼中独身和禁欲比一切都可称赞，并且[那独身的誓愿]是无法交换或免除的呢？犹太人原将这节经文写给自己的同胞，而在他们当中禁欲和独身原是被谴责的，因此这节经文原本是在向我们描述一位贞洁的妻子。圣经中也以类似的描写让我们看到神对忠贞妻子的赞扬，如"不知床笫罪恶的妇女，是有福的"。[2]总而言之，圣经本身并没有高举独身，只是对这样的行为给予许可，然而这些人却蓄意煽惑他人去走一条会动摇救恩的道路，将圣经原本对嫁娶之人看重忠贞的赞扬，伪饰在对独身的高举上。

---

① 《便西拉智训》26：15。

② 参《所罗门智慧书》3：13。

　　那么对于那愿意顺服主的话而守贞的心志，是否这世上无一物可比
的呢？很显然它的尊贵无比是在乎那圣洁的妻子对丈夫的忠贞，这不光
是出于神的命令，在普世的谚语中人们也将忠贞的妻子看为一个男人最
可宝贵的财富。然而这由神所命定的守贞却被那些"忠实传讲圣言的
人"用在了神所没有命定的禁欲上，并将人的意见当作神判断的标准。
他们设定了各式各样的特赦，甚至连对神话语的顺服也都列在他们的
特赦之中，然而对于禁欲的誓愿他们却不作任何的特赦，哪怕这誓愿
是违反神给父母的权柄而起的。因此，说那些信奉教皇的博士和教师
们短视、无知岂不是该当的吗？守贞和禁欲原是应当推崇的，但却因为
他们无限制地放大而令人们为之惊恐，而非被其所吸引。下面是基督的
做法，当门徒高举禁欲并宣称说"人和妻子既是这样，倒不如不娶"①，
听到这话的耶稣立刻纠正了他们的说法，他说："这话不是人都能领受
的。"②可见对于禁欲，除了少数神所特别给予恩赐的人以外，不是所有
人都能有正确认识的。

　　现在让我们把话题再转向您，我要再次问您，我的父亲，您是否仍
然愿意让我脱离修道院的生活呢？然而在您夸口自己可以如此行之前，
神早已看明了您的心思，并亲自带领我离开了修道院。那么在我仍属修
道院与弃绝那修士的衣着和剃度之间，到底有着怎样的区别呢？难道真
正的修士是那长袍和剃度所赋予的吗？保罗说："这一切全是你们的，而 262
你们又是属基督的。"③难道我是属于那修士的长袍吗？不如说那修士的
长袍是属于我的！我的良心是自由的，这自由才是真正完全的自由。因
此我仍然是一名修士，与此同时我又不是一名修士。我是那新造的人，
但这是出于基督，而非出于教皇。教皇所造的无非是些和他自己一样的
稻草人和傀儡。我曾经也是这当中的一员，被他们用各样诡诈的言辞所

---

① 《马太福音》19：10。

② 《马太福音》19：11。

③ 《哥林多前书》3：22,23。

诱惑，对于这样的诱惑，甚至那智者①都承认自己曾陷入过死亡的危险，最终靠神的恩典才得蒙拯救。

我如今这样做是否又一次使您失去了权柄呢？当针对那修道院的誓愿时，您在我身上的权柄从未改变过，这一点如同我之前所说过的一样。然而鉴于我现在已经完全脱离了修道院的生活，那位带领我脱离其辖制的神对我的权柄就必是在您之上的，并且您也看到他现在并没有将我放在那修道院虚假的服侍之中，而是放在那对他真实的服侍之中，就是话语的执事之中，对于这一点有谁能够怀疑呢？父母的权柄与这样的服侍相比，无疑当向主降服交托，这是显而易见的，因基督说："爱父母过于爱我的，不配作我的门徒。"②主的这句话并没有夺去父母的权柄，因使徒也常常教导子女们听从父母。③然而当父母的权柄与基督的权柄和呼召相冲突时，我们唯独要顺服基督的掌管。

因此（这是我如今所深信的）拒绝顺服您一定会违背我自己的良心，除非将话语的执事与我在修道院中的誓愿混为一谈。这就是为什么我会说我与您以前均没有将神的命令放在万事之先的原因。然而如今整个世界因为陷在教皇错谬的教导中，正竭力地忽视这真理，正如保罗所预言的，人将会违背父母，心不圣洁。④这样的话用在那些修士和神父的身上再合适不过了。这些人妄存敬虔的外貌，以服侍神为借口，让自己脱离父母的权柄，仿佛在遵行神的命令以外（这命令也包括对父母的顺服），对神还有什么其他的服侍。

我将这本书献给您，从中您可以看到基督是借着何等奇妙的作为将
263 我从独身的誓愿中释放出来，并赐给我如此的自由，让我虽然身为众人的仆人，然而除了降服于他以外，再不必降服于任何人！（以那些通常

---

① 参《便西拉智训》34:12,13。
② 《马太福音》10:37。
③ 参《以弗所书》6:1;《歌罗西书》3:20。
④ 参《提摩太后书》3:2。

的术语而言）他亲自做我的主教、修道院的院长、长老、主人、父亲和先生。除他以外，我不知道别的。我盼望神能借着您所失去的那个儿子，让成千上万的儿子得着帮助。对于神这样的心意，您不但要学习甘心忍受，还要为此大有喜乐。我深信您必会如此行。就算教皇把我杀了，并咒诅我下地狱，那又能怎样？他杀了我之后，再也无法让我复活，从而让我在他手上经历第二次，甚至第三次的死。我也愿意承受他的咒诅，并永远不被他所赦免。因我深信这神所看为可憎的教皇的国度必将被毁灭。在这样的时刻到来以前，我们宁愿受他的逼迫，被他用火刑和刀剑夺走生命，好让我们流出的血向神发出极大的冤声，从而让神审判教皇的日子速速到来！如果在神看来我们不配用血来为他作见证，那么就让我们至少祷告恳求神，以他的怜悯让我们用自己的生命和声音来见证耶稣基督是我们的主、我们的神吧！唯有他配受赞美，直到永远。阿们。

我亲爱的父亲，在此向您道别，请代我问您的妻子、我的母亲玛格丽特安，并向我们所有在基督里的家人问安。

您的儿子，

马丁·路德

1521 年

致约翰·肖特　　1524 年 5 月

在路德 1521 年前往沃尔姆斯，在皇帝和国会面前为自己和所认信的真理辩护的途中，萨克森的贵族约翰·肖特（John Schott）负责护送路德。路德从这位贵族了解到有一位父亲违背自己孩子的意愿，强迫儿子与某人结婚。因此，路德写了以下这封公开信，讨论了父母与孩子之间相互的义务与责任。[原文为德文；*WA*,XV,155–169.]

致可敬、尊贵的约翰·肖特，声名显赫的骑士，我亲爱的先生和朋友：愿恩惠、平安从基督我们的主和救主归与你。

尊敬、亲爱的先生和朋友：

当我开始执笔就婚姻生活的问题发表意见之时，我非常担忧曾经发生的事情会再次出现，即与其他方面的写作相比，在婚姻问题方面我常常会遇到更多的麻烦。①婚姻是神所设立的，对于这一点就算不考虑其他的证据，单凭一点就足以说明：这世界的王魔鬼用尽各种方式试图毁坏婚姻，尽其所能地让嫖娼之事不至灭绝，反而大大增长，以此来动摇婚姻。

之前我曾撰文指出，子女应当在自己订婚和结婚的事上通知父母，征得他们的同意，这是他们对父母当有的顺服，并且在某些情况下，父母甚至有权柄解除子女的婚约。然而现在有些父母却过度使用了自己的权柄，开始有意地妨碍并阻止儿女的嫁娶，或像你最近所告诉我的那个例子那样，强迫自己的儿女和某个他们从未爱慕过的人成婚。因此我感到自己有义务再一次公开发表我的意见，愿那些希望从我这里得到指导和帮助的人从中获益。阿们。

一、父母没有权柄强迫他们的儿女与某人结婚

父母妨碍或禁止儿女的婚姻与他们强迫儿女与某人成婚是两类极不相同的事情。对于第一类情况，尽管父母有禁止儿女与某人成婚的权柄，然而却不能因此理所当然地认为父母有权柄可以强迫他们的孩子与某人成婚。与强迫两个彼此毫无爱意的人联合在一起相比，阻断两个原本相爱之人的关系也许更为人道。对于第二种情况，痛苦只是暂时的，然而在第一种情况中，父母将会给儿女造成终生的灾难和痛苦。圣保罗在《哥林多后书》中指出，神所赐下那最大的权柄（即那传福音，使灵魂归主的权柄）并不是为着毁灭人而是为着拯救人。②那么与之相比，

---

① 在 *Vom ehelichen Leben*（1522）一文的序言中，路德也是这样说的；见 *WA*，X^{ii}，275 – 304。

② 《哥林多后书》10:8。

如果父母或其他任何人使用手中的权柄去败坏人而非去拯救人，这种权柄的效力会是多么不值一提啊！因此，制衡和制约父母权力的尺度，在于父母不能伤害孩子，尤其不能伤害孩子的心灵。因此，如果一位父亲强迫他的孩子与某位他毫无爱慕之心的人成婚，那这位父亲便是僭越了 265 他的权柄，变成了一个专横的暴君。因他未将自己手中的权柄用来建造人（这原是神赐下这权柄的心意），而是用来败坏人（因此他便在使用自己的权柄时远离了神，甚至是在与神为敌）。

如果一位父亲阻止他的儿女成婚，或有意忽略孩子这样的需要，他的所作所为便与那之前的父亲一样，是不合神心意的。特别是在继父对于他们的儿女，以及监护人对于他们所监护孤儿的情况中，如果前者只是贪恋孩子的财产而轻忽了孩子合宜之需要的话，他们拦阻儿女嫁娶的行为便是滥用了神所给父母的权柄。孩子在这种情况下无疑是自由的，他们可以把自己的父亲或监护人视作已死，按着自己的心意行事。他可以按着最有利于自己的方式而行，奉神的名与他人订婚，尽可能地照顾好自己。然而在儿女如此行之前，他还是要首先去征求父亲的同意，或是委托他人来代自己请求父亲的同意，这样做是为了确定他们的父亲或监护人不愿、或有意用一些虚假的承诺来无限期地拖延儿女的婚姻。在这种情况下，父亲实际上已放弃了自己的责任和权柄，并将他的孩子置于尊严受辱、心灵受伤的险境。如果此时孩子最终在结婚的事上放弃了征求父亲同意，那这样的错都是父亲自己造成的。因为他并不真正关心孩子的尊严和心灵，所以他遭遇那样的冷遇也是该当的。对于那些值得怜悯的出逃修女，这样的原则尤其可以应用在那些拒绝为她们的尊严和心灵提供帮助的亲友身上。在这样的情形中，仅仅通知这些亲友已经足够，然后当事人就可以立即奉神的名与他人结婚，无论他的亲友对此愤怒还是喜悦。

在这里最大的问题是，对于父亲强迫自己娶某个自己并不喜爱之人，孩子是否有义务去顺服他？很显然父亲这样的行为是不合理的，他在这件事上的作为，简直就像是魔鬼和暴君，而远非父亲。然而孩子是否应该忍受这样的不公和强迫，顺服那专横的父亲呢？对此基督在《马太福音》5章中给了我们清楚的命令："只是我告诉你们：不要与恶人作对。有人强逼你走一里路，你就同他走二里；有人打你的右脸，连左脸也转过来由他打；有人想要告你，要拿你的里衣，连外衣也由他拿去。"①从主这样的话中我们可以看到，如果父亲专横和不公地在婚姻的事上强迫儿女，儿女唯有接受并顺服。

266　　在我看来，若是那信主的儿女面对这种遭遇，问题将很好解决。一位真正信从福音的信徒，是不会拒绝进入这类强制婚姻的，因为在这世上他早已做好了忍受不公和残暴的准备。无论这样的暴行是如何践踏他的身体、财物和尊严，也无论这患难是短是长，还是会一直延续下去，只要是出于神的心意，他都会像一个落入土耳其人或是其他敌人手中的战俘一样，接受仇敌所强加在他身上的一切不公，无论他是被投入监，还是被卖为奴。先祖雅各给我们做了那荣耀的榜样。他和利亚的婚姻就是出于那不公的强迫，违反他意愿的结果，然而雅各还是娶她为妻，虽然在世人看来他没有义务如此行，哪怕事先不知情而与她同房，也不是他的错，但雅各还是接受了这样的不公，放弃了自己的意愿而娶利亚为妻。②

　　然而到哪里才能找到这样的基督徒呢？就算有这样的基督徒，但像雅各这样信心刚强，并立志照着他的榜样去行的信徒又要到哪里才能找到呢？在婚姻或其他任何方面，我所建议或教导的任何事情若不是属乎基督的，就与我毫无益处。若有人不能接受我这样的教导，就让他在神面前承认自己的软弱吧，并因此向主祷告，求他赐下恩典和帮助。就像一个人非常软弱，不能按照神的心意做成那些他该做的事，于是他便心

① 《马太福音》5:39–41。

② 参《创世记》29:23。

生恐惧，并竭力逃避死亡或其他患难的刑罚一样，这人也该知道自己除了按照神的命令去行以外，没有其他的选择，因基督的这句话是永远不会改变的："你同告你的对头还在路上，就赶紧与他和息。"①

借口说这种强制的婚姻将会造成厌恶、嫉恨、凶杀和各种不幸也是徒然的，基督对此会立刻回应道："把这一切问题都交给我吧，你为何不愿相信我呢？遵行我的命令，我必会保守看顾你不遭受这样的患难，相反让你满有喜乐和祝福。难道你会因为那未来尚不确定的患难而违背我那必会赐下祝福的命令吗？还是你以为自己能够作恶以至成善呢？保罗在《罗马书》3 章中对此的责备难道你忘记了吗？②此外就算你现在和未来的人生必将遭遇不幸，难道你就要因此弃绝我的命令吗？要知道你有不容推辞的义务，为我的缘故去承受那身体和灵魂的苦难，无论是暂时的还是永远的。"

尽管如此，对于那些不能持守这命令的软弱的基督徒，我会如此建议他们：去让你的一些好友求助于王子、市长或其他在上掌权者，让这些人来制止你父亲残忍的不公和强权的逆施，从而保护自己脱离父亲的权柄，并且让父亲被迫去正当地使用自己的权柄。虽然基督徒在世必然要去忍受不公，但世俗的政府仍有义务去刑罚、防范不公的行为，让公平和公义得到保障与彰显。

如果政府在一切自己当行的义务上玩忽职守或独裁专横，那些面对强制婚姻的孩子还有最后一个办法，就是离家出走，逃到另外的国家去。在以前的时代也有一些软弱的信徒为了逃避暴君而进入旷野，先知乌利亚就曾为了躲避约雅敬而逃入埃及。此外，在耶洗别时代也有成百上千的先知，其中也包括以利亚，逃到外国避难。③

对基督徒而言，面对强制的婚姻，除了以上这三点之外，我再没有其

---

① 《马太福音》5:25。
② 参《罗马书》3:8。
③ 参《耶利米书》26:20,21；《列王纪上》18:4,19:2 以下。

他的建议。对于非信徒，他们可以去自行判断，并接受民事法律的规范。

二、孩子在未通知父母并征求他们同意的情况下，不应订婚或结婚

对于这个题目，虽然我在释经中有所讨论，①在这里我仍需要再次重申。神的第四条诫命是永不会改变的："当孝敬父母。"②在整本圣经中，我们从没有读到过男女双方不通过父母私自订婚的例子，相反圣经却对父母说："为你们的儿子娶妻，使你们的女儿嫁人。"③摩西也写过"主人若选定她（主人的婢女）给自己的儿子"④这样的话，以撒和雅各的娶妻也是按着父亲的意思。⑤普世的婚礼都有聚集亲友、公开庆祝、吃喝快乐的习俗，其起源就在于此。因此夫妻二人秘密的结合是被咒诅的，并且婚姻唯有得到双方父母的同意才实至名归、受人尊重。就连人类的第一位新郎亚当都不是私自娶了妻子夏娃，在圣经中我们清楚地看到，唯有神将夏娃带到亚当面前之后，亚当才与她成为夫妻。⑥

268　　　所有这些权柄都只属于那些以父母之分待儿女的人，正如我之前所说的。如果父母不照此而行，儿女就不会把他们视作父母，或者将他们视为已死，此时儿女便脱离了父母的权柄，可以随意与自己所爱的人订婚或结婚。如果父母看到自己的儿女已经成年，并且愿意嫁娶成家，然而他们却不鼓励帮助孩子成婚，而是有意地拖延此事，并强迫孩子守独身，过超脱世俗的生活，这样的人便是僭越了父母之分。有些贵族所做的正是这样。他们将自己的女儿禁闭在修道院中，强迫她们过修道的生活。

父母们当知道人的受造是为了嫁娶并生养后代，正如树的被造是为了结果子一样，除非神以他自己特别的恩典和神迹，改变了某人身体的

---

① 参路德关于主显节的福音释经（1521 年）；见 WA，VII，238 – 245。

② 参《出埃及记》20∶12。

③ 《耶利米书》29∶6。

④ 《出埃及记》21∶9。

⑤ 参《创世记》24∶3 以下，28∶1 以下。

⑥ 参《创世记》2∶22，23。

自然生长过程。因此在儿女结婚的事情上，父母有责任帮助他们，以免让他们落入那失去贞操的危险。如果父母不这样做，他们就不配称为父母，而他们的儿女此时也有责任自行作主，救自己脱离那失去贞操的危险，并进入到自己因受造而被赋予的身份之中，无论他们的父母、亲友或敌人乐意与否。

如果子女不光已经私自订婚，而且也已私自同居，那么对此情形合宜的做法就是不再使用父母的权柄予以干涉，而是许可他们成婚。因为根据摩西的律法，在这样的情形中，神已经让孩子不再被父母权柄所掌管。在《出埃及记》22 章中我们看到："人若引诱没有受聘的处女，与她行淫，他总要交出聘礼娶她为妻。若女子的父亲决不肯将女子给他，他就要按处女的聘礼，交出钱来。"[①]在摩西的时代，人们对贞操并不是很看重，然而鉴于今天丈夫对于迎娶一位非处女的妻子深恶痛绝，将其视为奇耻大辱，因此这条摩西律法的后半部分，即关于父母在那失去童贞女子身上的权柄，就应该被视为是危险且有害于那女子的，所以唯有这条律法的前半部分，即神要求那占有了女子贞操的男子与她成婚的命令，有强制的效力。

如果有人宣称因父亲有阻止、废除儿女订婚和结婚的权柄，他便因此拥有禁止儿女成婚，并强迫他们守独身的权柄，对此我的回答是"并非如此"。之前我已说过人是神所创造的，而非他的父母，因此他吃、 269 喝、生育、睡眠，以及从事另外一些属乎天性之事的权利，也不是人的权柄可以掌管的。可见父亲拦阻儿女与某人成婚，与完全禁止儿女结婚是完全不同的两回事。父亲可以禁止孩子吃喝某种食物，或禁止他在某处睡觉，但他没有权柄禁止他的孩子完全不吃不喝不睡。与之相反，父亲反倒有责任为他的孩子提供饮食、衣物、睡觉之处，以及所有孩子必需的物品，让孩子的利益得着最大的满足。如果父亲没有如此行，他就

---

① 《出埃及记》22:16,17。

不算是一名父亲，孩子因此就必须靠自己来获取一切所需。

　　因此，父亲有拦阻他的孩子与某人结婚的权柄，但他却没有完全禁止孩子与他人结婚的权柄。不仅如此，父亲还有义务为他的儿女引荐那美好的配偶，或极力保证孩子能够有合宜的婚姻。如果父亲没有尽到这样的义务，孩子就需自己去寻求配偶。此外，如果父亲在儿女的婚姻上忠实地尽到了自己建议、劝阻的责任，那么在这之后，即使他收回了自己在儿女身上的权柄，这也不是犯罪。在这种时候，父亲可以许可儿女在未征得自己同意的情况下，与任何自己所喜爱的人结婚。之所以这样，是因为如果儿女弃绝一切父母良好的建议和忠实的劝告，父母便没有任何办法来阻止儿女们的妄行。以撒和利百加就是如此任他们的儿子以扫按自己的心意而行，听凭以扫将那他们不喜悦的女子娶来为妻。①在这样的情形中，父亲虽未诉诸强制的手段，但也一样尽到了自己为人父母的责任。神会按着自己的时间让子女因着那悖逆顽梗的行为而受到刑罚。

　　总而言之，关于父母在儿女婚姻上如何行使权柄，可以按照基督徒的方式，也可以按照世俗的法律。如果按照基督徒的方式，父母与儿女之间就应该达成相互的认同，在没有通知儿女并取得他们的同意之前，父亲不应将孩子许配他人。对于这一点，我们可以在《创世记》24 章中看到，利百加正是首先被征询了本人的意见，并获得其同意之后才成为以撒的妻子。②此外，子女也不应该在未通知或征求其父亲同意之前，作出愿与某人成婚的许诺。尽管如此，如果人们要按照法律的条文和个人的权利行事，那么父亲便有权命令自己的儿女与某人结婚，儿女对这权柄也必须顺服；父亲能够废除孩子与他人成婚的许诺，并且孩子没有背着父亲与他人私自订婚的权利。然而如果父亲愿意按照基督徒的方式

① 参《创世记》26:34,35。

② 参《创世记》24:57 以下。

而行，那么在他忠实地按着父母之分对儿女作出约束、警告和建议之
后，便可以不再主张他的权柄，而随儿女按照自己的顽梗悖逆自行嫁 270
娶，父母这样做无须承受良心的愧疚，而是让儿女自己去面对这样的重
担。然而我们应当看到，有许多属灵前辈，他们的儿女更为悖逆，但他
们仍没有因此放弃自己的愿望和神的心意。

如果事情的发展既不合乎人情，又不符合基督徒的体统，而是仿佛
鬼魔当道，比如某位父亲强迫自己的孩子与某个他根本不喜欢的人结
婚，那么就让这孩子照着自己仿佛是被土耳其人俘获了一般行事吧。在
那种处境下，他将不得不按那仇敌的意愿而行，或者若他有能力，就让
他逃脱这样的灾祸，正如我之前所建议的那样。

以上所写的内容足可以作为一封公开信。也许在特定的情况下，一个
人会更加明确该依照法律来处理这类的事情，而非仅仅遵从福音原则。

马丁·路德

致三修女　　1524 年 8 月 6 日

1523 年至 1524 年间，很多修女纷纷离开了她们所在的修道院。
以下这封信受信人的身份现在已无从查考，然而信中路德所给出的
建议却非常有代表性，与前后给修士和修女的建议非常类似。[原
文为德文；WA, Br, III, 326 - 328.]

愿恩惠、平安从基督，我们的救主归与你们。

亲爱的姊妹们：

我又一次收到了你们的来信，[1]并从中听到了你们的心声。我本应
早些给你们回信，然而此前我却没有遇到时间合适的信差，而且我也一
直没有机会给你们写信，因我有太多的事务缠身。

---

① 现已佚失。

　　现在我的问题是，你们是否已经透彻地理解放弃修道生活和独身誓愿的两个理由？

　　第一个理由在于，你们在修道院所守的一切规条和一切善行，都不应是出于勉强，而是自愿承担的，否则这一切便有碍于你们的良心。一个人若陷在这样的情形之中，就应该设法从修道院逃离，让自己和一切与修道院相关的事物脱清干系。因此，如果你们在修道院所做的一切服侍并非是出于甘心乐意，而是他人所强加在你们良心上的，你们就当请 271 求亲属帮助你们脱离修道院。如果世俗的权柄许可你们离开，你们便需要让亲友来接你们回到家中，或为你们在其他地方安排食宿。若你们的亲友或父母不愿为你们提供这样的帮助，你们就应当寻找其他良善之人的帮助，以求脱离修道院，不管你们的父母会因此如何地气愤欲死，还是要欢呼喜乐。要知道我们应该始终将神的心意和灵魂的救恩放在第一位，因基督说，"爱父母过于爱我的，不配作我的门徒。"①但如果修道院的姊妹能给你们自由，或至少让你们可以读经听道，你们就可以与她们同在一处，承担修道院中诸如纺织、烹饪之类的职分，只要你们不再将自己的信心建立在这些事情上便是合宜的。

　　另一个你们离开修道院的理由在于身体的需要。虽然女性都对此羞于启齿，但圣经和常识都告诉我们，在千万人中，神只会让极个别的人拥有独身的恩赐。女性并不能完全控制自己的身体，神造了她就是让她和丈夫同住，生养儿女。《创世记》1 章清楚地阐明了这个真理，②女性身体的被造更充分地显明了神对她的心意。正如神命定吃饭、喝水、行走、睡觉，是我们与生俱来的本能一样，同样神对于男人和女人的心意就是让他们结为夫妻，成为一体。因此，姊妹无须为自己这样的需要感到羞耻，因为正是神如此创造了她，所以如果她认为自己并没有那罕见

---

① 《马太福音》10:37。

② 《创世记》1:27,28。

的恩赐，①她便有足够的理由离开修道院，去按着自己受造的本性生活。

你们若能离开修道院，听到那合乎真理的教导，便会对所有这些事情有透彻的了解。在《论独身誓愿》②一书，《反对人的教导》③的小册子，《论婚姻的地位》④的论文，以及圣经注释中，⑤我已经反复对这些真理进行论述和阐释。如果你们读过这些文章，你们便会在认罪以及其他方面获得全面的认识，因此在这里我将不再赘述。我猜你们最终会离开修道院，正如你们曾在第一封信中流露出的意思，无论你们是完全符合那两点理由，还是只符合其中一条。我的意见是，若将来修道院能够引入真正的自由，那些真正有独身恩赐以及有愿望过修道生活的人便可 272 以进入或返回其中。瑞士的伯尔尼市议会正是按此方式，开放了众所周知的柯尼希斯费尔德修道院（convent of Königsfeld），⑥允许姊妹按照个人的意愿选择离开或留下。对于离开的人，会在她们离开修道院时返还她们当初带入其中的一切物品。

在此我将你们交托在主的保守之中，也盼望你们能为我代祷。

马丁·路德

殉道士西克斯都日，1524 年

一封寄给三位修女的书信，她们是我在基督里的姊妹。

致沃尔夫冈·赖森布施　　1525 年 3 月 27 日

沃尔夫冈·赖森布施（Wolfgang Reissenbusch）是维滕贝格大学

---

① 即独身的恩赐。
② *De votis monasticis*（1521）；见 *WA*，VIII，564 – 669。
③ *Von Menschenlehren zu meiden*（1522）；见 *WA*，X^ii，93 – 158。英文版见 *Works of Martin Luther*，Philadelphia ed.，II，427 – 455。
④ *Sermon von dem ehelichen Stand*（1519）；见 *WA*，II，162 – 171。或 *Vom ehelichen Leben*（1522）；见 *WA*，X^ii，267 – 304。
⑤ *Kirchenpostille*，*Weihnachtspostille*（1522）；见 *WA*，X^i，1 – 739。
⑥ 此决议于 1524 年 6 月 3 日在伯尔尼制定。

早期的毕业生，后来成为萨克森利希滕贝格圣安东尼修道院的院长。他曾就如何摆脱独身的誓愿询问过路德，显然他相当熟悉路德相关方面的著作。①尽管如此，赖森布施却迟迟不敢将自己的认识付诸实践，因此路德在以下这封信中鼓励他采取行动。在此信写成之后一个月，即 4 月 26 日，赖森布施迎娶了安娜·赫尔佐格，后者是托尔高一位穷裁缝寡妇的女儿。之后不到两个月，在 6 月 13 日，路德也与凯瑟琳·冯·博拉结为夫妻。这封信在维滕贝格被大量印发，很可能是出于路德的授意，以此来鼓励那些面对类似问题的人。

［原文为德文；*WA*,XVIII,270 - 278.］

愿基督的恩惠、平安归与你。

备受尊敬的先生：

我受几位好友所托，也是因着自己对你婚姻的负担，写此信给你。我过去常常与你谈起婚姻话题，并且我也观察到你不仅适于结婚，对此有明显的意愿，而且更重要的是神亲自对你在这方面的催促和要求，因他造你原是如此。

因此，我认为你不应该再受自己圣职阶级和独身誓愿的拦阻。你在
273　真理上受教，已确知深信除了以下两种情形，没有任何的誓愿可以对人产生制约：

首先，誓愿必须是在我们能力范围内有可能成就的。有谁会发誓去做那自己无法做成的事情呢？又有谁会让他人发这样的誓呢？因此，我们在圣经中看到的所有誓愿，都是在我们能力范围内的，比如向神献上牛、羊、房屋、土地，等等。然而守独身并不是我们所能做到的，它本

---

① 比如 *Wider den falsch genannten geistlichen Stand*(1522)，见 *WA*,Xⁱⁱ,93 - 158；*Vom ehelichen Leben* (1522)，见 *WA*,Xⁱⁱ,267 - 304；*Dass Jungfrauen Klöster göttlich verlassen mögen*(1523)，见 *WA*,XI, 387 - 400；*An die Herrn deutsches Ordens*,*dass sie falsche Keuschheit meiden* (1523)，见 *WA*,XII,228 - 244,英文版见 *Works of Martin Luther*,III,403 - 428。

与神兴起的神迹或特别的恩赐一样，是很罕见的。从人的受造来看，所有人都应进入婚姻，这一点在我们的身体上有清楚的显明。并且圣经《创世记》2章中神也宣告说："那人独居不好，我要为他造一个配偶帮助他。"①

因此，任何一个觉得这经上的话是指向自己的男人，都应该来聆听神——他的创造者，都应该看到神借着这话对他生命的定规：神不愿意看到男人独自一人，而喜悦他生养众多，因此神为他造了一个配偶来帮助他，让他不再过独身的生活。这是神的道，正是借着神的能力，那生殖的种子被深植在男人的身体之中。因此他会对女人保持一种天然而热切的欲望，而这是不可能被誓愿和律法所制约的，因为这样的欲望是出于神所设立的律。因此，让那些愿意守独身的人，同时也弃绝自己男人的称号，并证明自己像天使一般，是属灵的受造吧！而这原是神从未赐予人的。因此，在我们唱诗称颂那些圣洁的守贞独身之人的时候，愿我们所看到的这些人与其说是人，不如说更像天使，因为他们靠着神特殊的恩典，能够将那活在肉体之中的生命，活出仿佛不需要肉体的样子。我们这些男人的身体在很大程度上是与女人相关的，因为我们是在她们的身体中受孕、生长、出生、吮乳、得蒙滋养的，因此男人无法全然地离开女人。这实在是出于神的话语，这一切是神的作为，也是他所喜悦的。哪怕是那些没有性功能的男人，我们都知道他们也充满了那种自然的欲望。这种人可能越没有性功能，越对女性充满了强烈的欲望。这事实上也是正常的，因所有人都对那些自己几乎要失去的东西，备加珍重。

因此那些立志守独身的人，无疑是在履行一个不可能完成的任务，让自己处于与神的话语背道而驰的境地，对神所放在他里面的天性和能力加以否定。这样做只能让他们陷于试探之中，最终难免沉溺在淫乱和各样肉体的不洁之中不能自拔，直到完全陷入绝望。可见独身的誓愿与

---

① 《创世记》2:18。路德以拉丁文开头，然后用德语引用了这句经文。

神的话语相背，且违反我们受造之天性。因此这誓愿就像有人起誓要成
274 为神的母亲，或创造一个天堂一样，是全无可能成就，且虚妄无益的。
对于这样的誓愿，神也必厌恶咒诅。

第二，一个有效的誓愿绝不应当与神以及那真实的信仰相违背。凡
是依靠我们个人的行为，而非依靠神恩典成就的事，都是对神以及对基
督信仰的违背。正如《希伯来书》12章所言，"人心靠恩得坚固才是好
的。"①这就是说，我们信心的坚固不是靠着在吃喝等类的事情上去守律
法。许多修道的誓愿都是属于这类行为，它们将一个人的信心和良心都
建立在他的行为之上，而非神的恩典之上。然而人们正是依赖这种行为
而否认了基督，失去了对他的信靠。

尊敬的先生，我相信我写的这些是你深信不疑的，并且那些修道的
誓愿也不会成为你的拦阻，我认为真正拦阻你的是那出于人的恐惧和怯
懦。有话说：只有无畏的人才会有勇气娶妻。所以此时你最需要的就是
在弟兄的激励、劝勉、催促和鼓舞下大有勇气。我亲爱而尊敬的先生，
为什么你仍在耽延，不住地在心中权衡、估量呢？这婚嫁的事，无论如
何都是要实现的。不要再犹豫不决了，怀着欢喜快乐的心大胆去行吧！
你的身体需要婚姻，神的心意也是要让你进入婚姻，并且他正催促你如
此行，对此你是无法拦阻的。

除此以外，你的婚姻还将成为极美的榜样，许多人在面对拓宽自己
路径和视野的事上踟蹰不前，你的见证将会让他们大得帮助，还有很多
人将因着效法你，而从那属肉体的试探中脱离出来。就算将来有人说，
"那个利希滕贝格的修道院院长竟娶妻了！"这又有什么关系呢？如果你
与其他人因此成为众人羞辱的对象，难道这不也是极大的荣耀和信徒的
美德吗？基督不是为了我们众人而成了羞耻吗？然而难道这真是羞耻
吗？只有那些无知而昏聩的人才会视婚姻为羞耻。并且正是那些行奸淫

---

① 《希伯来书》13：9。

之人才会蔑视婚姻，蔑视神的话语和工作。如果娶妻是羞耻的话，为什么吃喝就不是羞耻？要知道我们对于这两方面都有着同样的需要，而神的心意也许可我们这样行。

我还有什么必要再写下去呢？现今人们是如此愚蠢，竟会对男人娶妻的事困惑不解，并以此为耻，这真是一件极其可悲的事情。为什么不连同人要吃喝也一起怀疑呢？为什么这些人天然的需要会成为疑虑困惑的对象呢？巴不得我们能尽早按那合情合理的样式而行，按着神向我们的心意活在他的话语和带领之下。因为如果我们一直活在神的不悦和愤怒之下，他必将刑罚我们，任我们在罪性中堕落沉沦。

275

谁都不要以为自己能比亚伯拉罕、大卫、以赛亚、彼得、保罗和所有属灵的先祖、先知和众使徒更加完全，同样我们也不可能比许多圣洁的殉道士和主教更好，这些人都确知是神将自己造成男人，因此他们并不以自己是男人为耻，也不会在意他人将自己看为男人。他们正是按着男人的样式来生活行事，并没有去守独身。那些以婚姻为耻的人同样也耻于身为男人，并耻于被他人视为男人。要么他们便以为比起神的创造，自己可以变得更好。然而亚当的子孙将永远与亚当一样身为男人，而所有人也将从他们而出。

良善的神啊！我们每天都见证着为了婚姻的合一和夫妻的忠贞，一个人需要付出多么大的努力。然而在婚姻之外，我们恪守着身体的贞洁，仿佛自己不是男人，又好像自己没有血肉！这世界的神、魔鬼，时刻都在对婚姻进行着毁谤和羞辱，而将那些奸夫、妓女和流氓推崇到至高。可见我们进入婚姻乃是理所当然的，为要以此来抵挡魔鬼和他在这世上的权势，并为着神的缘故忍受魔鬼所加的羞辱。

尊敬的先生，我真诚地盼望你能够欣然接受我这忠于基督的劝勉。快快地照此而行，好让自己脱离那试探神的险境。你若顺从主那出于恩典和应许的带领，必会看到神的圣言和作为将因你得着荣耀，而且神也将因此赏赐你，让你大有尊荣。你暂时为主忍受的屈辱将会给你带来长久的荣耀。愿我们的主基督的恩典伴随着这封信临到你，让你靠着他的圣灵从心中涌出那活泼的能力，并结出颂赞和尊荣的果子，让神的圣名和圣言因你得着荣耀。阿们。

愿意为你效劳的仆人，

马丁·路德

大斋期第四个主日之后的周一，1525 年

致约瑟夫·莱文·梅奇　　1526 年 12 月 9 日

在路德写此信十天之前，他给黑森伯爵菲利普写了一封内容相似的信。①鉴于前信只有很短的一部分留存了下来，此处再刊出此信。路德在菲利普重婚一事上所提出的建议引发了争议，正是这个原因让此信所表达的观点引起了特别关注。约瑟夫·莱文·梅奇（Joseph Levin Metzsch），毕业于莱比锡大学，是安哈尔特乔治王子的好友。他是一名小领主，居住在米劳的城堡中。[原文为德文；*WA*,*Br*,IV,141,142.]

致备受尊敬的约瑟夫·莱文·梅奇，我仁慈的殿下和挚友：愿恩惠、平安归与您。

尊敬的、亲爱的殿下和朋友：

针对您的第一个问题：一个人是否能娶多位妻子，我的回答如下：非信徒可以按照自己的喜好行事，然而基督徒的自由却意味着不违背自己的良心，不否认对神的信仰，并且这自由应受到爱心的制约，即他所行的一切事都应有益于他的邻舍。虽然保罗在《哥林多前书》6 章中教导说："凡事我都可行，但不都有益处。"②又说："只是不可将你们的自

---

① 　*WA*,*Br*,IV,140,141.

② 　《哥林多前书》6:12。

由当作放纵情欲的机会。"①然而今天的世代，人人却都在寻找专为自己谋求利益的自由，而置邻舍的需要和益处于不顾。神给人结婚或者不结婚的自由，然而除非在无可奈何的情况下，现在有谁会甘心乐意地凭着无愧的良心去嫁娶或持守单身呢？尽管以色列的先祖施行一夫多妻，②但这并非基督徒可随从的例子，因为那样做没有必要，毫无益处，也没有神特别的命令。除此之外，多妻的家庭还会导致极大的罪恶和扰乱。因此在我看来，一个基督徒并没有娶多位妻子的自由，除非神命令他超越那基督徒按爱心行事的自由。

关于婴孩洗礼，我在主显节之后主日的圣经注释③中已经作过详细的阐述，因此任凭那些狂热派的人④随意而行吧。您应当为您的人民聘请一位传道人，⑤并给他结婚的自由（这样做是极其必要，大有益处，且有神话语支持的），此外您也应当向您的臣民行使完全的权柄，这些事无疑都是正确的。若不然，您便当将这些事交在神手中，让他来决定是否应该动摇对他话语的传讲。

在此我将您交托在神的保守之中。阿们。

马丁·路德

圣尼古拉斯日之后的主日，1526 年

致斯蒂芬·罗特　　1528 年 4 月 12 日

1524 年 5 月 11 日，斯蒂芬·罗特（Stephen Roth）在维滕贝格迎娶了乌尔苏拉-克吕格尔·克鲁格。然而当 1528 年 2 月 15 日罗特　277

---

① 《加拉太书》5:13。
② 在之前提及路德给黑森的菲利普的信中，他如此写道："有些古时的先祖娶了多位妻子，然而他们却是不得已才如此行的，这其中包括亚伯拉罕和雅各，还有之后的很多君王。按照摩西律法的命令，他们不得不娶那些已逝亲友的妻子。"
③ *WA*，XVIII，18，30。
④ 德文为 *Schwärmer*，指宗教狂。
⑤ 那位被聘用的牧师很可能是托马斯·勒舍尔。

前往茨维考赴任公证人一职时，他的妻子却拒绝与他一同前往。现在不
清楚乌尔苏拉这样做到底是出于不愿意离开亲友和故乡，还是不满
意她丈夫的新职务，或是担忧自己的健康问题。无论出于什么原
因，路德都认为乌尔苏拉没有充分理由不与她的丈夫一同搬往茨维
考。路德认为乌尔苏拉的任性和悖逆，是她丈夫一向的娇纵使然。
罗特自然也被他妻子的拒绝所困扰，他请乌尔苏拉询问路德的意
见，但后者却没有这样做。于是路德写了以下这封信，并联署了约
翰·布根哈根的名字。之后不久，罗特的妻子便搬往茨维考。［原
文为拉丁文；*WA*，*Br*，IV，442，443.］

愿那出于基督和掌管你妻子之神的恩惠、平安归与你：

我亲爱的斯蒂芬：

你家女主人一直没有来我这里，她对你的这种不顺服也令我极为不
快，并且我也开始对你产生了不满。因为正是你对妻子的放任，才让主
内夫妻本当有的服侍①变成了她对你的辖管。一直以来你都在鼓励她如
此行，所以你的妻子现在敢于在凡事上与你对立，这可以说是你自己一
手造成的。所以当你看到饲料已让驴变得傲慢不羁时②（即当你看到你
的妻子因你的放任无度已经变得难于约束时），你就当记得你应顺服神胜
过顺服你的妻子，这样你就不会任凭她轻视你作为丈夫的权柄，将那保
罗所教导的基督的荣耀③践踏于脚下。你放下基督的荣耀甘心作为仆人④
来服侍这已然足够，但如果你这样的忍让都被轻视忽略、看为无有，这
种过分的行为实在已经谬之千里。

因此你当做大丈夫。你要容忍妻子的缺点，但不要鼓励她去故意犯

---

① 这里所提到的是作为仆人的服侍，此信后面也有提及。
② 这里路德引用了一句当时的谚语，见 Ernst Thiele, *Luthers Sprichwörtersammlung*（Weimar，1900），
295，296。
③ 参《哥林多前书》11:7。
④ 参《腓立比书》2:7。

罪，同时你也不要因为过于迁就而变成那危险的榜样，让基督的荣耀因
你蒙羞。要分辨你妻子过分的行为是缺点所致，还是故意犯罪，这并非
是一件难事：缺点是与生俱来的；故意犯罪却必须得到纠正。缺点会让 278
一个人意识到自己需要聆听他人的教导，并且每天都会有所投入加以改
进；而故意犯罪却是以顽梗的抵挡和固执己见为标志。如果你的妻子看
出你将她的故意犯罪误当作她身上的缺点，那么毫无疑问，她对你的悖
逆将变本加厉。因为你的错误，你在这软弱的器皿上①打开了一个破
口，任由撒旦借此向你肆虐，在一切的事上嘲笑你、惹动你，令你陷在
忧愁苦恼之中。

　　你是一个聪明人，主会让你明白我所写给你的这些话。与此同时，你
也会看到我是何等真诚地盼望你们两人能够在主里合一，将撒旦从你们
中间逐出。在基督里向你道别。

马丁·路德

波美拉尼亚的约翰·布根哈根

复活节，1528 年

致乔治·斯帕拉廷　　1528 年 10 月 29 日

　　1525 年，萨克森的智者选侯腓特烈逝世，乔治·斯帕拉廷离开了
选侯王宫，来到阿尔滕堡成为当地一名牧师，并且很快在那里迎娶凯
瑟琳·海德里希。圣乔治修道院的教士因此给斯帕拉廷制造了很多麻
烦（见本书第十一章中路德给斯帕拉廷的书信），他们攻击他放弃了
独身的生活，宣称根据斯帕拉廷以前的誓愿，他的婚姻是非法的，因
此说斯帕拉廷为了地上的生活而放弃了属神的权柄。[原文为拉丁
文；*WA*,*Br*,IV,594,595.]

---

① 参《彼得前书》3:7。

致主里我尊敬的弟兄，乔治·斯帕拉廷先生，基督忠心的仆人：愿恩惠、平安从主归与你。

我亲爱的斯帕拉廷：

你不应为自己的婚姻被他人称为淫行①而忧伤，相反你应该为此大有喜乐，因为你知道在世你所经受的这些是神所称许、天使所赞扬、圣徒所推崇的。此外，你身上还有那十字架的印记，就是你所担负的骂名，这攻击是出于那魔鬼、恶者，甚至可能来自假弟兄。在神一切的圣言和作为上都会看到这样的毁谤。所以，这些邪恶之人向你所发出的亵渎谩骂应成为你极宝贵的财富，因为虽然在世人眼中你承受着恶名，然而在神眼中你却大有荣耀。你也知道你所认识的主的荣耀和尊贵，原是这世界不配得见的。这一点对你的事工而言更是如此。这世界和其上的王都离我而去吧！那一切出于仇敌愚蠢、猛烈、瞎眼、疯狂的咒诅和中伤也离我而去吧！经上记着说："恶人必被毁灭，他必不得见神的荣耀。"②然而，"诸天述说神的荣耀。"③可见这世界向神时刻喷涌着何等的不敬和仇视。

你信中谈到你的生计面临着危机，这是我难以明白的，因为我相信那些伯亚文的祭司④并不能给你带来任何麻烦。无论他们如何，你现在已经被赋予探视的职分，并且选侯也对你照顾有加，他不会许可你生活所需的一切⑤被他人夺去。愿主耶稣借着他的圣灵坚固你，在这主教的职分上引导你。⑥也请你为我祷告。

你的，

马丁·路德

---

① 这是阿尔滕堡教士所言。

② 参《便西拉智训》15：7。

③ 《诗篇》19：1。

④ 指阿尔滕堡圣乔治教士团。

⑤ 这句话原文用希腊文写成。

⑥ 关于选侯对议员的指示，见 G. Buchwald, "Lutherana," in *Archiv für Reformationsgeschichte*, XXV (Leipzig, 1928), 53 – 56。

圣西门和圣犹大日之后的周二，1528 年

致萨克森选侯约翰　　1531 年 6 月 16 日

路德在这封信中指责了约翰·梅奇放荡不羁的生活，还对维滕贝格城墙上出现的缺口表达了不满，而缺口是由降低城墙高度的计划所致。选侯向议员提及这两件事，并指示他们告诫约翰·梅奇："以得体守节的行为来要求自己，从而成为众人效法的榜样，不要让这座城市因你的恶行蒙受恶名，也不要因此让那些途经维滕贝格和在此学习的人，将这里的丑闻四处传开，令福音蒙羞。"〔原文为德文；WA, Br, VI, 122 – 124.〕

致我仁慈的殿下，约翰公爵，萨克森的选侯（由那施恩的神亲手所设立的）：愿恩惠、平安从基督归与您。

尊贵的王子，仁慈的殿下：

插手干预世俗政府的事务，评论殿下的官员，从来不是我的权柄，也非我的意愿。然而如今民间怨声载道，并且我深信殿下也望我向您尽忠，这原本是我当尽的责任。若日后真有不好的事情发生，我不愿意众[280]人认为是我的沉默给殿下造成了损害。鉴于此，我不得不向殿下进言。我曾几次三番好言恳切地劝诫过地方官约翰·梅奇，提醒他离开淫行，断绝与各种女子败坏的关系。作为传道人，我实在无法忍受他这些可耻的行径，并对此保持沉默。尽管如此，梅奇却依然故我，甚至变本加厉，令所有人所说、所闻、所见都是他的淫行恶事。事实上他曾私下向我承认自己离不开女人，因此我拒绝和他再有任何联系，并在私下禁止他领圣餐，但这仍无法令他脱离妓女的网罗。我从他的所作所为中已无法看到他对神还有丝毫的敬畏。因此我决定以他为例，在讲台上公开谴责他的恶行。我谦卑地请求殿下留意，如果我和他之间纷争的消息有一天传到您那里，唯愿殿下能够记起我今天所说的这些话。因为这类犯罪

之事若屡禁不止，我也终将无言以对，到时这将会鼓励其他人效仿这恶行。梅奇也许算得上一位有能的战士，然而即使出现了紧急情况，我也不希望他来保护我，除非他向神显出些许的敬畏。唯有神才能以他奇妙的大能保护我们，即使不用一兵一剑，他的保守仍是完全的。

　　还有一件事我愿意向殿下表明我的忠诚。我曾向梅奇和其他人友善地提出城墙破口之事，然而他们却认为我作为一个写书之人，并不了解这些事情，所以尽管听之任之。然而若事情最终显明其结果不像这些建筑大师所预期的，那时没有人可以说我未曾如此提醒过殿下。因我知道城门迄今为止需要何等谨慎地看守，才能保护城内的居民。而如今城墙上出现一个一百步宽的破口，将整个城市日日夜夜暴露在外。各式各样的犬类、猪猡可以从中自由出入，一个人完全可以从郊外瞭望、步行或射箭到城中市场，反之亦然。因那段城墙已经完全坍塌，并且一直以来也没有做过任何重建和修补。如果在您看来，这一切都属正常，那我也无话可说。然而我盼望殿下能够欣然接受我所说的这些话，并对此给予关注。我为此事极为担忧，因为有很多值得尊敬的人士把他们的孩子送来这里，①而目前的时局又极其危险。要知道在神的护理下仍会发生一些事情，令我们事后自责不已，而那时一切的补救措施都已为时过晚了。

　　梅奇桀骜不驯，已令很多人对他极其反感。因此殿下有必要亲自过问此事，以免祸事发生。敬虔良善的人能够长久忍耐，然而忍耐终究都有限度，并且有人对梅奇的妄自尊大、满口咒诅、残暴横行早已失去了耐心，在这些人中间很可能一个火星就能引起熊熊大火。感谢神，这城中的居民都爱好和平，奉公守法，然而那恶者的压迫和顽固却会令时局改变。民众并不想惧怕一个地方官甚于您。

　　我再次恳求殿下察验我是以何等的谦卑和尽忠向您写这封书信。我

---

① 指注册为维滕贝格大学的学生。

因不愿中伤任何人而长久保持沉默。然而只要我的理性尚在，我就不能不指出有些人正在肆意地挥霍着殿下的资财。也许这一切您早有耳闻，尽管如此，我仍要尽我当尽的职分。

愿神坚固、安慰殿下胜过那恶者的一切诡计。阿们。

殿下谦卑的仆人，

马丁·路德

圣维图斯日之后的周五，1531 年

安东尼·劳特巴赫记录的桌边谈话① 1538 年 10 月 15 日

尽管马丁·路德长期以来都以弟兄之情来责备劝诫约翰·梅奇，但后者仍然恶习不改，向神、教导圣言的教牧人员、大学校方以及行政官员尽显傲慢和轻视，行了许多人神共愤之事。路德因此于 1538 年 11 月 15 日②又一次③派出两名执事④，携一封他亲笔所书的短笺向他宣读，信的内容如下：

"告诉那位地方官：首先，上个主日由弗勒舍尔（Fröschel）执事向他所做的宣赦是无效的，因为他并没有承认自己的罪。其次，他是在自己的罪中领受的圣餐，并没有悔改。对于这样的罪责他要自己承受，而非由我来承受！'（听到这些严肃的话，梅奇害怕了起来。）第三，如果他想要成为一名信徒，必须首先按着基督在《马太福音》5 章中所言"你在祭坛上献礼物的时候"等等，⑤与我们这些传道人、牧师、大学校方和市政当局重新和好。如果他不愿意谦卑照行，我将以牧师的职分⑥责令他离开这里，到其他地方去寻求救恩。这也是我乐意行的，因我不

282

---

① 原文由德文和拉丁文混合写成，见 *WA*，*TR*，IV，No. 4073b。

② 很可能是 10 月 15 日。

③ 另一个版本说的是"第二次"。

④ 安东尼·劳特巴赫与塞巴斯蒂安·弗勒舍尔。

⑤ 《马太福音》5：23。

⑥ 约翰·布根哈根是维滕贝格的牧师，当时并不在那里。

想在他的罪行上有分，也不愿因他的罪恶而承受咒诅。这第二条劝诫是按照《马太福音》18 章中基督所言"倘若你的弟兄得罪你"等等[1]的经文。

对于这些事情，梅奇辩解自己是无辜的，他并没有对任何人产生过敌意，然而马丁·路德博士迄今已几次三番地命令他不得领受圣餐，或在洗礼上给予协助。[2]

就在同一周，马丁·路德当面谴责了一位名叫亨利·里德的贵族以 30% 的年利率放债取利的恶行，并且禁止他的牧师让此人领圣餐。贵族们正从事着如此不敬畏神的恶行，宁可为此抛弃良知，并以自己的罪行夸口。这些人当中有一人一年竟生了 43 个孩子。还有人竟说："他就算每年取 40% 的利息不也是应当的吗？这就像他的眼睛如果不用来看东西的话，还有什么用？"

致安东尼·鲁道夫　　1536 年 5 月 12 日

这封信的受信人是一位在魏玛管理葡萄园的管家。他的儿子在 1531 年入读维滕贝格大学，并于 1535 年获得了硕士学位。路德写此信时，这人仍在那里进修。之后他成为萨克森施内贝格一所学校的副校长。他与某位姑娘相恋，父母却不同意他们结婚，因此他请求路德致信他的父亲，帮助自己说服对方。[原文为德文；*WA*，*Br*，VII，408，409。]

愿神的恩惠、平安归与你。

受人尊敬、明智谨慎的好友：

你的儿子尼古拉斯与一位敬虔的女子坠入了爱河，并且盼望按着神

---

① 《马太福音》18:15。

② 比如，作为某人在洗礼上的教父。

所设立的神圣婚姻迎娶那女子，免得自己陷入那年轻人滚沸的情欲之中。然而他却向我诉苦说，你对此事严加反对。事实上，你作为他的父亲本应鼓励他踏出人生这荣美的一步，此外又加上你儿子已按着自己的本分以顺服的心，请求你这为人父的同意，你就更当成全此事，正如你自己也曾在婚姻的事上寻得了你父亲的同意一样。283

感谢神，如今婚姻的价值已得到了普遍的尊重。那些真正盼望学有所成的人，不会视婚姻为他们的拦阻。因此我请求你（虽然事实上本应是你来请求我）以真正的为父之心来恩待你的孩子，这本是你当尽之责，并保护他不至违背良心生活在那危险的试探之中。与人的计划相比，神愿意、也有能力按着完全不同的方式来成就他的心意。他过去如此，现在如此，未来仍将如此。

在此我将你交托在神的保守之中。阿们。

马丁·路德博士

复活节第三个主日之后的周五，1536 年

耶罗梅·维勒记录的桌边谈话① 　约 1536 年

马丁［路德］博士叹息道："良善的神啊！在这些婚姻的事上我们遭遇了何等的扰乱啊！历尽千辛万苦才让一对男女成为夫妇，在这之后要让双方继续在一起，还需要付出更大的艰辛。亚当的堕落让人性变得诡诈莫测，仿佛水银般流动多变。当一对夫妇在一起进食或同眠，那是何等美好的光景啊！有时他们虽会彼此抱怨，但这只应当是婚姻中极偶然的情形。"

"亚当和夏娃很可能整整九百年都在彼此责怨，②夏娃会说：'都怪你吃了那果子！'亚当很可能会这样回应说：'可是你当初为什么要给我

---

① 原文由德文和拉丁文写成；见 *WA，TR*，II，No. 3675。

② 参《创世记》5：5。

吃呢？'无疑，他们堕落的生命在痛苦叹息中必定经历了无数的艰辛，那必是一段极不寻常的生涯！这就是为什么《创世记》这卷书充满了智慧与思辨的原因。"

　　有人提出："如果今天一个女人如此对待她的丈夫，丈夫很可能无法原谅她。"对此博士回答道："若妻子行事愚蠢，丈夫又能怎么办呢？因此那拥有幸福婚姻的男人是有福的，这的确是罕有的福分。"接着博士又说："若一个男人的妻子和侍女对厨房烹饪之事无所适从，这对那人而言实在是无比的折磨。对于婚姻而言，它是最大的不幸，其后各样的不幸将接踵而至。"①

284

致约翰·维克曼　　1537 年 11 月 2 日

　　关于路德建议如何处置丈夫离弃妻子的案件，在很多类似的信件中，以下这封信很有代表性。这封信是写给图林根的一位牧师普里斯尼茨（Priessnitz）的。［原文为德文；*WA, Br*, VIII, 136.］

　　致尊敬的约翰·维克曼（John Wickmann），普里斯尼茨的牧师，我亲爱而良善的朋友：愿恩惠、平安从基督归与你。

　　亲爱的牧师：

　　就你在信中询问我的那个关于婚姻的案件，以下是我的答复。如果情况正如你信中所言，即那寡妇的丈夫七年前离弃了她，现在已无人知道此人身在何方，那么你首先当询问此妇人的邻居和村里的官员是否知道此事，以及夫妻双方到底是谁犯了罪。如果邻居见证那妇人是无辜的，便让艾森贝格的牧师在教会的大门和村里贴出公示，传唤那男人或他的代表四周之内现身露面。如果届时他没有出现，牧师便在讲台上宣布那离弃妻子之人并未出现，因此那妇人可以自由再嫁。这样你便可以

---

① 此信在有些版本中没有最后两句话。

奉神的名让这名妇人和另外的男子成婚了。

我们这里的教会①都是以这样的方式处理类似事情的，尽管按照我的意思，我更愿将它们交出去，由王子们去处置。因此我请求你不要再让其他牧者就这样的问题来询问我，我太忙了，连读书或写作的时间都没有。我不会去雇秘书，以防天主教中的那些顽疾再次复发，而且那也会令我无法独立做任何事情。

我将你再一次交托在神的保守之中。阿们。

马丁·路德博士
1537 年 11 月 2 日

致瓦伦丁·豪斯曼　　1538 年 1 月 27 日

尽管这封信的受信人身份并未确定，但很可能是路德写给瓦伦丁·豪斯曼的。后者是萨克森弗赖贝格的市长。我们并不知道路德劝说瓦伦丁的具体起因是什么，但从信中可以明显地看出，豪斯曼因妻子的行为正考虑与她分居。[原文为德文，*WA*,*Br*,VIII,192,193.]

愿恩惠、平安从基督归与你。

尊敬、亲爱的朋友：

你亲爱的弟兄，也是我的好友，尼古拉斯·豪斯曼先生，已经将你因妻子所承受的不幸告诉了我，我非常同情你的境遇。如果我能像其他人一样了解此事的原委，我一定会按着你兄弟所请求我的那样，将自己所认为对此事最佳的处理方式告诉你。

从属灵的方面而言，你自己也很清楚神向来极其恩待你，将他各样的恩赐丰丰富富地加给你。然而在这一切之上，如果你未能经历某种不幸，你便难以谦卑下来，对神有真实的感恩，并难以去寻求那单单从主

---

① 萨克森的教会。

而来的安慰。

你知道，如果按照天主教会的法律，①你是不能够与妻子离婚的，并且就算你们离婚了，你也没有再婚的自由。此外，你若是按照（众人所称为的）我们的教导与她分居，你当知道后果也很可能不会像你想象得那么好，因为在我看来，此事更像是神对你的试炼，考验你的忍耐。

因此我的建议是，若你的妻子以后行事正直，你便不要离弃她，她必将从此以后顺服于你，而且你也必因着为自己出于怜悯而非出于律法的行为，远离犯罪的事，让良心大得平安。然而若是你严格地按照律法而与她离婚，这将会带来许多不幸，你自己至终也将为此后悔抱恨，自责不已。要知道恩典在律法以先，因此过于严格地按律法行事，必将令恩典在神和人的眼前蒙受亏损。

愿我们亲爱的主耶稣基督安慰你，并一直引导、恩待你。阿们。

马丁·路德

圣保罗归信日之后的主日，1538 年

286　　　　　　**匿名者记录的桌边谈话　　1539 年 2 月 1 日**②

1539 年 2 月 1 日，马丁·路德一整天都在忙于处理大量的事务和众多的信件。他说："今天过得并不好，写信占用了我大量的时间。③这样的事情会挤占掉我们学习、阅读、传道、写作和祷告的时间。然而我很高兴地看到教会议会终于建立起来了，这使得有关婚姻的案件可以得到处理。"

之后路德与巴塞尔的莫纳博士讨论了许多事情。他指出对于各种各样有关婚姻的案件，由世俗法律来进行判断存在明显的不妥。事实上这

---

① 教会法律。
② 原文由德文和拉丁文写成；见 *WA*，*TR*，Ⅳ，No. 4736。
③ 路德此日所写的信均已佚失，然而路德心中很可能正记挂着约翰·施内德韦因的事情（见下封信）。

类案件更应该按照各自的具体环境、公平原则，①以及对良善一方的支持来作出判断。"这是因为，"他说，"很多父母，尤其是继父，对他们的孩子很不公平，经常在没有充分理由的情况下，拦阻他们孩子的婚姻。因此在这种情况下，政府当局和牧师就应该鼓励当事人成婚。我本人就会采取这样的措施。"

"总而言之，对于那些彼此相爱（这才是婚姻的基础）②的年轻人，如果没有极其特殊的原因，就不应该拦阻他们成婚。不管怎样，参孙的例子③值得效仿，儿女应将此事告知他们的父母。当前因着福音自由地传讲，婚姻为人所尊重，所以在结婚的事上采取这样的做法是理所当然的。相比婚姻在天主教辖制之下且遭受轻视的时期，两人结婚就不是依照公平的原则，而是受到与良心冲突的律法所支配。那时一个新娘可以在许配给某人的情况下，又被另一人娶走。因此从法律上来看，这个新娘实际上是第一个人的妻子，然而她却没有与此人同住，而对于第二个人，这女子与他同住实际上是犯了奸淫。在这样的案件中，我们应该关注良心，并且根据公平原则和良善之人的判断来考察具体处境，而不应依赖各种条文和律法。"

致乌尔苏拉·施内德韦因　　1539 年 6 月 4 日

法学教授约翰·施内德韦因（John Schneidewein）1530 年曾就读于维滕贝格大学，在此后近十年间一直住在路德的家中，成为路德餐桌旁的常客。路德对此人可以说青睐有加。当约翰 20 岁的时候，他希望迎娶维滕贝格的安娜·杜灵（Anna During）。因为他的父亲已经过世，约翰需要在此事上征求母亲的同意。然而后者却对此保持沉默，因此路德在 1539 年 2 月间致信施内德韦因夫人。在没

---

① 希腊文 *epieikeia*，指按照属灵的原则而非律法的条文所施行的公平判断。
② *Qui est substantia matrimonii.*
③ 参《士师记》14:2。

有收到任何回复之后，路德又写了此信。事实上，在 7 月 10 日路德还写了第三封信。①依然没有收到任何回复，于是路德建议约翰迎娶安娜，不必征得双亲同意。约翰采纳了路德的建议，于 7 月 27 日与妻子完婚。[原文为德文，*WA*，*Br*，VIII，453 – 455.]

致尊敬而贤德的女士，乌尔苏拉·施内德韦因（Ursula Schneidewein），施托尔贝格公民的遗孀，我良善、仁慈的朋友：愿恩惠、平安从基督归与你。

尊敬、贤德的女士：

早些时候我曾将你的儿子约翰与这里的一位敬虔的姊妹相爱的消息致信与你。相信你已从这封信中看明了我对于此事的态度，鉴于此，我盼望着能从你的回信中获得欣然的认同。事实上对于你在你儿子结婚一事上的阻挠，我也渐渐失去了耐心，这让我不得不再一次致信与你。

因为我也很喜欢你的儿子，所以极不忍心看到他热切的希望化作泡影。约翰非常爱慕那女子，她与约翰非常般配，此外，这女子是一位出自声名良好之家的虔诚女子。因此我认为你有足够理由对这桩婚事感到满意。尤其是鉴于你的儿子在此事上显出了自己对父母的顺从，如同参孙一般来征求你的许可，②因此作为慈爱的母亲，你理应予以首肯。

正如我以往所写的，③孩子不得在未经父母同意的情况下与他人订婚，但与此同时，我还写到父母不应该在婚姻的事上强迫或拦阻孩子按自己的喜好行事。做儿子的不应该在未经父母同意的情况下，将儿媳引荐到他们面前，做父亲的也不应该强迫他的儿子娶某人为妻。父母和子女应该在这样的事上达成一致。否则儿媳将不会得到丈夫的爱，而更像是他父亲的女儿。谁能想到神将借着这位姑娘赐给你儿子何等的幸福？否

288

① 第一封信现已佚失，第三封见 *WA*，*Br*，VIII，492，493。
② 参《士师记》14：2。
③ 见 1524 年 5 月路德写给约翰·肖特的信。

则，同样的幸福也可能从你儿子那里被夺去，因为这女子已经对你儿子允下了承诺，而她又与你儿子门当户对，所以这女子的失望将会带来不幸的后果。

总之，我奉劝你不要再拖延不许可你儿子的婚事。让那敬虔的孩子早日获得内心的安宁吧！此外我也不愿再等下去了，到了时候我将不得不去行使自己的职分。①

我还要请求你不要让你的儿子约翰知道我写给你的这封信。在婚事没有确定之前，请不要让他知道此事，免得他因此陷入绝望，做出一些鲁莽不当的事情来。因为我是真心爱他，而他美好的品性也配得我的爱，所以我不愿意他从我这里得到任何不恰当的建议。因此请你以母亲之分来恩待你的孩子，快快帮助他脱离因无法得到你的同意而有的苦闷吧！

在此我将你交托主的保守之中。阿们。

马丁·路德博士

圣三一日之后的周三，1539 年

致萨克森的约翰·腓特烈　　1540 年 6 月 10 日

1523 年，不到 19 岁的黑森的菲利普迎娶了阿尔贝廷萨克森公爵乔治的女儿克里斯蒂娜。尽管在一份由马丁·布策尔（Martin Bucer, 1491－1551）带至维滕贝格的备忘录中，菲利普宣称"自己从未对这位女子的身材、品味和仪态产生过一丝一毫的爱慕"②，然而他却和克里斯蒂娜共同生育了七个孩子。菲利普同时也承认，"他对这段婚姻保持忠贞的时间不超过三周"，并且"很快就在奸淫的事上不可自拔"。1538 年他显然感染了梅毒。而在被禁领圣餐 13 年后，现在他感到良心不安，希望按照当时在统治阶层盛行的习俗，

---

① 1539 年 7 月 10 日路德写给约翰母亲的信中，他如此写道："如果父母不愿意许可儿女结婚，那么牧师就必须去成全这样的事情。"
② *WA, Br*, VIII, 631.

包养情妇以解决这个问题。于是黑森的伯爵菲利普派出神学家马丁·布策尔前往维滕贝格，希望从那里获得包养情妇的许可。最终在经历了艰难的讨论之后，维滕贝格的神学家勉强给予菲利普一份许可，撰写这份许可的人是梅兰希顿，路德和其他人也在其上签了字。①不料这份为安慰菲利普受伤良心的文件，之后却被他本人公之于众，并且后者于 1540 年 3 月 4 日公开迎娶了玛格丽特·冯·德·扎勒。因此各种流言不胫而走，在接到来自德累斯顿阿尔贝廷萨克森官廷的质询之后，萨克森的选侯随即向路德求证此事，于是便有了改教家如下的解释。今天若要对这件复杂且不光彩的事件形成一个公正的判断，我们需要考虑到以下三点因素：第一，路德当时是在忏悔保密制度的基础上作出的私人性辅导建议；第二，当时的习俗允许赋予统治阶层普通大众所没有的特权；第三，当时离婚的合法程序尚不明确。[原文为德文；WA,Br,IV,131-135.]

尊贵的选侯，仁慈的殿下：

我已获知殿下因伯爵一事正遭受着来自德累斯顿当局不公的骚扰。相信殿下必是非常清楚该如何来应对那些来自迈森的诡诈之辈。②关于伯爵的事情，菲利普·梅兰希顿先生和我之前未向您汇报，原因在于当初此事是作为一件机密之事，所以伯爵的认罪和我们的提议均需要严守。如果事后伯爵未将这些认罪和协议公之于众的话，今日的种种不快和流言蜚语无论如何不会得以滋生。

我要说，如果伯爵的事情今天再次出现在我面前，我仍会做出同样的事情，因为除了那些我曾经给出的建议之外，我至今仍不清楚自己该给出何种其他建议。我并非刻意隐瞒此事，当然这事后来以一种令人遗

---

① 日期为 1539 年 12 月 10 日（WA,Br,VIII,638-644）。

② 那些萨克森公爵宫廷中的谋士。

憾的方式被公之于众，而这致使那些迈森人自以为是地认为我没有他们
高明。

　　当时的情形是这样：马丁·布策尔带来了一份经确认是伯爵的声
明，其中宣称因为伯爵夫人的某种缺陷，伯爵已无力在婚姻中守贞，他
因此过着堕落的生活，而这与他基督徒的身份极不相称，尤其对于一名
显赫的基督徒王子而言，更不应当如此。伯爵以自己的良心向神起誓，
他无法杜绝这类恶行，除非他能够被许可再娶一位妻子。伯爵的处境和
他的意图令我们大为吃惊。鉴于他的这种作为，无疑会导致流言四起，
我们便竭力恳求他打消这种念头。之后我们被告知伯爵无法放弃这种做
法，并且如若我们不同意，他将会转而求助于皇帝和教皇。为了阻止他
这样做，我们谦卑地恳求他，如果他执意如此，并且（照他所言的）发
自真心地在神面前无法禁止自己那样去做，那么他只能因着自己欲望的
捆绑私下暗暗地如此行，这种事情若是被公开，按着帝国的法律原是无
法为之辩护的。伯爵承诺会照我们说的去行，之后我们尽力以亚伯拉罕
和其他的例子①来为他这样的行为在神面前给予辩护。所有这一切都是
在伯爵认罪的基础上与其协定的，并且我们做这一切也绝非出于甘心乐 290
意。我们原是承受着极大的艰难才许可他这样做的，我们很清楚自己已
经无法阻止他，于是我们便只能尽我们所能来使他的良心得到平安。

　　无论我是在天主教的处境中还是在摆脱了其辖制之后，我都对类似
的情况听取过认罪，并提供过建议。如果我的建议最终被公之于众，我
将不得不否认它们，或者公开忏悔者的认罪内容。这些事情原本并不属
于世俗的法庭，也不应该被公之于众，对于此类事情，神会有他的评
判，并且对于那些这世上的法律或能力都无法给予帮助的人，神必将亲
自为他们提供出路。我之前修道院的院长②是一位德高望重的老人，他

_____

①　维滕贝格方面的建议以旧约时代娶有多妻的先祖为例。参 1526 年 12 月 9 日路德给约瑟·莱文·梅
　　奇的书信。
②　不能确定此人的身份。

也曾遇到过无数类似的事情。有一次他带着叹息的口吻对我说："这样的事情真是令人既困惑又绝望，面对它们没有谁可以用智慧、法律或理性来给予帮助。因此唯有求告于神的怜悯。"根据这种经验，我也将伯爵的事诉诸神的怜悯。

最近我从几个埃施韦格人那里听到了这样的消息，①即伯爵仍然因着自己滚沸的情欲与其他女性发生不正当的关系，并且很有可能一直如此下去。若我当初能得知这样的消息，那么就算是天使来试图说服我，我也不会给他之前那样的建议。②当时我是按着马丁·布策尔所说的，听信了他在情欲上难以避免的需要和软弱，以及他在良心上所遇到的试探。更不用说我会建议他举行公开的婚礼，或者许可他所娶的女人作为亲王夫人了，谁都知道这样的事情是整个帝国所不容的。最初我所期望看到的是，如果伯爵因为受自身软弱的辖制，不得不在可羞耻的罪中按惯常做法来满足自己的情欲，那么他可以秘密地包养某个本分的女子，从而让自己急不可耐的情欲得以满足，也让他的良心得以平安（尽管这样的行径在公众看来仍是犯奸淫）。他可以时不时地来探望她，正如今日许多的王子所常做的那样。对于乔治公爵手下的牧师以及一些主教，我也曾给过他们类似的建议，让他们秘密地和那些服侍自己饭食的侍女成婚。

这就是我所要坦诚的。如果我不是遇到了不得以的情况，我一定会选择对此事沉默，然而现在我却不能那样做。此外，借着控告我教导这些可憎之事已达 13 年之久，③德累斯顿的人已经显明了他们对我们存着何等友好的态度，以及他们对爱与和睦是多么看重，仿佛在他们看来自己的恶行和恶名在神眼中并没有十倍于我们一样！这个世界所做的就是

---

① 并不明确这种新消息具体出自何人。

② 即路德宁可建议黑森的菲利普包养一个这样的女子而不是一位贵族女子做情妇。

③ 这是指 1527 年间路德关于《创世记》的证道，尤其是他关于拉麦和亚伯拉罕蓄有多妻的讨论（WA, XXIV,144,303）。

要首先去挑那邻舍眼中的刺,而对自己眼中的梁木早已忘得一干二净![①]如果说让我为自己多年前的言论,特别是我在开始之初所说的话给一个说法,我将不得不要敬拜教皇了;如果德累斯顿的人要为自己之前的作为(更不用提他们现在所做的那些事了)找说法,他们就将不得不去顺服魔鬼,而非顺服神了。

对于我之前所提的建议,就算全世界现在都知道,我也不会以为羞耻。因为我并不情愿那样做,并且如有可能,我更愿意这样的事不被声张出来。

马丁·路德,亲笔所书

致耶罗梅·维勒　　1540 年 9 月 3 日

由雅各布·申克 1537 年为弗赖贝格和沃尔肯施泰因所起草的《巡视条文》(The Visitation Articles),要求萨克森关闭当地所有的妓院:"政府要关闭那些由妇女所开办的客栈。传道人要在合适的时机教导众人关于男人对女人正常的需要,以及女人对男人的需要,还有众人在嫁娶以前,该如何克制情欲。这样,年轻人就能过正派生活,不再沉湎于那些可怕的妓院之中。"[②]当时耶罗梅·维勒(Jerome Weller,1499 – 1572)在弗赖贝格任圣经教师刚满一年,他写信告知路德,有些人正试图重新开放那些已被关闭的妓院。[③][原文为拉丁文;WA,Br,IV,228,229.]

致耶罗梅·维勒,基督的仆人:愿恩惠、平安归与你。

我亲爱的耶罗梅:

你要远离那些企图重新开放妓院的人。与其让魔鬼再一次附在某人　292

---

① 参《马太福音》7:3。

② Emil Sehling,*Die evangelischen Kirchenordnungen des 16. Jahrhunderts*,I (Leipzig,1902),466,467.

③ 平行文本见 WA,XLVIII,674,675。

身上，还不如一开始就不将这魔鬼从那被附之人身上赶出来。如果有人想重开妓院，就让他们首先否认基督的名，并且亲口承认自己与那些不认识神的外邦人别无二致。

我们这些基督徒，若希望自己配得此名，就要谨记主的话："苟合行淫的人，神必要审判。"①这句话对于那些赞成、保护、支持嫖娼奸淫，并为之图谋献力的人而言更为适用。此外，如果我们称赞那容忍奸淫之事的政府，我们又如何能够在讲台上反对那些奸淫败坏的恶事呢？那些人②以纽伦堡为例，仿佛纽伦堡人仅仅只在这方面犯罪一样。③他们引用奥古斯丁的话说："所有的事情都被人的欲望玷污了。"④然而靠着神的恩典，我们在这方面得了医治，即婚姻或对婚姻的盼望。若我们继续允许嫖娼奸淫不受任何惩罚，那么婚姻以及对婚姻的盼望还会有什么医治的功效呢？

当妓院在四处盛行的时候，我们感受到身处撒旦影响之下。这一经验教导我们，妓院的存在非但无力解决问题，而且每个人也都看到，由于对嫖娼不加任何限制，导致强奸和淫乱的事大为增加。然而现在我们靠着神的恩典禁止了一切卖淫、强奸和淫乱，特别是这方面的公然罪行反倒降低了。因此让那些愿被称为是属基督的政府，至少应对一切公然发生的卖淫、强奸、淫乱施行惩治；如果这些罪行仍在暗中发生，这便不能归咎于政府。

总之，那些与神违背的事，我们既不能去做，也不应容忍。然而对于那些合神心意的事，即使这世界消亡，⑤我们也应竭力去行。向你道别。

匆忙写就，

马丁·路德博士

---

① 《希伯来书》13：4。
② 就是那些呼吁重开妓院的人。
③ 路德书信的大多数版本都删了这句话，然而在魏玛版本中却加入了这句话。
④ Augustine, *De ordine*, II, 4, 12.
⑤ *Fiat iustitia et pereat mundus.*

圣埃吉迪乌日之后的周五，1540 年

远离妓女的警告　1543 年 5 月 13 日

以下是路德在大学张贴的公示，警告学生远离妓女。其各种印本有时也被编入路德的书信集中。①[原文由拉丁文和德文写成；*WA*，*TR*，IV，No. 4857n.]

在我们信仰的劲敌中，魔鬼派出一些妓女到我们这里来毁坏那些可 293
怜的年轻人。作为一名年老而忠实的传道人，我要以父辈的身份劝告你们，亲爱的孩子们，你们当确信是邪灵派来这些妓女，她们令人作呕、粗鄙，浑身散发着恶臭，体内携带着梅毒，②每天都是如此。因此，让所有的好学生警告他的同伴们远离这些淫妇吧！一个携带梅毒的妓女会传染 10 个、20 个、30 个甚至更多人。因此她实在与那杀人者同罪，甚至比投毒犯更可恶。对于这种肮脏之事，所有人都要给他的弟兄提出忠告，正如你们也期望别人给你们忠告一样。③

若有人对我这父亲般的忠告充耳不闻，他当知道我们还有一位配受称赞的王子，他对那一切败坏贞操的恶事极其恨恶。这位王子有着坚强的膀臂，手握刑罚的利剑。他知道为着神的荣耀该如何去洁净那个林场④、渔场⑤，以及城中其余各处。我们的这位王子是如此看重神的话语，为此他不惜赴汤蹈火，摆上自己。因此对于那些常去林场的⑥学生，我劝你们在王子知道你们和那些妓女的勾当之前，趁早离开那里。因我们的王子绝不会在他靠近沃芬比特尔的营地中容忍这种恶行，更不

---

① 参 Enders，XV，157 – 159。
② 德文 *Frantzösisch*，其字面意思是法国病。
③ 参《马太福音》7：12。
④ *Speck*，一个树木繁茂的地区，处于维滕贝格东北部，学生与妓女常在那里交易。
⑤ 城外的渔场，也为学生和妓女的苟合提供了场所。
⑥ *Speckstudenten*.

用说这些事发生在他的林场、城镇和领地上了。

那些恶习不改的学生们，我劝你们速速离开这里吧！那些离开妓女就无法生活的人尽快休学回家，或去你想去的其他任何地方吧。这里有属基督的教会和学校，是神的话语、荣耀和美德被称颂、学习的地方，那些期望苟合行淫的人，可以去其他地方。我们的选侯不是把这所大学建为妓院，鉴于此，你们当好自为之。

坦诚地说，如果我是一名法官，对于那些传播梅毒的恶毒妓女，我恨不得将她们车裂剥皮，因为没有人能估量这些污秽的妓女将给年轻人带来多大的危害。那些与妓女交媾的年轻人在未成年之前，就让自己的血液染上了病毒，极其可悲地任凭自己的一生毁在那些妓女手上。

你们这些愚妄的年轻人啊，千万不要一旦欲望强烈，就要靠妓女获得满足。那些属灵的前辈称这样做的人是性欲的奴隶。事实上对于男人而言，并不是只要有性欲，就需要即刻获得满足。《便西拉智训》18 章中如此说："不要顺从你的情欲，要抑制你的欲望。"[1]即使在你进入婚姻之后，你也要学会在这方面节制。

总而言之，你们要远避妓女，并恳求神将敬虔的妻子赐给你们。你们照此而行就不至陷于淫行。

我已经说过，无论你们做什么，神都会审判，正如《哥林多前书》10 章所言："我们也不要行奸淫，像他们有人行的。"[2]又见《民数记》25 章。[3]

意见　　1543 年 9 月 13 日

萨克森的哈雷不久前刚刚接受了新教（1541 年 4 月尤斯图斯·

---

① 《便西拉智训》18:30。

② 《哥林多前书》10:8。

③ 《民数记》25:1–9。

约纳斯在那里进行了第一次新教布道），于是有人便就是否应该立即关闭当地妓院的问题询问路德。现在已不清楚以下这篇意见到底是为何人起草的，但也并非像有段时间人们所认为的那样，是写给市议会的。菲利普·梅兰希顿也起草了一份内容相似的意见。[原文为德文；$WA,Br,X,395,396.$]

马丁·路德关于是否关闭哈雷妓院的意见①

我依然认为，目前在福音的种子尚未深入扎根、各种野草尚未除尽之前，比较合宜的做法是，暂且忍耐此事。在罪恶尚未长成之前就试图将其除尽，很可能会伤害那些敬虔良善的人，因我相信，在目前的信徒中仍存有大量不信的恶念。然而到了时机成熟的时候，我们就要采取严厉的措施来对付这些罪恶。与此同时，牧师要大胆地在讲台上指正这类败坏的罪行，以此让尊贵的市议会有机会和动力，以合宜的方式去抑制此类出于不信的非法之事。

---

① 原文题目用拉丁文写成，内容用德文写成。

第十章 致教牧人员的建议

致约翰·古尔登　　1526 年 5 月 29 日

图林根魏达圣彼得教会的牧师约翰·古尔登（John Gulden）经常与同工发生口角，责骂那些与他意见相左的人，并且煽惑他人使用暴力并破坏圣像，这给他生活的社区带来了损害。菲利普·梅兰希顿将其描述为"那些将党同伐异看作是传福音唯一手段的人"①之一。路德了解到那些对古尔登的传道和行为方式不满的抱怨之后，写了以下这封责备的书信。[原文为拉丁文，*WA*,*Br*,IV,83 – 85.]

愿恩惠、平安从主归与你。

我亲爱的约翰：

有人告诉我，你在圣道的传讲上有些过于严厉，并且他们也希望我能给你一些劝导。如果你能听进我的建议，我请求你能将那些最有分量的事情放在你讲道的第一位，即你应当去激发听众的信心和爱心。因为如果信心和爱心没有在他们心中扎根的话，那些使我们费神的愚蠢仪式还有什么用呢？这种庸人自扰的行为，除了能让那些心不坚定的愚蠢大众被挑动起来之外，实在是一无所成。要知道那些人原本就是无所事

---

① *C. R.* ,I,898.

事，并对一切新奇之事趋之若鹜的。此外，这种传道不但不会有任何益
处，反而会让神的荣耀和他的道蒙受损失。

因此你当与你的同工配合协作，好让你在对一切事务的安排和处理
上都能显出言行一致。对于那些你尚不了解的人，切记不要妄置评论，
而当以温柔谦卑的心，向他们学习请教。不要向他人夸耀那些你自以为
正确的道理，并强迫他们接受。"你所种的，若不死就不能生。"①这话 296
到了时候必要显为信实。望你欣然接受我的劝诫，向你道别。

你的，
马丁·路德
圣三一主日之后的周二，1526 年

致吕贝克的牧师　　1530 年 1 月 12 日

吕贝克（Lübeck）是汉萨同盟的一座自由城，位于波罗的海沿
岸。城中市民尽管遭到市议会的反对，仍然成功地召回两名新教
牧师安德鲁·威尔姆斯和约翰·沃尔霍夫。此二人在过去已经开
始将改教思想引入此地。之后吕贝克的宗教改革得以按照路德的
建议，以教义改革为起始，逐渐展开。路德强调，教会传统和敬
拜模式并非不需要改革，恰恰相反，这些改革是非常必要的，然而
它们必须建立在对教义进行改革的基础之上。[原文为拉丁文；*WA*，
Br，Ⅴ，220，221.]

致在吕贝克的神话语的管家：愿基督的恩惠、平安在信心和忍耐中
与你们同在。

尊敬的弟兄们：

我们已经获知关于你们的振奋人心的好消息，即福音因着你们的服

___
① 《哥林多前书》15:36。

侍已经在你们中间被高举。我们为此大有喜乐，并向那位赐下诸般怜悯的神献上感恩。①与此同时，我们也在信心中祷告神，求那位在你们中间动了善工的，②借着他的圣灵引导你们，使那试探者无法以各种诡计拦阻你们。弟兄们，你们当继续在对神的敬畏和谦卑中奋勇前行。要知道你们所服侍的对象是神的话语，因此你们当凭极大的信心，在众人和魔鬼面前宣讲它。在宣讲的同时，又要在神面前保持完全的敬畏和谦卑。神必因此大大地祝福你们，让你们结出那属他长存的果子。③正如经上所说："他的公义存到永远。"④

　　尽管我们相信你们原不需要我们的劝勉，然而我们仍要因着在主里的牵挂，提醒、勉励你们不要首先以圣礼的革新作为开始，这样做是危险的，实际上这是你们之后需要去作出的改变。那放在首位的应是关于

297　我们称义的真理，即我们原是靠着他人的义，就是那基督的义，而被称为义。我们靠着信心领受了这义，并且因着神的恩典，那些之前因着神的律法意识到自己罪行，从而向神呼求拯救的人，才能够领悟有关这义的真理。向没有信心的人讲说神的恩典，是徒劳无功的，因为他们只会注意到那些外在仪式的改变，这带给他们的不过是一两个小时的浮想联翩，最后只会让他们对所有关乎真理的教义心生厌恶。当我们教导的基要真理在那些虔诚之人的心中扎根之后，对不敬虔礼仪的改革将会是水到渠成的事情。这些人会立刻看出，天主教的那些偶像崇拜（即弥撒和对圣餐礼在其他方面的滥用）在神眼中是何等的亵渎、可憎。所以正如有网之人无须垂钓一样，我们也没有必要在关乎称义的信心未被讲明之前，就去着手废弃以前的传统。现在最突出的事情，即那些你们期望自己和众人都能够去看重牢记的事情，就是教导祷告词

---

① 参《哥林多后书》1:3。
② 参《腓立比书》1:6。
③ 参《约翰福音》15:16。
④ 《诗篇》111:3。

和启应祷告文 —— 不论是在私下还是公开场合。题目包括为神话语纯正的传讲和属灵的果子祷告，为信徒外在的和平与政府的治理祷告，以及所有在启应祷告中我们将诵读的内容。

我盼望你们能欣然接受以上短短的劝勉，视其出自一位在你们的事工和福分上与你们同甘共苦之人的话语。①愿那保守我们的基督，亲自与你们同在，教导你们并使用你们来成就那有益于他荣耀和救恩的大事。阿们。

[马丁·路德]

1530 年 1 月 12 日

致尼古拉斯·豪斯曼 　　1531 年 5 月 19 日

茨维考市议会与当地牧师之间一度出现矛盾，这对教会的独立产生了严重影响。市议会在未询问茨维考牧首尼古拉斯·豪斯曼（1479 – 1538）的情况下，便以行为与牧者身份不符为由，将索拉努斯牧师免职，并任命波希米亚人斯塔尼斯劳斯·霍夫曼担任他的职位。后者于 1531 年 5 月 1 日开始履职。豪斯曼和他的同事康拉德·科达图斯就此对市议会的做法表示抗议，并警告要通过教会讲台来表达对此事的不满。与此同时，他们也向萨克森的选侯以及路德求助。后者建议豪斯曼暂时离开茨维考一段时间。[原文为拉丁文；WA, Br, VI, 101, 102.]

愿恩惠、平安归与你。

298

我亲爱的豪斯曼：

我因事务繁忙，不得不匆忙给你写信。我请你为着我们主基督的缘故，尽你所能地速速到这里来见我。你是我最珍视的客人，你的到来将

---

① 参《提摩太前书》6:2。

是我极大的喜乐。

你现在终于见识了茨维考人给你的嘉奖，唯愿你不要为着这样的恶事而忧郁不快。我倒是很高兴能有机会鄙视他们。

如果科达图斯也随你前来，我们也会为他预备好一切。

再给那些无耻之徒一年的时间。①不要完全放弃你的职分，只需告诉他们你要来看望我，与此同时，将他们交在那偷着混进来的假弟兄手上，②直到你最终看清结局如何。你应该致以他们一份书面的抗议。其他当做的事，可以等你来了以后我们当面再谈。

不要为周围的城市会因此产生怎样的传言而烦恼困惑，这并不是你的错。对于那些远非我们意愿所为的分门结党之事，我们又能做什么呢？其他的事我们可以见面再谈。

与此同时，你当刚强壮胆，大有喜乐。因为你是为着真理的缘故而承受他们这种公然的攻击，并且你是在忘恩负义之人手下蒙受羞辱。愿主与你同在。

向科达图斯致以我诚挚的问候。

你的，

马丁·路德

升天节之后的周五，1531 年

致康拉德·科达图斯　　1531 年 5 月 23 日

尼古拉斯·豪斯曼在路德的建议下离开了茨维考（见上封信），同样卷入这场纷争的康拉德·科达图斯，在教会讲台上责备该市人民并斥责市议会。因此市议会在一段时期内禁止他讲道。科达图斯不愿忍受世俗权柄对自己事工的拦阻，而最终选择听从路德在

---

① 这句话的原文是德文。
② 指斯塔尼斯劳斯·霍夫曼。

以下书信中所提建议，当即离开了茨维考。〔原文为拉丁文；*WA*，*Br*，VI，106，107.〕

愿恩惠、平安归与你。　　　　　　　　　　　　　　　　　　299

我亲爱的科达图斯：

为着基督的缘故，我请求你离开那巴比伦，①将其留在神的震怒之下。②我看明那城中的居民已被交与撒旦，③并且神的愤怒临在他们身上已经到了极处。④我实在担心撒旦会在他们中间兴起什么扰乱之事，并最终诬陷在你们身上，因此就让那些人咎由自取吧。⑤此时你们已亲眼目睹，这些人不愿意听从你们和平的建议，也毫不在意你们因服侍他们而承受的苦楚。

除此以外，你们还面临着其他的危险。因为如果你们继续在这群悖逆、顽梗、无望的人中间服侍，只会更加激怒他们，让他们有更多的理由恨恶你们。因此在事态尚未恶化到不可补救之前，离开那里，并跺下你们脚上的尘土，以见证他们的不是吧。⑥其余的事可以等你们来了以后我们再谈。

不久以前，我曾写信给牧师，⑦告诉他也应该离开那里。同为敬虔的牧师，面对民众的罪恶，你们是不会保持沉默的。然而因为他们拒绝听从你们的责备，就任凭他们发怒吧。我们已经尽了自己的职分，因此能够良心平安。

在主里向你道别。问尼古拉斯先生安。你们应当以喜乐代替忧伤，

---

① 参《以赛亚书》48:20，在此用来比喻茨维考。
② 参《罗马书》12:19。
③ 《哥林多前书》5:5。
④ 《帖撒罗尼迦前书》2:16。
⑤ 原文这句话由德文写成。从此开始，这封信中的"你"改为"你们"，同时指向尼古拉斯·豪斯曼和科达图斯。
⑥ 《路加福音》9:5。
⑦ 指豪斯曼,5月19日路德曾致信与他（见上封信）。

因你们知道你们所受的苦是为着基督的缘故。①

我并不是建议你们当众跺下脚上的尘土，我担心那样做会激怒那些人在路上设计陷害你们。你们可以态度温和地向他们道别，将事情交在主的手上，然而，你们却当告诉他们自己已无法良心平安地继续与他们相处了。到了时候神必会审判谁对谁错。

你的，

马丁·路德

1531 年 5 月 23 日

致耶罗梅·诺普斯　　1531 年 7 月 10 日

300　茨维考市议会和教牧人员之间仍是摩擦不断。以下这封信很可能是写给耶罗梅·诺普斯（Jerome Nopus）的。此人从 1522 年起就在茨维考教授希腊文，并且极其关注当时的各种神学问题。路德在信中建议诺普斯身为教师的同时，也承担牧师的职分。保留下来的这封信的另外一些版本认为，康拉德·科达图斯才是此信的受信人。然而如果这样，时间上就存在着明显的不符，因为当路德写这封信的时候，豪斯曼和科达图斯都已经离开茨维考，前往维滕贝格了。〔原文为拉丁文；*WA*，*Br*，Ⅵ，148 – 150.〕

致尊敬的弟兄，耶罗梅·诺普斯，神话语的管家，茨维考的希腊文教授，福音的认信者：愿恩惠、平安从基督归与你。

亲爱的弟兄：

我已经读了你写给你牧师尼古拉斯·豪斯曼的信，从中看到了你对主火热的忠心和殷勤的爱心，这令我大有喜悦，我同时也能体会你因为牧师离去而有的悲伤。愿基督安慰你，直到按他的旨意，这逼迫得以结

---

① 参《彼得前书》4:13。

束的日子。然而与此同时，我深信只要你和你忠心的助手坚持服侍，你们中间那些敬虔的弟兄就必定一无所缺。①

面对市议会的专横和不公，你的牧师不宜继续保持沉默，更不用说认同他们那些罪行，尤其是看到这些人甚至为自己的罪行辩护时，你的牧师更不应再容忍他们。只有当那些人认罪的时候，他们的罪行才可以得到赦免，并且也唯有对那些宣称自己是神话语仇敌的人，我们才会容忍他们的恶行。我们不应容忍那称为弟兄的人所犯之罪，倒要责备他们。②因此如果这些人希望承受弟兄之名的荣耀身份，他们就应该承认自己的罪，并接受责备。相反，如果他们想要为自己的罪辩护，那就让他们承认自己是神的仇敌。这样我们便甘愿忍受他们的各种恶行，正如我们要在仇敌的手上承受种种逼迫一般，而不是让他们装作我们的弟兄，就像我之前所说过的。

你当继续忍耐，直到王子作出最后的决定。我深信茨维考人若配得神的怜悯，神必会改变目前这可悲的光景，促成一个完满的结局。若是不然，神也必会救我们脱离那些丧心病狂之辈。愿神的恩典与你同在。

问众弟兄安，尤其是那些与你在事工上配搭的弟兄。请为我祷告，因我是软弱的人。特别向医生斯蒂芬博士③问安，并鼓励他再忍耐片时。　301

你的，

马丁·路德

圣基里安日之后的周一,1531 年

法伊特·迪特里希记录的桌边谈话④　　1532 年

有人⑤问路德是否应崇敬圣餐，他回答道："不应将圣餐作为偶像来

---

① 一个后来的版本这样写道："并不缺乏教导、安慰和圣餐。"
② 参《马太福音》18:15 - 17。
③ 斯蒂芬·维尔德是茨维考城的医生。
④ 原文由德文和拉丁文混合写成，见 *WA*,*TR*,I,No. 344。
⑤ 在约翰·施拉金豪芬所作的平行记录中（*WA*,*TR*,II,No. 1745）确定了此人的身份。他叫伊格纳修斯·佩克诺斯基，是一名波希米亚弟兄会的信徒（胡斯派信徒）。他在路德家中住过一段时间，是路德餐桌旁的座上客。

崇拜。没错，我会向圣餐下跪，但这只是一种崇敬神的标记。但是当我躺在床上时，①我就不是跪着领受圣餐。信徒在这一点上有自由，就像人在亲吻圣经或不亲吻圣经上有完全的自由一样。这也是一种敬畏神的动作。我若不那样做，并不是犯罪。然而若有人强迫我那样做，将它看成是承受救恩所必需的，我将会明确予以拒绝，并持守我的自由。"

致迈克尔·斯蒂费尔　　　1533 年 6 月 24 日

作为前奥古斯丁修道院的修士，迈克尔·斯蒂费尔（Michael Stiefel）早年也是一名路德的追随者，并且此后一直与路德保持着亲密的友谊。斯蒂费尔拥有出色的数学天赋，身为新教牧师的他，也将自己的这种特长运用在了福音的事工上。他尝试给所有字母赋予数学的意义，并逐渐对基督再来日期的推算产生了兴趣，他认为自己可以借助《但以理书》计算出基督再来的时间。他将自己的初步结论发表在《基督再来的推算》（Rechenbuchlein vom Ende Christi）一文中（维滕贝格，1532 年）。斯蒂费尔在文中指出，基督将会在 1533 年 10 月 19 日早上 8 点再来。之后他又坚持说基督将会在米迦勒节（9 月 29 日）之前再来。路德不认同他的这种推算和结论，与此同时，也没有同意劝惩斯蒂费尔的建议。②［原文为拉丁文；*WA*，*Br*，VI，495，496.］

愿恩惠、平安从基督归与你。

我亲爱的迈克尔：

尽管你知道你在我心目中有着何等高尚的地位，然而我却获悉你在了解到我不同意你的算法之后，竟会对此大为激动。与其说我不同意你 302 的说法，不如说我无法理解你的思想——这是我常说的一句话。相信你

---

① 指患病的时候。

② *New Schaff – Herzog Encyclopedia*，XI，95.

不会强迫我说已经理解了那些事实上我无法理解的事情。作出那种虚假的声明对你对我能有什么好处呢？其实我一点也没想到你会在这些无关轻重的分歧上如此激动。事实上，如果基督确实将在米迦勒节之前再来，你也不会因为相信或说出这样的事情而成为一个罪人。与此同时，如果基督并没有在那个时候来，我们这些相信基督可能随时再来的人也没有犯罪。任何一个相信基督会随时再来的人，必然也相信他有可能在米迦勒节之前再来。就算我们在这些自己并不了解的事情上犯了错误，就算我们也承认我们并不确定基督是否会像你所说的将在米迦勒节之前再来，那么这种错误也不会置我们于危险，正如你一切的知识一定不会置你于危险一样。鉴于此，为什么你还要在这样的分歧上苦苦地折磨自己呢？因为无论是哪种答案，都是安全无害的。

让我告诉你我的看法，我相信魔鬼正借着你的这种激动要试验你如同筛麦子一样。[1]他既然能莫名其妙地激动你的情绪，也会毫无迹象地令你的理性出现混乱。因此，我为你祷告，盼望你能放下自己内心的情绪，到我们这里来，不要让我们的老交情受到忽略和亏损。

在主里向你道别。

马丁·路德博士

圣约翰日，1533 年

安东尼·劳特巴赫记录的桌边谈话[2]　　1533 年 9 月 28 日

1533 年 9 月 28 日，洛豪（Lochau）的牧师迈克尔·斯蒂费尔来到维滕贝格与路德会谈，并用列举 22 条要点，向路德解释了自己关于基督再来的观点。选侯和路德都命令他不要再去宣扬自己的这种观点。斯蒂费

---

① 参《路加福音》22：31。
② 原文由德文和拉丁文混合写成，见 *WA*，*TR*，III，No. 3360b。

尔对此大为不悦，回应说："亲爱的博士，我很惊讶你禁止我传讲，而且尽管这一切在我看来都千真万确，你却置之不理。我并不喜欢去那样讲，但我却不得不那样做。"

马丁·路德回答道："亲爱的先生，如果你可以在天主教的辖制之下
303 忍受20年的沉默，现在让你再安静四星期又算得了什么呢？"斯蒂费尔非常急切地盼望马丁·路德能够认同他的观点，因此他回信说："你不能相信我所说的，对此我感到非常遗憾。"

马丁·路德便讲到有一个在磨坊工作的农民曾预言基督一定会在9月27日再来，然而那天刚刚过去而基督并没有再来。

迈克尔·斯蒂费尔回应道："有一天清晨，当时我正在迎着太阳行路，我看到了一道美丽的彩虹，这一切让我想到了基督的再来。"

马丁·路德回答说："不，基督再来时不会出现彩虹。相反，那时所有的受造物将在刹那之间被烈火、惊雷和闪电所销化。[1]这一切都会发生在片刻之间，然后我们所有人都会死去，接着改变形质。巨大的号角声将会唤醒并更新我们。那号角声绝非甜美的声音，仿佛小号的声音，而是那种让所有在坟墓中的人都能听到的巨响。"

尽管如此，斯蒂费尔还是在他的推算书中设定了基督再来的日子：1533年10月，这一年的第42周，第292天。[2]

马丁·路德说："就算如此吧。18周前迈克尔·斯蒂费尔当着我的面说基督一定会在米迦勒节之前再来。明天就是米迦勒节了，你们所有的人，若有相信这话的，都做好准备吧！我非常希望能把孩子们在洗礼上收到的礼物还给他们的教父，然而我担心没有人会要回去，因为按斯蒂费尔的说法明晚6点的时候我们所有人都应该已经坐在天上了。到时候我们将会感到多么羞惭啊！"

---

[1] 参《彼得后书》3:10，《启示录》11:9。
[2] 即那一年第42周的第5天。

　　在米迦勒节的前夜，斯蒂费尔在餐桌上说道："再过八小时我们将站立在神的审判台前，因为对于犹太人来说，一天是从日落开始的，因此米迦勒节将会在那时到来。"

　　斯蒂费尔还论证说："虽然人子在世的时候不知道那日何时会来，①然而在他被提升天之后的这 1500 年中，他对此非常清楚，并将这样的奥秘启示出来，而我就是那吹响末次号角的②。"

　　马丁·路德回答道："即使凭其人性，基督也非常清楚那时间。然而基督没有将此启示给任何人，因为他受差遣来到世上，并不是为了这一使命。"

　　我③说道："在米迦勒节之后，将会有人对神的圣言大加攻击。"

　　路德回应道："这是斯蒂费尔的一个错误，但我们并没有因此受骗。 304 让那些天主教一党的人为此恐惧吧。与此同时，让那些有分辨的人来察验那依靠神话语的人吧，因我们毫不认同斯蒂费尔的观点。"

安东尼·劳特巴赫记录的桌边谈话④　　1538 年 11 月 25 日

　　11 月 25 日大家讨论起了牧师与平信徒之间存在着不可调和矛盾的话题。"这不是无缘无故的，"马丁·路德说道，"那些顽梗悖逆的大众向来不愿受教，而传道人的责任就是去责备他们。因此他们所承受的是一份充满了艰难和危险的职分。平信徒会以挑剔的眼光看待牧师，他们竭力想要找出牧师身上的问题。一旦发现严重问题，哪怕这些问题是发生在牧师的妻子或孩子身上，他们都会迫不及待地借机报复。王子们也是如此扰害传道人，为要以自己的权势来制伏其余的人。因此让我们坚持神纯正的话

---

① 参《马可福音》13:32。
② 《启示录》11:15 中的第七位天使。
③ 安东尼·劳特巴赫，这篇桌边谈话的记录者。
④ 原文由拉丁文和德文写成；见 *WA*, *TR*, IV, No. 4143。

语，只有这样，我们才能稳坐在摩西的职分上。尽管我们一生的道路不可能平顺无阻，然而神是大有怜悯的。世人对牧师的仇视将永远不会改变，正如那老话所说：'平信徒和牧师若能交好，除非沧海变桑田，魔鬼入天堂。'"

致安东尼·劳特巴赫　　1539 年 11 月 26 日

安东尼·劳特巴赫刚刚于 7 月 25 日在皮尔纳开始履任牧师（他同时也是那里的监督或主教）。他发现当地对患病之人领圣餐的做法与他之前在维滕贝格所习惯的做法有很大差异。在皮尔纳，他要和每一个卧病在床的人一同领圣餐，这导致他在一天之内多次地领受圣餐。路德在回复中不认同这种做法，并且建议完全取消私下的圣餐礼，因为这已经不再必要，而且带来沉重负担。[原文为拉丁文；WA, Br, VIII, 608, 609.]

致尊敬的绅士，安东尼·劳特巴赫先生，皮尔纳教会忠心的主教，我在主里的弟兄：愿恩惠、平安归与你。

305　我亲爱的安东尼：

关于你信中所提与患病之人同领圣餐一事，我认为你在这里的教会待了那么久，应该对我们处理此类事情的做法非常熟知。然而在此我还要明确表达我的看法，即各地都应该废止私下的圣餐礼。传道人应该在讲台上提醒众人每年领受三到四次圣餐，让他们因此在神的话语上得以坚固，这样无论他们因何种变故而致死，他们都可以安心地进入主的安息。私下的圣餐礼只会将那难以承受的重担强加给人，尤其在瘟疫流行的时候更是如此。教会以圣餐来笼络人心的做法也是不当的，特别是对于那些长久以来轻视圣餐，到时候却想让教会服侍自己的人，更不应当让他们亵渎了圣餐。这些人只求教会来服侍自己，却丝毫没有服侍过教会。①

---

① 路德在 1535 年 6 月 18 日的讲道中也表达了类似的观点；见 WA, XLI, 384, 385。

　　然而，既然合宜做法还未被建立，你须要尽力地来促成此事。在此之前，你仍要像以往那样给病床上的人举行圣餐礼，然而如果你不愿意多次领受圣餐，就让那患病的人单独领受。与此同时，你也要向众人解释你所做的是出于权宜之计，因此你不会将这样的做法一直继续下去。到了此事有定论的时候，这种做法便会完全终止。

　　卡蒂想要一个雕花的屋门，尺寸我附在信中。工匠们看后会明白这门的宽和高。卡蒂只想要这种门，所以请尽你所能处理好此事。

　　在此我将你交托在主的保守之中。阿们。

你的，

马丁·路德

圣凯瑟琳日之后的周三，1539 年

致乔治·布赫霍尔策　　1539 年 12 月 4 日

　　勃兰登堡的选侯约阿希姆二世向维滕贝格派出了一个使团，就一份新教教会的章程，听取维滕贝格神学家们的意见。这份章程最终于 1540 年出版，然而其中含有一些在许多人看来并不合乎圣经的礼仪。人们相信选侯是为了赢得其天主教臣民的支持，而在这份章程中对他们作出了最大限度的让步。乔治·布赫霍尔策（George Buchholzer）是一名柏林的执事，他也和很多人一样对这些涉及圣礼 306 队伍、神父法衣和圣体奉举的让步表示关注。路德以一种诙谐的方式回复他，建议他对所提出的这些礼仪暂且加以忍耐。［原文为德文；WA, Br, VIII, 624 - 626.］

　　致尊贵的乔治·布赫霍尔策，柏林的执事，我在基督里亲爱的弟兄：愿恩惠、平安从基督归与你。

　　亲爱的执事：

　　因为头痛的原因，在此我的表述必须简明扼要。关于我们对你的选侯，我们仁慈的殿下和伯爵，所提教会章程的意见，你可以从我们的来信中获得充分的认识。①

　　困扰你的问题是：在耶稣升天的祈祷周和圣马可日圣礼队伍中应该穿长袍还是法衣；环绕教会外院的圣礼队伍在主日是否必须要唱纯应答圣咏，在复活节则要唱《欢呼伟大节日》②，然而无论何时队伍都不带着圣餐环绕游行。我的意见如下：如果你的殿下伯爵选侯等许可耶稣基督的福音不添加任何属人的教导，按照其纯正的样式及大能宣讲；如果洗礼和圣餐这两个圣礼能够按照当初神所设立的样式分发并领受；如果他愿意废除圣徒的代求（仿佛他们是中保、代求者和拯救者），不让圣礼队伍拿着圣餐环绕游行；如果他废除每日弥撒、守夜的祈祷、为死人举行弥撒，将水、盐、草药分别为圣，并且只允许圣礼队伍唱纯应答圣诗和赞美诗(拉丁文和德文)，那么你便可以放胆奉主的名接受那些做法，无论所扛的十字架是金的还是银的，也无论所穿的长袍和法衣是天鹅绒的、丝绸的还是亚麻的。如果一件长袍和法衣在你的选侯看来是不够的，那就让那些牧师穿上三件，好像大祭司亚伦一样，一件套一件地穿在身上，每一件都极其华丽夺目③（这神职人员穿的法衣在天主教中被称为"华美的"）。除此以外，如果你们的殿下并不满意你们在圣礼队伍中只有一次唱诗摇铃，那就做七次，好像约书亚带领以色列子民围绕耶利哥城七次一样，并拖长号声，大声呼叫。④如果你们的殿下伯爵也喜307　悦如此行，就让他在队伍的最前面伴随着琴、鼓、钹和铃的声音跳跃舞蹈吧，如同当年大卫在队伍前面迎接主的约柜进入耶路撒冷一般。⑤对于这些事情我都表示完全认同（只要这些崇拜没有被滥用），因为对于福

---

① 1539 年 12 月 5 日，路德、菲利普·梅兰希顿和尤斯图斯·约纳斯都给勃兰登堡的选侯约阿希姆二世写了信。
② *Salve festa dies*，由福图纳图（Venantius Fortunatus，约 530 – 609）所写的赞美诗。
③ 参《利未记》8:7。
④ 参《约书亚记》6:4,5,16。
⑤ 参《撒母耳记下》6:14,15。

音而言，它们没有加入任何属人的崇拜，也没有让我们的注意力从神的身上转开。唯独注意不要将这些事情看成是救恩所必需的，并将它们强加在人们的良心之上。若我能这样说服教皇和其党徒，我将多么高兴和感恩啊！如果教皇给予我这样的自由，让我四处传讲福音，只是命令（带有特赦）我要穿长裤，我也愿意如此顺服。

至于在弥撒中的举扬圣体，这实际是一种可有可无的仪式，只要不去人为添加任何东西，就不会给福音造成损害。因此你可以奉主的名举扬圣体，举多久都无妨。

在维滕贝格我们废止举扬圣体是有充分的理由的，这理由在柏林可能并不存在。如果没有什么特别的原因要求我们必须去那样做的话，我们是不会恢复这些仪式的。因为它是一件可有可无的事情，并且是人的作为，而非出于神的命令。只有神的命令才是我们必须去做的，而其余的我们都有做或不做的自由。

你主公的代表将会给你一份更为全面的报告。愿你所服侍的神，就是圣子耶稣基督的父，以他的圣灵真正坚固你。愿人都尊他的名为圣，愿他的国降临，他的旨意得以成全。我每天都以主祷文如此祷告。阿们。

再会！你要靠主作刚强的人，[1]因为他的能力在人的软弱上显得完全。[2]

马丁·路德博士

圣安德鲁日之后的周四，1539 年

约翰·马泰修斯（John Mathesius）记录的桌边谈话[3]
1540 年 9 月

"路德博士，在饥荒期间，如果我在听某个富人忏悔时，劝勉他奉献

---

① 参《以弗所书》6:10。
② 参《哥林多后书》12:9。
③ 由德文和拉丁文写成；见 WA，TR，V，No.5270。

给穷人，而他却说自己已没有什么可以给别人的了。但我知道他有这个
能力，那么对于这样的说谎者我还能够分给他圣餐吗？"

博士回答道："如果这富人否认实情，你还能做什么呢？只能帮助他
308 的良心变得柔软。如果他坚持说谎，就让我们照基督所做的去做吧，他
也将圣餐分给了那背叛他的人犹大。"①

对此有些人提出了不同观点。他们提到《使徒行传》中亚拿尼亚
和彼得的例子，当时彼得立刻以一句宣告，处死了那说谎的人。②对此
博士回答说："那是一些极端的特例。此外，我也认为彼得的宣告并不是
出于他自己，而是凭着神的启示，③因为初代教会是神通过神迹建立起
来的。"

致安哈尔特的乔治王子　　1543 年 4 月 5 日

与此信同一天，乔治·马约尔（George Major）也写了一封信寄
给福希海姆的牧师乔治·海尔德（George Held），那封信在一些历史
较久的路德文集中被误归入路德的作品。尽管如此，梅杰的信仍有
助于我们了解路德同时所写的这封信的内容，特引文如下："约阿希
姆就上演属灵戏剧一事询问我的意见，对此你们那里有许多教牧人
员均表示反对。以下是我的简要看法。所有人都承受了神的命令，
用各种不同的方法将我们父神的话语传播开来，这不仅包括了言
传，也包括了写作、绘画、雕刻、作诗、写歌以及乐器演奏，正如
《诗篇》中所写：'击鼓跳舞赞美他，用丝弦的乐器和箫的声音赞美
他。'因此我再说，若这类属灵戏剧是本着良好的意愿和广传福音
的热心，那么它们就无可厚非，因为表演者有着真诚而谦卑的态

---

① 参《路加福音》22∶21。

② 参《使徒行传》5∶1 - 5。

③ 这里原文中 "*relatio*"（联系）很可能是 "*revelatio*"（启示）的误写。

度。"①从以下这封信中我们可以看出路德对这种观点表示认同。
［原文为德文；*WA*,*Br*,Ⅹ,284 – 286.］

致尊敬的王子乔治，马格德堡大教堂的执事，安哈尔特的王子，阿斯坎尼亚的伯爵，伯恩伯格的领主，我仁慈的殿下：愿恩惠、平安从基督归与您。

尊敬的王子，仁慈的殿下：

德绍②的校长让我就殿下的论文（按照他的叫法）提一些我个人的看法。您文中说有牧师和传道人③因为禁止棕榈主日赞美诗歌和一些戏剧而引发了众人的不安和骚动。309

此事让我极为不悦，我猜想魔鬼的灵正试图借此机会施行破坏。这类中性的事情④本应得到许可，因为它们并不会造成什么破坏。此外就算要加以禁止，此事也不应该由一个人来作决定，而应该由所有的官长和教牧人员来判断。鉴于殿下既是领主又是执事长⑤，所以您绝不应容忍那狂热分子自认为有权柄对这类无关大局之事大加贬斥。事实上他并没有权柄这样做，要判断这样的事之前，他还有许多需要去学习的。因此所有人都要谨慎，如果你让他咬衣服，最后他一定想要吃皮革。⑥除此之外，我深信殿下必然知道当如何处理此事。

在此我将殿下交托在主的保守之中。阿们！

乐意服侍殿下的，

马丁·路德博士

---

① De Wette,Ⅴ,553.
② 约阿希姆·格雷夫（Joachim Greff）为德绍的校长，曾经一度非常热衷于编写宗教戏剧。1543 年春，他忙于排演一部多年前他创作的复活节戏剧。
③ 泽韦林·施达尔（Severin Star）和约翰·布鲁施（John Brusch）反对在教会中使用音乐和其他各种艺术。
④ *Neutralia*.
⑤ 关于安哈尔特的乔治三世，见 1545 年 7 月 10 日路德所写的信。
⑥ 此句德文为 *Lesst man yhm das Leplin*,*so wird er fort an lernen*, *das ledder fressen*。

复活节第一个主日之后的周四，1543 年

致约翰·马泰修斯　　　1543 年 8 月 19 日

时任萨克森公爵夫人私人牧师的卡斯帕·海登赖希告诉路德，波希米亚国王费迪南德在 1543 年 6 月 19 日颁布的法令，让约翰·马泰修斯（波希米亚省约阿希姆斯泰尔地区的牧师，后来成为第一位路德传记的作者）非常恐慌，因法令要求放逐所有结婚的神职人员。路德鼓励马泰修斯保持镇静，客观地看待这一威胁。［原文为拉丁文；*WA*，*Br*，X，372，373.］

致在主里尊敬的绅士，约阿希姆斯泰尔的约翰·马泰修斯，神话语忠信的管家，我亲爱的弟兄：愿恩惠、平安从主归与你。

卡斯帕先生告诉我，你因为费迪南德的专横和残暴而有些担忧，后者实在是这世上最可悲的君王，竟会发布法令将全世界所有已婚的神话语的仆人从他的国中驱逐出去。我怀疑波希米亚人是否会认同他如此的专横。然而就算他们全都如此认同，又会怎样呢？难道费迪南德的王国 310 是这世界上唯一的王国吗？难道除了他的王国以外，基督就没有在别处预备一个欢呼迎接他恩典的地方吗？基督难道不是早已抛弃了费迪南德的王国，将其作为倾泻自己愤怒的所在，并要在那里将那抵挡自己的国王践踏在脚下吗？

因此你还担忧惧怕什么呢？鼓起勇气！坚固你的心。①不要过于担心那个色厉内荏之辈，②事实上他连自己明天是继续做王还是沦为犬类都不知道。我们将要和基督一同做王；而他们③将会在地狱的永火中与魔鬼同受刑罚。

---

① 参《诗篇》27：14。
② 波希米亚的国王。
③ 如那些敌挡基督的人。

在主里向你道别。

你的，

马丁·路德

圣母升天节之后的主日

致约阿希姆·莫林　　1544 年 10 月 2 日

约多库斯·莫林的儿子约阿希姆·莫林（Joachim Mörlin，1514 -
1571），曾在维滕贝格大学作过几年哲学教授，并且在完成了自己的神
学博士课程之后，曾担任路德的助理。1540 年他被任命为图林根阿恩
施塔特的监督（或主教），在那里他勇敢地批评了施瓦茨堡伯爵的执
政，很快便因此遭到解雇。1544 年 5 月 10 日他成为哥廷根的监督，在
那里他一如既往地凭着自己在信心和行为上对基督的热心而迥异于他
人，并因此被周围人视作一个过分强调律法的人。他很可能是因为这
样的问题而致信路德。［原文为拉丁文；*WA*,*Br*,X,660,661.］

致尊敬的绅士，约阿希姆·莫林牧师，神学博士，基督在哥廷根忠
心的主教，我在主里亲爱的弟兄：愿恩惠、平安从基督归与你。

亲爱的博士：

我很吃惊你竟会询问我的意见，仿佛你并不知道当传讲什么。你
不是既有律法又有福音吗？你要按此正确分解神的话语，①好让你使人
死，也使人活；打伤，也医治。②也许你愿意所有人都能爱慕聆听主的
话语，但这盼望不过是徒然的。也许你将注意力过多地集中在律法上而
排斥了福音，以致众人以为需要顺服你而非顺服神，或者他们因你感到

---

① 参《提摩太后书》2:15。
② 参《申命记》32:39。

自己备受强迫。事实上，只要有四分之一的种子落在好土里，①你就应当大有满足。要知道你绝不可能比耶稣或以利亚更好，以利亚听到主为
311 自己存留了七千人就很满足。②对那些温柔的人，你也当显出温柔，然而对那些反对你传讲律法的人，就叫他们自己去与神争吵吧，你这样做已尽到了自己的本分。那些人如果不相信你所说的话，便让他们自己去读圣经。现今的时代实在越来越败坏，许多人都想转离真理。

除此以外，我再没有什么可以写给你的，因你本是熟知圣经的。

在主里向你道别，请你为我们代祷。

你的，

马丁·路德博士

1544 年 10 月 2 日

致安哈尔特的乔治王子　　1545 年 7 月 10 日

安哈尔特的乔治三世（1507－1553）曾在莱比锡学习过神学，1524 年被任命为马格德堡大教堂的执事。起初乔治三世对宗教改革极其反对，正是为了驳斥这样的"异端"，乔治选择学习神学，然而最终他的学业却完全转变了自己对宗教改革的看法。1544 年他被任命为萨克森奥古斯特公爵的"宗教事务助手"，并以此身份走访了梅泽堡的各个教区。在崇拜仪式上乔治愿意对天主教的做法做出最大限度的让步，他的这种倾向也反映在一份他帮助起草的教会章程（1545）中。从以下这封信中，我们可以看到路德并不支持乔治王子首先确定教会外在仪式的做法。〔原文为拉丁文，*WA*, *Br*, XI, 132－134.〕

致基督里尊敬的父亲，最显赫的王子和殿下乔治，梅泽堡教会虔诚

---

① 参《马太福音》13:8。
② 参《列王纪上》19:9－18。

的主教，安哈尔特的王子，阿斯坎尼亚的伯爵，伯恩伯格的领主，我仁慈的殿下，愿恩惠、平安从基督归与您。

奥古斯丁博士①非常迫切地要求我就教会仪式的问题写信给殿下。我承认哪怕是对于那些必要的仪式我都没有特别的好感，何况那些不必要的仪式，它们必然会引起我反对。对于教会仪式，不光我在天主教的那些经历让我极其反感，就连那些古代教会的例子都会令我不安。②教会的仪式成为律法是常有的事情，而在它们成为律法之后，很快就会成为人们良心的陷阱。与此同时，纯净教义却遭到了掩盖，如果尾随着这些律法进入教会的是那些毫无分辨、不学无术之人的话，情况更会如此，因为那些人对礼仪的看重，远远超过了他们对自己肉体情欲的克制。这样的光景我们在那些活着的人中间就已耳闻目睹了，当所有人都按着自己的意思而行时，少不了争竞结党的事。总而言之，我们这边的问题是对神话语的轻视，而我们的仇敌是对神的亵渎，这一切在我看来，都彰显出一幅约翰对众民所预言的光景，比如他说道："现在斧子已经放在树根上。"③

无论如何，鉴于末世就在眼前，在我看来实在没有必要去关注如何引入教会礼仪的事情（至少不是在这个蒙福的时代）。④将这些礼仪统一，并通过律法将其长久地加以确定，在目前是不合宜的。有一件事是现在当做的：极力地传讲神纯正的话语，保障那些在宣讲神圣言方面有能力且博学的教牧人员能够站在教会的讲台上。这些人必须一心爱主，视主超乎所有。如果这些能够实现的话，那么在教会的礼仪方面达成一致就是轻而易举的了，即或仍存在差异，也在完全可以承受的范围之内。但另一方面，如果离开了这种在神话语之上的内在合

① 奥古斯丁·舒尔夫。
② 这即是说，中世纪教会在仪式方面存在过于奢华的错误，而古代教会在仪式方面又存在明显不足的问题。
③ 《马太福音》3:10。
④ 明显的反语。

一，那么我们将会在无穷无尽的分歧面前束手无策，因为我们之后的人也一样会高举那些我们所行使的权力，按着那肉体败坏的天性，彼此倾轧。

因此我不会建议将各处的礼仪一致化。只要我们将那些明显不敬虔且愚昧的仪式加以弃绝，那么在礼仪方面，各教会的彼此不同便是可以忍受的。比如，若某些仪式已经在一些地方终止，我们就不要再去恢复它们，而如果有些仪式一直被保留了下来，我们也没有必要去弃绝它们。对于祭坛惯常的位置，①神职人员属神和属世的外袍，②以及其他类似的事情，都可以按照这种原则加以处理。因为只要人们能够在心思意念上有主里的合一，他们便能容忍那些仪式上的不同。然而从另一个方面而言，若离开了对这种内心和思想上合一的寻求，外在仪式的一致所能发挥的作用也将微乎其微。并且这样的一致也很难延续到我们的后代，因为对律法的持守有赖于地点、时间、人物和环境，而神的国超越了这一切。此外，那些事情在本质上而言都是易于改变的。

无论在遵守什么，我们都需要小心，不要将此变为必须遵守的律法。在我看来，合宜的方式就是一个人按着校长或家长治理学校或家庭的样式来治理教会，他并不借助于种种规定，而仅仅是在场纠正错误，并可以依循神的律法来实施管教。即便如此，我仍然更主张亲自监督，而不是凭内在的律法治理教会。因为家长的监督何时结束，那些治理家庭的原则也便走向了终结。正如谚语所说，"马匹是受主人眼神的管束"，以及"田地因主人在其上的脚步而肥沃"。所有的权柄都应集合在

---

① 在 *Deutsche Messe*（1526）一文中，路德指出："基督徒在真正的弥撒中不会使用现在这样的祭坛，神父也将一直面对着人群，一切都如基督在最后的晚餐中所做的一样。然而对于这种合宜的做法，让我们静待它到来的那一天。"引自 *Works of Martin Luther*，Philadelphia ed.，VI，178。

② 路德在 *Formula Missae*（1523）一书的序言中，就神职人员在教会仪式中所穿的外袍，如此写道："让我们在做其他事情的时候，再来看这些外袍有何用处吧，现在我们不加限制地在使用这些外袍，唯愿那一切隆重的仪式及过度华丽的服饰从我们眼前消失……因为这些外袍并不能将我们举荐到神面前。"同上书，VI，93。

那些有才干以及就如基督所说那些忠心有见识的人身上。①如果我们无法吸引这样的人来治理教会，那么一切试图借助律法来治理教会的愿望，都将归于徒然。

在天主教的辖制之下，各个地区都存在着巨大的差异，那为什么人们还会企图让所有的仪式整齐划一呢？此外，那些致使希腊教会和拉丁教会分裂的差异是何等的大啊！

这就是我们为什么一直坚持建立学校的原因，我们尤其要借此实现教义上的纯正和共识，这才是人们在主里内心合一的基础。然而真正有志于学业的人实在很少，更多的人所看重的是自己的肚腹，以及让自己吃饼得饱的去处。因此我不止一次想到，有必要削减乡村牧师的数量，而用一位有学识并向主忠心的人替代许多乡村牧师。这一位忠心的牧师一年可能几次去探访周边所有的地方，将纯正的教义教导人，并加以谨慎的监督。与此同时，人们也可以去往他们的母会领受圣餐，或者当他们患病的时候，由教会的执事将圣餐分发给他们。随着时间和环境的变化，我们将会发现那些律法所无法预先确定并修复的问题。

这封信至此已经可以让殿下大致了解我的观点了。愿主借着他的圣灵来引导您的脚步走在那平安的救恩之路上，正如赞美诗中所唱：

　　　　"若是离开神的能力，

　　　　　人便一无是处，

　　　　　因人有的只是邪恶毒害。"②

　　愿赞美荣耀归与神。阿们。

　　　　　　　　　　　　　　　　殿下顺服的仆人，

---

① 《路加福音》12：42。

② 出自赞美诗 Veni sancte spiritus et emitte caelitus，在《奥格斯堡信条》的结尾也引用了这首赞美诗。

马丁·路德博士

1545 年 7 月 10 日

致约翰·朗　　1545 年 7 月 14 日

约翰·朗（John Lang）曾与路德同为奥古斯丁修道院的修士，早年他也是一位路德的追随者。后来他成为一名爱尔福特的牧师，担任此职直到 1548 年离世。朗通过菲利普·梅兰希顿将自己的一份《72 条论纲》的副本发给了路德。当初这篇文章是为了给一位未经父母同意就秘密与他人订婚的女子作辩护而写的。在这封信中，路德对这篇文章表示了认同，并在之后回答了朗进一步的问题：一个处于诉讼案件中的人能否领受圣餐？请参看《马太福音》5：22 - 24。〔原文为拉丁文；WA,Br,XI,137 - 140.〕

致尊敬的绅士，约翰·朗，神学博士，爱尔福特教会信实忠心的传道人，我在主里亲爱的弟兄：愿恩惠、平安从主归与你。

我亲爱的朗：

你对秘密婚姻[订婚]的辩论让我极为欣喜，这不仅是因为在此事上你的观点与我们不谋而合，并且我也为着那众所周知的你们①与我们在办学上的合一而大有喜乐。教皇一党的人无疑对此极为恼怒，这恼怒正如当他们之前听到你毫不含糊地申明学校的立场时所感受到的一样。如今你又一次表明了自己的观点，那些教皇一党的人恐怕又要担忧所有的人都将随你而去。先生们！让我们在这新寻获的勇气上力上加力，因它所指向的正是天堂。②

315　　　关于另一个问题，我的意见如下：你的做法总体上是合宜的。那些

---

① 爱尔福特的大学。

② 对维吉尔（Vergil）《埃涅阿斯纪》（Aeneid）IX,641 的改写。

愿意被称为基督徒①的人至少每年一次需要将自己这样的身份显明出来，这原本是一件基督徒一生都当去行的事。另一方面，如果有人宣称自己没有必要那样做，并认为自己并不受此约束，那么他们不如承认自己已经厌恶了神的恩典和他所赐下的吗哪，②自己属灵的生命显明已死，并且也早已为了埃及的肉锅而转向世界。③因此，他们当被看作是不信的人。

此外，那些借口自己身处未决诉讼之中的人，实际上并没有合理的理由。我们原本应当预备好随时面对死亡，因此那些仍处在诉讼之中的人若是立刻就要死亡，他们又会如何呢？诉讼有可能悬而未决，然而这些人的灵魂却不应当片刻地与信心、基督或神的道相分离。他们陷于争讼，其实反倒可以看成是因为他们的不信或远离基督和他的道所造成的。因此不如让这些人承认自己因为诉讼的事情已经否认了基督，放弃了他的道，并且不再信靠主了，这才是他们真实的光景。

让那些陷于各派或各种利益之争讼的人持定一颗平常心，并时刻预备好去承受各种可能的结局。我曾经也与那教皇一党的人常常爆发论战，最近几年我还与一些法官就一个案件在王子面前求审。④但我从未容让这些事情搅扰我的信仰。若是判决的结果于我不利，我早已做好了放下自己职分的准备，它丝毫不能影响我常常领受圣餐。

这就是我的意见。深信借着神所加给你的恩赐，你必能在此类事情的处置上远胜于我。

在基督里向你道别。并请求你为我这将死之人代祷。

你的，

马丁·路德

---

① 即领受圣餐。
② 参《民数记》21:5。
③ 参《出埃及记》16:3。
④ 关于秘密婚姻是否有效的案件。

1545 年 7 月 14 日

致安东尼·劳特巴赫　　1545 年 10 月 19 日

安东尼·劳特巴赫（1502 – 1569）曾记录了大量路德的谈话和讲道。1539 年他被任命为德累斯顿附近皮尔纳的监督（或称主教），在自己的职分上他不得不去面对那些公共崇拜方面的问题。他就此事询问路德的建议，并从他那里获得了回复。这个回复总体上与之前路德多次对类似问题的回复并无二致：只要那些传统的做法没有与福音出现明显的对立，目前就应该为着那些软弱之人的缘故采取忍耐的态度。[原文为拉丁文；*WA*, *Br*, Ⅵ, 199, 200.]

愿恩惠、平安从基督归与我敬虔的弟兄，安东尼·劳特巴赫先生，皮尔纳以及周边地区众教会的牧师和主教，我在主里亲爱的朋友：

亲爱的安东尼：

到现在为止，我已经收到两封你的信了，我盼望你能够以仁慈的心原谅我没有及时回复。你知道我有多么繁忙，你也知道我现在是一个切望去见主面的老人，行动非常迟缓。对于你信中所提的那些事情，你应该非常了解我的观点，即我们可以许可任何形式的礼仪，这不是说那些礼仪是正确的，而是为着良心自由的缘故，特别是对于梅泽堡那英明的王子而言，①情况更是如此——他的确是一位敬虔的主教！（在神和我们的眼中他就是一位真正的主教，这并不在乎他有没有这样的头衔，在那样的处境中，头衔原是无关紧要的。）

按着保罗的教导，所有人都应该服侍他的邻舍。保罗向着所有人都做和他们一样的人，向着犹太人，他就做犹太人，向着外邦人，他就做

---

① 比如之前在 1545 年 7 月 10 日写给安哈尔特的乔治的信中，路德有时称呼这些兼任牧师的王子为"主教"。

外邦人。①然而一旦他看到有人要强迫他，将一些事当作必要之事，无论这样要求他的人是谁，他都予以拒绝，毫不退让。②

因此对于你所提的那些事，你不必再心怀不安，也不必进一步了解我的意见。正如你所知，灵里的合一③是关乎永生的，因此它的意义远胜于那些暂时存在且可有可无的礼仪，后者不过在今生就都要过去。然而，为着邻舍的软弱和需要，我们暂时接受这些礼仪，这样做其实正如父母有义务为他们软弱、患病的小孩子付出一样。看到这一点，其他的事你自然会明白。

非常感谢你送来的那些苹果。请告诉我们你需要什么，好帮助我们还上你的这份情谊。你如此客气，常常帮助我们，实在令我们很不好意思。

对了，还有一事，我的外甥女玛格达莱妮看来被埃内斯特·罗伊希³¹⁷林完全迷住了。为此我想让你代为询问一下罗伊希林父亲对此事的看法。④玛格达莱妮现在甚至公开宣称说你关于罗伊希林父亲所写的那些东西都是错误的。可见她背着我的意愿而为爱如痴如醉。尽管如此，她若不听从我的意见，就让事情顺其自然吧！

在主基督里向你和你的家人道别。

马丁·路德博士

圣路加日之后的周一，1545 年

---

① 参《哥林多前书》9:20。
② 参《加拉太书》2:4,5。
③ 参《以弗所书》4:5。
④ 路德的外甥女玛格达莱妮·考夫曼曾是一名寡妇，她的亡夫是安布罗斯·贝恩特。之后玛格达莱妮嫁给了盖辛的埃内斯特·罗伊希林。1545 年 7 月 5 日路德曾为他的这位外甥女写信给劳特巴赫（*WA*,*Br*,XI,129－131）。

第十一章　有关与在上掌权者关系的劝勉

　　　　　致萨克森选侯腓特烈　　1522 年 3 月 5 日

　　路德在瓦尔特堡写信给选侯腓特烈，告知对方鉴于自己不在维滕贝格期间，当地的宗教改革出现了过激的倾向，[1]他将立刻启程赶往维滕贝格应对此事。收到此信后，选侯立刻派人告诉路德不要回来，"如果你已经定了主意，你当知道选侯的意见是你现在绝对不能回来。"[2]然而路德已经下定决心要如此行，于是他在赶赴维滕贝格的途中写了以下这封著名的信，宣告说他必须顺服神胜过顺服他的君王。[原文为德文，*WA*,*Br*,II,453 – 457.]

　　致尊贵的王子和殿下，萨克森的腓特烈公爵，神圣罗马帝国的选侯，图林根的伯爵，迈森的侯爵，我仁慈的殿下和保护人：愿恩惠、平安从神我们的父和我们的主耶稣基督归与您，并愿向您尽我谦卑的服侍。耶稣。[3]

　　尊贵的王子，我最仁慈的殿下：

　　周五，在我预备好即将启程的前一天，我收到了您充满仁爱的来

---

① 见第五章 1522 年 2 月 24 日路德写给选侯腓特烈的信。
② 选侯腓特烈通过约翰·奥斯瓦尔德来指示路德；见 *WA*,*Br*,II,451。
③ 以耶稣之名祝愿的通信传统。

信和建议。无须说，我深知殿下向我所怀的原是那最良善的心意，这是我按着人所能最为确信的程度而深信不疑的；与此同时，我心中却有感动，远超人的思考，让我确信自己的意愿也是美善的。但这些最终都不能让我们决定该如何去行。

我从殿下的来信中冒昧揣测，我之前的信很可能触怒了殿下，因我在信中说殿下需要行事有智慧。然而这样的印象又被我对殿下的信心所打消，因我深知殿下了解我的内心，所以不会误认为我在以某种不敬的言 319 辞来蔑视殿下那众所周知的智慧。我切愿以那完全不变的爱与情感来尊崇殿下，超过我对这世上一切君王和统治者的看重。因此请相信我所写的那封信是出于对时势的关注，并借此让殿下能够确信，我所要做的并非是为着自己的缘故（这原是我置之度外的），而是为着阻止那由我们维滕贝格的友人所引入的变革。他们目前已经偏离了正路，令福音蒙受着极大的损害。我担忧殿下会因此陷于被动和困境之中。此外，我本人更是为着这样的灾难大为震惊，如果我不是一直以来都对我们所传福音的纯正持有确实的信心，必会因眼前所看到的这一切而为自己的初衷抱愧不已。与目前的情况相比，我之前为福音而承受的所有患难都显得微不足道，若可以用我的生命为代价来改变现状，我定然愿意欣然赴死。对于现在所发生的这一切，我们既无法向神交账，也无法面对世人。我为此痛苦，然而比这更糟的是福音为此遭受了损失，想到这一切我便痛心不已。

因此，我的那封信所指向的是那些制造混乱的人，以此让殿下意识到魔鬼的工作，看到他如何在维滕贝格上演这部大戏。那封信中对您的劝勉也许是您并不需要的，然而在我看来，我仍必须将那些话写给您。

提到我自己，仁慈的殿下，我要如此说：殿下知道（如果你不知道，我现在便将实情告诉您）我所接受的福音并非是人传给我的，而是从天上来的，是借着主耶稣基督传递给我的。①正因如此，我可以夸口，称

① 参《加拉太书》1:11，12。

自己是神话语的管家，在未来我也将依然如此行。我当初愿意去承受那些人的审判，①并不是因为我对自己所肩负的使命有任何怀疑，而是出于谦卑的缘故，为要说服众人相信真理。然而现在如若我再一味地容忍退让，便只会令福音受损，并且我看到自己的忍让只会使魔鬼得寸进尺。因此，我将按着自己良心的感动去正面迎敌。对于殿下我已经有足够的顺服，为了让您喜悦，我在暗处躲藏了一年。②魔鬼非常清楚，我之所以在那里停留，并非出于我的胆怯。在我前往沃尔姆斯的时候，他已经看到我毫不惧怕。当时就算我知道蹲伏在沃尔姆斯的魔鬼有如房上的瓦320 片那么多，我也会面带微笑地跃入他们中间。乔治公爵③的凶残若比起这众魔鬼中任何一员，都不过是小巫见大巫。那有着无限怜悯的父神④已经借着他的福音让我们与他一同做王，赐给我们权柄来胜过一切的魔鬼和死亡。并且赐给我们充足的信心，让我们能够来到他面前称他为我们的阿爸父。⑤因此殿下从此可以看明，若是对这样的父亲我们都没有完全的信靠，以此来应对那乔治公爵的愤怒，这便无异于对天父当面的羞辱。

我有充分的信心如此说，如果当前发生在维滕贝格的事情也发生在莱比锡，⑥我将义无反顾地前往莱比锡。就算（请您原谅我这愚妄的言语）暴雨连续九天九夜下在乔治公爵身上，并且每个公爵都比前者残酷九倍，我也毫无惧色。他现在将我主基督看为稻草人一般，我和主对此的忍让不过是暂时的。

我不向殿下隐瞒，我常常为乔治公爵流泪祷告，求神能够启示光照

---

① 在 1521 年沃尔姆斯国会上的审判以及之前的审判。
② 沃尔姆斯会议后，选侯出于对路德安全的考虑而将他带至瓦尔特堡。从 1521 年 5 月 4 日至 1522 年 3 月 1 日，他一直按照选侯的命令在那里暂居。
③ 阿尔贝廷萨克森的乔治公爵扬言要插手制止维滕贝格的动乱。
④ 参《哥林多后书》1:3。
⑤ 参《罗马书》8:15;《加拉太书》4:6。
⑥ 在乔治公爵的境内。

他。现在我将再次为他流泪祷告，他若还不悔改，我将任凭他去。我请求殿下也能为他如此祷告，并让其他人也一起来恳求神让那日日临近乔治的审判不致最终落在他身上。如果我以前知道乔治的离世会令魔鬼陷入困境，我早就日日为此祷告了。

我写这封信是为让殿下看到，我是在那远超过选侯所能给予的保护之下前往维滕贝格的。我从未想过要请殿下来为我提供保护。事实上我认为我能够为殿下提供的保护要高过殿下能为我提供的。并且若是我看出殿下以为可以用武力为我提供保护，我也不会前往维滕贝格。我所要去完成的事，原不是靠着刀剑能够解决的，而是唯有神才能成就，他并不需要人的热心和协助。那些完全信靠神的人，才能提供完全的保护，因为我感觉殿下的信心依然软弱，因此我绝对无法相信，殿下是那位可以保护拯救我的人。

鉴于殿下希望知道自己在此事中能够做些什么，并且您也认为自己所做的太少，对此我愿意谦卑地告诉殿下，您实际上已经做得过多了，所以没有必要再做任何事情。神不愿意承受你我对他工作的干预，他希望我们将这些事情完全交在他手中，而非寄希望于其他方面。我盼望殿下能够从中明白神的心意。如果殿下能够全心相信神，您将会大有平安。若是殿下无法信靠神，我仍会单单地投靠神，并且将任凭殿下在那不安的折磨中坚持自己的不信，正如一切不信之人所不得不去面对的一样。 321

因为我不愿顺服殿下的命令，所以我一旦被抓或被处死，殿下都可以在神面前问心无愧。在人面前殿下完全可以按照选侯的身份来行事，向您在上的权柄尽忠，并让皇帝在您城中与一切领土上行使他的权柄，管辖这里所有的生命和财产，正如帝国的宪法中所赋予皇帝的权力一般。因此若皇帝想要抓捕我，或是将我处死，殿下便不应对此进行任何的抵制，或施加什么障碍，因为除了那设立权柄的人以外，任何人都不应去抵挡那在上的权柄，否则他所做的便是出于悖逆，而且是与神的心意相违了。然而我盼望那些人能够明白殿下的崇高地位，以至于不会让您来处我极刑。如果殿下许可并保护那些来抓捕我的，您实际上就算尽到了自己顺服在上掌权者的本分。只要您不护着我，他们就不应要求您更多，那样，即便我被捕入狱，也不会给您带来麻烦和危险。基督从未教导我以他人为代价，来成就自己做门徒的身份。如果那些人竟丧心病狂去命令您对我下手，我会立刻告诉殿下当如何去行。无论如何，我都会保证殿下不因为我而承受任何身体、灵魂或地位上的损害。对此不管殿下信或不信，我都要如此言明。

在此我将殿下交托在主的恩典之中。若有必要，我们很快便可以在一起进一步商议此事。我在匆忙之间写成此信，期望殿下不要因为得知我回来[维滕贝格]的消息而忐忑不安。身为基督徒，我必须尽我所能地去帮助众人，而非让任何人受损。我所要真正面对的那一位①远超过乔治公爵，他完全认识我，而我对他也有所了解。如果殿下能够信靠神，您必会看到他的荣耀。然而因为您现在尚未真正信靠他，神的荣耀也暂时向您隐藏。愿颂赞、敬拜永永远远归与他。阿们。

殿下谦卑的仆人，

马丁·路德

圣灰星期三，1522 年

致普劳恩市议会　　1525 年 10 月 30 日

1525 年 5 月 3 日，因为绝大多数修士放弃了修道生活，萨克森普劳恩（Plauen）的多明我会修道院被迫关闭。修道院中只剩下了一些无法在世俗社会中谋生的老弱修士。面对这样的情况，市议会就如何处置修道院的产业问题咨询了路德的建议。[原文为德文；WA,Br,III,592,593.]

322

---

① 耶稣基督。

愿恩惠、平安从主归与你们。

尊敬、智慧、亲爱的各位先生：

关于你们所说普劳恩修道院一事，我除了那些对于类似情况已经撰文发表的意见之外，①再无其他建议。修道院被弃置之后，市议会或政府就应该接收其建筑物，善加利用。如果修道院最初捐助人的后裔生活贫困，那么就应该将修道院全部或部分的产业分与他们。因此我的建议是，你们应该与那些贵族达成和平友好的共识，明确他们是否愿意将自己祖辈全部或部分的捐赠转交给你们去做神的工作。此外，修道院中的家具和物品无疑应当归其居住者所有。

在此我将你们交托在神的保守之中。阿们！

马丁·路德
圣西门和犹大日之后的周一，1525 年

致乔治·斯帕拉廷　　1525 年 11 月 11 日

在选侯智者腓特烈死后，曾作为他秘书的斯帕拉廷于 1525 年被任命前往萨克森的阿尔滕堡，成为那里的首要牧师或主教。此后他曾写信邀请路德参加他于 11 月 19 日与约翰·海登赖希女儿凯瑟琳的婚礼。在以下这封回信中，路德解释了自己不能前往参加婚礼的原因，并在此之后回答了斯帕拉廷所提出的问题。原来从进入阿尔滕堡开始，斯帕拉廷就遭受着圣乔治修道院修士的反对，后者强烈要求保持天主教的礼仪。面对这样的困境，斯帕拉廷开始思考自己是否可以求助于国家来强制推行教会改革。对于这样的问题路德在自己的各类著作中给出了实质相同的答案：国家没有权力在人信或不信的问题上强迫他去作出选择，其权力和职责在于打击并制止煽动行为和

---

① *Ordnung eines gemeinen Kastens*(1523)，见 *WA*,XII,11 – 30；英文版见 "Preface to an Ordinance of a Common Chest," in *Works of Martin Luther*,Philadelphia ed., IV,87 – 98。

公共秩序的混乱。①[原文为拉丁文；*WA*,*Br*,IV,615–617.]

323   致乔治·斯帕拉廷先生，新郎和丈夫，基督的仆人，主内的弟兄：
愿恩惠、平安归与你。

我亲爱的斯帕拉廷：

我多么希望能来参加你的婚礼啊！巴不得自己能够强迫伊拉斯谟的自由意志②来为我效劳，好让我不受事务的缠累，前来为你祝福。然而最近一批修女的逃跑令我又身陷麻烦，为这群高贵之人并不高贵的作为，我正处于声讨的风口浪尖上。③此事让我清楚地看到，就连那些看似最信靠福音的人也不值得信赖。阿姆斯多夫就险些被那些常与他站在一边，且被我们视为急难中可以投靠的人所害。阿姆斯多夫说："不仅神知道，就连整个世界都看到这些人是不折不扣的恶棍。"④如果我认为有必要将这些人的名字写出来的话，你也会为此惊讶不已。这便是我这次无法到你那里去的原因，卡蒂⑤的泪水把我留在了她的身边，正如你信中所说的，她认定你要做的就是置我于危险之中。她认为我一向对阿姆斯多夫的观点非常看重。此外你也知道我们现今的君王越是对福音热心，就越不被他的大臣所敬畏，那些人都希望君王能够按照他们的益处来治理国家。

你信中问我，君主是否应该对那些属灵的败坏之事进行抑制和打压，并且你提到那些反对我们的人坚决抵制这样的做法。对此我的回答

---

① 尤见路德的 "Secular Authority:to What Extent It Should Be Obeyed" (1523), translated in *Works of Martin Luther*,Philadelphia ed. ,III,223–273。

② 路德是指他与伊拉斯谟关于意志自由问题的争论。见 E. Gordon Rupp, ed. , *Luther and Erasmus on Free Will*, Vol. XVII of The Library of Christian Classics。

③ 1525 年 9 月 29 日，路德写信给迈克尔·斯蒂费尔："今晚我帮助 13 位修女脱离乔治公爵的控制，我从暴君手中夺回了基督的战利品。"*WA*,*Br*,IV,584。

④ 该引文用德文写成。尼古拉斯·阿姆斯多夫是马格德堡的一名牧师。

⑤ 路德在此做了一个文字游戏，原文中他所写的"卡蒂"（Katenae）一词正好是"绳索"（chains）的谐音词。

是，首先不应该强迫任何人去相信或接受福音；其次，君王采取这样的措施并没有任何先例；第三，君王只对属世的事务有权柄。

对于那些反对你的人，你应该这样回答他们：为什么他们现在所竭力反对的措施，之前却被他们纷纷采纳？要知道这些人曾经不仅强迫他人在行为上顺从他们那些可憎之事，而且也强迫他们从内心去认同他们的不虔和不义。所以他们至少应该在某种程度上，将那些施加在我们身上的做法也用在自己的身上。他们依靠强制手段的证据，最明显的就是，他们曾借助外国王子的势力来推行自己的意志，单凭这一点，他们就应该被驱逐出境。然而我们这里的王子不会强迫任何人相信或接受福音，他们只是制止属世的恶行。要是我们的仇敌自己都承认王子有权柄324处置臣民的行为，他们便是自定其罪。王子们应该对诸如背信毁约，以及公开亵渎神之名的罪行进行刑罚——我们的仇敌所犯的正是这样的罪，却不应强迫人信或不信，无论他们有没有在私下亵渎神。当我们指控他们公开的亵渎时，是指他们辱没了我们的神。对于这样的事，在我看来应当在可行的情况下加以打击，否则，我们就要被迫为之受苦。借此我们看到，我们不应该去强迫任何人相信、接受福音。但相比之下，那些仇视我们的人会在有能力的时候强迫他人随从自己不虔不义的观念，而在自己没有这种能力的时候，便会去赞同那些可以如此行的人，并与他们合谋来施行那败坏之事，因此他们受到刑罚是该当的（罗1章）。①对此我们有先例可循，就是基督在圣殿中拿绳子作成鞭子，以武力驱逐那些买卖之人。②

因此你要靠主坚定，不要被那些人的话所动摇。在主里向你和你的妻子道别，当埃伯哈德先生③去你那里的时候，我会尽心挑选一件礼物托他送给你们，以表达我对你们婚礼的祝福。

---

① 参《罗马书》1:32。
② 参《约翰福音》2:15。
③ 埃伯哈德·布利斯格是斯帕拉廷在阿尔滕堡的助手，11月11日他计划从维滕贝格前往阿尔滕堡。

马丁·路德

圣马丁日，1525 年

致萨克森选侯约翰　　1527 年 9 月 16 日

在维滕贝格议会多次请求下，萨克森的选侯终于同意将当地被弃置的方济各会修道院①改作救济院使用，除了不接收患有麻风和梅毒的病人外，该救济院将向所有的穷人开放。从以下这封信中，我们可以看出路德对此事极为关注，这也从一个侧面反映了宗教改革时期，修道院的产业是如何转作为大众所用的。[原文为德文；*WA*,*Br*,IV,248,249.]

致仁慈的殿下，约翰公爵，萨克森的选侯。请务必将此信交在其本人手中：愿恩惠、平安从基督耶稣归与您。

尊敬而崇高的王子，仁慈的殿下：

325　　因殿下最近准许了维滕贝格市议会将当地方济各会的修道院作为病患之人的救济院使用，市议会、牧师②和我对这座修道院进行了一次视察，并发现乔治·布格尔③已从殿下那里获得了修道院中那些最具价值的有用之处，如水井、水池、浴室、酿酒室，以及其他一些最重要的房间和区域。这些地方对修道院意义重大，没有它们，修道院可以说毫无用处。我们已就此与乔治作了交流，他表示只要殿下能够另外给他别的产业作为补偿，他愿意为着穷人的益处，放弃修道院中的产业。

因为那些葬有犹太人和外邦人的墓地很有声望，这座埋葬着古代王子的修道院就更应当被分别出来专为神所用，借着服侍穷人来服侍基督。因此我谦卑地恳请殿下将这座修道院，包括之前提到赐给格雷戈

---

① 见第六章 1526 年 2 月 21 日路德写给选侯约翰的信。
② 约翰·布根哈根。
③ 之前是维滕贝格的税吏，当时是当地官长的护卫。

里·布格尔的那些产业和建筑，都交给我们的主耶稣基督，作为帮助穷人的救济院使用。因主如此说："这些事你们既做在我这弟兄中一个最小的身上，就是做在我身上了。"①同时我还要恳请殿下严格命令市议会完成对修道院的修葺，不得损毁其建筑，保证它得以交付使用，免得将来有贪婪之人觊觎此地而将修道院拆毁。在此我将殿下交托在主的保守之中。阿们。

殿下谦卑的仆人，

马丁·路德

荣举十架圣日之后的周一，1527 年

致勃兰登堡的乔治侯爵　　1529 年 7 月 18 日

　　1529 年 6 月 15 日勃兰登堡的侯爵乔治在给路德的信中说，勃兰登堡的众教会均已接受了新教信仰，并希望路德能够以"合乎基督心意的真实劝诫"让他们看到，当以何种方式有效纠正仍在修道院中盛行的"不合圣经且惹神愤怒的妄行"。"愿神鉴察，"侯爵写道，"我们所看重的唯独是神的荣耀、国民的救恩和普世基督徒的和平，除此以外我们别无所求，并且我们从未想过以修道院的产业和其中的捐赠之物来为自己谋求丝毫的益处。"②以下这封信便是路德应侯爵的请求而作的答复。［原文为德文；*WA*,*Br*,Ⅴ,119－121.］

　　致尊敬而崇高的王子和殿下，乔治，勃兰登堡的侯爵，波美拉尼亚的什切青（Stettin in Pomerania）的公爵，吕根岛的王子，纽伦堡的贵族，我仁慈的殿下：愿恩惠、平安从主归与您。

326

　　尊贵的王子，仁慈的殿下：

---

① 《马太福音》25:40。

② 参 *WA*,*Br*,Ⅴ,97,98。

我耽延了太久，没能及时回复殿下的来信。起初信差催促我的时候，我因无空闲的时间，没有回信，后来在我想要回信的时候，身边却没有值得信赖的信差，为此请求殿下仁慈的谅解。现在我遇到了这位名为乔治·施莱格尔①的可靠信差，所以终于可以在征求了菲利普·梅兰希顿先生的意见之后，就我看来处理当前之事的最好方式告诉您。

首先我们认为可以保留那些修道院和慈善机构，到了时候它们将自行走向消亡。因为只要那些年老的修士仍居住在其中，强迫他们要么主动引入，要么被动忍受新的崇拜方式，都将造成极大的纷争。此外，那种以旧有崇拜形式而建立起来的崇拜形式，总有一天会变得毫无益处，这一点之前我们已屡见不鲜。而旧有崇拜中那些值得被重新引入的有益部分，最好应把它们加入到学校和各区教会的崇拜中，这样那些平信徒也可以近距离地参与到这些崇拜之中。我们维滕贝格和附近的城镇正是采用了这种做法。

其次，殿下若能在自己的领地内建立一两所大学，将是极有助益的。这些大学需要在教授圣经的同时，也教授法律和其他学科。于是从这些学校中将会走出许多有学识的人才，未来在您领地中的牧师、大臣、议员等重要的职分上发挥影响。因此您可以将修道院和慈善机构的收入作为可观的薪酬，以此来为学校吸引有才干的学者。为了创办这样的学校，您需要召集两位牧师、两位法官、一位医学教授、一位数学家以及四到五位教授语法、逻辑和修辞的学者。为了鼓励人们学习，您需要的不再是众多被弃置的修道院，以及广受捐助的教会，而是整个城市——许多人聚集在此，彼此协作，相互激发创造力。这样的结果是个人修道式的学习所无法促成的，它只可能出现在众人共同学习的环境中。这是因为在人群聚集的地方，人们就会彼此激励，互相学习。

第三点，有必要在所有的城镇和乡村建立中小学。从这些学校中，

----

① 一位刚被维滕贝格大学录取的学生。

殿下可以去挑选那些适合上大学的人才，之后在大学中再挑选一些人，来为殿下的领地和人民服务。如果城镇和其中的居民无力兴办这样的学校，您仍可以通过设立奖学金来支持当地一些天资聪颖的学生在弃置的修道院中开展学业，以此让各个城镇都能有一到两名学生。随着时间的积累，当普通大众看到他们的儿子可以成为牧师和传道人，并可以在政府的职位上领受薪俸，届时许多早先认为学者难以谋生的人，又会乐意将他们的儿子送入学校。

如果从您所建立的学校中走出的学者，有部分人在其他王子的领土中承受了职分，为他国效劳，并且这一切引发了反对之声，认为您是在为其他的王子培养人才，此时您须记得这样的结果并没有什么害处，因为毋庸置疑，这些人将会在其他王子和人民的国中促进学校的建立和兴办。

以上便是我以自己浅薄的知识为殿下提供的建议。愿神借着他的圣灵，让殿下在这些事上有更深的看见，并在凡事上引导殿下以成全他的心意。阿们。

殿下谦卑的仆人，

马丁·路德

我同时恳求我仁慈的殿下，能否将部分多余的教牧薪俸赏赐给这位来自贡岑豪森的信差乔治·施莱格尔，以此来延续他在我们这里的学业。在我们看来，他具备成为一名优秀牧师或传道人的资质，此外他也是您的同乡。

致萨克森选侯约翰　　1529 年 11 月 18 日

16 世纪 30 年代末，皇帝查理五世终于可以腾出手来处理帝国内部的问题，他认为当时已经具备了彻底清除德国境内异端的条件。面对着战争的威胁，一些信奉新教的王子试图建立起一个防御同盟。在这些王子当中，身份最为显赫的是黑森的菲利普，他严辞要求萨克森的选侯约翰作出决定，一旦出现战事，他将如何应对。于是约翰通过他的大臣格雷戈里·布吕克征询他在维滕贝格的四位神学家：路德、梅兰希顿、约纳斯和布根哈根的意见。以下这封信便是路德作为四人的代表所给出的回复。就当时的处境而言，路德的观点可以说是乐观有余而面对现实不足，然而这背后却反映了路德对"宗教战争"这种观点的否定。①[原文为德文；$WA,Br,V,180-183.$]

328　　致尊贵的王子和殿下，约翰，萨克森的公爵和选侯，图林根的伯爵，迈森的侯爵，我仁慈的殿下：愿恩惠、平安从基督归与您。

尊贵的王子，仁慈的殿下：

尊敬而博学的格雷戈里·布吕克博士将殿下的一份文件带给我们四人，在从他那里获知殿下的想法之后，我们也将我们认为最好的建议回复您。盼望殿下能够以仁慈的心接受我们谦卑的意见。

我们的良心从未允许或感动我们认同这样的联盟，因我们万分担忧此联盟将会带来流血的灾难，因此我们愿意脱离此联盟，尽管我们不能主导此事的结果。这种联盟所带来的任何灾难都是我们所难以承受的，因此我们宁愿死上千万回也不愿不顾良心的责备，任凭我们所传的福音因着自己的过失而成为流血和伤害的祸因。在危险面前，神给我们的命令就是让我们去承受苦难，正如先知在《诗篇》44篇所言："人看我们如将宰的羊。"②因此我们不应自己去申冤或辩屈，而是应将这一切都交给神，听凭主怒。③

这样做虽然令殿下面临险境，但最终却会让殿下免受一切的损害。因我们的主基督大有能力，他随时可以借着各种方式来保守您不致遭害。他可以使列国的筹算归于无有。④在我们看来，皇帝目前的作为不

---

① Hans von Schubert, *Bekenntnisbildung und Religionspolitik*, *1529-1530* (Gotha, 1910).

② 《诗篇》44:22。

③ 参《罗马书》12:19。

④ 《诗篇》33:10。

过是出于撒旦的威胁，这种虚张声势最终只会加速我们仇敌的败亡，正
如《诗篇》7 篇中所言："他的毒害必临到他自己的头上；他的强暴必落
到他自己的脑袋上。"①此外我们也当看到，基督会借着各种方式来试验
我们，是否真的看重他的话语，是否真的将经上的话当作那不变的真
理，并且主这样的试验是良善合宜的。若我们盼望做名副其实的基督
徒，并得着那来世的永生，那么我们除了主自己和众圣徒曾经走过，并
且现在仍在走的道路之外，再没有其他的路可走。我们必须一直背负基
督的十字架，但世人不会承受这十字架。他们做的就是将它加在别人身
上，而我们基督徒却需要背起这十架，不应逃避它，让它空置，仿佛十
字架对于我们而言是可有可无的。迄今为止，殿下在这十字架的道路上
都走得很好，无论是在面对暴乱之时，②还是处在那一切来自朋友或仇
敌的试炼、嫉恨、仇视的患难之中，殿下都信心坚定地单单依靠顺服 329
主。神也一直在帮助殿下，将勇气和力量赐给您，从未撤下过您，无论
是您的身体还是灵魂，神都赐与了帮助和安慰。对于魔鬼仇敌一切的陷
阱和诡计，神也都光照您去警醒逃避，并在殿下面前败坏了仇敌一切的
作为，让他们蒙羞退后。若我们相信神并向他祷告，他也必会在未来让
我们经受此种艰难。我们知道我们所追求的事业并不是为着自己的益
处，而是出于神所赐给我们的使命，一直以来神给我们的帮助正显明了
这一点，这也是我们一切安慰和信心的根源所在。神已向我们显明他是
那信实的天父，并且是他自己兴起并保守着他国度的事工。我们不得不
承认神的智慧远超过我们的力量和能力。若依靠自己的才干，我们断不
能指导、捍卫和成就这一切。

　　因此我诚恳地请求、劝勉殿下在此危急时刻要大有信心，无所惧
怕。神若喜悦，我们便一定能够靠着向神的祷告和恳求，胜过那抵挡基

---

① 《诗篇》7:16。
② 指 1524 至 1525 年间的农民战争。

督之人一切的诡计。因此我们所要做的就是保守自己脱离那流人血的暴行，就算皇帝真的发动了战事（虽然在我看来此事不会发生），并施压要求您将我或其他人解送给他，那么到时我们也会靠着神的帮助来承担这样的后果，不会为了保全自己而陷殿下于危险之中。对于这一点，我也时常向殿下已故的兄长，仁慈的腓特烈公爵如此保证。

殿下并没有义务捍卫我或任何人的信仰，您也没有能力如此行。所有人都必须自己去持守信仰。如果到最后我们在地上的最高统治者皇帝陛下真的来攻击我们，我们也将会在信神或不信神的事情上，以自己的安危为代价，而非让他人来替我们承担。此外殿下当看到正如在大水之处必会建立磨坊，神也必会按着他的方式来拦阻那些不信之人的计谋，不会任凭他们随意而行。

愿基督，我们的主和保守者，以他的大能大力坚固殿下。阿们。

殿下谦卑的仆人，

马丁·路德

1529 年 11 月 18 日

致勃兰登堡的王子约阿希姆　　1532 年 8 月 3 日

1532 年 7 月 15 日，之前表明自己愿意参与对土耳其人远征的王子约阿希姆，被萨克森人选为他们部队的司令。在出征之前，约阿希姆将此事告知路德，并请求路德给他一些属灵的建议和教导。在以下的回复中，路德告诉他基督徒应当怀着怎样的心思意念进入战场。[①]　[原文为德文；*WA*,*Br*,VI,343 - 345.]

愿恩惠、平安从基督我们的主和救主归与您。阿们。

---

① 参 *Vom Kriege wider die Türken*（1529），in *WA*, XXXIII, 81 - 148；英文版见 "On War Against the Turk," in *Works of Martin Luther*, Philadelphia ed. , V, 75 - 123。

尊贵的王子，仁慈的殿下：

我已经收到了殿下的来信，从中获知殿下有意成为萨克森地区军队的首领，出征讨伐那残暴可咒诅的土耳其人。同时我也了解到殿下也期望得到我的代祷，并希望我在回信中给您属灵的建议。

看到殿下对此战事有合神心意的心志，我由衷地感到喜乐。我必会尽我所能在代祷中与您一同去争战。虽然我的身体不能随军前往战场，然而我仍有义务在属灵的战场上为你们切切地代求。对此即使殿下没有要求我，我也将义无反顾投入其中，与我亲爱的皇帝查理以及他的士兵们一起高举旗帜，与撒旦及其仆役们殊死搏斗。唯愿此时就是那《但以理书》7 章所预言的[①]神选民的首领米迦勒兴起拯救他们的时刻。

首先且最为重要的是，我恳求神借着我们的主耶稣基督将那欣然依靠神之帮助的心志和勇气，放在那敬虔皇帝和所有王子以及所有在战场上与土耳其人奋力争战的士兵心中。愿神以他的恩典保守他们，不要像那些土耳其人一样去依靠自己的能力，因为凡依靠自己能力的都必招致毁灭。我方的将士当如大卫一样高唱，"因为我必不靠我的刀剑"[②]，并宣告"你是那赐得胜给君王的"[③]，又说，"有人靠车，有人靠马，但我们要提到耶和华我们神的名。"[④]除此之外，《诗篇》中还有很多激励我们依靠神的经文。

大卫在与歌利亚争战时如此说："你来攻击我，是靠着刀枪和铜戟；我来攻击你，是靠着万军之耶和华的名。"[⑤]据说土耳其人的皇帝在他拔出自己的佩剑之时，会宣告说，那剑就是他的神。愿神帮助我们，让土耳其皇帝这拜偶像的行为因着他的骄傲和愚妄，遭到世人的厌弃和耻

[①]　《但以理书》12:1。

[②]　《诗篇》44:6。

[③]　《诗篇》144:10。

[④]　《诗篇》20:7。

[⑤]　《撒母耳记上》17:45。

笑。阿们！

　　其次，我恳求神能够让我方的将士不要自认为土耳其人是完全邪恶的神的仇敌，而与他们相比自己是圣洁公义的一方——这样的观念实际上是自欺欺人。相反，我们需要怀着对神的敬畏和唯独依靠他恩典的心志去争战。要知道在神眼中我们同样也是不虔不义的罪人。在我们当中也有许多人流过无辜之人的血，轻视践踏过神的圣言，并且一直以来对神悖逆顽梗。因此，无论在我们眼中土耳其人有多么罪恶，而我们看自己又有多么良善，我们都无法将得胜的信心建立在我们的功德和善举之上。那败坏的魔鬼也是神的仇敌，他让我们承受了极大的伤害和苦楚。与魔鬼相比，我们是无辜的，然而尽管如此，在与魔鬼争战时，我们仍然无法夸口自己是正义无辜的，相反，我们需要靠着对神的敬畏、谦卑以及唯独从他而来的恩典和帮助来胜过魔鬼。大卫胜过歌利亚就是凭借这样的方式，他没有夸口自己的正义，而是靠着神的帮助走上了战场，向敌人宣告说："你所怒骂的神正是我所依靠的。"[①]我们应该效法大卫的榜样如此向神祷告，不是凭着我们的公义让神将报应和刑罚加在土耳其人身上，而是求神在那些亵慢者面前来彰显他自己圣名的荣耀，与此同时，不要追讨我们的罪愆和过犯。

　　最后，我祷告求神让我方的将士不是为着让自己获得荣耀、美名、地土和财富的原因去打仗，而是为着神的名和他的荣耀，以及为了救护那些受压基督徒的缘故去争战。要知道所有的荣耀都唯独属乎神。我们身为不配的罪人，除了羞耻、恶名和死亡之外，不配得着任何祝福和恩待。对此我深信，相比我所写的，殿下必有更深的看见。然而因着您诚恳地向我寻求属灵的建议，我便简要地提出以上这些观点，希望以此来服侍殿下。我深信，若殿下能将这些观点灌输在众人中间，让他们知道这其实也是一场属灵争战，那么魔鬼和他一切的仆役将因此在我方将士

----

① 参《撒母耳记上》17:45。

面前意志销化而溃败。那些土耳其人将会遭遇前所未有的军队，因为他们过去的敌人并不是为神而争战。如果开战的双方都不是为着神的缘故而厮杀，那么宣称信神的一方最终所遭受的损失，必定比他们的敌人更加惨重。

愿殿下因着神的圣名前去争战。也愿神差派他的天使迦勒与殿下同去迎敌，并祝福我方的将士凯旋而归，将荣耀颂赞归与神。阿们。

我们的代祷将会一直伴随在您的左右。神若喜悦必会垂听这祷告，在战场上坚固您。我匆匆写成此信，盼望殿下能够欣然接受。

332

在此我将殿下交托在神的保守之中。阿们。

乐意为殿下效劳的仆人，

马丁·路德博士

1532 年 8 月 3 日

法伊特·迪特里希记录的桌边谈话① 约 1533 年

有人问路德，若有专制的暴君惯行暴政，并与公义和善行为仇，能否暗杀这暴君。路德回答："神不允许个体公民如此行，即便他有这样的能力，因为神的第五条诫命'不可杀人'②禁止他这样做。然而如果我遇到一个人，而非一个暴君，正在与我的妻子或女儿通奸，我便可以杀了他。与之类似，如果一个人抢夺了这人的妻子，那人的女儿，又一人的田地和财物，再一人的房屋和谋生的工具，这一切已让众人无法忍受这恶者的暴行和专制的话，众人便可以一同设计来杀死他。"

致丹麦国王克里斯蒂安三世 1536 年 12 月 2 日

1533 年丹麦国王腓特烈一世去世后，他的儿子克里斯蒂安继承

---

① 原文由德文和拉丁文混合写成；见 *WA*，*TR*，I，No. 1126。

② 《出埃及记》20：13。

了王位。然而他因为一直遭受丹麦天主教势力的反对，直到 1536 年夏才真正执掌国权。丹麦的众主教反对引入新教以及克里斯蒂安三世的主张，因此国王在 1536 年 8 月 20 日拘捕了这些人，并且要求他们只有在狱中放弃自己的职分之后才能获释。这一清洗众主教的行动（之后这些职分由其他人顶替）标志着宗教改革在丹麦的胜利。克里斯蒂安紧随其后没收了天主教的教堂、修道院、金银和其他重价财物。对于政府这一吞并教产的作为，路德向国王提出了警告。[原文为德文；*WA*,*Br*,VII,602 - 604.]

致大能、尊贵的君主，克里斯蒂安，丹麦和挪威所选立的国王，施333 勒斯维希与荷尔斯泰因的公爵，我仁慈的陛下：愿恩惠、平安因着我不配的祷告从基督我们的主和救主归与您。

大能、尊贵的君主和仁慈的君王：

陛下的来信让我极为欣喜。那些主教不止息地逼迫神的道，并在世俗政府中制造混乱，今日陛下一举将他们清洗，①在我看来实为幸事，我也将尽我所能地就此事为陛下辩护。

与此同时，我谦卑地请求陛下按照王权的管辖留出足够的教产，从而使各教会仍可得着充足良好的供应。因为如果这些产业均被没收，并重新分配，那么传道人又将从何处得到供养呢？虽然我的提醒可能毫无必要，因我原知道陛下即便没有我的劝告也知道当如何以智慧敬虔的方式来处理此类事情，然而我仍有感动向您提及我们这里的例子。此处的很多民众贪婪，凡事都不放过为自己牟利的机会，然而感谢神为我们赐下一位如此敬虔的君主，让他在心思意念和治国举措上都显出了对神的忠心和殷勤，若不是这样恐怕许多牧师也要转去行恶了。

如果撒旦在陛下的国中也兴起了那些贪婪之辈，唯愿神帮助您能够

---

① 路德误以为这些主教已经被处决。

以教会的需要为重，即以神的话语为重，唯有借此众人在现在和未来才能知道如何得着神的救恩，并逃脱那永死的刑罚。万事都有赖于神的话语，这是我们所确知深信的。

愿基督，我们亲爱的主与陛下同在，从今时直到永远。阿们。

愿意为殿下效劳的仆人，

马丁·路德博士

圣安德鲁日之后的周六，1536 年

安东尼·劳特巴赫记录的桌边谈话① 1538 年 11 月 22 日

那时路德谈到了萨克森法律的粗鄙。他说："萨克森的法律极为严苛，如果整个帝国能够有一部通用的帝国法律，那将是最好的。然而目前的 334 法律是如此积重难返，以至于稍作改动便会引发混乱。比如萨克森的法律对女性而言就非常不利。如果一位丈夫死去，留下与自己多年生活在一起的忠贞妻子寡居，这女子将不得不在丈夫死后像使女一样离开自己的家，因为这里的法律规定，必须要将凳子和纺线杆交给寡妇。法官对'凳子和纺线杆'采取的是字面的解释，因此一位敬虔的妻子最后的境遇有可能连一个使女都不如。若是换作我来解释'凳子和纺线杆'，我会按照寓意将其解释为安身之所和食物。其实那些法官也明白'四壁'，可以代指整个房屋。"②

有人告诉路德，法赫斯博士③希望能够精简萨克森的法律，使其更加条理分明。对此路德回应道："他的工作最终将会徒劳无功，这就像我按照语法规则将动词 *sum* 的所有形态（*sum*，*sus*，*sut*）列出来一样，只能做到形式的改变罢了。"

---

① 原文由德文和拉丁文混合写成；见 *WA*，*TR*，IV，No. 4139。
② 即房屋的四面墙，按照修辞的提喻法可以指代整个房屋。
③ 法赫斯（Lewis Fachs），是莱比锡的法学教授。

致格雷戈里·布吕克　　1540 年 1 月 2 日

在中世纪的德国，债务人有时需要在旅店中招待他们的担保人，直到还清自己所有的负债。更糟糕的是，债务人在偿债期间还需要宴请担保人的朋友。这在法律上被称为 "einreiten" 或 "intrare"（均为德语，意为"进入"）的权利。这令那些不幸的债务人备受压榨，甚至家破人亡。路德在此信中提到了一位名叫马丁·李斯特的西里西亚贵族的例子。他在欠债期间，因为这种规定不得不宴请相识的四位贵族，最终这一切让他所付出的比最初的债务多出 15 倍（也许有所夸张）。借此路德呼吁政府革除此类法律弊端。［原文为德文；WA,Br,IX,2,3.］

致杰出的绅士，格雷戈里·亨利·冯·布吕克，法律博士，萨克森的大臣和议员，我尊敬的官长和同胞：愿恩惠、平安归与你。

我亲爱的先生和朋友：

之前我一直盼望你能在节日期间来看望我们，①然而你却未能前来，因此我不得不将此份备忘录寄给你，请你在我仁慈的殿下、选侯面前代为呼吁，禁止贵族们靠担保债务取利。这种公开在旅店中大肆抢劫掠夺他人的行径到底有何意义呢？如今它竟然能够在君王的保护下，让那些贵族合法地彼此毁坏和吞吃。马丁·李斯特曾欠下了 20 弗罗林的债务，于是有四位贵族便借机大肆在旅店中豪吃痛饮，挥霍了他 300 弗罗林（据他人所说）！如果这些贵族能不这样乘人之危，而是转而每个人帮助那可怜的李斯特五弗罗林，那将是何等美善的一件事啊！

此类事情现在别处也有发生。魔鬼到底是以何种能力让贵族们竟敢隐瞒他们的领主，并且在违背其意志的情况下，去逮捕、囚禁、抢夺他

335

---

① 圣诞节期间，布吕克很可能是因为瘟疫的事情而没有前来。

人呢？如果他们这么做，是出于刑罚那像科尔哈泽①纵火、暗杀的罪行，这还有情可原，但事实竟是这里的贵族可以在王子的准许和保护下，对另一个贵族施此暴行。我深信，若王子们不对此进行禁止和惩戒，神就必将惩治他们，我们众人到时也必一同遭受亏损。谁能想象这世代竟会如此败坏啊！也许是因为（或者我更应该说必定是因为）在神眼中我们已转离自己的职分去行恶，才导致了这彼此相恨的恶果。

毋庸置疑，王子们有义务来禁止这种行径，因此你也有责任向王子谏言来促成这禁令，否则你便有分于那败坏之事所带来的恶果和损害。我一直在考虑是否以众王子名义来写一封公开信谴责此事，然而我相信，除非你同时也在他们的身旁积极地进言，促成此事，否则我所做的必将毫无果效，很快就会遭人弃置。

魔鬼扰乱我们的方法何其多啊！就算土耳其人不吞吃我们，瘟疫没有灭了我们的性命，并且皇帝也没有来逼迫我们，我们都可以因着自己的贪婪和重利的横征暴敛来彼此倾轧，直到自取灭亡。愿神怜悯我们，我们若还不悔改，唯愿那最后的审判在我们身上伸张神的公义。阿们。

在此我将你交托在神的保守之中。

马丁·路德

割礼日之后的周五，1540 年

约翰·马泰修斯记录的桌边谈话　　1540 年 9 月 17 日

马丁·路德被问及一个牧师或传道人是否有权力指责政府的错误。他回答："毫无疑问，应当这样！尽管政府是神所设立的，然而神仍旧保留刑罚罪恶、纠正妄行的权柄。因此如果一个世俗政府坐视其无权无势

---

① 汉斯·科尔哈泽是一名勃兰登堡的商人，1532 年他与萨克森的一个贵族家庭发生不和，之后科尔哈泽扩大报复，抢夺其他萨克森人的财物并纵火焚烧；见 *WA*,*TR*,IV,No.4335。

的人民遭受重利的盘剥，那么政府这种罪恶统治就应受到谴责。然而传道人却不应去规定政府去采取怎样的措施，并去确定面包、肉类等类物品的价格。总体而言，牧师应该教导众人按着各自的呼召去殷勤、忠心地工作和生活，因这是神对他的命令。因此任何人都不应去偷盗、奸淫、剥削他人，或是借机欺压他的邻舍，等等。"

安东尼·劳特巴赫记录的桌边谈话①　　1538 年 8 月 5 日

路德的兄弟詹姆斯·路德当天和克柳斯一同前来。②他们谈了许多关于曼斯费尔德伯爵阿尔贝特的事情，并称他是当地人民苦难的根源。对此路德回应道："我对你们因此人的罪恶而遭受的苦难深表同情，那人所做的实在拦阻了神的祝福。因为当神向众人赐下某种福分，比如像矿产之类的财富，这时如果有人试图将这样的财富据为己有，以神的祝福为他的掳物，神必将停止他的祝福。因神的心意是在他一切的恩典上自由地祝福众人，而非被某人所俘虏绑架。"

致迈克尔·克柳斯　　1541 年 3 月 9 日

迈克尔·克柳斯（1492 – 1559）曾是一名罗马天主教神父，在宗教改革初期接受了新教信仰。因着路德的引荐，他成为曼斯费尔德伯爵阿尔贝特的私人牧师。克柳斯被人称为是一名直言快语的传道人，对于所看到的罪恶，他总会毫不犹豫地予以指责。认识这一点我们便很容易理解路德为什么如此信任克柳斯，让他去指正曼斯费尔德贵族的敝政。[原文为德文；*WA*,*Br*,IX,334,335.]

我亲爱的先生和朋友：

---

① 　原文由德文写成；见 *WA*,*TR*,V,No.5258。
② 　关于迈克尔·克柳斯，见下一封路德的书信。

当你有机会与我仁慈的殿下谈话（特别是与我仁慈的殿下约翰·乔治伯爵），我希望你能为着神的道的缘故，要求、规劝并催促他们停止对其臣民的压迫，让沸腾的民怨得以平息。否则，我深信他们 337 的作为将会给自己招致最可怕的惩罚。我为自己的家乡①深陷如此可悲的光景之中并沦为魔鬼的玩物而痛心不已。神已经开始收回他对曼斯费尔德的祝福了。②如果矿产事业走向衰败，整个德国都将蒙受损失。

那些造成如此厄运和破坏的人有祸了，这么多的人都因他们而陷于不幸之中！这样的人无论居何高位，都将为自己招致咒诅。

让我们祷告，求神赐下他的圣灵、能力和恩助，让我仁慈的殿下在他的领土之内拦阻这魔鬼的破坏（或者不妨说，这破坏是出于神的愤怒）。就算这一切都无法带来改观，我深信魔鬼也将最终失败，因神必不会拖延他最后的审判。

此外也请你告知我仁慈的殿下，我一直都在为他真诚地祷告，并且愿意随时为他效力。

马丁·路德博士
1541 年 3 月 9 日

致曼斯费尔德的阿尔贝特伯爵③　1541 年 12 月 28 日

之前图林根的部分矿产作为世袭的产业归某些家族所有，然而曼斯费尔德的伯爵阿尔贝特为了聚敛财富，竟对这种矿产归属的制度大肆破坏，开始将他人的矿产，及与之相连的锻造工场收归己有。

---

① 曼斯费尔德是路德的家乡。
② 1540 年 5 月 24 日，路德在写给曼斯费尔德伯爵阿尔贝特的信中就已警告他，神将会从那里收回他的祝福。
③ 在很多版本中，这封信与另一封路德关于预定论的书信常被合在一起刊出，日期是 1542 年 2 月 23 日。关于原文和时间的问题，见 WA,Br,IX,624–626。

1540 年 5 月 24 日路德曾写信给阿尔贝特伯爵，①反对他这种强制没收的行径，并且要求伯爵的私人牧师对此进行谴责（见上）。在以下这封信中，路德对伯爵作出了更为严厉的警告。[原文为德文；*WA, Br,* IX, 624 – 630.]

致尊贵的殿下，曼斯费尔德的阿尔贝特伯爵，我仁慈、亲爱的殿下：愿恩惠、平安因着我不配的祷告从主归与您。

338　　仁慈的先生：

我发自心底地希望您能以那出于基督的仁慈之心来接受此信。殿下必知道我是曼斯费尔德人。②直到现在我都深深地爱着我的故土，即便在那些外邦作家的书中我们都会看到孩子对家乡的天然眷恋。除此以外，在福音刚开始自由传开时，③神也借着殿下行了许多值得赞扬之事：许多教会、讲台和学校被建立起来，这让神的圣名得着了称赞和荣耀，并且在农民暴乱期间④神也大大使用了殿下来荣耀他的名。这一切以及其他许多事情我都谨记于怀，常常在代祷中记念您。

然而现在，殿下已经从当初良善的光景中堕落了，并且完全变成了另外一个人，那些民中的传言和责怨更加印证了我的这种观点。我为此痛心疾首，这是殿下可以明鉴的。想必殿下也一样意识到了自己已变得冷酷无情，内心被玛门所占据，整日所思的都是如何去急速暴富吧！殿下对自己人民严加逼迫和欺压，企图没收他们的锻造场和一切的财物，并迫使他们成为您的附庸，民间已对此怨声载道。您当知道神是不会坐视不管的。他或许会使您的土地转为贫瘠，直至衰亡，因神有能力在您毫无意识之间就从您那里收回他一切的祝福。正如先知哈该所言："你们

① 本章之后有一封路德写于 1542 年 5 月 23 日的信件，也是针对此问题，见 *WA, Br,* IX, 114 – 116。
② 路德生于曼斯费尔德的艾斯莱本。
③ 即宗教改革之初。
④ 指 1524 – 1525 年间的农民战争。

撒的种多，收的却少。得工钱的，将工钱装在破漏的囊中。"①

　　我曾听说有人计划在德国建立一个和现在的法国一样的政府。若这种做法首先能在神的眼中被看为正确且合他心意，那我一定会赞同。与此同时，我们正好可以看看法国现在的例子，那个曾经灿烂而富有的国度，现在无论其国民还是国力都已变得一无是处。那个曾经金碧辉煌的帝国，如今已变得黯淡无光；那个曾经被称为属基督的国家，如今却和土耳其人亲密无间。这就是轻视神话语的必然结局。

　　我相信这是我最后一次给殿下写信，因我已临近死门，与众人猜测的相比，我很可能将会更早地离世。因此我再次请求殿下以仁爱和温柔的心肠来善待您的人民。把他们所有的归与他们，神若喜悦您如此行，他必将赐福与您，让您伯爵的地位永久稳固。然而您若厌弃此道，最后必将一无所获，正如伊索寓言中那个杀鹅之人，他不仅失去了那宝鹅每日所下的金蛋，更失去了那财富的源泉。又像伊索寓言中那条口中叼着肉片，却又去衔水中肉之倒影的狗，②到最后终必一无所有。所罗门在他的《箴言》中也反复教导说，那些切望获得利上加利的人，到最后必适得其反。这些都是千真万确的。

　　总之我是真心为着殿下的灵魂着想。我深感自己有责任不住地为殿下代祷，将您时刻放在心中。若不这样行，在我看来自己便无分于教会的负担了。我这样做不光是出于那基督之爱的催促，同时也是对神在《以西结书》4章中所发警告的恐惧："你若不警戒他，也不劝戒他，使他离开恶行，拯救他的性命，这恶人必死在罪孽之中，我却要向你讨他丧命的罪。因我原是设立您作他的牧者。"③殿下必知道该如何接受我这样的劝诫，我绝不会让自己因着您的罪而招惹神的愤怒。实际上我所盼望的是，若是可能，您与我一同得救。然而就算您不愿理会我的

①　《哈该书》1:6。
②　关于路德对这些伊索寓言的讲述，见 WA，L，442。
③　参《以西结书》3:18。

339

话，我至少也已尽了自己的职分，在神眼中不再为此承受控告了。

在此我将您交托在神一切的恩典与怜悯之中。阿们！

乐意为殿下效劳的忠心［仆人］，

马丁·路德博士

致约翰·克格尔　　1542 年 5 月 23 日

安德鲁·克格尔（John Kegel，或称克里格尔［Kriegel]）曾就读于维滕贝格大学，后来成为一名杰出的校长。他告知路德自己年迈父亲在黑特施泰特的锻造场被政府没收（这一切很可能是曼斯费尔德伯爵阿尔贝特所为），并因此请求路德致信安慰他悲伤的父亲。若将这封信的内容与前信中路德对阿尔贝特伯爵的劝诫作对比，我们便会对路德的胸怀有更深的洞见：在前信中路德对那逼迫者进行了谴责，而在这封信中则对受害者施以安慰。［原文为德文，*WA*，*Br*，X，69，70。]

340　　愿恩惠、平安归与您。

尊敬的先生和挚友：

您亲爱的儿子告诉我，您因为自己的锻造场被人抢夺而备感沮丧，所以他希望我能致您一封短信。

我亲爱的朋友，对于您被迫承受的这一切苦难和损失我深表同情。愿那位大能且乐于施恩的基督，就是那位众人在患难中最仁慈的安慰者，安慰您的心。阿们。

要知道您并不是唯一承受魔鬼攻击的人。约伯也曾因魔鬼的折磨而大有愁苦，他不仅被魔鬼夺去了自己所有的一切，而且身心也承受了极大的患难。然而神最终却让所有的事情转悲为喜，并且让约伯从他大得安慰。因此您当思想效仿《诗篇》56 篇中的经文："你要把你的重担卸给耶和华，他必抚养你。"①并且按着圣彼得所反复教导我们的去行，"你们要将一切的忧虑卸给神，因为他顾念你们。"②

就算您所遭受的损失会令您痛苦一段时间，然而信实可靠的神必会按着他的时间来帮助您，正如他在《诗篇》50 篇中所言："并要在患难之日求告我，我必搭救你，你也要荣耀我。"③在《诗篇》10 篇中，我们所依靠的这位神被称为我们"在患难时候的高台"。④

此外，我们所承受的患难若比起基督以自己无罪的生命为我们所承受的刑罚，又算得了什么呢？我们的软弱只会加剧痛苦，然而若我们靠主刚强，我们便能承受这一切。

在此我将您交托在我们亲爱之主的手中。

马丁·路德

埃克桑迪日之后的周二，1542 年

致乔治·冯·哈施塔尔及克罗伊茨堡　　1543 年 1 月 27 日

乔治·施彭莱因曾是一名奥古斯丁修道院的修士，后来成为图林根克罗伊茨堡（Creuzburg）的一名新教牧师。他对教区居民非常严厉，常指斥其罪行，因此招致当地人对他极度反感。他们想尽办法希望摆脱他，而路德则建议将施彭莱因转至另外的教区。⑤之后不久市议会为此事求助于巡视官员，然而后者却支持并维护施彭莱因。正是在这样的处境下，路德写了以下这封信，除了在当时情境下所发挥的作用之外，此信也传达出路德关于教会事工的一些基本 341 观念，在他看来教会的事工必然是独立于政府的。〔原文为德文；

---

① 《诗篇》55:22。
② 《彼得前书》5:7。
③ 《诗篇》50:15。
④ 《诗篇》9:9。
⑤ 1543 年 1 月 23 日路德和布根哈根给格雷芬海尼兴市议会的信；见 *WA,Br*,X,246,247。

WA, *Br*, X, 252 – 268.]

致仁慈、尊敬、明智的乔治·冯·哈施塔尔（George von Harstall），司法长官，并致克罗伊茨堡的市长和市议会，我亲爱的朋友们：愿恩惠、平安从基督归与你们。

仁慈、明智、亲爱的先生以及众位朋友：

司法长官，之前我写信给你，请你仁慈地许可你们的教区牧师①离开。就我对当时情况的了解，他因之前的过失已经被来访官员解任了。然而现在我才从巡视官员那里获知，你们的牧师并没有过失，而他们现在既没有解任他，也不打算这样做。相反，这些官员可以作证你们牧师教导的纯正，以及他品格的无可指责。此外巡视官员还告诉我，一直以来你们就对你们的牧师心存不满，因憎恶他指斥你们的罪性，而一心想将他从你们中间驱逐出去。从这一切当中我能看到魔鬼正企图在你们中间制造纷争，令你们蒙受重创。我有感于你们如此的处境，特致此信与你们，希望你们能够为着自己的益处，来接受我信中诚实友善的忠告，因我是真正为你们着想的。

我深信你们在基督里已完全清楚那传福音的事工并非属于我们，或是任何人，甚至也不属于天使，而是唯独属于神的。我们的神用他儿子的宝血成就了这福音，并将福音赐下、设立在我们中间，让我们靠着它可以得救。因此对于那轻视福音的人，神会严严地咒诅他们，宣告说："弃绝你们的，就是弃绝我。"②并且彼得也说："他们晓得义路，竟背弃了传给他们的圣命，倒不如不晓得为妙。"③

两位对此事负责、人品卓越的巡视官员，约伯斯特·门纽斯先生和弗雷德里克·米孔纽斯先生，皆证明（所有人都有充分理由相信他们）

---

① 乔治·施彭莱因之下还有其他的牧师。
② 《路加福音》10:16。
③ 《彼得后书》2:21。

你们的牧师一向按着正意教导你们神的话语，并且他生命的见证也为众人所称道，无论是在克罗伊茨堡还是其附近地区的人都可以为此作证。鉴于此，亲爱的先生们、朋友们，你们可以清楚地看到魔鬼是多么的邪恶、诡诈，因他正试图激动你们向我们的大牧者耶稣基督、神的儿子，施以毒手，[①]就是攻击那位曾以自己极大而奇妙的恩典，借着他忠心敬虔的管家、你们的牧师，将他的话语和圣餐（那就是他受的苦难、死亡和宝血）按着正意、丰丰富富地加给你们的那位神。那被咒诅的魔鬼是多么不甘心看到你们被神所拯救啊！

除了你们无缘无故积累起来的抱怨，并没有其他原因导致你们和牧师间的隔阂。事实上，他付出了极大的艰辛，将神的话语教导你们。因此，现在你们必须看到对于这样一位有着美好见证的牧师，你们一切不法的行为既是不被许可的，也是绝无可能得逞的。你们因着心中对他的憎恨和那不可理喻的偏见，对他进行诽谤，并要用暴力的手段将他驱逐出境，然而事实证明这些都将以失败告终。巡视官员拒绝了你们的要求，这原是正义的，他们为着保守自己良心的缘故，没有认同你们不公的偏见，也没有以此顺着魔鬼的意思而与你们在这恶行上联手。

亲爱的先生和朋友们，你们要当心！如果魔鬼能将你们摔倒在地，那么，若不将你们彻底击垮，他是不会善罢甘休的。

魔鬼要做的第一件事，就是让你们无缘无故去轻视恨恶你们的牧师（这实际上就是在轻视基督本身，所有的牧师都以基督为头），魔鬼就是要让你们在这石头上跌碎，[②]并在神愤怒的烈火中被烧为灰烬。因为在神眼中，一位敬虔忠心的牧师，远超过这世上所有不虔不义的司法长官、市长、法官、官员，以及他们所有的能力和权势。政府的职分（如果他们不是属基督的）并不能像那教牧的职分一样，为神的国效力。基

---

① 参《彼得前书》2:25。
② 《马太福音》21:44。

督为福音的事工舍了自己的性命，然而他却没有为那些执掌政府权柄的人付上这样的代价。因此魔鬼可以令你们向神关闭心门，让你们的口向神沉默无言，以此令你们无法再去信靠、崇拜他，并让你们在遭遇患难的时候也无法去仰望、呼求他。那时哪怕像这样的命令 ——"就把礼物留在坛前，先去同弟兄和好，然后来献礼物"① —— 你们都将无法顺从神。这样的结果将显明你们不再是基督徒，你们将因此被神弃绝，而这样的结局将是极其可怕的。

魔鬼要做的第二件事，便是除了以上这样的罪以外，他还要用其他可怕的罪将你们完全制伏。换句话说，如果你们将那无辜的牧师从你们中间赶走，这必会导致你们的学校遭到荒废，孩子和民中的敬虔之人将被夺去神话语、洗礼、圣餐的福分，众民将会因为你们的原因承受神的咒诅。那样的光景将会比教皇辖制下的光景更为败坏，到时你们又将如何面对呢？此外，如果普通的群众和那些宝贵的年轻人目睹这些可悲之事，即看到你们以羞耻和恶名来回报那些博学、敬虔的牧师忠心的服侍和付出，谁还会把他们的孩子送往学校呢？谁还会用自己的钱来求知深造呢？我们又将从哪里寻找牧师呢？魔鬼正是要借着你们的恶行和像你们这样的人，把这可怕的厄运加在你们身上。与之相比，哪怕是活在邪恶的教皇或那些承受咒诅的土耳其人之下，人们都会觉得好上许多，因为在那样的光景中，学校和教会还会向牧师和传道人开放，然而你们却一心想要摧毁这一切。

你若在这些事情上失去了谨慎自守的心，魔鬼要做的第三件事情就是令你们的心最终向神冥顽不灵，你们将因此陷入绝境，没有任何盼望。那败坏魔鬼的心意正是如此。因此你们现在越快与你们的牧师和教会和好（这便是与基督和好），你们便越能远离危险，免得那些曾经临到他人的厄运，最终也临到你们身上。

---

① 《马太福音》5:24。

处理此事还有其他的方式。教会的大门是对那些不愿听从牧师之人敞开的，这些人可以离开教会，不依靠神的恩典，自己去生活。建造教会、建立教区的目的不是要将那些教导和聆听神话语的人排除在外，从另一个方面而言，也不是强迫那些对神的话语毫无需要、不愿听从的人进入其中。教会和教区唯独是为了那些渴望听到神话语的人而建立的，因为他们在一切所行上都无法离开神话语的教导。

你们并无权主宰教牧的职分和牧师的工作。这些职分并不是你们设立的，而唯独是神儿子的作为。在这些职分上并不依靠你们任何的作为，因此你们在这些事上也没有丝毫的权柄，正如魔鬼在天国之中没有丝毫的权柄一样。可见你们不应试图去辖制这些职分，向教牧们发号施令，让他们停止责备你们的恶行。要知道牧师的责备不是从人而来的，而是从神而来的。而神的心意是让他们言明这样的责备，而非将其隐藏压抑起来。因此你们应当持定自己的职分，并将属于神的权柄留给神自己，免得神的管教迟早临到你们。你们当中肯定不会有人愿意有陌生人将你们的仆人诱拐或赶走，因为这些仆人原是你们需要的，同样也没有牧羊人会认为自己的身份是那么微不足道，甚至连同行在其他主人手中所遭受的虐待都无权去谴责、憎恶。唯有神的仆人被看作是可有可无的人，似乎任何人加在他们身上的任何不公都是可以忍受的！没有人愿意让他们说话，即使他们所说的是神的话语。

我盼望你们能将我这样的劝诫视为友好的提醒，因这原是我真实的意愿，要教导你们明白神的劝诫。然而，如果你们对此置若罔闻，无动于衷，我们也尽到了自己对你们提醒的义务。与此同时，我们将会尽自己所能去抵挡魔鬼的作为，这样做至少可以让我们的良心不因你们的罪行而受到责备，不至于和你们一同去顺从魔鬼的心意。 344

我们不需要将你们逐出教会，因为你们已经将自己逐出教会了。与让你们留在教会中相比，我们更愿意你们离开，为此我们不会给你们设置任何障碍。

　　就算你们能侥幸再找到一名牧师，你们也无法成为基督徒，并在基督的恩典和生命上有分。此外，没有任何牧师会去违反巡视官员的意愿和命令，去接受你们的邀请。试想谁会愿意接受那背信弃义之人的邀请，相信那些以不公和强制的手段将他们的牧师赶走并因此恶名在外的人呢？你们徒有基督徒之名，事实上你们已让这名蒙受了极大的羞辱。你们的恶名已经传遍了全地，众人都已将你们视为那招致咒诅的例子。

　　最后我劝诫你们当为着基督的缘故与你们的牧师重新和好，平安相处。你们当许可他按照神所命令他的，以及他良心的感动去教导、安慰并提醒、斥责，正如《希伯来书》13 章中所说的："你们要依从那些引导你们的（就是你们的牧师），且要顺服，因他们为你们的灵魂时刻警醒，好像那将来交账的人。"①而你们所自认为的，即任何司法长官、法官或市议员在没有任何授权和理由的情况下，可以按照自己的一时兴起而撤销牧师职分的念头，实在是开了一个罪恶的先例，神不可能容忍这样的恶事。

　　愿神不要让你们经历他的不悦和愤怒，而是让你们以敬畏和谦卑的心来察验他的心意，尊敬他的儿子（即他的道），就是用自己宝血的重价将你们从罪中赎出来的那位。并敬重神的仆人，即那些在地上无权无势的牧师。他们常经忧患，需要并值得你们这些属世掌权者的救助和保护。如果你们如此行，你们便是按着神的呼召来服侍他了。

　　在此我将你们交托在那亲爱之主的恩典之中。

马丁·路德博士

圣保罗归信日之后的周六，1543 年

致丹尼尔·格雷泽尔　　1543 年 10 月 22 日

　　丹尼尔·格雷泽尔（Daniel Greiser）是德累斯顿的监督（或主

---

① 《希伯来书》13:17。

教），很可能曾致信路德，询问萨克森的莫里斯公爵在 1543 年公布
的新宪法中某一条款的问题。该条款规定，世俗政府有权将犯人逐 345
出教会。①这种世俗政权对教会权柄的侵犯受到了路德的尖锐批
评，他号召众人都来关注国家试图干预教会的危险。［原文为拉丁
文；*WA*，*Br*，X，436，437.］

致尊敬的绅士，丹尼尔·格雷泽尔博士，基督在德累斯顿忠心的仆
人，我亲爱的弟兄：愿恩惠、平安归与你。

我亲爱的丹尼尔：

我对你的政府②所擅自采取的把犯人逐出教会的规条不报任何乐观
的期望。如果政府有一天真的可以按照自己的意愿来干预教会，神必将
会停止他的祝福，这便让那末后的情况比先前更差了，③因为那不出于
信心的行为是不蒙神喜悦的。④而任何行为若离开了神的呼召，都必然
不可能是出于信心的，因此这样的行为到最后终必毫无功效。要么他
们⑤自己必须成为牧师，去传讲神的话语，施洗，探望患病之人，施行
圣餐礼，并施行各种属灵的权柄；要么他们便持守好自己的职分，不要
混淆神不同的呼召。他们应该管理好自己属世的权柄，而将教会留给那
些蒙召在其中治理，并为此向神交账的人。神让我们来为教会属灵的权
柄交账，因此若是那些没有蒙受此呼召的人来搅扰教会的治理，那将是
我们无法忍受的。

我盼望着教会的功用⑥和政府的功用能够彼此有清楚的区分，若非

---

① 见 E. Sehling，*Die evangelischen Kirchenordnungen des 16. Jahrhunderts*（Leipzig，1902），I，287 "Von
dem Banne" 一章。

② 萨克森德累斯顿公爵莫里斯的政府。

③ 参《马太福音》27∶64。

④ 参《罗马书》14∶23。

⑤ 即世俗政府。

⑥ 原文中 "*officia*" 这个词字面意思就是 "职分"。

这样,不如这两种功用都完全废弃。撒旦的作为从来就未曾止息过,在教皇辖制时期,他让教会去干预国家的权柄,现在他又试图让国家去搅扰教会的事务。唯愿我们靠着神的帮助,立志去抵挡这些做法,尽我们所能来保证这两种呼召能够彼此分立。

在主里向你道别,请你为我代祷。

你的,

马丁·路德博士

1543 年 10 月 22 日

致埃伯哈德·冯·德·坦恩（Eberhard von der Thann）
1544 年 1 月 10 日

346

选侯约翰·弗雷德里希在 1539 年将没收的一些修道院交给了几位临时保管人,要求他们每半年对这些产业做一次视察,并总管相关的监督工作。然而那些临时保管人手下的人却没有尽职看护所托付给他们的土地和建筑,而是将更多精力放在了如何通过这些产业为自己牟利之上。鉴于此,选侯在 1543 年决定结束之前的做法,将这些修道院的产业变卖。路德在以下这封写给法兰克尼亚地区柯尼希山一位司法长官的信中,为选侯的这种做法进行了辩护。[原文为德文; WA, Br, X, 497.]

愿恩惠、平安从主归与你。

我亲爱、仁慈且有才能的先生和挚友:

我最近一直忙于写信以及其他各样的事务,无法抽时间来提前处理任何事情。此外在我写下任何内容之前,我都需要投入时间来思考。因此,对此事的回复难免有一些拖延。

有些人对我仁慈的殿下变卖属灵产业一事(照他们的说法)大有不满,对此我并不感到气愤难平。之前对管理这些产业所做的尝试,已经让我们的选侯因为那些贪得无厌的巡视官员和临时保管者承受了极大的损失。鉴于现在不可能去恢复修道生活，[1]便再没有其他可以使用这些产业的方法。除此以外，选侯为了支持福音，在联络、谈判等方面已经付出了极高的代价，是这些土地的收益所无法承担的。因此将这些产业转移给其他的统治者理应被视为一件好事，尤其把这些产业转移给一些有需要的人更是合宜的，而那些非常富有的人并不需要这些产业。鉴于以上的原因，让那些对所发生的事情备感震惊的人，以及那些看到他人眼中有刺的人，首先去想想他们自己眼中的梁木吧。[2]

请你告诉我，符兹堡所有的修道院和其他与之相关的慈善场所对教会发挥了怎样的作用？那里的当权者将大量的财富用在了服侍魔鬼和逼迫神的真道上，然而在我们这里，财富却为神话语和教会的缘故，被用在了学校、教牧人员和慈善机构之上。他们有充足的奉献，而供职的教士却很少；[3]与之相比，这里的修道院十分贫困，然而有很多弟兄支持其所需。因此，若我们许可他们将自己满箱的珍宝都用在服侍魔鬼上，他们就必须许可我们将自己极少的所有用在荣耀神的事情上（尽管我很 347 清楚有些事情免不了经那贪婪之人的手）。

我这样的回复足以回答目前的问题了。

在此我将你交托在神的保守之中。阿们。

马丁·路德博士

贤士来朝节之后的周四，1544 年

致基尔市议会　　1544 年 7 月 7 日

1530 年丹麦国王腓特烈一世关闭了圣灵修道院和圣乔治修道

---

① 是修道生活（monkery）而非修道院制度（monasticism）。

② 参《马太福音》7:3。

③ 1538 年 9 月 10 日路德的桌边谈话（WA, TR, IV, No. 4002）提到，有人称在罗马天主教符兹堡主教区内，有六百个富有的教区缺乏服侍的神父。

院，并将其产业交给了它们所在的基尔市。之后人们针对修道院所有权的问题产生了争论，此时基尔市议会向路德陈明了自己的立场，并就此事求助于路德。[原文为德文，$WA,Br,X,603,604.$]

愿恩惠、平安从主归与你们。

尊敬而亲爱的先生们、朋友们：

我从你们的信差得到了你们就两所修道院发给我的简报，得知你们希望我能按照圣经的教导，将我对此事简要的看法告诉你们。

有一件事，我们这些神学家的确向来都在教导，并且也将一直教导下去，即那些被腾出的修道院应该加以善用，并且最好将其用在教会事工以及对穷人的帮助上。这样使用修道院原是公平且合乎神心意的。对于这一点，你们在简报中也表达了认同。然而我们作为神学家，却无法来决定这些修道院的产业到底应该归在谁的名下，因神呼召我们并不是去作出这样的判断，我们所在的处境也无法让我们获知具体的情况。要回答这样的问题，必须要通过法官，在他们对当事人双方进行质询之后，才能给出定论。我们要做的就是，准备好接受法官可能或已经对这样的事情作出的判决，因这本属于属世权柄的管辖范围，所以这样的事情都应交给法官来作判断。

我们的神学让我们确信，每个人都需要为着刑罚恶者和保护善者的缘故，来遵行世俗的律法。[①]因此，尊敬的诸位，对于此类事情你们应该去询问法官的态度。我们作为神学家所要尽的职分并不是来听取争讼双方各自的陈述，并且我们在仅听取了一方的观点之后就给出我们的意见也是极不合宜的。

在此我将你们交托在那亲爱之主的保守之中。阿们。

马丁·路德

---

① 参《彼得前书》2:14。

圣母访亲节之后的周一，1544 年

致西门·沃尔费林纽斯（Simon Wolferinus）

1544 年 9 月 19 日

在 1544 年 8 月 24 日和 8 月 31 日，一连两个主日，艾斯莱本的约翰·利比乌斯（John Libius）都在讲道中谴责了当地自上而下的腐败和社会不公。在讲道过程中，他也指责了自己的在上掌权者，曼斯费尔德的阿尔贝特伯爵。责备其逼迫自己的人民，抢夺他们的房屋、田产、矿产和锻造场（见路德之前写给阿尔贝特伯爵的信），并指出阿尔贝特甚至用货币贬值的手段来满足自己的贪欲。对此伯爵的回应是，以控告利比乌斯煽惑众人的罪名来革除他传道人的职分。以下这封信中，在对于某个婚姻案件给出自己的意见之后，路德随即为利比乌斯辩护，并就此事表达自己对伯爵的不满。〔原文为拉丁文；WA,Br,X,658 – 660.〕

致西门，艾斯莱本教会的管家：愿恩惠、平安归与你。

我亲爱的西门：

对于你向我描述的那个婚姻的案子，信差会将我们的意见和观点告诉你。①我不知道你们的市议会是否会接受这种做法，然而在我们公爵的领地中，我们正是如此处理类似案件的：为了避免淫乱之事，我们会将犯罪的一方驱逐出境，而赋予无辜的一方再婚的权利。

针对利比乌斯一事，我相信他所传讲的是正确的。令我大有忧伤的不光是阿尔贝特伯爵让其他人陷在艰难之中，他甚至也在让自己备受搅扰——在我看来后者是更为糟糕的。如果他想借着封住一两个传道人的

---

① 指维滕贝格宗教法庭的意见。路德正是以此来回复相关的案件，携带路德寄往艾斯莱本信件的信差也同时将此意见送往那里。

口，来遮掩自己罪行的话，他所做的不过是自欺。因为事实上有千万张嘴正在指控他的败坏（这就是说，他的名声比我想象的更要遭人厌恶），因此除非伯爵改过自新，否则他无法为任何人带来益处。

在指控利比乌斯煽惑众人一事上，伯爵犯了严重的错误。传道人指责在上掌权者生活上的腐败原不属于煽惑的罪，哪怕是传道人在所作的指责中含有错误的成分。要知道因不明真相而犯罪是一回事，而煽惑众人却是完全不同的另一回事。

可见阿尔贝特伯爵绝不应当按着自己一时的好恶，而将某件事情定为煽惑众人的罪。在这个案件中，伯爵犯罪得罪利比乌斯的程度，远超过利比乌斯得罪伯爵的程度。如果伯爵仍视自己是一名基督徒，他就有义务收回自己对利比乌斯的指控，并请求对方的原谅。然而若是伯爵甘愿将自己置于那魔鬼的试探之下，他便绝对不会听从这样的建议。我给你的建议是任凭伯爵按照自己的喜好去行，因他那负罪的良心不会让他获得片刻的安宁。愿神怜悯他，改变他的意念心怀。阿们。

你的，

马丁·路德博士

荣举十架圣日之后的周五

参考书目

原　文

本书英文版本译自魏玛版的路德著作全集，路德的主要著作都包含在此：*D. Martin Luthers Werke*, *kritische Gesammtausgabe*, 58 in 69 vols. to date（Weimar, 1883 – ）。本书中这套文集简称为 *WA*（Weimarer Aus-gabe）。魏玛版的路德全集中有独立的一部分，专门收集了路德的桌边谈话：*D. Martin Luthers Werke*, *Tischreden*, edited by E. Kroker, 6 vols., complete with index（Weimar, 1912 – 1921）。这几卷著作在本书中被简称为 *WA, TR*。魏玛版路德全集中还有一个部分，专门收集了路德的书信：*D. Martin Luthers Werke*, *Briefwechsel*, edited by Otto Clemen, 11 vols., with an index still to be published（Weimar, 1930 – 1948）。这几卷著作在本书中简称为 *WA, Br*。魏玛版的路德全集还有第四部分：*Die deutsche Bibel*, 9 vols. to date（Weimar, 1906），本书并未使用这部分内容。

本书偶尔也会提及在魏玛版之前出版的路德著作，它们是 *Dr. Martin Luther's sämmtliche Werke*, 67 vols.（Erlangen, 1826 – 1857），以及之后所补充的 *D. Martini Lutheri Exegetica Opera Latina*, 23 vols.（Erlangen, 1829 – 1841）。它们简称为 *EA*（Erlanger Ausgabe）。本书还使用了两个版本的路德书信集作为参照，一个是 *Dr. Martin Luther's Briefwechsel*, 18 vols., edited by Ernst Ludwig Enders, *et al.*（Frankfurt on the Main, 1884 – 1923），

在本书中被简称为 Enders；另一套著作为 *Dr. Martin Luthers Briefe*，*Send-schreiben und Bedenken*，6 vols.，edited by W. M. L. de Wette（Berlin，1825 – 1856），在本书中被简称为 de Wette。

译　本

关于路德著作的英文译著，可见 Roland H. Bainton 所著的 *Bibliography of the Continental Reformation*；*Materials Available in English*（American Society of Church History，Chicago，1935）。在六卷本的 *Works of Martin Luther with Introductions and Notes*（Muhlenberg Press，Philadelphia，1915 – 1932）中收入了一些路德的著作。这套书按照出版行业的惯例，以其出版地被冠名为费城版。在本书的英文原书出版之时，这套书的扩充版正处于编辑中。截至本书出版，新文集只出了第一卷：*Reformation Writings of Martin Luther*（Lutterworth Press，London，1952），由 Bertram Lee Woolf 编辑出版，但这本书将取代之前在英国由 Henry Cole 编辑的 *Select Works of Martin Luther* 四卷本，以及由 Henry Wace 与 C. A. Buchheim 编辑的 *Luther's Primary Works*（London，1883）。

关于路德所撰写的书信，致路德的书信，以及有关于他的书信，之前最好的英文译本莫过于 Preserved Smith 与 Charles M. Jacobs 共同翻译的 *Luther's Correspondence and Other Contemporary Letters*，2 vols.（Philadelphia，1913，1918）。然而这套书只收录了 1530 年之前的书信，并且对原文作了很多省略。稍逊一筹的是 Margaret A. Currie 的译作 *The Letters of Martin Luther*（London，1908），是意译本，有时诠释并不准确，并常常在未向读者作任何提及的情况下，略过大段原文。此外还有 Mary Cooper Williams 的译本 *Luther's Letters to Women*（Wartburg Publishing House，Chicago，1930）。这本译作篇幅很短，译文也过于生硬。而所有这些英文译著都出版于魏玛版的路德书信集之前。

Henry Bell 翻译成英文的路德桌边谈话选集 *Martin Luther's Colloquia*

Mensalia,或称 *His Last Divine Discourses at His Table*(London,1652), 多次再版。另一本多次再版的路德桌边谈话选集译本是由 William Hazlitt 所译的 *The Table-Talk of Martin Luther* (London,1848)。Thomas S. Kepler 对这本书作了精简,命名为 *Table Talk of Martin Luther*(The World Publishing Company,Cleveland,1952)。以上两本选集都是根据一些在民间广为流传、激励读者的文本翻译而成,相比原文,这些文本通常都经过了改编和节选。在本书的英文原书出版之前,最新近出版的路德桌边谈话英文选集是由 Preserved Smith 与 Herbert P. Gallinger 所翻译的 *Conversations with Luther*(Boston,1915)。读者会发现连这本最晚近的译作都要早于魏玛版的路德桌边谈话文集。

人物、地点、事件

由 Karl Schottenloher 所著的 *Bibliographic zur deutschen Geschichte im Zeitalter der Glaubensspaltung*,1517 – 1585,6 vols. (Leipzig,1933 – 1940),对于本书确定人物、地点、事件的信息提供了最为有益的帮助。作为相关的标准,本书所参考的著作有: *Allgemeine deutsche Biographie*,45 vols. with 11 supplementary volumes (Leipzig,1875 – 1912); 由 Albert Hauck 编写的 *Realencykläpdie für protestantische Theologie und Kirche*,22 vols. and 2 supplementary volumes (Leipzig,1896 – 1912);由 Lefferts A. Loetscher 等人编辑的 *New Schaff-Herzog Encyclopedia of Religious Knowledge*,13 vols. (New York,1908 – 1912),with 2 supplementary volumes (Baker Book House,Grand Rapids,Michigan,1955); 由 Hermann Gunkel 与 Leopold Zscharnack 编辑的 *Die Religion in Geschichte und Gegenwart*,6 vols. (Tübingen,1927 – 1932); Carl Meusel 等人编的 *Kirchliches Handlexikon*,7 vols. (Leipzig,1887 – 1902)。在这方面也使用了一些年代比较久远的参考书,如 Julius Hartmann 等人著的 *Leben und ausgewählte Schriften der Väter und Begründer der lutherischen Kirche*,8 vols. (Elberfeld,1861 – 1875),以

及 Moritz Meurer 编辑的 *Das Leben der Altväter der lutherischen Kirche*,4 vols. (Leipzig,1861 – 1864)。

　　以下是本书的英文原书出版之时关于路德的生平传记: Roland H. Bainton, *Here I Stand: a Life of Martin Luther* (The Abingdon Press, Nashville,1950); Heinrich Boehmer, *Road to Reformation: Martin Luther to the Rear* 1521(Muhlenberg Press,Philadelphia,1946);James Mackinnon, *Luther and the Reformation*,4 vols. (Longmans,Green & Co. ,Inc. ,London, 1925 – 1930);E. G. Schwiebert, *Luther and His Times* (Concordia Publishing House,St. Louis,1950)。

神学和属灵指导

　　以下所选列的书目, 其各自的研究领域都与本书有一定关联, 并在近年来引起了各国学者的关注, 它们包括: Y. J. E. Alanen, *Das Gewissen bei Luther* (Helsinki, 1934); Helmuth Appel, *Anfechtung und Trost im Spätmittelalter und bei Luther* (Leipzig, 1938); H. E. G. Barge, *Luther und der Frühkapitalismus*(Gütersloh,1951);Werner Betcke, *Luthers Sozialethik* (Gütersloh,1934);Paul Bühler, *Die Anfechtung bei Martin Luther*(Zurich, 1942);Rupert Eric Davies, *The Problem of Authority in the Continental Reformers*(The Epworth Press, London, 1946); Hastings Eels, *The Attitude of Martin Bucer Toward the Bigamy of Philip of Hesse* (New Haven, 1924); August Hardeland,*Geschichte der speciellen Seelsorge in der vorreformatorischen Kirche und der Kirche der Reformation*(Berlin,1898); H. H. W. Kramm, *The Theology of Martin Luther* (James Clarke & Company, Ltd. , London, 1949);Alfred Kurz,*Die Heilsgewissheit bei Luther*(Gütersloh,1933);Gerhard E. Lenski, *Marriage in the Lutheran Church*(Lutheran Book Concern,Columbus,Ohio,1936);Svend Lerfeldt, *Den kristnes kamp,mortificatio carnis: en studie i Luthers teologi*(Copenhagen,1949);Walter von Löwenich, *Luthers*

Theologia crucis（Munich, 1929）; John T. McNeill, *History of the Cure of Souls*（Harper & Brothers, New York, 1951）; Hermannus Obendiek, *Der Teufel bei Martin Luther*（Berlin, 1931）; Lennart Pinomaa, *Der existenzielle Charakter der Theologie Luthers: das Hervorbrechen der Theologie der Anfechtung und ihre Bedeutung für das Lutherverständnis*（Helsinki, 1940）; Lennart Pinomaa, *Der Zorn Gottes in der Theologie Luthers*（Helsinki, 1938）; William Walter Rockwell, *Die Doppelehe des Landgrafen Philipp von Hessen*（Marburg, 1904）; Gordon Rupp, *The Righteousness of God: Luther Studies*（Hodder & Stoughton, London, 1953）; Paul Schempp, *Luthers Stellung zur heiligen Schrift*（Munich, 1929）; Nathan Söderblom, *Humor och melankoli och andra Lutherstudier*（Stockholm, 1919）; Hermann Steinlein, *Luther als Seelsorger*（Leipzig, 1918）; M. A. H. Stomps, *Die Anthropologie Martin Luthers*（Frankfurt on the Main 1935）; Gustav Törnvall, *Geistliches und weltliches Regiment bei Luth*, 德文版（原文瑞典语）（Munich, 1947）; Vilmos Vajta, *Die Theologie des Gottesdienstes bei Luther*（Stockholm, 1952）; Philip S. Watson, *Let God Be God: an Interpretation of the Theology of Martin Luther*（The Epworth Press, London, 1947）; Erich Vogelsang, *Der angefochtene Christus bei Luther*（Berlin, 1932）; Gustaf Wingren, *Luthers Lehre vom Beruf*, 德文版（原文瑞典语）（Munich, 1952）。

在本书的英文原书手稿完成之时，以下这些书目也引发了原书编者的关注：Fritz Blanke, *Luthers Humor: Scherz und Schalk in Luthers Seelsorge*（Furche Verlag, Hamburg, 1954）; George W. Forell, *Faith Active in Love: an Investigation of the Principles Underlying Luther's Social Ethics*（America Press, New York, 1954）; Johannes Heckel, *Lex charitatis: eine juristische Untersuchung über das Recht in der Theologie Martin Luthers*（Munich, 1953）。

索　引[*]

索　引[*]

人名和主题索引

A

Aaron 亚伦 306

Abraham 亚伯拉罕 68,87,234,275,276,
290,291

Absalom 押沙龙 68,73,220,234

Absolution 宣赦 16,281。See also Confession
亦见忏悔

Adam 亚当 43,103,117,135,136,137,267,
275,283；old 老~69,70

Adultery 淫乱的罪 73,95,103,275,288,290,
292,348

Aesop 伊索 339

Agricola,John 约翰·阿格里科拉 82,83,
154；Elizabeth 伊丽莎白 82,83

Ahab 亚哈 206

Albert,of Mansfeld,Count(See Mansfeld)曼斯

费尔德的伯爵阿尔贝特（见曼斯费尔
德）；of Mayence,Cardinal Archbishop
(See Mayence)美因茨的枢机主教（见美
因茨）；of Prussia,Duke(See Prussia)普鲁
士的公爵（见普鲁士）

Allegory 灵意解经 113

Altar 弥撒祭坛 312

Altenburg 阿尔滕堡 29,136,178,179,183,
184,219,229,278,279,322,324

Ambrose 安波罗修 113

Amsdorf,Nicholas 尼古拉斯·阿姆斯多夫
167,168,191,323

Amsterdam 阿姆斯特丹 211

Anabaptist 重洗派 120,145

Ananias 亚拿尼亚

Anfechtung 属灵考验 19。 See Anxiety 亦见
忧虑； Cross 十字架； Despair 绝望；

---

* 索引页码均为原书边码。

经文索引

《马可福音》

《路加福音》

《约翰福音》

《使徒行传》

图书在版编目(CIP)数据

路德劝慰书信/(德)路德(Martin Luther)著;(美)西奥多·G.
泰伯特(Theodore G. Tappert)编译;孙为鲲译. —上海:上海三
联书店,2023.6重印
(基督教经典译丛)
ISBN 978－7－5426－5816－6

Ⅰ.路⋯ Ⅱ.①路⋯②西⋯③孙⋯ Ⅲ.①马丁·路德(Martin
Luther 1483－1546)—书信集 Ⅳ.①B979.951.6

中国版本图书馆 CIP 数据核字(2017)第 032309 号

路德劝慰书信

著　　者 / 马丁·路德
选编英译 / 西奥多·G.泰伯特
译　　者 / 孙为鲲
丛书策划 / 橡树文字工作室
特约编辑 / 橡树文字工作室
责任编辑 / 邱　红
装帧设计 / 周周设计局
监　　制 / 姚　军
责任校对 / 张大伟

出版发行 / 上海三联书店
　　　　　(200030)中国上海市漕溪北路 331 号 A 座 6 楼
邮　　箱 / sdxsanlian@sina.com
邮购电话 / 021－22895540
印　　刷 / 上海惠敦印务科技有限公司

版　　次 / 2017 年 9 月第 1 版
印　　次 / 2023 年 6 月第 5 次印刷
开　　本 / 640mm×960mm　1/16
字　　数 / 400 千字
印　　张 / 30.25
书　　号 / ISBN 978－7－5426－5816－6/B·514
定　　价 / 68.00 元

敬启读者,如发现本书有印装质量问题,请与印刷厂联系 021－63779028